宜兴市残疾人联合会志

YIXING CITY DISABLED PERSONS' FEDERATION HISTORICAL RECORDS

(1991-2015)

宜兴市残疾人联合会志编纂委员会 编

方志出版社

图书在版编目（CIP)数据

宜兴市残疾人联合会志：1991-2015./《宜兴市残疾人联合会志》编纂委员会编.--北京：方志出版社，2018.7

ISBN 978-7-5144-3086-8

Ⅰ.①宜… Ⅱ.①宜… Ⅲ.①残疾人-社会福利事业-概况-宜兴-1991-2015 Ⅳ.①D669.69

中国版本图书馆CIP数据核字（2018）第109473号

宜兴市残疾人联合会志（1991-2015）

编　　者：《宜兴市残疾人联合会志》编纂委员会

责任编辑：李　静

出 版 人：冀祥德

出 版 者：方志出版社

地址 北京市朝阳区潘家园东里9号（国家方志馆4层）

邮编 100021

网址 http://www.fzph.org

发　　行：方志出版社图书经销中心

电话（010）67110500

经　　销：各地新华书店

印　　刷：宜兴市德胜印刷有限公司

开　　本：889×1194　　1/16

印　　张：37.5

字　　数：599千字

版　　次：2018年7月第1版　　2018年7月第1次印刷

印　　数：0001～2000册

ISBN978-7-5144-3086-8　　定价：120.00元

宜兴市残疾人联合会志编纂委员会

主　　任：杭仁育

副 主 任：戴菊华　蒋备军　吴亚琴

成　　员：徐　锦　洪　晶　储瑞琴　孙列亚　蒋　敏
　　　　　储智娟　曹全松　张阿明　王志荣

宜兴市残疾人联合会志编纂办公室

主　　　　任：吴亚琴

副　主　　任：蒋　敏　刘小燕

主　　　　编：杨晓方

副　主　　编：陈新立

采　　　　编：张　蓉　钱慧姝　唐云珊
　　　　　　　黄　丽　盛　聪　董　霞

参与工作人员：刘　璐　徐　阳　薛建强　谭　伟

宜兴市残疾人联合会志特约审稿人员

耿海华　陈有富

宜兴市残疾人联合会志审定单位

宜兴市残疾人联合会

宜兴市史志办公室

宜兴市残疾人联合会志编纂委员会成员

前排左起：徐　锦　　蒋备军　　杭仁育　　戴菊华　　吴亚琴　　孙列亚
后排左起：储瑞琴　　王志荣　　蒋　敏　　曹全松　　张阿明　　储智娟　　洪　晶

宜兴市残疾人联合会志编写办公室成员

前排左起：蒋　敏　　杨晓方　　吴亚琴　　陈新立　　刘小燕
后排左起：盛　聪　　张　蓉　　唐云珊　　黄　丽　　董　霞　　钱慧姝

要让广大残疾人安居乐业，
衣食无忧，过上幸福美好的生活。

——习近平

序

《宜兴市残疾人联合会志》真实记述了党和政府对残疾人事业的关心和支持，社会各界对残疾人的慈善帮扶，残疾人工作者对残疾人的辛勤付出，广大残疾人奋发向上、顽强拼搏的风采。志书展示社会风貌，弘扬爱的奉献，彰显人性本真，召唤时代精神。

新中国成立以来，宜兴的广大残疾人沐浴在党和政府的阳光雨露之下，生活逐步改善。特别是残疾人联合会成立后，随着多种惠残助残政策持续出台和有序推进；随着残疾人工作者的不懈努力，残疾人摆脱困境，生存状况显著改变，他们有了属于自己的事业，他们有了与健全人一样出彩的自豪，他们有了爽朗的笑声。

然而，大部分残疾人的生活仍然低于全社会平均水平,残疾人事业仍然滞后于其他社会事业的发展。因此，残疾人工作任重道远。

残疾人是我们的兄弟姐妹，没有残疾人的幸福安康，就不是真正意义上的全面小康；没有残疾人事业的加快发展，就难以谱写完美的乐章。

当今，党和政府正在进一步加大扶持发展残疾人事业的力度；

残疾人联合会作为党和政府联系残疾人的桥梁和纽带作用正在进一步发挥；广大残疾人正在进一步由被动救济型向平等参与型、生存型向发展型华丽转身；各界人士正在进一步为残疾人献出友爱之心、伸出援助之手、送出关怀之情，全社会健全人、残疾人正在合力打造时代的精彩。

古语云：“知昔日乃能喻今者，观今事方可察未来。”《宜兴市残疾人联合会志》是记述宜兴市残疾人事业发展的第一部志书，其存世、资政、教化，惠及当代，服务后世的社会意义非常之深远。

谨此，向致力于《宜兴市残疾人联合会志》编纂的全体编写人员和积极配合工作的全市各镇、街道基层残联、有关企事业单位表示衷心感谢。

宜兴市残疾人联合会理事长

2018 年 1月

凡例

一、本志坚持以马克思列宁主义、毛泽东思想、邓小平理论、“三个代表”重要思想、科学发展观、习近平新时代中国特色社会主义思想为指导方针，坚持辩证唯物主义和历史唯物主义的立场、观点、方法，坚持实事求是的原则，力求思想性、科学性和资料性相统一。

二、客观、系统反映断限内宜兴市残疾人事业发展历程，为宜兴市残疾人事业的发展服务。

三、本志书上限为1991年，下限至2015年，少数地方视需要作适当追溯。

四、采用章节体体式，设十一章，分章、节、目、子目等层次；志首设序言、凡例、概述、大事记，志末设附录、索引、编后记。

五、采用述、记、志、传、图、表、录等体裁，以志为主。大事记采用编年体辅以纪事本末体的方法记述。

六、行文采用规范语体文，力求严谨朴实、简洁、流畅。除引用原文外，均以第三人称记述。

七、各级残疾人联合会分别简称：中（国）残联、省残联、无锡市残联、宜兴市残联及镇、街道残联。残疾人工作委员会简称残工委。市残联执行理事会理事长简称市残联理事长。残疾人奥林匹克运动会简称残奥会，特殊奥林匹克运动会简称特奥会，残疾人运动会简称残运会。

八、标点符号用法、数字用法分别按中华人民共和国国家标准《标点符号用法》（GB15834-1995)和《出版物上数字用法的规定》（GB15835-1995)的规定使用。

九、本志书资料来源广泛，均经审核后载入，对来自各镇、街道、各部门、各有关单位的档案资料，一般不注明出处。

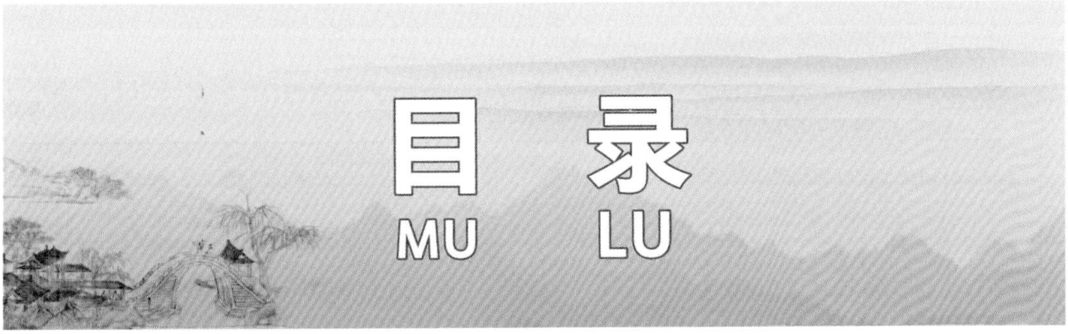
目 录
MU LU

概　述

中华人民共和国成立后，广大残疾人在党和政府的关怀下，走出历史的阴影，生活有了改善，生存质量有了提升。特别是1991年宜兴市残疾人联合会成立后，市委、市政府不断将发展残疾人事业推上新的平台，经残疾人工作者的不懈努力，残疾人的幸福指数不断递增，他们大部分人跟健全人一样，在经济社会的同一平台上体现自身价值，其中不乏有远大志向的残疾人“自尊、自信、自强、自立”，超越受人怜、受人惠，不断彰显精神层面上质的飞跃。他们扼住厄运的喉咙，挑战生命的极限，抓住人生出彩的机会，奏响了一曲曲身残志坚、顽强拼搏的动人乐章。

一、组织建设

1991年，宜兴市残疾人联合会成立后，根据中残联要求，着力推进乡镇残疾人联合会、村（社区）残疾人协会及残疾人专门协会的组织建设。残联党支部成立后，结合市残联各项工作实际，带领全体工作人员面向残疾人事业发展，面向基层，创造学习型、服务型、廉政型机关。同时，发挥工会作用，不断增强党群凝聚力。至2015年，宜兴市各级各类残联组织建设逐步规范和完善。宜兴市残疾人联合会始终履行职责，引领各镇、街道残疾人联合会，为各项残疾人工作创造良好的社会环境，带领广大残疾人积极投身于建设宜兴的各项活动，促进经济发展和社会文明。各级各类残联组织作为党和政府联系广大残疾人的桥梁纽带作用和显著的工作成效，得到广大残疾人和残疾人家属的认可，同时也得到社会各界的认可。

市残疾人代表大会是宜兴市各级残联组织的最高权力机构。根据《中国残疾人联合会章程》规定，每五年召开一次。自1991年召开宜兴市残疾人第一届代表大会，至2013年，已历五届。每届行使职权，讨论决定宜兴市残疾人工作任务，审议、批准上届市残联主席所作工作报告，选举产生主席团主席、副主席、执行理事会理事长、副理事长，将残疾人事业不断推向新的台阶。

1994年，宜兴市委、政府在注重发展宜兴经济，推进城市化建设的同时，将发展残疾人事业作为民生工程的重点之一，纳入经济社会发展全局。在成立宜兴市残疾人联合会筹备小组的基础上，进一步强化残疾人组织，加强领导，成立以分管副市长为主任，以全市相关局级部门为成员单位的宜兴市残疾人工作协调（工作）委员会。至2015年，宜兴市残疾人工作委员会综合协调全市残疾人事业的方针、政策、法规、规划、计划的制订和实施工作，协调解决残疾人工作中的重大问题，为宜兴市残疾人事业的顺利发展，保驾护航。

二、社会保障工作

促进残疾人就业是改善残疾人生活状况，实现共同富裕的迫切需要，是社会稳定、文明与进步的重要标志。宜兴市委、市政府及市残联、民政、劳动部门等，根据上级有关政策，结合宜兴实际，研究、制定宜兴市残疾人就业优惠政策和措施，并积极有效实施，加强就业服务工作，畅开福利企业集中就业、按比例就业，扶持基地安排就业及扶持自主创业、其他就业等多种渠道，实现残疾人充分就业。

宜兴市委、市政府及市残联、民政局根据上级文件精神，出台多种政策，对残疾人扶贫解困，并加强实施力度。自 1991 年起，每年“全国助残日”期间，宜兴市各级政府、有关部门及社会各界均广泛开展助残扶残活动，特别是走访慰问贫困残疾人及其家属，为他们送去现金、物品，帮助他们解决生产经营、生活问题，成为常态。自 1997 年起，宜兴市政府出台和实施宜兴市农村村民、城镇居民最低生活保障（低保）政策，对符合低保条件的城乡残疾人实施最低生活保障。随着经济社会的发展，低保标准不断提高。自 2000 年起，对城乡贫困残疾人实施年终一次性补助；对因突发事件导致临时困难的残疾人采取临时补助措施。自 2003 年起，市、镇两级政府对农村残疾人特困户的危房进行改造。自 2005 年起，对残疾人实施分类施保政策，在残疾人低保标准基础上提高 20%。自 2006 年起，市政府对城乡无业重度残疾人实施专项救助，并逐步提高标准。救助金额从每人每月 100 元，提高到每人每月 700 元。自 2008 年起，重残救助对象增加“肢体二级”的残疾人。自 2010 年起，除对重残人员继续实施救助外，增加对一户多残、依老养残家庭中的残疾人实施生活救助。至 2015 年，宜兴市残疾人社会保障全面覆盖，应保率 100%，且生活救助体系越来越完善。

市残联在落实助残、惠残各项政策和不断提高残疾人基本生活保障工作的同时，加强对市级和各镇、街道残疾人康复、托养机构建设，对残疾托养中心、农疗中心提供政策、资金、技术、管理上的支持。至 2015 年，全市建有残疾人托养中心、康复中心、儿童成长中心、农疗中心等，让有需求的残疾人有了依托，得到慰藉、得到康复。有许多残疾人，以此为起点，回归家庭，融入社会，走向新的生活。

三、康复治疗、训练、预防工作

让广大残疾人尽快康复，提高和增强他们的学习、生活、工作能力，回归社会，是残疾人事业发展的终极目标。

1989年，由市政府分管副市长牵头，市民政局、卫生局负责的“三项康复”工作正式启动。至2015年，白内障复明手术、小儿麻痹后遗症矫治、聋哑儿童语言康复等项工作，规范有序展开，成效显著。

自1993年起，宜兴市委、市政府，成立由主管残联工作的副市长担任组长，市各有关部门为成员的阶段性工作领导小组，负责领导全市开展专项残疾人康复工作。自1994年起，中国爱德基金会和克里斯朵夫国际防盲协会（CBM）在宜兴市开展全国第一个农村社区康复示范项目。市政府成立由分管副市长担任组长，有关部门领导组成的社区康复领导小组；成立宜兴市CBM/爱德农村康复项目（CBR）办公室和宜兴市爱德农村社区康复队，作为残疾人康复项目，全国试点工作在宜兴市逐步展开，内容包括康复治疗、训练、培训、帮扶、救助、康复辅具适配等，为宜兴市成功创建江苏省社区康复示范市打下坚实基础。至2015年，除“三项康复”“爱德社区康复项目”展开外，与之相辅相成、互为补充的“低视力、肢残、智障康复，精神病防治、抢救性康复、康复训练、预防，康复辅具适配等工作，同时成为市残联、镇（街道）残联残疾人康复的日常性工作。

四、教育、培训工作

20世纪80年代初，宜兴多所普通小学附设残疾学生特教班，接收适龄盲、聋哑儿童（少年）就读，或专门开班特殊教育。1993年，宜兴市政府、市残联及教育、民政等部门研究决定开设宜兴市聋哑学校，全市残疾聋哑儿童（少年）集中就学。2006年，学校更名为特殊教育学校，专门接收全市残疾儿童（少年）就学。同时，对义务教育阶段特殊教育学校的残疾学生和随班就读的残疾学生、残疾人家庭在读子女，实施“两免一补”的优惠政策；对高中阶段残疾学生、残疾人家庭在读子女，实施“一免一补”的优惠政策。至20世纪末，全市残疾儿童（少年）入学率、巩固率99%以上。全市拥有一支教学经验丰富、业务水平一流的特殊教育师资队伍。

同时，市残联和爱德基金会联合开展对残疾人的职业培训和文化学历培训。接受培训的残疾人大部分走上就业、创业之路。至 2015 年，许多残疾人成为创业明星，以残助残，反哺社会。

自 90 年代起，市残联为提高残疾人工作者的业务水平，聘请专家到宜兴，对残疾人讲授康复技能，包括功能训练、生活技能、手语交流、定向行走、精神病防治等，成效显著。

五、权益维护

自 1991 年起，市残联将接待、受理残疾人来电、来访、来信，列为重要工作内容之一。除做到“件件有回音、事事有落实”外，还将具有社会教育意义的，作为典型个案，通过公众传媒追踪，公安、司法、法院、检察院部门介入，公开处理，借以引导正确的舆论方向，弘扬社会主义人道精神和以人为本意识。2011 年，市残联为进一步加强残疾人信访维权保障工作，成立信访工作领导小组，由理事长任组长，落实第一责任制度，妥善处理“12345”市民热线和网上信访反映的各类问题。2013 年，成立信访维权办公室，并抽调 2 名工作人员协调市相关部门、各镇（街道）残联，负责信访接待处理和维权，做到“矛盾不上交，解决在萌芽，化解在基层”。至 2015 年，“12345”政府服务热线工作满意率 100%，未发生一起残疾人复访、群访和越访事件。

2009—2014 年，市残联会同有关部门办理市人大会议代表关于残疾人事业的提案 3 件，办理市政协会议代表关于残疾人事业的提案 6 件。

1991 年 5 月 15 日起，宜兴市实施《中华人民共和国残疾人保障法》，残疾人工作正式纳入法制轨道。1999 年 11 月，宜兴市残疾人法律援助站成立。全市各律师事务所、公证处、乡镇法律服务所对残疾人实行优质、优先、优惠法律服务。同时，各宣传媒体为残疾人开设维权讲座、知识竞赛、法律咨询栏目。2003 年，市残联聘请常年法律顾问，专设残疾人法律咨询服务窗口，配备专职、专业法律援助服务人员，开通为残疾人法律服务无障碍渠道。2011 年，市残联、市司法局研究决定，成立宜兴市残疾人维权中心，负责残疾人来访接待、法律援助和法制宣传工作。市政府出台文件，首次明确整合法院、检察院、公安局等 9 个部门资源，协调法律服务、法律援助和司法救助等残疾人法律救助工作，让残疾人享受门槛更低、内容更多、范围更广的法律服务。至 2015 年，全市镇、街道全部设立残疾人法律援助站（点）。

六、残疾人展示才能平台

残疾人作为特殊的社会群体，对梦想成真的追求更强烈更迫切，享有人生出彩机会更渴望更期待。自 1992 年起，市残联组织残疾人开展征文活动，选送优秀作品参加无锡市、江苏省比赛，获一、二等奖；组织推荐残疾人舞台演出节目，参加宜兴市、无锡市、江苏省，乃至全国的比赛，获一、二、三等奖；选派紫砂艺人参加上海残疾人艺术博览会作品展、青岛世界园艺博览会“世外陶园”紫砂作品展、第五届国际文化艺术作品博览交易会等；选送残疾人书法、绘画、摄影作品，参加无锡市、江苏省残疾人才艺作品展，并获奖；支持残疾人文学作品出版、发行；组织残疾人运动员开展各项体育运动，选送优秀残疾运动员参加无锡市、江苏省、全国残疾人运动会，获多项金牌、银牌。残疾运动员谈燕华作为主力队员，参加雅典、北京、伦敦第十二、十三、十四届残奥会女子坐式排球比赛，连续 3 次获团体冠军；开展残疾人技能比赛活动，选送优秀残疾艺人，参加无锡市、江苏省、全国比赛，获多项金牌、银牌，紫砂艺人夏淑君获第四届国际残疾人技能比赛制陶金奖、马志刚获世界纪录证书、世界之最证书、蔡春英获第八届国际残疾人职业技能比赛特别奖。

宜兴市残疾人联合会积极发展残疾人事业的生动实践，充分体现党和政府的高度重视和支持；充分体现全社会的关爱；充分体现残疾人工作者把握机遇，带着良心，带着情感，带着责任，当作善举，当作实现人生价值的舞台，在“人道、廉洁、服务、奉献”的宗旨下开展工作；充分体现广大残疾人在遭受挫折，身处逆境中的奋起。

残疾人事业是崇高的事业。当今，全社会健全人、残疾人正在新的起点上开创新的局面，正融汇在实现中华民族伟大复兴的中国梦、为更加美好的生活而努力奋斗。

大 事 记

1985 年

9 月，归径小学、新芳小学开设聋哑学生附设班。同月，洋溪小学、新建小学、芳庄小学相继开设聋哑学生附设班。

是年，全县有学习能力的聋哑学龄儿童入校学习，共计 50 名。

是年，归径中心小学教师宗曙儿被评为中国残疾人福利基金会年度特殊教育先进工作者。

1986 年

10 月，丁山小学开设一、二年级智力障碍班，招收 20 名有学习能力的学龄弱智儿童入校学习。共计 20 名。

1987 年

9 月，全国“金钥匙盲童教育”在宜兴县开设盲童“一体化教育”试点班。试点学校有：茗岭平原小学、善卷国山小学、钮家西村小学、鲸塘中心小学、洋溪马家小学等。全县有学习能力的学龄盲童全部入校学习，共计 12 名。

1988 年

9 月，为迎接江苏省首届智障碍“特奥会”，丁山小学派代表参加无锡市选拔赛，4 名运动员获银牌 3 枚、铜牌 6 枚。

10 月，为参加全国残疾人文艺会演，宜兴市派代表参加无锡市“三花杯”大奖赛，参赛节目获集体演出奖。

是年，国家教委和省教委有关领导、专家到宜兴市调研特殊教育发展情况，视察洋溪马家小学、茗岭平原小学盲童教育现场。

1989 年

是年秋，丁山小学原附设培智班独立建校，成为市第一所特殊教育学校，有学生 25 人、教职工 6 人。

是年，丁山小学作为全国 15 个代表之一，参加全国红领巾助残活动先进集体经验交流会。

1990 年

12 月 16 日，宜兴市残疾人联合会筹备领导小组成立。

1991 年

4 月 28 日，宜兴市人民政府 74 号文件，同意筹建宜兴市残疾人联合会。筹建工作由市民政局负责。

5 月 15 日起，全国实施《中华人民共和国残疾人保障法》。宜兴市残疾人工作纳入法制轨道。

5 月，全国盲童随班就读现场会在无锡召开，与会专家和领导专程到宜兴考察鲸塘乡、洋溪乡盲童随班就读现场，充分肯定宜兴的做法和经验。

8 月，在香港举行的国际残疾人展能比赛中，宜兴市选手夏淑君（肢残）获紫砂制壶比赛冠军。

12 月 12 日，宜兴市残疾人第一届代表大会召开。会议聘请戚顺元兼任宜兴市残联名誉主席，沈根福当选为主席团主席（兼），邹劭卿、薛根荣、杨德新当选为副主席，推举杨德新兼任宜兴市残联执行理事会理事长，聘章晓根为副理事长。

1992 年

11 月 5—7 日，市残联选拔 9 名残疾运动员参加无锡市“民模杯”残疾人乒乓球比赛，取得较好成绩。

12 月，全市乡镇均成立残疾人联合会，共计 44 个。

是年，市政府将特殊教育纳入义务教育轨道，投资 300 万元建造市聋哑学校。

是年，越南中央教科所特殊教育代表团到宜兴考察特殊教育工作。

1993 年

5 月，宜兴市爱德基金会帮残助残领导小组成立，开展对部分乡镇残疾人康复扶贫试点工作。

9 月，宜兴市率先在全省开展特需人群补用碘油工作。

是年，宜兴市被评为江苏省特殊教育先进市。

是年，宜兴市被列为全国首批15个特需人群补用碘油工作试点县（市）之一。

是年，宜兴市政府与爱德基金会合作实施农村社区康复项目，争取到国际克里斯朵夫防盲协会（以下简称CBM）的支持，成立全国第一个农村社区康复示范点。

是年，宜兴市被评为全国特殊教育先进县（市）。

是年起，市政府与爱德基金会国际克里斯朵夫防盲协会（CBM）合作，开展农村社区康复项目，CBM先后出资200多万元，并捐助一批物资，不足部分经费由市财政出资及多渠道集资。

1994年

1月21日，中残联派员会同江苏省残联康复部到宜兴市检查特需人群补用碘油工作。

3月28—4月20日，德国克里斯朵夫CBM组织高级顾问鲍勃·杰克尔对11名康复员进行业务知识及实地操作培训。

4月7—8日，省、无锡市残联和市电动工具厂联合召开省残疾人用品用具供应网络工作会议。

5月底，全市完成特需人群（3.755万名）补用碘油任务。

6月23—29日，全国特需人群补用碘油工作培训班在宜城镇举行。全国智力残疾预防与康复工作培训班在宜兴开办。

6月，全国残疾人康复工作办公室在宜兴（试点市）举办“全国部分省特需人群补用碘油工作培训班”。

12月17日，宜兴市残疾人第二届代表大会召开。会议聘请史祖能、戚顺元、邹劭卿兼任宜兴市残联名誉主席，沈根福当选为主席团主席，任立新、丁连云、戴锡南、杨德新当选为副主席，推举杨德新为宜兴市残联执行理事会理事长。

12月底，宜兴市残疾人康复中心大楼竣工。

是年，宜兴市爱德社区康复领导小组成立。

是年，宜兴市被评为江苏省特殊教育县（市）。

是年，宜兴市被列为全国智力残疾康复工作15个试点县（市）之一。

是年，残疾人用品用具经营部成立。

是年，市残联建立康复队，在宜城、张渚、湖汶、芳桥等乡镇开展社区康复试点工作。

1995年

是年，江苏省“三项”（小儿麻痹矫治手术、白内障复明手术、聋儿听力语言康复）康复工作办公室将宜兴市推荐为全国补碘先进单位。

是年，宜兴市被评为全国特殊教育先进市，受到国家教委、民政部和中国残联表彰奖励。

是年底，国际CBM组织驻亚洲地区总代表玛丽安·泰利专程到宜兴出席爱德宜兴地区康复座谈会，盛赞宜兴市在社区康复方面取得的成绩。

1996年

1月25日，宜兴市人民政府残疾人工作协调委员会办公室发文，部署乡镇残疾人联合会换届选举。

3月19日，退伍军人杨新平（双目失明）在市聋哑学校开设新平康复按摩所，中国残联盲人协会领导、江苏省残联领导、爱德基金会领导在开业典礼上剪彩。

4月3—5日，爱德基金会、江苏省防盲指导组在爱德宜兴农村社区康复项目试点单位张渚、善卷、和桥、芳桥、新庄、湖汶、宜城、十里牌等乡镇开展眼疾筛查工作。

8月25日，在省委统战部及有关部门的陪同下，爱德基金会组织58名外籍教师考察该基金会资助兴建的茗岭响山红水电站和残疾人盆景园、盲人按摩所等宜兴社区康复项目。副市长钱忠道到国际饭店多功能厅看望全体外籍教师，感谢爱德基金会对宜兴的关心和支持。

9月，杨德新、卫学君、许杏初被评为江苏省特需人群补碘先进个人。

是年，宜兴市被评为江苏省残疾人工作先进县（市）。

是年，市残疾人康复中心开办聋哑儿童及家长听力语言培训班。

1997年

3月，宜兴市召开爱德社区康复项目介绍会。中国盲协主席滕伟民，江苏省、无锡市及四川省残联有关领导出席会议，CBM在华项目协调主任庄艾琳作工作报告，充分肯定试点工作所取得的经济效益和社会效益。

12月3日，全市首届残疾人事业工作会议召开。市政府残疾人工作协调委员会成员、市残疾人代表大会二届主席团成员、各乡镇分管残疾人工作领导、民政助理及部分特邀代表出席会议。

1998年

是年，宜兴市政府常务会议通过在新建、改建城市道路和公共建筑物时应将无障碍设施纳入规划设计的规定。

1999年

5月，台北曹氏基金会向宜兴市残疾人联合会捐赠轮椅车100辆。

9月8日，宜兴市残疾人联合会由副科（局）级升格为正科（局）级机构。

12月22—24日，宜兴市残疾人联合会相关人员参加全省社区康复技术骨干培训。

12月30日，宜兴市残疾人第三届代表大会召开。会议选举杨亚君为主席团主席，王旻明、杨长春、丁国强为副主席，推举丁国强为宜兴市残联执行理事会理事长，聘曹全松为执行理事会副理事长。

是年，市残联邀请国际克里斯朵夫盲协会社区康复专家鲍勃·杰克尔、荷兰肢残康复专家杰克琳·罗乐、泰国专家柯尼卡到宜兴对康复员讲授盲人、肢残人、低视力者康复技能培训，并对康复员进行现场培训。

2000年

5月16日，宜兴市建设局出台《关于实施方便残疾人使用的城市道路和建筑物设计规范的意见》。

5月21日（全国助残日），副市长钱忠道为省“视觉第一，中国行动”白内障复明手术扶贫定点医院（市第二人民医院）揭牌。由市残联、团市委主办，市文化馆、华地广场协办的“社会妈妈”与孤残儿童助学签约仪式暨助残义演活动在华地广场前举行。

是日，丁蜀镇残联举办第一届残疾人工艺美术作品展览。

5月30日，受爱德基金会邀请，菲律宾菲中发展中心考察团到宜访问市残联与爱德基金会合作的社区康复项目。

5月，宜兴市聋哑学校被评为江苏省特殊教育现代化示范学校。江苏省、无锡市教委有关领导专程到校指导工作。

8月中旬，宜兴市紫砂工艺厂五厂工艺师夏淑君（肢残）赴捷克首都布拉格参加第五届国际残疾人职业技能比赛，获制陶项目铜牌。

9月29日，宜兴市残疾人联合会被评为全省特需人群补用碘油工作先进集体，储智娟、金志仙、杭南生被评为先进个人。

12月，制陶工艺师夏淑君（肢残）获全国技能评比最高奖——中华技能大奖，赴北京参加颁奖大会。

是年，爱德宜兴市社区康复工作通过由中外康复专家组成的专家评估团的调查评估。

2001年

是年，市聋哑学校学生表演的舞蹈《狮灯舞》分获江苏省残疾人文艺比赛一等奖和全国残疾人文艺比赛山东赛区二等奖，并应邀参加山东卫视现场直播演出；肢残人裴国强、魏平分获江苏省文艺汇演戏曲、声乐类三等奖。

是年，全市开展社区康复工作，并将社区康复与扶贫相结合的基本经验在无锡地区社区康复工作现场会（在宜兴召开）作交流性发言。

2002年

1月20日，宜兴市民政局、残联出台《关于全市推行社区残疾人工作的意见》，依托社区居民委员会，建立社区居民残疾人协会。

3月11日，宜兴市残疾人联合会由市政府直属事业单位调整为市人民团体机关，重新核定地方编制5名，机构及人员纳入人民团体机关管理。

3月22日，宜兴市政府发出《关于切实加强残疾人生活保障工作的意见》的通知。

5月14日，中共宜兴市残疾人联合会支部委员会成立。

10月29日，国务院批准《中国残疾人事业“十五”计划纲要》及《精神病防治康复“十五”实施方案》，宜兴市被确定为无锡地区“十五”精神病防治康复工作新增市。

11月26日，中共宜兴市市委办公室发布《关于印发宜兴市残疾人联合会职能配置内设机构和人员编制规定》的通知，宜兴市残联设职能科室3个，机关核定地方编制5名。

是年，宜兴市先后被评为全国残疾人康复工作先进市和江苏省残疾人扶贫工作先进集体。

是年，宜兴市获全国特需人群补用碘油先进市称号。

是年，宜兴市被列为全国盲人定向行走训练和江苏省精神病防治康复试点市。

2003年

2月10日，宜兴市精神病防治康复工作领导小组成立。

3月21日，宜兴市残疾人联合会印发《宜兴市残疾评定程序的通知》。

3月，宜兴市残疾人联合会创办宜兴市博爱培训学校。

4月7日，宜兴市残疾人联合会、市卫生局等单位联合印发《宜兴市精神病防治康复“十五”实施方案》。

4月10日，宜兴市残疾人联合会印发《宜兴市盲人定向行走训练服务“十五”试点工作实施办法》。

4月15日，宜兴市人民政府转发市残疾人联合会等三单位《关于改变征缴残疾人就业保障金办法的意见》的通知。

5月，宜兴市残联会同台北曹仲植基金会、常州国泰发展有限公司向400名重度下肢残疾人捐赠轮椅。

7月28—29日，宜兴市精神病防治康复工作技术指导组和宜兴市精神病防治康复工作办公室分别成立。

9月，肢残青年谈燕华在第六届全国残疾人运动会上夺得女子坐式排球比赛集体第一名。

10月9日，市政府批文同意宜兴市残疾人联合会参照公务员制度进行管理。

10 月，谈燕华随队赴日本参加亚太地区女子坐式排球锦标赛，获集体金牌。

11 月 5 日，宜兴市残疾人工作委员会印发《关于做好镇（园）残疾人工作联络员聘任工作的通知》，每镇聘任残疾人工作联络员 1 名，一年一聘，专职从事残疾人工作。

11 月，丁蜀镇残疾人马志刚在印度新德里举行的第六届国际残疾人职业技能比赛中，荣获制陶项目第四名。

12 月 10—15 日，宜兴市博爱培训学校举办第一期（为期 5 天）养殖技术培训班，全市各镇 40 多名残疾人参加培训。

12 月 19 日，宜兴市残疾人联合会工会委员会成立。

是年，全国少工委、中国残疾人联合会授予宜兴市丰义中心小学五（4）中队全国红领巾手拉手助残先进集体称号。

是年，由无锡和宜兴残联组织，朱抗美、刘云飞、周静芬等编导，市聋哑学校学生表演的小品《三个和尚新传》，在第四届江苏省盲、聋、智培学校学生艺术会演评选中获小品类一等奖，并被选送参加全国会演。市残联选送参加无锡市第二届残疾人工艺美术、书法、摄影比赛作品分别获美术类二等奖 1 件，紫砂类一等奖 1 件、二等奖 1 件、三等奖 2 件。聋哑人陈军在江苏省第三届残疾人服装设计比赛中获第三名。

2004 年

3 月，市残联博爱培训学校将出自肢残、智障残疾人学员之手的紫砂壶送往爱德基金会拍卖。

4 月 12 日，宜兴市残疾人康复和盲人定向行走训练服务试点工作领导小组成立。

4 月，全国政协副主席、中国爱德基金会董事长丁光训到宜兴市考察爱德农村社区康复项目工作。市领导史祖能、吴国成、钮颂坚等陪同考察。

5 月 21 日，市残联与中国联通宜兴分公司在市文化广场举行“假肢装配行动 · 中国联通百人光明行动”捐赠活动，市委常委、副市长杨亚君出席捐赠仪式。

5月，宜兴市盲人、聋人、肢残人协会和智力与精神残疾人亲友会成立，分别选举裴洪章、邵旭俊、张杰、钱洪军为各协会主席。

7月，中残联副理事长程凯专程到宜兴考察残疾人康复工作。省、无锡市残联有关负责人及宜兴市常务副市长杨亚君陪同考察。

8月，市残联与市劳动和社会保障局联合举办宜兴市首次残疾人就业招聘专场。100多位残疾人求职者中，有52人与用人单位达成就业意向。

9月，谈燕华（肢残）参加第十二届雅典残奥会，获坐式排球比赛集体冠军。

10月，聘薛慧芳任市残联执行理事会副理事长。

11月3日，中共宜兴市委办公室、市人事局、市编办、市财政局、市残联联合印发文件《关于加强镇（园）残联建设的意见》。

12月17日，市劳动和社会保障局印发《关于提高残疾人最低生活保障对象保障标准的通知》。

12月28日，市残联印发《关于扶持城乡残疾人培训就业（创业）基地的实施意见》和《关于对举办残疾人职业技能培训班实施补贴的意见》。

是年，宜兴市首位聋哑大学生邵旭俊毕业后在市教育印刷厂从事电脑排版工作，成为聋哑毕业生中被单位录用第一人。

是年，裴洪章（双目失明）创办印染助剂厂已10年，累计上缴国家税收200多万元，并解决20多名残疾人就业。

是年，市残联与中国联通开展“中国联通百人光明行动”，对贫困白内障患者进行免费手术。

2005年

1月，宜兴市残联与各乡镇政府联合聘请1名专职委员，并签订聘用合同。

3月19日，中残联常务副理事长吕世明到宜兴市考察基层残疾人组织建设工作。

3月，市民政局、市残联联合印发《开展对福利企业残疾职工进行素质培训的通知》。

是月，宜兴市创建全国乡镇残疾人工作试点市顺利通过验收，创建工作成绩得到中残联领导肯定。

4月，宜兴市残联在无锡市首届残疾人职业技能比赛中荣获团体三等奖和优秀组织奖。

是月，宜兴市夏淑君、谈燕华等12名残疾人被推荐为无锡市优秀人才，并上报江苏省残联。

4月30日，在无锡市首届残疾人职业技能竞赛中，宜兴市参赛选手王晓红（肢残）获女服制作第一名，陈军（聋哑）获女服制作第二名，欧亚平（肢残）获女服制作第四名，许媛媛（肢残）获海报设计第二名，王利群（肢残）获计算机组装第三名。

5月21日，宜兴市残联、市民政局和市劳动和社会保障局联合举办残疾人就业招聘大型专场洽谈会，全市共有27家企业现场招聘，提供岗位258个。300多名残疾人到场应聘。

5月，建筑面积3000平方米，集残疾人康复、教育培训、就业指导、文娱活动于一体的市残疾人综合服务中心正式投入使用。

是月，宜兴市残联投资30多万元建立社区残疾人康复训练活动室12个。

是月，市残联在无锡市技能比赛中获团体第三名；在第三届江苏省残疾人职业技能竞赛中，宜兴市选手蔡春英（肢残）获陶艺制作第一名，潘雪平（肢残）获陶艺制作第二名，王晓红（肢残）获女服制作第一名，陈军（聋哑）获男服制作第五名。

是月，市残联会同卫生局组织部分乡镇残联分管领导、理事长参观学习香港新生康复会精防业务工作并现场观摩。

8月，市委、市政府决定将占地面积3.33万平方米、建筑面积5400平方米的原市北郊中学置换给残联爱德培训学校，用作残疾人职业技能教学基地。

9月15—16日，省残联副理事长肖敏、CBM中国项目办公室主任蔡迎红、爱德基金会防盲特教部徐东安、无锡市残联副理事长许君等，出席在宜兴市残联召开的CBM社区康复项目专题研讨会。

9月26日，市残联组织开展全市贫困精神病人免费服药暨贫困肢残人免费假肢装配活动。

是日，市残联组织精神病康复工作试点乡镇、市卫生局等有关部门人员赴香港新生精神康复会参观学习，为期3天。

9月，紫砂微雕工马志刚（肢残）被江苏省委组织部、省劳动保障厅授予“江苏省技术能手”称号，工艺师夏淑君（肢残）被省政府授予江苏省有突出贡献高级技师称号。

11 月 10 日，宜兴市新平盲人推拿所被江苏省残疾人联合会命名为三星级盲人按摩示范单位。

11 月 30 日，在无锡市残疾人联合会“五星社区”创建评选活动中，宜城镇大同社区、张渚镇新华社区等 5 个社区（村）被评为五星示范社区。

11 月，宜兴肢残运动员徐晶晶在江苏省青少年田径锦标赛上分别获得 100 米、400 米 2 枚金牌。

是月，在全国第六届残疾人文艺会演中，市残联选送舞蹈《心与心不再遥远》获武汉区舞蹈类二等奖。

是年，中华慈善总会、美国 LDS 慈善协会、国际奥比斯与市残联确立援助合作关系。

是年，全国政协副主席丁光训，中国残联、省残联有关领导到宜兴市博爱培训学校视察和调研。

是年，宜兴市被中残联授予残疾人组织建设先进单位、残疾人就业先进单位、残疾人康复先进单位。

2006 年

1 月 19 日，市残联获得 2005 年无锡市残疾人工作综合考评二等奖，并获教育和培训工作、基层残联组织建设、康复工作 3 个单项工作先进奖。

2 月 2 日，中华慈善总会副会长邓铜山引进美国 LDS 慈善协会向市爱德培训学校捐赠折合人民币 6 万多元的教学器材。

2 月，市政府组织开展助残活动，走访慰问、结对帮扶、临时救济残疾人家庭 2417 户，救济钱物 53 万余元。

3 月，市残联“为培训、安置残疾人就业（创业）500 人以上，为 600 名贫困精神病人提供免费服药及康复服务，为 50 名贫困白内障患者提供免费复明手术”，被列入 2006 年市政府实事项目。

5 月 8 日，市残联开展全市各镇持证残疾人普查工作。

5 月 10 日，市残联印发《关于推进全市培训安置残疾人就业（创业）工作的实施意见》。

5月11日，市残联组织全市各镇残联理事长和专职委员开展业务综合知识和康复专题培训。

5月20日，市残联、市民政局、市劳动和社会保障局联合举办残疾人就业专场招聘洽谈会，共有31家企业提供就业岗位400多个，143名残疾人求职者当场与企业达成用工意向。

5月，市残联印发《关于在全市社区（村）残协选聘专职委员的通知》，6月上旬，全市259个行政村、96个社区残协专职委员全部选聘到位，专职委员补贴列入市财政常年预算。

6月，宜兴市蔡春英（肢残）、王晓红（肢残）被授予“江苏省技术能手”称号。

7月5日，无锡市残联、无锡市人事局联合印发《关于表彰“十五”期间无锡市残疾人工作先进集体和先进工作者的决定》，宜兴市残联、宜兴市财政局、宜兴市第二人民医院、宜城镇残联、鲸塘镇残联被评为先进集体，丁国强、潘志泉等7人被评为先进个人，宜兴市第二人民医院、张渚镇残联被评为康复工作先进集体，宜兴市爱德培训学校被评为教育工作先进集体，宜兴市宇星颜料厂、芳桥镇残联被评为就业先进集体，市远东电缆厂工会被评为维权工作先进集体，王加忠、钱岳龙、李晓红、史耀清被评为先进个人。

7月7日，中残联康复部主任曹跃进、省残联副理事长肖敏、无锡市残联理事长刘翔等，到宜兴调研盲人定向行走训练与服务工作。

7月27日，市委书记蒋洪亮出席“复明、助行、给药”大型捐赠活动。

9月21日，宜兴电视台手语新闻开播。

10月20日，爱德基金会、国际克里斯朵夫防盲协会（CBM）派人到宜兴市考察CBM合作项目。

10月，中残联盲协主席甘柏林到宜兴考察。至此，宜兴市盲人定向行走工作实践经验被中残联录入“全国‘十五’盲人定向行走训练服务实施方案”，在全国推广普及。

12月，在第三届全省残疾人职业技能比赛中，杨新平获得盲人保健按摩第三名。

是年，市残联在王府大楼设阳光心理咨询室，开展心理咨询服务。

是年，全市镇（园）残联建立综合残疾人协会。

是年，在中残联、香港康复会举办的全国视力康复技术指导培训会议上，宜兴市做交流发言，题为《社区康复十年发展成果与经验》。

是年，宜兴市聋哑学校更名为宜兴市特殊教育学校。教育部基建司特教处、省教育厅、省特殊教育学会、无锡市教育局代表到场祝贺。

2007年

2月，市残联“安排300名残疾人培训、就业”被列入2007年市政府实施项目。

同月，市博爱生态农业有限公司被确定为2006年度省级残疾人扶贫示范基地。

4月6—8日，市残联康复科科长戴菊华受邀参加在上海举行的中国残联/CBM合作项目专家评审会暨研讨会。

4月，市残联举办乡镇理事长和专职委员康复业务培训，为期7天。

5月，宜兴市残疾人谈燕华代表江苏队参加在昆明举办的全国第七届残疾人运动会，获坐式排球集体第一名，个人被大赛组委会授予体育道德风尚奖；残疾人徐晶晶获田径项目跑步第四名。

7月16日，市残联、市劳动和社会保障局联合印发《关于做好残疾失业人员登记工作的通知》。

7月31日，宜兴市人民政府残疾人工作委员会印发《宜兴市残工委关于扶助残疾人和残疾人事业发展操作意见（试行）》。

7月，宜兴市残疾人艺术协会成立。

10月11日，市国税局、市地税局、市民政局、市残联联合签发《层转〈国家税务总局、民政部、中国残疾人联合会关于促进残疾人就业税收优惠政策征管办法的通知〉的通知》。

10月31日，江苏省残疾人联合会印发《关于表彰全省优秀残疾人专职委员的决定》，官林镇官林村残协宗正梅被列为全省优秀残疾人专职委员。

11月21日，市国税局、市地税局、市财政局、市民政局、市残联联合签发《转发省国税局 省地税局 省财政厅 省民政厅 省残联〈关于认真贯彻落实国家促进残疾人就业税收优惠政策的意见〉》。

是年，宜兴市盲人定向行走工作训练服务经验被中国残联收入《全国残疾人事业“十一五”规划实施方案》并推广。

2008 年

1 月 24 日，宜城街道城南社区、张渚镇西街社区等 14 个社区（村）被无锡市残联命名为第二批无锡市残疾人工作五星级社区。

1 月 30 日，市残联获无锡市 2007 年度目标管理考核综合三等奖，获单项特色工作优秀奖。

1 月，宜兴市委、市人大、市政府、市政协领导出席在市政府会议中心多功能厅举行的大型助残捐赠活动。

2 月，市残联“对 220 名贫困残疾人免费培训，对 200 名残疾人实现就业，为 250 名白内障患者免费手术，为 250 名耳聋者免费听力康复，为 80 名贫困重度下肢残疾人免费装配假肢、矫形器及康复训练”，被列入 2008 年市政府实事项目。

3 月，在全市范围内开展白内障患者免费筛查和诊断活动，648 名眼疾患者接受筛查。

4 月 18 日，无锡市人民政府、残疾人工作委员会转发《关于表彰无锡市第三届“十佳”残疾人自强模范和“十佳”助残先进集体（个人）的决定》，宜兴市马俊锋被授予残疾人自强模范荣誉称号，宜兴市永信稀土贸易有限公司李效平被授予“十佳”助残先进集体（个人）荣誉称号。

5 月，市残联联合市卫生局举办精防医生、镇（街道）理事长、专职干事业务培训班，参加培训人员共计 80 名。

7 月 1—3 日，国际克里斯朵夫防盲协会（CBM）社区康复专家利兹·克劳斯女士（Dr Liz Cross）在 CBM 中国项目办公室主任蔡迎红陪同下，到宜兴考察残疾人社区康复工作。

7 月 11 日，无锡市残联理事长刘翔一行到宜兴调研对残疾人组织建设、社会保障、服务体系等情况。

7 月 29 日，市残联举行“牵手盲人，走进奥运”调频收音机捐赠活动。

8 月 19 日上午，宜兴市举行“奉献爱心，扶残助学”结对仪式。市委、市政府主要领导，市政府残疾人工作委员会成员单位领导，各镇、街道分管领导、残联理事长、专职干部及资助方、受助方参加仪式。

8月20日，宜兴市开展江苏省“社区康复示范市”创建活动。

9月，肢残运动员谈燕华代表中国女子坐式排球队参加第十三届北京残奥会，获团体金牌。

10月9日，宜兴市残疾人第四届代表大会在宜兴大酒店召开。大会选举张听宝为宜兴市第四届残疾人联合会主席团主席，闵曲成、王卫为副主席（兼），推举闵曲成为宜兴市残联执行理事会理事长，聘薛慧芳为宜兴市残联执行理事会副理事长。

12月9日，宜兴市创建江苏省残疾人社区康复先进市工作，顺利通过省检查组验收。同时，正在开展的全国首个“农村社区康复示范项目”，以及“盲人定向行走”项目被中残联在全国推广。

是年，宜兴市被确定为省级残疾人社区康复先进市。

是年，宜兴市成立全省首个县级市助残基金组织——江苏博爱助残基金会。

是年，宜兴市被评为全国基层残疾人组织规范化建设达标县（市、区）。

是年，市残联积极做好“白内障无障碍市”的创建和验收准备工作。

2009年

年初，市政府发布《关于切实做好稳定全市残疾人就业工作的通知》。

2月25日，市残联印发《致全市福利企业残疾职工的公开信》，在《宜兴日报》全文刊登。

5月13日，市残联创办“市勤丰鞋业”残疾人创业基地，解决12名残疾人就业。同月，丁蜀“德记壶庄”解决20多名残疾人就业，被市残联授牌“宜兴市残疾人就业基地”。

是月，夏淑君等10名残疾人被评为宜兴市残疾人“自强创业之星”。

是月，市人大副主任杨亚君一行，专题调研全市残疾人就业工作。

是月，残疾人马志刚、蔡春英参加清华大学美术学院工艺美术系陶艺创作专业培训，为期2个月。

8月17日，市人民政府副市长张听宝为部分低保学生发放助学金。市残联举行“励志成才座谈会”，45名残疾学生听取残疾人夏淑君、夏正平、魏平事迹报告。

是月，无锡市举行第三届残疾人职业技能竞赛，宜兴市残疾人选手18名参加，获团体总分第一名，市残联获优秀组织奖。残疾人陈军、王小红、周迅分别获男服制作、女服制作、盲人保健按摩第一名。陈军等6名残疾人获2009年度“无锡市技术能手”荣誉称号，邵亚勤等4名残疾人获技能展示表演奖。

是月，由市残联牵头，28家企业向28名特困残疾家庭学生发放扶残助学款8.4万元。

9月27日，市残联全体工作人员参加手语培训班。

10月8日，市博爱家园残疾人托养中心揭牌。

10月，宜兴市作为“阳光·艺术·活力”2009上海残疾人艺术博览会活动的协办单位，选送20多名残疾人的陶艺作品100多件，参加展览。高级工艺美术师夏淑君、紫砂艺人马志刚和蔡春英现场表演紫砂工艺制作。

11月，中国残疾人联合会副理事长程凯到宜兴考察残疾人工作。

12月9日，江苏省残疾人联合会副理事长李新平一行考察宜兴市残疾人工作。

12月18日，CBM中国办公室和市残联联合在竹海国际会议中心举办社区康复研讨会。

12月，CBM中国办公室国家代表蔡迎红和项目官员谢燕云考察宜兴市社区康复项目。

12月，江苏远东慈善基金会邀请“湖南张海迪”李丽，到宜兴爱德培训学校为参加市技能培训的残疾人上心理辅导课，看望托养中心智力残疾儿童，在德记壶庄了解残疾人就业情况。并与市优秀残疾人代表杨新平、夏淑君、夏正平、钱岳龙交流奋斗经历。

是年，市爱德培训学校内部设施改造工程列入2009年度市政府投资建设项目。

是年，市博爱生态农业有限公司钱岳龙被评为无锡市劳动模范。

是年，高级工艺美术师，夏淑君（肢残）获国务院政府特殊津贴。

是年，爱德培训学校被确定为江苏省残疾人职业培训示范基地。

是年，博爱家园残疾人综合服务中心成立，为残疾人提供日间照料、康复治疗、文体活动、法律维权等服务。

2010年

5月，远东慈善基金会出资创办全国首条残疾人创业街。

是月，在宜兴市首届青年创新创业大赛上，“王俊推拿”在参赛的60多个项目中脱颖而出，获得“十佳创业项目奖”。

6月30日，著名演员金巧巧向市爱德培训学校捐赠电脑50台，供残疾人使用，并成立“巧巧电脑培训班”。

6月，残疾人杨新平、钱岳龙分别获得江苏省第四届“创业之星”称号。

是月，残疾人魏平、余虹云分别被上海世博会英国馆录用为向导。

9月，无锡市应未广告传媒有限公司创建全市首个“残疾人大中专毕业生就业见习实训基地”。

11月15日，盲人推拿师王俊赴南京参加第二届江苏省农村青年创业项目大赛。

是年，低保重残人员的生活救助金从每人每月50元，提高至每人每月65元。

是年，紫砂艺人马志刚创作的紫砂微雕作品《万众一心》，经市残联推荐获得由“中国世界记录协会”颁发的世界记录证书和世界之最证书。

是年，钱岳龙获“江苏省自强模范”光荣称号。

2011年

1月26日，宜兴市2010年度残联工作总结表彰大会召开。

春节和全国助残日期间，市、镇（园区、街道）向3685户特困残疾人家庭送去慰问金、慰问品等，共计178万元。

5月13日，中央电视台、《人民日报》（海外版）、《劳动保障》等七大国家级媒体采访并报道宜兴市残疾人培训、就业、创业特色和残疾人蔡春英先进事迹。

6月，残疾人蔡春英、范月琴分别获得第四届全国残疾人职业技能竞赛陶艺组第一、第二名。

是月，市残联选派残疾人运动员参加全国第八届残疾人运动会，王珺获男子团体70米反曲弓团体赛冠军，同时打破全国记录和世界记录。徐晟获得男子50米复合弓淘汰赛个人亚军和男子团体50米复合弓淘汰赛季军。

谈燕华、王莉、金韵获得女子坐式排球团体冠军。

9 月，宜兴市残疾人蔡春英参加在韩国首尔举行的第八届国际残疾人职业技能竞赛，获第四名，同时被人力资源和社会保障部授予“全国技术能手”称号。残疾人夏淑君获“江苏省工艺美术名人”称号。

是月，残疾人钱岳龙被评为“江苏省劳动模范”。

是月，高位截瘫残疾人葛知入选“自强不息江苏好青年百人榜”。

10 月 8 日，市博爱生态农业有限公司董事长钱岳龙发起成立爱德林果种植生态合作社，成为苏南地区首家由残疾人组成的农民专业合作社，残疾人社员 36 名。

10 月 21 日，无锡各市区残联理事长、副理事长和办公室主任参加宜兴市残疾人培训中心主办的残疾人培训就业论坛。

10 月 27 日，宜兴市政协副主席钱胜华一行 8 人视察市残联博爱家园残疾人托养中心、爱德残疾人培训学校、重度残疾人托养中心建设工程。

11 月 11 日，省残联教育就业处处长胡乃亮、无锡市副理事长朱永彬、教育就业处处长马秋生等一行，到宜兴督查指导 2011 年度省政府重点助残实事工程。

是月，宜兴市残疾人劳动就业服务所更名为“宜兴市残疾人就业创业管理中心”。为市残疾人在劳动就业、职业培训、盲人按摩行业管理等方面提供服务。

是月，宜兴市盲人协会会长杨新平到湖南长沙参加第五届全国盲人理事会会议，并做《坚持以人为本理念、保障盲人按摩院健康发展》论文交流。

12 月，杨新平撰写的《提拉旋颈搬法治疗 50 例上段推动脉型颈椎病体会》获省优秀论文奖，并做交流发言。

12 月 29 日，市委发文任命杭仁育为宜兴市残联理事长。

是年，中残联职业技术竞赛筹备办公室发函，选派宜兴市丁蜀职业高级中学学生丁梦娇参加全国残疾人职业技能竞赛聋人模特表演队。

是年，宜兴市盲人协会被评为全国盲人协会先进集体。

是年，市级机关党组织义工继续开展与 100 户贫困残疾人家庭结对帮扶活动。

2012年

年初，市残联向市委、市政府提交《稳定福利企业和残疾人就业工作的建议和意见》，“宜兴市重度残疾人托养中心建设工程”项目继续列入2012年度市政府实事项目。

4月18日，宜兴市残联第四届主席团决定，聘杭仁育为主席团副主席，并推举杭仁育任市残联理事长。

5月7日，调整宜兴市残疾人康复工作办公室成员，副市长吴青峰任主任，王卫、杭仁育、吴辉任副主任，王欣等8人为成员。

5月30日，成立宜兴市残疾人“人人享有康复服务”审评工作领导小组和专家指导组。领导小组由副市长吴青峰任组长，王卫、杭仁育、吴辉任副组长，王欣等8人为成员；专家指导组由王欣任组长，赵彦平、吴小忠任副组长，戴菊华等8人为成员。

5月，盲人杨新平代表中残联参加第11届世界联盟亚太区盲人学术研讨会。

是月，市残联、市人力资源和社会保障局、市总工会举办市首届残疾人职业技能竞赛。92名残疾人选手参加电焊、女服制作、服装裁剪、计算机组装、陶艺制作、盲人保健按摩等6个项目竞赛，33人获奖。其中被授予“宜兴市技术标兵”荣誉称号的6人，对其他获奖选手授予“宜兴市技术能手”荣誉称号。

是月，市残联会同市级机关党工委联合召开先进党组织、优秀党员义工表彰会。同时，启动第二轮“结对帮扶”工作。

7月，在无锡市残疾人职业技能选拔赛中，市残联选送残疾人选手9名，参加计算机组装、CAD制图、女服制作等6个项目选拔赛。宜兴市获得团体总分第三名。陈军、蒋丽英分别获女服制作项目第一、第二名，王利群、戴方元、陈福军分别获计算机组装、CAD制图、盲人保健按摩项目第三名。

9月1日起，实施宜兴市各医疗保险定点机构纳入基本医疗保险的部分医疗康复项目管理。

9月，市政府调整残疾人工作委员会人员：副市长吴青峰任主任，市残联理事长杭仁育、市卫生局长钱西元、市政府办公室副主任王卫任副主任，薛慧芳等30人为成员。

是月，盲人杨新平、王俊、陈福军等，参加无锡首届盲人学术及管理交流会。

是月，残疾人谈燕华参加第十四届伦敦残奥会女子坐式排球比赛，获团体冠军。

10月，市残联创建奇奇农疗中心，为病情稳定的精神残疾人设立农疗劳动项目。

11月，盲人杨新平、王俊参加江苏省盲人学术研讨会，王俊获优秀论文奖。

是年，市残联组织残疾人参加陶艺制作、盲人推拿等中长期技能培训、企业岗位技能培训和种植、养殖等实用技术培训，受训383人。培育残疾人就业创业基地30个，安置和辐射带动残疾人就业创业300多名。

是年，高级工艺师，残疾人夏淑君创办国家技能大师工作室。

是年，宜兴市新平盲人按摩所所长杨新平被评为“无锡市劳动模范”。

是年，残疾人王紫陶、刘丹参加江苏省青少年游泳锦标赛，获金牌2枚、银牌3枚、铜牌1枚。

是年，市博爱生态农业有限公司董事长钱岳龙获第三届全国残疾人“自强创业之星”和第十届全国“创业之星”称号和江苏省第五届“创业之星”称号，并参与央视《经济生活大调查》节目录制。

是年，市新平盲人按摩所所长盲人杨新平获第十届全国“创业之星”、江苏省第五届“创业之星”、“无锡市劳动模范”称号。

是年，盲人推拿师王俊获得第三届宜兴“青年五四奖章”。

是年，市委组织部、市残联联合部署开展农村基层党组织助残扶贫工程。同时开展特困残疾人送温暖活动，对“低保或低保边缘的一户多残、依老养残、重残人员家庭”的住房进行修缮。

是年，市残联创办丁蜀、高塍、万石等8个镇（街道）残疾人安养院。

是年，市残联组织各镇（街道）残疾人托养机构的护理员参加托养专业技能培训2次，由日本凯尔关爱护理株式会社专家授课。

2013年

1月，市残联成立规范化建设领导小组，制订《宜兴市残疾人就业服务机构规范化建设实施方案》。市残疾人就业创业管理中心通过省残疾人就业服务机构规范化达标建设考评验收。

3月28日，宜兴市残疾人第五届代表大会在宜兴市绿漪园大酒店召开。大会选举吴青峰为主席团主席，杭仁育、王林俊为主席团副主席，推举杭仁育为宜兴市残联执行理事会理事长，提名吴亚琴、戴菊华、储云南（兼）为宜兴市残联执行理事会副理事长。

5月，市残联设立信访维权办公室。

6月，市人社局、市残联、残联下属爱德培训学校和宜城成校共同创办宜兴市首届残疾人自主创业培训班，引进由联合国劳工组织开发、为有愿望开办残疾人自己的中小企业而量身定制的培训项目SYB（START YOUR BUSINESS意为“创办你的企业”）。

8月，市残联在市法律援助中心大厅设立市残疾人法律维权服务站。

11月，市残联会同市人民法院等9个部门联合制定出台《宜兴市关于加强残疾人法律救助工作的实施意见》。

是年，在无锡市第四届残疾人职业技能竞赛中，市残联获无锡市第四届残疾人职业技能竞赛总分第二名，瞿建明获服装裁剪第一名，储强、陆双龙分别获美发第一、第二名。瞿建明、储强获“无锡市技术能手”称号。

是年，省宜中高二肢体残疾学生刘韫韬参加在泰国举办的“全球残疾青年信息技术挑战赛”。

是年，爱德培训学校被中残联评为首批国家级残疾人职业培训基地。

是年，宜兴市被省残工委评为全省残疾人“人人享有康复服务”先进市。

是年，市残疾人康复中心被评为省级先进集体。

是年，市孤独症儿童成长中心教育模式获无锡市残联创新工作奖。

是年，市残联举行博爱家园残疾人托养中心入托仪式，原残疾人综合服务中心日托残疾人并入托养中心照料。

2014年

5月，市残联会同市文广新局在宜兴陶瓷博物馆举办“陶乐人生”宜兴市残疾人陶艺展。

是月，市残联会同市盲人协会，开展“残健共融、幸福共享”国际盲人节主题活动。

6月17日至19日，爱德培训学校承办江苏省残疾人岗位精英职业技能暨江苏省第五届残疾人职业技能竞赛（陶艺、木雕项目）。

6月，宜兴市残疾人“博爱家园”双基工程实施领导小组成立，下设2个工作小组：宜兴市社区卫生服务中心康复站推进工作小组、宜兴市残疾人安养院工作推进工作小组。

7月，宜兴市盲人门球队代表无锡参加江苏省第九届残疾人运动会盲人门球比赛，获团体第三名。

7月18日，宜兴市举行残疾人“博爱家园”双基工程推进会，市残联理事长杭仁育就双基工程的实施作工作部署，官林镇、屺亭街道、芳桥街道代表作会议发言，市政府副市长吴青峰讲话。

是年，在第五届江苏省残疾人职业技能竞赛中，范月琴获陶艺制作第一名。在第五届全国残疾人职业技能竞赛陶艺组中，范月琴、范培君分别获得第一、第八名。

是年，市残联组织全市18个镇街道残联理事长、市残联中层干部及下属机构负责人31人赴省党校培训学习。

是年，市残联组织举办第二届残疾人紫砂精品展。其中，一、二等奖6件作品选送参加青岛世界园艺博览会“世外陶园”紫砂作品展。

是年，残疾陶艺人员组成爱德陶艺社，并成立爱德陶瓷艺术文化有限公司。

是年，爱德陶艺社7位残疾人社员作为第一批结对帮扶对象，与7位省级以上大师结对。

是年，市残联开展就业年龄段持证残疾人就失业情况调查工作，全市调查对象为14840人，实际调查14604人，录入信息系统14557人。

是年，“博爱家园双基工程”被列为宜兴市政府为民办实事工程。

2015年

1月12日，无锡市残联副理事长王元赴芳桥督查全国残疾人专项调查工作。

4月，市残联举办第二届残疾人职业技能竞赛。

4月29日，副省长许津荣到宜兴调研残疾人工作情况。

5 月，奇奇农疗中心在万达广场开展“关注精神健康，共享和谐阳光”爱心义卖活动。

5 月 19 日，市残疾儿童康教结合基地在红塔医院揭牌。

5 月 20 日，爱德陶艺社第二期大师结对仪式在宜兴陶瓷博物馆举行。

同月，“全国助残日”期间，市残联牵头举办助残专题活动 10 个；全市各级各部门走访慰问贫困残疾人家庭 380 户，送去慰问品、慰问金，共计 125 万元。

5 月 21 日，市残联组织残疾学生参加无锡市首届特殊教育学生文艺汇演，选送器乐类节目《鼓舞心声》获第一名，小品《雏鹰展翅》获第二名。

6 月 16 日，宜兴市美术家协会赴爱德培训学校举办义务助残笔会。

6 月 19 日，市残联党支部组织党员赴张渚红色文化纪念馆开展“七一”纪念活动。

7 月 9 日，市政府召开“双基工程”推进现场会，组织各镇、街道有关人员到湖㳇镇 、张渚镇社区卫生服务中心康复站现场参观。同时，市残联按照工作重点，积极推进“双基工程”社区卫生服务中心康复站规范化建设。

7 月 12 日，宜兴市残联系统领导干部培训班在上海复旦大学开班。

8 月 17 日，市残联党支部在托养中心举行支部委员会换届选举大会。

8 月 19 日，2015 年度残疾学生教育专项补贴发放仪式在市政府会议中心第一会议室举行。

9 月 7 日，市残联联合宜兴市欢乐义工站，组织盲人开展主题为“你是我的眼”公益助残观映活动。

9 月 18 日，《印象宜兴》谢超系列油画作品在宜兴城市美术馆展出。

9 月 23 日，市残联、市人社局在市人力资源市场举办残疾人专场招聘会。

10 月 10 日，奇奇农疗中心开展广场义卖活动，市民踊跃购买精神康复者种植的蔬菜。

10 月 14 日，“爱满金秋”盲人好声音选拔赛暨庆祝第三十二个国际盲人节活动在爱德培训学校报告厅举行。

10 月 16 日，无锡市政协委员宜兴联系小组成员视察市残疾人工作。

10 月 20—22 日，第五届苏浙沪孤独症教学会议在市残疾人托养中心召开。

11月10日，爱德培训学校申报的“陶艺培训项目”高质量通过省残疾人就业创新（创优）工作项目初审。

11月17日，三星车险“集善之家”项目落户宜兴。

11月26日，市残联选送3个节目参加无锡市残疾人文化艺术精品活动展演。其中，演讲《请忽略我的腿》获一等奖。

12月2日，市残联会同市人社、发改、卫生、民政等部门对2015年度政府实事工程——“博爱家园”双基工程考核验收。

12月3日，市残联举办“共享幸福，让爱快乐绽放”庆祝国际残疾人日专项演出。

12月5日，“博爱家园”儿童成长中心举办“达尔克罗兹音乐律动教学法”培训班。

12月6日，上海交通大学医学院附属新华医院康复医学科与红塔医院举行党支部共建签约仪式，由红塔医院出资筹建的脊柱侧弯康复中心将于2016年建成运行。

12月16日，奇奇农疗中心开展精神康复者趣味运动会。

12月21日，市残联举办“爱德讲堂”。

12月28日，爱德学校举办亚明四方壶培训班结业典礼。同日，成立紫砂校友会。

12月31日，“博爱家园”儿童成长中心举办迎元旦活动。

是年，重度残疾人护理补贴由100元提高到120元。

是年，在全国第五届残疾人职业技能竞赛中，肢体残疾人瞿建明获服装裁剪项目第五名。

是年，在无锡市残疾人职业技能选拔赛中，听力残疾人谢超获水彩绘画第二名，肢体残疾人吴展鸿获第四名。

是年，在中国第三届推拿按摩大赛中，视力残疾人王俊获“十佳精英奖”第二名。

是年，市残联专项调查办公室完成“全国残疾人基本服务状况和需求专项调查”工作，被省残工委评为先进集体。邹云、刘小燕、吉建君、尤忠明、方顺芬被评为省优秀调查员。

第一章　组织机构

1990年，经宜兴市人民政府同意，宜兴市残疾人联合会筹备小组成立。1994年，宜兴市残疾人联合会筹备小组更名为宜兴市残疾人工作协调委员会。2007年，宜兴市残疾人工作协调委员会更名为宜兴市政府残疾人工作委员会。与残疾人事业相关单位为成员单位。

1991年12月，宜兴市政府根据中国残疾人联合会、江苏省残疾人联合会关于加强基层残疾人组织建设的要求，成立宜兴市残疾人联合会。1992年5月至12月，全市各镇（乡）相继成立残疾人联合会，镇（乡）居委、村成立残疾人协会。2004年，成立残疾人专门协会。

至2015年，宜兴市各级各类残联人组织建设基本规范和完善。

第一节 宜兴市人民政府残疾人工作委员会

1990年12月，宜兴市人民政府根据国务院办公厅、江苏省人民政府和无锡市人民政府锡有关文件精神，同意市民政局关于成立宜兴市残疾人联合会筹备领导小组的请示。同月16日，宜兴市残疾人联合会筹备领导小组正式成立，由刘湘根、薛根荣、邹劭卿、华学文、闵怀良、钱忠道、石锁才、章晓根八位同志组成。刘湘根任组长，薛根荣任副组长。筹备领导小组办公室设在市民政局。由薛根荣兼任办公室主任。筹备领导小组后改名为宜兴残疾人事业领导小组。

1994年9月，经宜兴市人民政府研究决定，将宜兴市残疾人事业领导小组更名为宜兴市人民政府残疾人工作协调委员会。同时对协调委员会成员作相应调整，调整后宜兴市人民政府残疾人工作协调委员会：副市长沈根福担任主任，市政府办公室副主任任立新、市残联理事长杨德新担任副主任，市民政局局长丁连云、市劳动局局长刘伯金、市卫生局副局长张爱娣、市教委副主任潘德胜、市委宣传部副部长戴锡南、市计经委副主任朱和生、市体委副主任路凤芝、市计生委副主任崔巍、市财政局局长张国华、市公安局副局长黄军生、市司法局副局长杨勤华、市文化局局长周良君、市广播电视局局长夏汉忠、《宜兴日报》社副总编邹高中、市工商局局长柴玉龙、市人事局副局长罗听方、市税务局副局长严祝雨、市总工会副主席张文仙、市妇联副主席葛俊芬、团市委书记周中平等为成员。

市人民政府残疾人工作协调委员会主要职责为综合协调全市残疾人事业的方针、政策、法规、规划、计划的制定和实施工作，协调解决残疾人工作中的重大问题。协调委员会下设办公室，负责具体工作，办公室主任由杨德新兼任，办公地点设在市残联。

1995 年，鉴于市残疾人工作协调委员会部分成员工作变动，宜兴市人民政府发文《关于调整市残疾人工作协调委员会部分成员的通知》，调整后人员组成：市委常委、副市长杨亚君担任主任，市政府办公室副主任丁孟洪、市残联理事长杨德新担任副主任，市民政局局长丁连云、市劳动局局长刘伯金、市卫生局副局长张爱娣、市教委副主任潘德胜、市委宣传部副部长戴锡南、市计经委副主任朱和生、市体委副主任路凤芝、市计生委副主任崔巍、市财政局局长张国华、市公安局副局长黄军生、市司法局副局长杨勤华、市文化局局长周良君、市广播电视局局长夏汉忠、《宜兴日报》社副总编张澍、市工商局局长柴玉龙、市人事局副局长罗听方、市税务局副局长胡金泉、市地税局副局长严祝雨、市总工会副主席杨培林、市妇联副主席葛俊芬、团市委书记周中平等为成员。

1996 年，鉴于市政府残疾人工作协调委员会部分成员工作变动，宜兴市人民政府发文《关于调整市政府残疾人工作协调委员会的通知》，调整后人员组成：市政府副市长熊志安担任主任，市政府办公室副主任张听宝、市残联理事长杨德新担任副主任，市民政局局长丁连云、市劳动局副局长陈培余、市卫生局副局长周荣生、市教委副主任潘德胜、市委宣传部副部长庄康勇、市体委主任路凤芝、市计生委副主任崔巍、市财政局局长张国华、市公安局副局长黄军生、市广播电视局局长夏汉忠、《宜兴日报》社副总编张澍、市工商局副局长赵胜元、市人事局副局长朱云、市国税局副局长许洪良、市地税局副局长严祝雨、市总工会副主席曹明军、市妇联副主席陈永红、团市委副书记许伟英等为成员。

1997 年，鉴于市政府残疾人工作协调委员会部分成员工作变动，宜兴市人民政府发文《关于调整市政府残疾人工作协调委员会部分成员的通知》，调整后人员组成：市委副书记、常务副市长李志浩担任主任，市政府办公室副主任张听宝、市残联理事长杨德新担任副主任，市民政局局长丁连云、市劳动局副局长陈培余、市卫生局副局长周荣生、市教委副主任潘德胜、市委宣传部副部长庄康勇、市体委主任路凤芝、市计生委副主任崔巍、市财政局局长张国华、市公安局局长黄军生、市司法局副局长杨勤华、市文化局局长周良君、市广播电视局局长夏汉忠、《宜兴日报》社副总编张澍、市工商局副局长赵胜元、市人事局副局长朱云、市国税局副局长许洪良、市地税局副局长严祝雨、市总工会副主席曹明军、市妇联副主席陈永红、团市委书记许伟英等为成员。

1999年，鉴于市政府残疾人工作协调委员会部分成员工作变动，宜兴市人民政府发文《关于调整市政府残疾人工作协调委员会部分成员的通知》，调整后人员组成：由市委常委、市政府常务副市长杨亚君担任主任，市政府办公室副主任王旻明、市民政局副局长、市残联理事会理事长丁国强担任副主任，市劳动局副局长陈培余、市卫生局副局长史伟明、市教委副主任潘德胜、市委宣传部副部长许锡生、市体委副主任陆洪斌、市建委副主任朱乾辉、市计生委副主任崔巍、市财政局副局长吴培元、市公安局副局长吴自强、市文化局党委副书记欧士平、市广播电视局副局长朱再复、《宜兴日报》社副总编孙全芳、市工商局副局长葛树瑾、市地税局副局长潘曙光、市总工会副主席曹明军、市法制局副局长郭谊平、市妇联副主席陈永红、团市委副书记马卫明、市民政局副主任科员曹全松等为成员。协调委员会下设办公室，具体负责日常工作，由丁国强兼任办公室主任，曹全松任办公室副主任，办公地点设在市残联。

2003年，鉴于市政府残疾人工作协调委员会部分成员工作变动，宜兴市政府发文《关于调整市政府残疾人工作协调委员会部分成员的通知》，调整后人员组成：市委常委、常委副市长杨亚君担任主任、市政府办公室副主任汤卫平、市残联理事长丁国强、市卫生局局长史洪祥担任副主任，市民政局副局长朱华平、市劳动和社会保障局副局长陈培余、市卫生局副局长史伟明、市教育局副局长柳志贤、市委宣传部副部长许锡生、市体育局副局长陆洪斌、市建设局副局长朱乾辉、市计生局副局长潘永清、市财政局副局长吴菊芳、市公安局副局长卢顺祥、市人事局副局长朱云、市国税局副局长许洪良、市地税局副局长潘曙光、无锡市宜兴工商局副局长卞根宝、市司法局局长助理史耀清、市文化局调研员欧士平、市广播电视局副局长蒋永芳、《宜兴日报》社副总编冯乐心、市总工会副主席曹明军、市妇联副主席苏云霞、团市委副书记方力、市残联副理事长曹全松等为成员。

2005年，市政府办公室发文《关于调整市残疾人工作协调委员会成员的通知》，调整后的成员组成：市政府副市长华学文担任主任、市残联理事长丁国强、市卫生局局长史洪祥、市政府办公室副主任夏正愚担任副主任，市委宣传部副部长许锡生、市劳动社会保障局党组书记、副局长张爱国、市民政局副局长朱华平、市卫生局党委副书记程骏、市教育局副局长柳志贤、市体育局副局长陆洪斌、市建设局党委书记葛俊芬、市人口与计划生育局副局长李莉、市财政局副局长吴菊芳、市公安局副局长卢顺祥、市人事局副局长朱云、市国税局副局长许洪良、市地税局副局长严郓、宜兴工商局副局长卞根宝、市司法局副局长蒋展新、市文化局党委副书记陈海平、市广播电视局副局长潘玉花、《宜兴日报》社党总支副书记朱迅、市总工会副主席马敏、市残联副理事长曹全松、市残联副理事长薛慧芳等为成员。委员会下设办公室，由丁国强同志兼任办公室主任，办公室地点设在市残联。

2007年，根据国务院办公厅《关于国务院残疾人工作协调委员会更名及调整有关组成人员的通知》精神，宜兴市政府残疾人工作协调委员会更名为宜兴市政府残疾人工作委员会。

2008年，市政府研究决定调整市政府残疾人工作委员会组成人员。调整后的人员组成：市政府副市长张听宝担任主任，市残联理事长闵曲成、市卫生局局长吴辉、市政府办公室副主任王卫担任副主任，市委宣传部副部长马建成、市委农办副主任朱孟彬、市民政局副局长邵伯坤、市卫生局副局长王欣、市劳动和社会保障局副局长蒋定芳、市教育局副局长柳志贤、市建设局党委副书记周洪芬、市城管执法局副局长蒋庆源、市规划局副局长贾俊、市发改局副局长张福元、市经贸局副局长蒋荣金、市体育局副局长魏宜明、市财政局副局长吴菊芳、市人事局副局长翟剑云、市公安局副局长卢顺祥、市司法局副局长史耀清、市人口与计划生育局副局长王金英、市文化局党委副书记陈海平、市法制办副主任陈一军、市科技局副局长温秀芳、市统计局副局长程婷娟、宜兴工商局副局长冯学锋、市国税局副局长阚国琪、市地税局副局长庞德征、市广电局党委副书记王立明、《宜兴日报》社副总编冯乐心、市机关党工委纪委书记王洁、市总工会副主席王继青、团市委副书记任飞、市妇联副主席杜颖、市残联副理事长薛慧芳等为成员。委员会下设办公室，由闵曲成兼任办公室主任、办公室设在市残联。

2009年，市政府办公室发文《关于调整市政府残疾人工作委员会组成人员的通知》，调整后的人员组成：市政府副市长华学文担任主任，市残联理事长闵曲成、市卫生局局长吴辉、市政府办公室副主任王卫担任副主任，市委宣传部副部长马建成、市委农办副主任朱孟彬、市民政局副局长邵伯坤、市卫生局副局长王欣、市劳动和社会保障局副局长蒋定芳、市教育局副局长柳志贤、市建设局党委副书记周洪芬、市城管执法局副局长蒋庆源、市规划局副局长贾俊、市发改局副局长张福元、市经贸局副局长蒋荣金、市体育局副局长魏宜明、市财政局副局长吴菊芳、市人事局副局长翟剑云、市公安局副局长卢顺祥、市司法局副局长史耀清、市人口与计划生育局副局长王金英、市文化局党委副书记陈海平、市法制办副主任陈一军、市科技局副局长温秀芳、市统计局副局长程婷娟、宜兴工商局副局长冯学锋、市国税局副局长阚国琪、市地税局副局长庞德征、市广电局党委副书记王立明、宜兴日报社副总编冯乐心、市机关党工委纪委书记王洁、市总工会副主席王继青、团市委副书记任飞、市妇联副主席杜颖、市残联副理事长薛慧芳等为成员。委员会下设办公室，由闵曲成兼任办公室主任、办公室设在市残联。

2011年，市委发文，提名杭仁育为宜兴市残联执行理事长候选人。

2012年，市政府办公室发文《关于调整市政府残疾人工作委员会组成人员的通知》，调整后人员组成：市政府副市长吴青峰担任主任，市残联理事长杭仁育、市卫生局局长钱西元、市政府办公室副主任王卫担任副主任，市委宣传部副部长马建成、市委农办副主任朱孟彬、市民政局党委副书记杭洪祥、市卫生局副局长王欣、市人力资源和社会保障局副局长蒋定芳、市教育局副局长柳志贤、市建设局党委副书记蒋小青、市城市管理局副局长蒋庆源、市规划局副局长贾俊、市发改委副书记程志兴、市经信委副主任蒋荣金、市体育局副局长魏宜明、市财政局副局长史耀清、市人口与计划生育委员会副主任王金英、市文广新局党委副书记杭科军、市法制办副主任陈一军、市科技局副局长张静、市统计局副局长程婷娟、宜兴工商局副局长杨涛、市国税局副局长阚国琪、市地税局副局长庞德征、市广电局党委副书记周康、《宜兴日报社》副总编冯乐心、市级机关纪委书记王洁、市总工会副主席王继青、团市委书记周俊鹏、市妇联副主席杜颖、市残联副理事长薛慧芳等为成员。

委员会下设办公室，由杭仁育兼任办公室主任，办公地点设在市残联。

2013 年，市政府办公室发文《关于调整市政府残疾人工作委员会组成人员的通知》，调整后的人员组成：市政府副市长吴青峰担任主任，市残联理事长杭仁育、市卫生局局长钱西元、市政府办公室副主任王卫担任副主任，市委宣传部副部长蒋永芳、市委农办副主任朱孟彬、市民政局党委副书记杭洪祥、市卫生局副局长王欣、市人力资源和社会保障局副局长蒋定芳、市教育局副局长柳志贤、市建设局党委书记蒋小青、市城市管理局副局长周纪军、市规划局副局长贾俊、市发改委副书记程志兴、市经信委副主任蒋荣金、市体育局副局长魏宜明、市财政局副局长朱朝辉、市公安局副局长徐小平、市司法局副局长史耀清、市人口与计划生育委员会副主任徐瑞芳、市文广新局党委副书记吴春祥、市法制办副主任陈一军、市科技局副局长张静、市统计局副局长程婷娟、宜兴工商局副局长杨涛、市国税局副局长阚国琪、市地税局副局长潘曙光、市广播电视台党委副书记、纪委书记周康、《宜兴日报社》副总编姚开宏、市级机关纪委书记王洁、市总工委副主席蒯秀中、团市委副书记黄力、市妇联副主席杜颖、市残联副理事长吴亚琴、戴菊华等为成员。委员会下设办公室，由杭仁育兼任办公室主任，办公地点设在市残联。

至 2015 年，残疾人工作委员会的人员组成、任职除工作变动外，其余基本不变。

附：宜兴市人民政府残疾人工作委员会

一、主要职责

（一）综合协调残疾人事业政策、规划、计划的制定与实施。

（二）分析研究残疾人事业发展形势，协调解决残疾人工作中的重大问题。

（三）协调各成员单位做好残疾人工作。

（四）为残疾人兴办实事项目，并定期向社会公布实事项目的完成情况。

（五）宣传动员社会各界，广泛开展扶残助残活动，为残疾人排忧解难，维护残疾人合法权益。

（六）承担无锡市残疾人工作委员会和市委、市政府交办的残疾人工作事项。

二、工作制度

（一）每年召开1～2次全体会议，总结工作，部署任务，研究解决残疾人工作中的重大问题。会议由主任或副主任主持。

（二）根据需要召开主任办公会议，主任、副主任及有关委员参加。

（三）适时组织委员考察、检查残疾人工作，参加有关残疾人工作的重大活动。

（四）建立联络员制度，由各成员单位有关业务科室负责人担任本单位联络员，负责有关事项的沟通、联络和承办工作。

（五）工作委员会办公室设在市残联，承办督办、综合、协调、联络、组织调研、提供建议等日常工作，发挥参谋助手作用。

附：宜兴市残疾人工作委员会成员单位职责

市委宣传部 把残疾人事业纳入全市宣传工作和精神文明建设大局，统筹规划、统一部署；组织、协调和指导新闻、文化、广电等部门大力宣传残疾人事业，宣传残疾人自强不息精神，倡导扶残助残社会风尚，营造有益于残疾人事业健康发展和文明进步的社会氛围。

市民政局 负责城乡残疾人的社会福利救济工作，将符合“五保供养”、“城乡低保”条件的残疾人纳入保养范围，贯彻落实分类施保政策，做到应保尽保；贯彻落实国家对福利企业的扶持政策，保障和维护福利企业中残疾人的合法权益，鼓励并促进残疾人集中就业；参与全市精神病防治康复工作，通过发行社会福利彩票，为残疾人事业的发展筹集资金；协调市慈善会，积极实施慈善助残工程。加强对社团性质的残疾人机构的管理。

市卫生局 将残疾人纳入全市基本医疗卫生服务体系，为残疾人提供方便的医疗服务和康复技术指导，参与制定康复医疗规划、残疾人医疗服务及残疾人有关康复项目进医保、农保的政策并协助实施；指导、扶持发展残疾人康复医疗机构；负责基层医疗卫生机构开展精神病防治，指导残疾人社区康复和碘缺乏病防治工作；负责出生缺陷（残疾）儿童的筛查、诊断和早期干预；负责对各类残疾的评定工作；对特殊教育学校（班）的残疾儿童的康复医疗进行指导；与有关部门一起开展残疾预防工作。

市人力资源和社会保障局 贯彻执行《残疾人就业条例》将残疾人的劳

动就业和社会保险纳入全市劳动就业和社会保障发展规划以及年度工作规划并组织实施，促进适合残疾人就业岗位的发展和就业服务体系的发展；做好残疾职工养老、医疗、失业等社会保障工作；加强劳动执法及监察，依法维护残疾人就业和社会保险权益；督促、检查下岗残疾职工的基本生活保障和再就业工作；负责残疾人职业技能鉴定，指导和协助残疾人职业培训工作及残疾人就业服务工作，推进全市残疾人按比例就业。依法保障残疾人在招录、专业技术职称评聘等方面的合法权益，指导残疾人人才资源的规划、开发工作，指导高校残疾人毕业生就业工作，协调机关、事业单位按比例录用残疾人。

市教育局 贯彻执行《残疾人教育条例》，组织实施残疾人特殊教育发展规划和年度工作计划，保障残疾人受教育的权利；指导、扶持发展社会各类残疾人职业培训机构；加强残疾儿童学前教育，实施残疾儿童少年15年免费教育政策，积极发展残疾人职业教育，逐步发展高级中等以上教育及成人教育，全力支持残疾人成人教育大专班、智障学生职高班等建设，着力扫除残疾青壮年文盲，不断提高残疾人接受教育的比例；组织开展“红领巾助残”活动；落实政策，按规定录取残疾考生；做好盲文、手语的研究推广工作。

市财政局 为残疾人事业发展和残疾人工作提供必要的财力保障，负责对残疾人事业各项经费使用的管理和监督；将残疾人康复经费纳入财政预算，并随经济增长和实际工作需要逐步增加；加强协调与指导，促进残疾人就业保障金依法征缴，并确保专款专用。

市公安局 预防、制止、惩治残害残疾婴儿和遗弃残疾人及其针对残疾人的违法活动，在案（事）件处理中注重维护残疾人合法权益；制定、组织实施保障盲人及其他残疾人道路交通安全的措施，逐步推广在市区主要道口设置盲人过街语音提示器；加强对残疾人专用车辆和驾驶人员的管理；协助做好全市精神病防治康复工作，会同残联、卫生、民政等部门加强对危害社会治安精神病人的管理。

市司法局 将有关保障残疾人合法权益的法律、法规纳入法制宣传教育规划，并指导、协调和督促有关部门组织实施；指导、监督律师事务所、公证处、基层司法所、法律服务所、法律援助中心、人民调解组织为残疾人提供优先、优惠、优质的法律服务和法律援助；指导建设市残疾人维权服务中心。

市规划局 加大对《城市道路和建筑物无障碍设计规范》的宣传力度，

将残疾人无障碍设施纳入城市建设规划与设计审批。

市建设局 贯彻落实《城市道路和建筑物无障碍设计规范》，加强对执行工程建设强制性标准条文的监督，并将相关条文纳入规划与设计审批、施工许可、竣工验收的主要内容；负责全市无障碍设施的规划，稳步推进全市无障碍设施建设，加强对公共建筑无障碍设施的管理维护。

市交通局 城市道路的新建、改建和扩建按《城市道路和建筑物无障碍设计规范》实施和管理，推广在公共交通工具上配置无障碍设备、标明残疾人专用座椅，为残疾人交通无障碍提供服务和帮助。贯彻落实残疾人凭证免费乘坐市公交车。

市发改委 把残疾人事业发展纳入全市国民经济和社会发展长期总体规划和年度规划，加强残疾人工作目标管理考核，促进残疾人事业与经济社会的协调发展。将残疾人事业的项目和必要投资，优先列入实事项目。

市委编办 根据全市残疾人事业发展的要求，帮助市残联及下属事业单位解决机构设置和人员编制。

市城管执法局 负责城市道路和公共建筑物无障碍设施管理和监督工作；对从事个体工商和集贸市场自产自销的残疾人个体经营户，在场地、摊点摊位安排和卫生保洁收费等方面予以优先照顾。

市文广新局 通过电视台对残疾人事业进行经常性的宣传报道，对残疾人重大活动进行专题报道；在电视新闻和影视作品中采用手语解说和中文字幕，加强推广、提高质量；指导、协调残疾人事业题材的 广播影视作品的创作和宣传并予以扶持。丰富残疾人文化生活，为残疾人参加公共文化活动提供便利；组织指导创作残疾人题材的文艺节目，参与、组织、指导全市性残疾人文艺汇演；指导下属单位开展“文化助残”活动；指导和加强残疾人文化人才队伍建设；督促市图书馆设立盲人服务区，为盲人提供盲人读物和有声读物。

市体育局 将残疾人体育工作纳入政府体育发展的总体规划，鼓励残疾人参加各类适合残疾人健身康复的群众性体育运动；向残疾人免费或优惠提供体育活动场所和设备；协助市残联选拔、培养残疾人体育人才，指导和协助举办全市残疾人运动会和其他重要赛事；加强公共体育场馆无障碍设施的建设维护。

市统计局 管理、指导残疾人事业领域的统计工作，组织完成市级残疾人调查或统计任务；会同市残联组织发布残疾人事业统计资料，配合残联做好市级各类残疾人普查。

市人口和计划生育委员会 加强优生优育，提高人口素质的宣传指导；协调有关部门开展残疾预防工作，减少出生缺陷发生率。

市工商局 对残疾人开办的企业及个体工商户，在工商部门管理类、登记类和证照类的行政事业收费上给予优惠，在办理手续等方面按照《残疾人就业条例》给予方便、照顾，实施管理并维护其合法权益。

市国税局 落实国家对残疾人福利企业和残疾人个体工商户的税收优惠及国家关于企业有关向残疾人事业捐赠而减免税收事项的政策，贯彻执行《残疾人就业条例》，认真做好管理监督工作，配合相关部门切实维护福利企业残疾职工的合法权益。

市地税局 加强按比例安排残疾人就业政策的宣传，做好残疾人就业保障金的代征工作，积极推进按比例安排残疾人就业；贯彻落实国家和省政府对福利企业及残疾个人生产经营项目的各项现行税收优惠政策，并认真做好相关管理监督工作。

市总工会 依法维护残疾职工的合法权益，向全市职工广泛开展人道主义、公平正义宣传教育，组织动员各级工会和广大职工积极开展扶残助残活动。

市妇联 依法维护残疾妇女、儿童的合法权益，促进残疾妇女、儿童素质的提高和状况的改善；表彰优秀残疾妇女，宣传树立先进典型；积极开展“巾帼助残”活动。

团市委 加强对助残志愿者培训，积极开展青年志愿者扶残助残活动；开展困难残疾学生的助学活动；表彰优秀残疾青年、少年，扶持和宣传其先进典型。

市残联 认真履行“代表、服务、管理”职能，依法开展残疾人工作；发挥政府、社会与残疾人之间的联系作用，协助政府制定残疾人事业发展的规划、计划；不断加大残疾人事业宣传力度，营造扶残助残良好环境，动员社会力量关心支持残疾人工作和残疾人事业发展；代表残疾人共同利益，维护残疾人合法权益；加强残疾人社会保障体系和服务体系建设；积极组织开展残疾人康复、生活保障、教育资助、劳动就业、职业培训、文体活动、法律援助、用品供应、无障碍设施建设等工作；承担市残疾人工作委员会的日常工作；负责对全市残疾人工作的指导和残疾人组织、机构管理；团结教育残疾人遵守法律、履行应尽义务，自强不息、乐观进取，为全面小康社会建设作出贡献；加强残疾人工作者队伍建设，提高服务能力和工作水平。

第二节 宜兴市残疾人联合会

1991年12月，市残疾人联合会（简称“市残联”）成立，定为副局级编制，核拨全民事业编制3人，由市民政局代管，为市政府直属事业单位。市残联开展残疾人康复、扶贫、劳动就业、职业培训、文化教育、用品供应、福利、残疾鉴定、社会服务等工作，依法推进无障碍设施建设和残疾预防，扶助残疾人平等参与社会生活。同年12月12日，宜兴市残疾人第一届代表大会召开，推举市民政局副局长杨德新兼任市残联理事长，聘任民政局社会救济科科长章晓根兼任市残联副理事长，日常工作仍由民政局社会救济科负责。市残联办公地址：宜兴市宜城镇人民南路237号（市人大、政协大院7号楼一楼）。启用市政府授予的宜兴市残疾人联合会公章。

1994年12月，宜兴市残疾人第二届代表大会召开，残疾人主席团和残联换届选举，第二届主席团第一次会议推举杨德新连任市残联理事长。1995年，市残联设立下属事业单位“宜兴市残疾人康复中心”，核定人员编制5名，经费自理。1997年，宜兴市机构编制委员会发文，市残联增加核拨全民事业编制1名，总数4名。市残联设立下属事业单位“宜兴市残疾人职业介绍所”，核定编制2名，经费自理。1998年，市残联调整内部机构，设副理事长1名，下设办公室、康复科、教育就业科。办公室挂宜兴市人民政府残疾人工作协调委员会牌子。同年3月，经宜兴市残疾人代表大会主席团研究决定，徐桂忠任残联理事长。由徐桂忠提名，聘任曹全松为残联副理事长。同年4月，市残联办公室地址：宜城镇华兴路50号（宜兴市残疾人康复中心）。

1999年，市残联调为正科（局）级机构，级别调整后，机构性质及人员、编制等均不变。9月，经宜兴市残疾人代表大会主席团研究决定，民政局副局长丁国强兼任市残联理事长。同年12月，宜兴市残疾人第三届代表大会召开。代表大会主席团推举丁国强任市残联理事长，聘任曹全松为市残联副理事长。同年，宜兴市残疾人职业介绍所变更为宜兴市残疾人劳动就业服务所，性质、人员编制、主要职责不变。

2002 年 3 月 1 日，市机构编制委员会发文，市残联由市政府直属事业单位调整为市人民团体机关，调整后主要职责、机构级别不变，机构及人员纳入人民团体机关管理。2004 年 10 月，经市残联理事长丁国强提名，聘任薛慧芳为市残联副理事长。2005 年 5 月，市残联办公室地址为宜城镇光荣东路 36 号（原宜兴市人武部征兵体检大楼）。2006 年，市残联设残疾人新生工疗站。2008 年 10 月 9 日，宜兴市残疾人第四届代表大会召开，残疾人代表大会主席团、市残联换届选举，闵曲成任市残联理事长。由闵曲成提名，聘任薛慧芳为市残联副理事长。2009 年，残疾人新生工疗站变更为残疾人综合服务中心。2011 年 11 月，宜兴市残疾人劳动就业服务所变更为残疾人就业创业管理中心。经费渠道由自收自支调整为财政全额拨款。宜兴市残疾人康复中心经费渠道由自收自支调整为财政全额拨款。同年 12 月 29 日，市委发文任命杭仁育为宜兴市残联理事长。2012 年，残疾人综合服务中心变更为残疾人托养中心。同年 4 月 18 日，宜兴市残疾人代表大会主席团研

图 1—1

究决定，杭仁育任市残联理事长。聘任薛慧芳为市残联副理事长。2013 年 3 月 28 日，宜兴市残疾人第五届代表大会召开，残疾人代表大会主席团和市残联换届选举，推举杭仁育任市残联理事长。聘任吴亚琴、戴菊华为市残联副理事长，储云南为残联兼职副事长。

至 2015 年 6 月，市残联办公室地址：在宜城街道陶都路 29 号（市药监局内），设领导办公室、办公室、计划财务科、信访维权办公室；以及宜城街道华兴路 50 号（市民政局隔壁）设康复科、教育就业科、宣文秘书科、残疾人评定办公室。市残联各职能科室和下属单位有：办公室、康复科、教育就业科、计划财务科、宣文秘书科、残疾人评定办公室、信访维权办公室、残疾人就业创业管理中心、残疾人托养中心。

1991—2015 年宜兴市残联历任领导人一览表

表 1-1

职务	姓名	任职年月
理事长	杨德新	1991.12—1998.3
	徐桂忠	1998.3—1999.9
	丁国强	1999.9—2008.7
	闵曲成	2008.7—2011.12
	杭仁育	2011.12—
副理事长	章晓根	1991.12—1993.3
	曹全松	1998.3—2007.1
	薛慧芳	2004.10—2012.12
	吴亚琴	2013.3—2016.3
	戴菊华	2013.3—
	储云南	2013.3—

年宜兴市残联各科室及下属单位负责人一览表

表 1-2

科室名称	职务	姓名	任职年月
办公室	主　任	潘志泉	2002.5—2013.5
	副主任	徐　锦	2006.10—2013.4
	主　任	徐　锦	2013.5—
	副主任	邵漪群	2014.7—
康复科	科　长	戴菊华	2002.5—2012.12
	科　长	戴菊华	2013—2014.2（兼任）
	科　长	洪　晶	2014.2—
	副科长	刘小燕	2014.7—
	副科长	闻　英	2014.7—2015.3
教育就业科	科　长	张阿明	1998—2005.1
	科　长	储智娟	2005.2—2013.5
	科　长	储瑞琴	2013.6—
	副科长	洪　晶	2013.6—
	副科长	沈忠余	2014.7—
	副科长	邹　云	2014.7—
计划财务科	科　长	张阿明	1998.12—2003.3
	科　长	孙列亚	2003.3—
宣文秘书科	科　长	储智娟	2002.12—2005.1
	科　长	张阿明	2005.2—2012.11
	科　长	蒋　敏	2013.5—
残疾人评定办公室	负责人	曹全松	2012.11—
信访维权办公室	主　任	储智娟	2011.11—

续表 1-2

科室名称	职务	姓名	任职年月
残疾人康复中心	主　任	储瑞琴	2009.12—
	副主任	蒋　敏	2013.5—
	副主任	洪　晶	2013.5—
残疾人职业介绍所	所　长	张阿明	1997—1998
残疾人劳动就业服务所	所　长	张阿明	1999—2006
	副所长	徐正南	2003—2004
	副所长	徐　锦	2006.10—2011.11
残疾人就业创业管理中心	副主任	徐　锦	2011.12—2013.4
	主　任	徐　锦	2013.5—
残疾人新生工疗站	法　人	黄瑶群	2006—2009
残疾人综合服务中心	主　任	储瑞琴	2009—2012.11
残疾人托养中心	主　任	张阿明	2012.12—
	副主任	陈丽芬	2012.12—
	副主任	胡常芬	2012.12—

附：宜兴市残联主要职责

1. 听取残疾人意见，反映残疾人需求，维护残疾人权益，为残疾人服务。

2. 团结教育残疾人遵守法律，履行应尽义务，发扬乐观进取精神，自尊、自信、自强、自立，为社会主义建设贡献力量。

3. 弘扬人道主义、宣传残疾人事业，成为政府与残疾人之间的沟通桥梁，动员全社会理解、尊重、关心、帮助残疾人。

4. 开展和促进残疾人康复服务、教育培训、安置就业、生活保障、文体活动、维护权益、用品供应、福利、社会服务、无障碍设施和残疾预防工作，改善残疾人参与社会生活的环境和条件。

5. 协助政府研究、制定和实施残疾人事业的法规、政策、规划和计划，发挥综合、组织、协调、咨询、服务作用，对有关业务领域进行指导和管理。

6. 承担市残疾人工作委员会的日常工作。

7. 指导和管理下属事业单位和市直属各类残疾人社团组织。做好残疾人和为残疾人服务的社会团体之间的协调工作。

8. 培养基层残疾人事业工作者。

9. 承办宜兴市政府和无锡市残联交办的其他工作。

附：宜兴市残联各职能科室和下属单位职责

一、办公室

1. 研究拟订残疾人工作规划、计划、政策（含优惠扶持政策）及主要文件报告和各科室文稿承办处理，负责全市残联系统工作目标管理项目的编制和实施。

2. 承担市政府残疾人工作委员会办公室的日常工作，综合协调机关政务、事务，协助领导处理日常工作。

3. 负责协调人大代表建议和政协委员提案的办理工作。

4. 负责残疾人组织的自身建设，指导基层残联工作。

5. 负责残联机构编制、干部调配、工资福利、奖惩任免、考核评比等工作，负责党建、纪检、监察工作。

6. 负责残疾人工作信息的采集，办公自动化和信息化工作。

7. 负责各种会议的组织安排和议定事项的督办。

8. 承担各类残疾人协会的联络管理工作，联络、教育、培养、表彰残疾人，组织开展各片区残疾人工作，组织协调助残活动。

9. 负责机关档案 、保密、安全、公务接待、固定资产实物管理、后勤保障（食堂）和对外联络工作。

10. 完成领导交办的其他工作。

二、康复科

1. 组织制定和实施残疾人康复工作计划。

2. 指导和协调残疾人康复机构的业务工作。

3. 开展社区残疾人康复和残疾人预防工作，组织协调各定点机构做好残疾人康复服务工作，开展第三方评估，总结康复工作经验，按时上报各类残疾人康复数据。

4. 开展防盲治盲和白内障复明工作，组织实施盲人定向行走训练及服务等工作。

5. 抓好康复队伍建设和人才队伍培训，为实现残疾人走出家门，平等、参与、共享的目标创造条件。

6. 指导残疾人辅助器具开发、供应、服务和适配工作，组织提供残疾人特需读物。

7. 组织实施我市精神病防治康复和贫困精神病人救助工作。

8. 完成领导交办的其他工作。

三、教育就业科

1. 组织制定和实施残疾人教育工作计划，促进和开展残疾人学前教育、义务教育、高中以上教育和成人教育。

2. 研究拟订残疾人职业技能培训的规划、政策的实施办法，组织残疾人职业技能培训和比赛。

3. 制定残疾人劳动就业工作计划，办理残疾人失业、待业登记，进行残疾人劳动能力评估，并做好发证和建档工作。

4. 组织残疾人分散按比例就业政策的实施工作，开展残疾人就管中心的业务指导、培训、管理工作。

5. 拟订残疾人生活保障、扶贫等政策，开展残疾人扶贫、就业基地的培育、扶持、评估、考核和验收工作。

6. 开展盲人按摩与辅导工作，负责盲人按摩机构的资格认定、年检、指导和管理。

7. 开展市镇（街道）两级残疾人托养机构的业务指导、培训、管理工作。

8. 完成领导交办的其他工作。

四、计划财务科

1. 制定和完善全市残联系统的财务规章制度。

2. 负责编制和实施本会各项资金的年度预算以及残疾人事业的统计工作。

3. 监督管理残疾人就业保障金的征收和使用。

4. 指导直属单位的财务管理和财务人员的培训、考核工作。

5. 承担残联系统内部审计和固定资产台帐管理工作。

6. 负责残联系统基础设施建设的监督，预决算审核、审计、结算以及各项下拨经费使用情况的监督、审核、规范工作。

7. 做好需招标采购物资（设备、器材、办公用品等）的相关申请报批手续的办理和协调工作。

8. 完成领导交办的其他工作。

五、宣文秘书科

1. 负责制定残疾人事业宣传和文化事业建设年度计划。

2. 负责残疾人文化、体育、艺术等各类文体竞赛活动的开展。

3. 负责文体人才的选拔、培训、比赛。

4. 认真做好残疾人免费乘车、燃油补贴等政策的实施和残疾人无障碍设施建设管理协调工作。

5. 负责残联每月工作要点、年度工作计划、总结以及各项材料的撰写工作。

6. 负责残疾人工作的宣传报道，及时撰写残疾人工作动态，并做好基层残联工作信息稿件报送的指导、考核、评比工作。

7. 完成领导交办的其他工作。

六、残疾人评定办公室

1. 认真组织开展残疾人评残调查、服务工作。

2. 定期组织开展残疾人评定管理和发放残疾人证。

3. 认真做好无锡市残疾人信息管理系统中残疾人基础信息的维护和管理工作。

七、信访维权办公室

1. 负责处理残疾人来信来访和重要信访事件。

2. 负责残疾人事业的普法和维权工作，协调有关法律部门开展残疾人法律援助和法律服务工作。

3. 定期组织开展残疾人的思想动态摸底排查，有针对性地开展各项维稳工作。

八、残疾人就业创业管理中心

1. 落实残疾人按比例就业政策，协调征收残疾人就业保障金。

2. 认真组织开展残疾人劳动资源、就业需求和社会用工需求调查。

3. 开展残疾人失业待业登记、求职调查登记、劳动能力评估、就业咨询、职业培训、介绍工作。

九、残疾人托养中心

1. 认真做好托养中心各项安全管理工作，确保人员和财产安全。

2. 认真组织开展入托人员的体检和审评把关。

3. 编制拟订每批入托人员托养服务各类项目的实施计划。

4. 协调、监督托养医疗护理服务的实施和质量。

5. 评估入托人员的托养效果，并建立入托人员的档案 。

6、组织管理托养设施设备的使用、维护、保养，确保正常运行。

十、残疾人综合服务中心

1. 认真组织开展残疾人日间照料等服务工作。

2. 认真维护进入中心残疾人各项安全管理工作，确保人员和财产安全。

3. 认真做好镇（街道）残联综合服务中心建设、服务和考核工作。

第三节 镇、街道残疾人联合会

一、张渚镇残疾人联合会

1. 机构设立 1992 年 5 月，张渚镇残疾人联合会成立（简称镇残联），行政隶属张渚镇政府民政科，业务隶属市残疾人联合会（简称市残联）。同年 5 月、12 月，茗岭乡、善卷乡分别成立乡残疾人联合会（简称乡残联），行政隶属各自乡政府民政办公室，业务隶属市残联。1993 年，善卷乡撤乡设镇，乡残联更名为镇残联，行政隶属镇民政科，业务隶属不变。2000 年 6 月，善卷镇并入张渚镇，两镇残联合并为张渚镇残联，设立办公室，挂残联牌子，行政隶属张渚镇民政科，业务隶属不变。2000 年，茗岭乡撤乡设镇，乡残联更名为镇残联，行政隶属镇民政科，业务隶属不变。2004 年 2 月，茗岭镇并入张渚镇，两镇残联并为张渚镇残联，行政隶属张渚镇民政科，业务隶属不变，设立办公室，挂残联牌子。至 2015 年，行政、业务隶属均不变。

1992 年至 2015 年，历任残联理事长：施菊芳、吕红娣、史建东（张渚镇）；郑爱凤、刘挺根（善卷镇）；卢坤其、史秀芬（茗岭乡）。历任残联副理事长：高才根、史国新（张渚镇）；刘挺根、严余福（善卷乡）；程文清、惠荣奇（茗岭乡）。

2000年至2015年，历任专（兼）职委员：朱玲、骆婷

2. 社区、村残疾人协会 2002年，张渚镇各社区、村成立残疾人协会，选出协会会长，制定工作制度、明确岗位职责。各社区、村残疾人协会依托社区居委、村委会，在镇政府和上级残联的指导下开展工作。经几轮撤并、调整，至2015年，张渚镇有东街、新街、西街、桃溪、水埠等社区残疾人协会4个，东龙、茶亭、南门、北门、犊山、凤凰、善卷、祝陵、五洞、芙蓉、茗岭、龙池、省庄等村残疾人协会13个，各社区、村残疾人协会会长：东街社区冯美娟、新街社区潘洪苛、西街社区单旭、桃溪社区朱文军、水埠社区陈海清、东龙村郑庆、茶亭村杨泉真、南门村吴永全、北门村夏正祥、犊山村骆明春、凤凰村曹庆云、善卷村李为清、祝陵村赵如法、五洞村高国荣、芙蓉村唐登勇、茗岭村徐平、龙池村张建其、省庄村杨来强。社区、村残疾人协会选聘专职委员17名：东街社区姚红琴、新街社区徐霞、西街社区江虹、桃溪社区周璐、水埠社区祁金娣、东龙村吴俊、茶亭村张宜强、南门村陈丽丽、北门村王扣君、犊山村张春平、凤凰村刘芬珍、善卷村罗卉、祝陵村卢华、五洞村张伟群、芙蓉村胡志琴、茗岭村潘冬妹、龙池村戴叶芳、省庄村邱伟良。2010年，水埠社区被评为无锡市残疾人工作五星社区。2011年，五洞村、凤凰村、省庄村、东龙村、茶亭村、茗岭村、北门村、芙蓉村、桃溪社区、善卷村、龙池村。被评为无锡市残疾人工作五星社区、村。

2008—2015年张渚镇康复站、室一览表

表1-3

名称	设立年份	地点	负责人
西街社区康复室	2007	西街社区	江 虹
张渚镇康复站	2009	卫生服务中心	赵新乐
东龙村康复室		东龙村	吴 俊
茶亭村康复室		茶亭村	张宜强
南门村康复室		南门村	陈丽丽
北门村康复室		北门村	王扣君
凤凰村康复室		凤凰村	刘芬珍
祝陵村康复室		祝陵村	卢 华

续表 1-3

名称	设立年份	地点	负责人
五洞村康复室	2009	五洞村	张伟群
芙蓉村康复室		芙蓉村	胡志琴
茗岭村康复室		茗岭村	潘冬妹
省庄村康复室		省庄村	邱伟良
新街社区康复室		新街社区	徐　霞
水埠社区康复室		水埠社区	祁金娣
善卷村康复室	2010	善卷村	罗　卉
龙池村康复室		龙池村	戴叶芳
犊山村康复室	2011	犊山村	张春平
东街社区康复室	—	东街社区	姚红琴
桃溪社区康复室		桃溪社区	周　璐

3. 安养院　2008 年 12 月，全市首家残疾人安养院机构—博爱家园在张渚镇敬老院挂牌。面积 1080 平方米，配备便捷式塑胶盲道，不锈钢扶手等无障碍设施，入住托养残疾人 12 人。其中，视力残疾人 3 名、精神智力残疾 3 名、重度肢体残疾人 6 名。

4. 集中就业　1992 年，市残联在全市乡镇残联开展帮残助残“残疾人之家”和“残疾人之友”活动。宜兴市造纸厂（张渚镇）被评为帮残助残“残疾人之家”，宜兴市张渚红十字会贾林康被评为帮残助残“残疾人之友”，1993 年，张渚镇残疾人联合会、宜兴市茗岭精细化工厂（茗岭乡）被评为市帮残助残先进单位，张渚镇民政科高才根、宜兴市第三棉纺厂刘翔华被评为市帮残助残先进个人。至 2015 年，先后有江苏兴湖耐火材料有限公司、宜兴市锅炉辅机仪表厂、宜兴市宏达纺织厂、江苏宇龙冶金电炉设备有限公司、宜兴市鑫隆无纺材料有限公司、宜兴市宇龙化工有限公司、宜兴市宇能冶金设备制造有限公司、宜兴市兴渚无纺制品有限公司、江苏宜能耐火材料制品有限公司、宜兴市荆东机械配件制造有限公司、宜兴市利隆无纺材料制品有限公司、宜兴市宇龙电炉成套设备有限公司、宜兴市善卷鸿翔不锈钢制品厂等福利企业 13 个，累计安置残疾人就业 500 余人次。

2015 年张渚镇福利企业残疾人协会（小组）一览表

表 1-4

企业名称	成立年份	残疾人数（人）
江苏兴湖耐火材料有限公司	1993	63
宜兴市锅炉辅机仪表厂	2009	15
宜兴市宏达纺织厂		15
江苏宇龙冶金电炉设备有限公司	2010	24
宜兴市鑫隆无纺材料有限公司		30
宜兴市宇龙化工有限公司		21
宜兴市宇能冶金设备制造有限公司		20
宜兴市兴渚无纺制品有限公司		24
江苏宜能耐火材料制品有限公司	2011	17
宜兴市荆东机械配件制造有限公司		26
宜兴市利隆无纺材料制品有限公司		41
宜兴市宇龙电炉成套设备有限公司		62
宜兴市善卷鸿翔不锈钢制品厂		14

5. 特殊教育　1996 年 10 月，张渚小学六（1）班中队五小队被评为无锡市红领巾助残先进。2001 年，市、镇两级残联共同出资为张渚小学培智班捐赠 25 寸彩电 1 台。2007 年，在镇残联帮助下，2 名智力残疾儿童进入特殊教育学校就读。

6. 普查　2008 年，按照国家残疾人评定新标准，由专职委员重点做好残疾人信息登记和录入工作，镇理事长协助市残联做好残疾人证审核和换发工作；上门为 31 名重度残疾人员做好评残服务工作。为各类残疾人进行残疾评定375名。是年，全镇持证残疾人1020名。至2015年，全镇有持证残疾人1566名。其中，视力残疾192名、听力残疾122人、肢体残疾828人、智力残疾259人、精神残疾156人、言语残疾8人。

7. 培训 2004—2015年，镇残联每年对村（居委会）康复员进行业务培训2次以上。联合市农林专家对51名残疾人进行养兔等种养殖业技能培训。介绍1名盲人参加盲人按摩培训，肢体残疾人参加陶艺培训1名。技能培训的形式是举办以证书制和就业率为主要指标的残疾人职业技能培训班，帮助残疾人掌握一技之长，发放职业资格证书，做好推荐残疾人就业工作。

8. 信访维权 镇残联联合镇综治信访办、司法科，做好残疾人信访接待工作。至2015年，累计接待残疾来访者400多人次，受理来信、来电800件次。

9. 扶贫解困 2010—2015年，累计发放无固定收入重残人员救助金1385人次、低保重残金280余人次，发放金额400余万元；重残护理补贴发放480人次；结对扶贫近百户、救助130余户；慰问贫困残疾人钱物90余万元、发放特困残疾人钱物近百万元；免费体检百余人次；资助残疾人学生和残疾人子女54人次，资助金额8万多元；发放机动车燃油补贴2人次，发放爱心卡639张。

10. 康复和辅具适配 2004年，张渚镇被上级残联确定为无锡市残疾人康复训练与服务试点镇，组建残疾人康复领导小组和精神病防治领导小组，并配备一名专职联络员。2005年，全年跟踪服务残疾人员163人次，康复训练残疾人55人次，康复训练脑瘫儿童3人，为残疾人提供各种类型康复服务89人次。至2015年，社区（村）康复站、室全部配发全套康复器材，发放免费轮椅累计155辆，免费安装假肢30人，为聋人免费安装助听器50人，为残疾人家庭安装无障碍设施45户，适配辅助器具250户，发放盲杖、盲表25人，为贫困白内障患者免费施行手术195例，为精神病患者发放免费治疗药物80人次。

1995—2015年张渚镇残疾人工作获得无锡市以上荣誉一览表

表1-5

年份	集体/个人	荣誉名称
1995	余忠明	江苏省第四届残运会男F11铅球冠军

续表 1–5

年份	集体 / 个人	荣誉名称
1996	张渚小学六（1）班中队五小队	无锡市红领巾助残先进
2004	张渚镇	无锡市残疾人康复训练与服务试点镇
2005	新华居委	无锡市残疾人工作五星社区
	南门村	
2006	裴国强	全国光彩之星
		八个孤儿一个“爹”的事迹入选无锡市十佳新人新事
2010	水埠社区	无锡市残疾人工作五星社区
	五洞村	
2011	凤凰村	
	省庄村	
	东龙村	
	茶亭村	
	茗岭村	
	北门村	
	芙蓉村	
	桃溪社区	
	善卷村	
	龙池村	
	徐 晟	全国第八届运动会射箭比赛男子 ST 级个人银牌，团体铜牌

续表 1–5

年份	集体 / 个人	荣誉名称
2013	罗煜航	无锡市十一届残疾人运动会聋人男子 100 米第四名
		无锡市十一届残疾人运动会聋人男子 200 米第五名
2015	张渚镇	全国残疾人专项调查无锡市先进集体

二、西渚镇残疾人联合会

1. 机构设立 1992 年，西渚乡、元上乡分别成立残疾人联合会（简称乡残联），行政隶属各自乡民政办公室，业务隶属市残疾人联合会（简称市残联）。2000 年，西渚、元上乡合并为西渚镇，两乡残联合并为西渚镇残联，行政隶属西渚镇民政办公室，业务隶属不变。至 2015 年，行政隶属、业务隶属均不变。

历任残联理事长（1992—2015 年）：蒋元良、张文斌、徐才元（西渚乡），张洪春、朱志刚、李定康（元上乡），李定康、张锁荣、陈夕芳（西渚镇）；副理事长：徐才元（西渚乡），朱志刚、任卫平（元上乡）。西渚镇历任残疾人工作专（兼）职委员：王加忠、管顺林、计萍（2000—2015）。

2. 社区、村残疾人协会 2002 年，西渚各社区、村成立残疾人协会，选出协会会长，制定工作制度、明确岗位职责。各社区、村残疾人协会在所属社区居委会、村委会和上级残联指导下开展工作。历经几轮撤并、调整，至 2015 年，西渚镇有新和、横山、白塔、五圣、筱里、篁里、溪西、溪东、西渚等社区、村残疾人协会 9 个。各社区、村残疾人协会会长：新和社区陈夕芬、横山村褚国民、白塔村欧阳华、五圣村林海金、筱里村魏道远、篁里村王天元、溪西村张胜初、溪东村陈志春、西渚村李林冲。社区、村残疾人协会选聘专职委员 9 名：新和社区计萍、横山村钱洪芳、白塔村曹优珍、五圣村陈秀花、筱里村严梅香、篁里村王萍、溪西村钱八珍、溪东村肖美君、西渚村盛霞。2011 年，新和社区、横山村、五圣村、篁里村、筱里村、白塔村被评为无锡市残疾人工作五星社区（村）。

3. 康复室　2008—2009 年，西渚镇残联建成康复室 7 个，康复室场所面积均为 50 平方米，工作人员均为 1 人，康复室均配齐全套康复器材。至 2015 年不变。

2008—2015 年西渚镇康复室一览表

表 1-6

名称	设立年份	地点	负责人
新和社区康复室	2008	文体中心	任达兴
篁里村康复室		篁里村	王　萍
溪西村康复室	2009	溪西村	钱八珍
五圣村康复室		五圣村	陈秀花
横山村康复室		横山村	钱洪芳
白塔村康复室		白塔村	曹优珍
筱里村康复室		筱里村	任志仙

4. 活动场所　2013 年，西渚镇残疾人活动场所设在镇文体中心，占地面积 500 多平方米，配备有康复器材、文化娱乐设施，为残疾人康复提供服务。至 2015 年不变。

5. 集中就业　至 2015 年，西渚镇有宜兴市和平冷拔模具有限公司、宜兴市宝业机械有限公司、宜兴市景程模具有限公司、宜兴市华芸亚麻纺织有限公司、宜兴市甲有硬质合金制品厂、宜兴市新得利纺织有限公司、宜兴市新伟隆印染有限公司、无锡市苏丰纺织有限公司、宜兴市御景特种纺织有限公司、宜兴市奇达纺织服饰有限公司等福利企业 10 个，安置残疾人就业 285 人。

2015 年西渚镇建有残疾人协会（小组）福利企业一览表

表 1-7

企业名称	成立年份	残疾人数（人）
宜兴市和平冷拔模具有限公司	2007	29
宜兴市宝业机械有限公司		14
宜兴市景程模具有限公司		13
宜兴市华芸亚麻纺织有限公司		67

续表 1-7

企业名称	成立年份	残疾人数(人)
宜兴市甲有硬质合金制品厂	2007	12
宜兴市新得利纺织有限公司		41
宜兴市新伟隆印染有限公司		28
无锡市苏丰纺织有限公司		29
宜兴市御景特种纺织有限公司		18
宜兴市奇达纺织服饰有限公司		34

6. 普查 1995 年始，镇残联先后全面开展残疾人贫困户普查工作，全面普查和详细分类区域内残疾人情况，并将调查情况建成档案，进入微机管理。2014 年，康复档案全部进入无锡市残疾人信息系统，更新维护服务档案 1183 个。镇残联详细调查就业年龄段残疾人就业、失业情况，接受调查残疾人 580 名，调查信息完整录入江苏省残疾人就业系统 556 名。在全国残疾人基本服务状况和需求专项调查中，调查底册中残疾人人数 805 名，完成调查人数 798 名。至 2015 年，镇有持证残疾人 857 人。其中，视力残疾 100 人、听力残疾 78 人、肢体残疾 465 人、智力残疾 125 人、精神残疾 68 人、言语残疾 21 人。

7. 培训 2013—2015 年，市残联与人力资源和社会保障局联合举办残疾人 SYB 创业培训，镇残联安排 7 名残疾人参加培训，全部顺利结业。镇残联组织残疾人家电维修、种植、养殖业技能培训 3 次，34 名残疾人参加培训，培训后，自主创业 18 人，全镇 3 家新办福利企业对 63 名残疾人上岗前职业技术培训。

8. 助残 1992 年始，每年全国“助残日”期间，镇、村残联干部每人深入 3 ~ 5 户残疾人家庭走访慰问，并开展结对帮扶活动。共走访帮扶贫困残疾人家庭 36 户。镇残联与镇人大、司法所、综治、妇联、共青团、民政、计生等部门联合，落实残疾人优惠政策；聘请法律顾问，通过镇法律服务机构和法律援助中心为残疾人提供优先、优惠法律服务和法律援助，维护残疾人合法权益。2012—2015 年，接待残疾人法律咨询 40 余人次，解决生活困难残疾人 100 余人，为残疾人低保提标 60 余名。

9. 扶贫解困 2007—2015年，全镇残疾人家庭纳入农村最低生活保障72户；帮助残疾人参加各类保险394人。历年来，镇残联慰问特困残疾人并补助钱物，与残疾户结对扶贫，资助残疾人学生和残疾人家庭子女，安排家庭困难残疾人免费体检，统一办理残疾人补贴发放证，发放残疾人证，为残疾人办理“爱心卡”，发放机动车燃油补贴，为残疾人争取扶贫贷款等工作。累计发放无固定收入重残人员救助金2300人次，低保重残金130余人次，发放金额260余万元；重残护理补贴发放270人次；结对扶贫近百户、救助30余户；慰问贫困残疾人钱物20余万元，发放特困残疾人钱物近百万元；免费体检百余人次；资助残疾人学生和残疾人子女120人次，金额18万余元；发放机动车燃油补贴60人次，爱心卡300余张。

10. 精神病防治 至2015年，镇残联为精神病患者免费发放治疗药物累计163人、医疗救助精神病患者8人。申报服药救助重度精神病患者4人，为重度精神病人进行免费复诊检查60余人；精神、智力残疾人领取生活补贴39人。

11. 康复辅具适配 2001年始，镇残联陆续开展为困难残疾人申请发放免费轮椅、盲杖、盲表，配发康复器材和适配辅助器具，为聋人免费安装助听器，为贫困白内障患者免费施行手术，为残疾人家庭安装无障碍设施等工作。至2015年，社区（村）康复站、室全部配备全套康复器材，免费发放轮椅累计356辆，免费安装假肢8人，为聋人免费安装助听器78人，贫困白内障患者免费实施手术155例，为残疾人家庭安装无障碍设施65户，适配辅助器具67户，发放盲杖、盲表15人，医治唇颚裂患者1人，脑瘫儿童康复治疗8人。

12. 创业就业 2003年，残疾人钱岳龙承租土地10.6万平方米，开办宜兴市博爱生态农业有限公司（以下简称博爱园）。2012年，“博爱园”扩展到85万平方米，安置残疾人就业60多人，博爱园先后被评为宜兴市残疾人就业培训基地、江苏省残疾人扶贫示范基地。钱岳龙牵头成立市爱德林果生态种植专业合作社，吸收残疾人就业36人，成为苏南地区首家残疾人生态种植专业合作社。2010年，残疾人詹首安创办宜兴市詹氏茶场，生产经营茶叶种植、深加工、销售，聘用残疾职工10人，被评为2014年度宜兴市优秀残疾人创业就业基地。2014年，残疾人谢祥新创办神山春家庭农场，计有茶园80亩，生产经营品种有宜兴红茶、碧螺春、宜兴毛尖等。至2015年，神山春家庭农场扩建厂房350多平方米，接纳残疾人就业10人。残疾人熊中才创办有中艺照相馆，残疾人洪强开办家电维修部。

2006—2015年西渚镇残疾人工作获得无锡市以上荣誉一览表

表1-8

年份	集体/个人	荣誉名称
2006	博爱生态农业有限公司	江苏省残疾人扶贫示范基地
2010	钱岳龙	江苏省第四届“创业之星”
2011	新和社区	无锡市残疾人工作五星社区
	横山村	
	五圣村	
	篁里村	
	筱里村	
	白塔村	
2012	钱岳龙	江苏省自强模范
		江苏省劳动模范
		第三届全国“自强创业之星”
		江苏省第五届创业之星
		第十届全国“创业之星”
2013	张柏元	全国残疾人岗位精英职业技能竞赛机械组装项目前五名
	刘 峰	无锡市第十一届残疾人运动会聋人男子铅球第2名
		无锡市第十一届残疾人运动会男子聋人组50米自由泳第2名
2015	计 萍	全国残疾人专项调查无锡市先进个人

三、太华镇残疾人联合会

1. 机构设立　1992年8月，太华镇残疾人联合会成立（简称镇残联），行政隶属太华镇政府民政办公室，业务隶属市残疾人联合会(简称市残联)，至2015年，行政隶属、业务隶属不变。历任残联理事长：张国平、朱红珍、张文斌、王夕芳。历任残疾人工作专（兼）职委员：温琴芬、汤建芳、叶竞竟（2000—2015）。

2. 社区、村残疾人协会　2002年，各社区、村成立残疾人协会，选出协会会长，制定工作制度、明确岗位职责。各社区、村残疾人协会在所属社区居委会、村委会和上级残联指导下开展工作。经几轮撤并、调整，至2015年，太华镇有杨店社区残疾人协会1个，太华、胥锦、桥涯、太平、云湖、乾元、石门、茂花等村残疾人协会8个。各社区、村残疾人协会会长由村书记或村主任兼任。各社区、村残疾人协会会长：杨店社区徐建国、太华村张国群、胥锦村林国明、桥涯村黄建强、太平村陆岳勤、云湖村李再安、乾元村宗汉平、石门村储蕴康、茂花村魏根培。社区、村残疾人协会选聘专职委员9名：杨店社区左美玉、太华村李玉君、胥锦村吴燕、桥涯村贾建群、太平村曹彩华、云湖村章琴珍、乾元村张荣芳、石门村吴夏兰、茂花村任永仙。

3. 康复站、室　2008年，太华镇社区卫生服务中心设立中心康复站。康复站室内面积60平方米，设中心副主任1名、康复医生1名。社区、村分别建成康复室9个，工作场所室内面积均为50平方米，均设工作人员1名。各站、室均配备全套康复器材，至2015年不变。

2015年太华镇康复站、室一览表

表1-9

名称	设立年份	地点	负责人
中心康复站	2008	社区卫生服务中心	叶竞竟
太华村康复室		社区卫生服务中心	李玉君
桥涯村康复室		桥涯村	贾建群
胥锦村康复室		胥锦村	吴　燕
太平村康复室		太平村	曹彩华
云湖村康复室		云湖村	章琴珍

续表 1-9

名称	设立年份	地点	负责人
乾元村康复室	2008	乾元村	张荣芳
茂花村康复室		茂花村	任永仙
石门村康复室		石门村	吴夏兰
杨店社区康复室		杨店社区	左美玉

4. 助残与就业　1992 年，宜兴市造漆厂被市残联评为帮残助残“残疾人之家”，宜兴市绢麻纺织印染实业总公司总经理丁玉湘被市残联评为帮残助残“残疾人之友”，宜兴市绢麻纺织印染实业总公司被市残联评为帮残助残先进单位，宜兴市江南合成黏胶剂厂员工谢腊狗被市残联评为市帮残助残先进个人。

2010 年 12 月，江苏天竹化工科技有限公司投入 200 万元建成宜兴市第一个“残疾职工之家”。在太华镇揭牌。至 2015 年，太华镇福利企业有：江苏天竹化工科技有限公司、宜兴市华顺模具有限公司、宜兴市江丰纺织有限公司，安置残疾人就业 68 人。镇残联在每个福利企业中帮助成立残疾人协会（小组）。

2015 年太华镇建有残疾人协会（小组）的福利企业一览表

表 1-10

企业名称	成立年份	残疾人数（人）
江苏天竹化工科技有限公司	1994	26
宜兴市华顺模具有限公司		16
宜兴市江丰纺织有限公司		26

2008 年，境内福利企业关闭 1 家，近 50 名残疾人失业。镇残联协调新办福利企业 1 家，从失业残疾人中安排就业 18 人，安排到其它企业就业 20 人。2015 年，帮助残疾人集中就业 15 人，就业培训 15 人，残疾人扶贫 10 人。至 2015 年，镇安排残疾人集中就业 95 人次。

2012年7月，宜兴市三州堂残疾人就业（创业）基地创建，总面积约21.3万平方米，基地拥有固定资产150万元，主要经营项目有茶树种植、果树苗木栽培、茶叶加工、销售。基地种植面积约16.9万平方米，集中安置残疾人15人，从事种植、灌溉、采摘、初加工、包装等。2015年，基地就业残疾人人均年收入达1.85万元。

2012年，在组织开展"全国助残日"各项活动中，镇残联工作人员及社区、村干部走访慰问残疾人家庭，每人深入3~5户，并与残疾人结对帮扶。同时镇残联召开福利企业残疾职工座谈会，了解残疾职工生活、工作情况，由镇残联协助福利企业解决残疾职工困难。至2015年，镇残联组织走访慰问残疾人45人次，发放慰问金2万余元；镇、村干部结对帮扶贫困残疾人68人。

5. 普查与工作网络　1992年，全镇残疾人领取"残疾人证"254张。1995年始，镇残联全面开展残疾人普查工作和详细分类工作。1996年，太华镇残疾人全部建立个人档案，纳入电脑管理。2006年，太华镇残联结合无锡市持证残疾人普查工作，成立残疾人普查工作小组，顺利完成《宜兴市残疾人情况调查表》《宜兴市残疾人情况汇总表》调查填报工作。2009年，全镇残疾人换发第二代残疾证376名。至2015年，太华镇有持证残疾人580名。其中，视力残疾66人、听力残疾44人、言语残疾6人、肢体残疾342人、智力残疾88人、精神残疾34人。

2002年，镇残联建立社区、村妇女主任为基层残联专职委员工作网络。2008年，调整充实村级残疾人工作指导员2名，以村主任为负责人，成立村残疾人工作网络，每两个月召开一次村残疾人指导员会议，由指导员建立所在村残疾人台账。2014年，镇残联详细调查就业年龄段残疾人就业、失业情况，接受调查残疾人372人，调查信息完整录入江苏省残疾人就业系统370人。2015年，镇残联在"全国残疾人基本服务状况和需求专项调查"工作中，调查底册中残疾人人数536名，完成调查人数533名。康复档案全部进入无锡市残疾人信息系统；服务档案更新维护938份。

6. 扶贫解困　2001—2009年，太华镇残联帮残扶困工作有：对符合条件特困残疾人家庭全部纳入低保，应保尽保率100%；低保金额全部提高20%。低保重残人员和非低保无固定收入重残人员100%享受救助，并发放重残补贴；对特困残疾人节日慰问并补助钱物，与残疾人贫困户结对扶贫，资助残疾人学生和残疾人家庭子女。安排家庭困难残疾人免费体检。统一办理残疾人“补贴发放证”，发放残疾人证；为残疾人办理“爱心卡”，发放残疾人机动车燃油补贴，为残疾人争取扶贫贷款等。至2015年，发放无固定重残人员救助金累计995人次，低保重残金230余人次，发放金额300余万元。重残护理补贴发放370人次，结对扶贫近百户；救助60余户。慰问贫困残疾人钱物30余万元，发放特困残疾人钱物近百万元；免费体检百余人次；资助残疾人学生和残疾人子女共128人次；资助金额20多万元；发放残疾人机动车燃油补贴230人次；发放“爱心卡”450余张。对白内障患者免费筛查义诊约90名，发放残疾人证累计890人次。

7. 康复辅具适配 2001年始，镇残联为困难残疾人申请发放免费轮椅、盲杖、盲表，配发康复器材和适配辅助器具，为聋人免费安装助听器、为贫困白内障患者免费实施手术，为残疾人家庭安装无障碍设施等。至2015年，社区（村）康复站、室全部配发全套康复器材，全镇累计发放免费轮椅302辆，免费安装假肢3人，为聋人免费安装助听器45人，为残疾人家庭安装无障碍设施25户，适配辅助器具36户，发放盲杖、盲表12人，为贫困家庭白内障患者免费施行手术122例。

2009—2015年太华镇残疾人工作获得无锡市以上荣誉一览表

表1-11

年份	集体/个人	荣　　誉
2009	单保中	无锡市第十届运动会残疾人部田径比赛3000（肢残站立46级）第一名
		无锡市第十届运动会残疾人部田径比赛 跳远（肢残站立46级）第三名
		无锡市第十届运动会残疾人部田径比赛1500（肢残站立46级）第一名
2011	乾元村	无锡市残疾人工作五星社区
	太平村	

续表 1-11

年份	集体 / 个人	荣　誉
2012	石门村	无锡市残疾人工作五星社区
	桥涯村	
	杨店社区	
	茂花村	
	楼新桥村	
	胥锦村	
2013	瞿建明	无锡市职业技能竞赛服装裁剪项目 第一名
2015	叶竞竞	全国残疾人专项调查无锡市级先进个人
2015	瞿建明	第五届全国残疾人职业技能竞赛 服装裁剪第五名

四、徐舍镇残疾人联合会

1. 机构设立　1992 年 6 月，徐舍镇成立残疾人联合会（简称镇残联），行政隶属镇民政办公室，业务隶属市残疾人联合会（简称市残联）。同年 6 月、7 月、11 月、12 月，鲸塘乡、宜丰乡、潘家坝乡、芳庄乡、堰头乡分别成立乡残疾人联合会（简称乡残联），行政隶属各乡民政办公室，业务隶属市残联。1995 年至 1999 年，鲸塘、宜丰、芳庄撤乡设镇，各乡残联更名为镇残联，设立办公室，挂残联牌子，行政隶属各镇民政办公室，业务隶属市残联。2000 年 6 月，宜丰镇、潘家坝乡并入徐舍镇，镇、乡残联撤并为徐舍镇残联，行政隶属徐舍镇民政科，业务隶属市残联。同月，堰头乡并入鲸塘镇，镇、乡残联撤并为鲸塘镇残联，设立办公室，挂镇残联牌子、行政隶属鲸塘镇民政科，业务隶属市残联。2007 年 4 月，鲸塘镇、芳庄镇并入徐舍镇，3 镇残联撤并为徐舍镇残疾人联合会（简称镇残联），设立办公室，挂徐舍镇残联牌子，行政隶属徐舍镇民政科，业务隶属市残联。至 2015 年，行政隶属、业务隶属均不变。

1992—2015 年，历任理事长：沈富君、张小如、刘林森、孙才珍、王志祥、黄俊章、丁卫（徐舍镇），袁洪祥（芳庄乡），陆荣福、吕杏根、王志祥（芳庄镇），李明初（鲸塘乡），许杏初、陆法良（鲸塘镇），许洪泉、胡同章

（潘家坝乡），王祖培（宜丰乡），宗美良（宜丰镇），嵇才大、吴正华（堰头乡）。历任副理事长：张小如（徐舍镇），陆荣福、梅仁清（芳庄乡），许杏初（鲸塘乡），胡同章、谢德胜（潘家坝乡），宗美良（宜丰乡）、吴正华、赵富生（堰头乡）。

2002—2015 年，徐舍镇历任残疾人工作专（兼）职委员：吴俊、胡常芬（芳庄镇），李军（鲸塘镇），周幸（徐舍镇）。

2. 社区、村残疾人协会 2002 年，徐舍镇各社区、村成立残疾人协会，选出协会会长，制定工作制度、明确岗位职责。各社区、村残疾人协会在所属社区居委会、村委会和上级残联指导下开展工作。经几轮撤并、调整，至 2015 年，徐舍镇有民主、鲸塘等社区残疾人协会 2 个，洴浰、长福、宜丰、东岳、美栖、翔圩、南星、佘圩、潘东、潘家坝、丰台、胥藏、盛家、鲸塘、烟山、堰头、汤泉、西墟、联星、芳庄、五牧、邮堂、奖墅等村残疾人协会 23 个。各社区、村残疾人协会会长：民主社区鲍春明、鲸塘社区谈荣彬、洴浰村谢旭东、长福村许文忠、宜丰村杨锡中、东岳村钱勤春、美栖村蒋林祥、翔圩村蹇春、南星村蒋卓伟、佘圩村蒋其良、潘东村张达君、潘家坝村董俊荣、丰台村王良君、胥藏村谢育新、盛家村陈锋、鲸塘村蒋亚军、烟山村丁亚军、堰头村张志明、汤泉村陈德明、西墟村郑刚、联星村王俊、芳庄村王建新、五牧村彭东明、邮堂村吴祥春、奖墅村杨志刚。协会会长一般由书记或主任兼任。社区、村残疾人协会选聘专职委员 25 名：民主社区周国平、鲸塘社区周玉娟、洴浰村蒋逸群、长福村徐梅芳、宜丰村孙清、东岳村王年芳、美栖村潘雪芬、翔圩村许利萍、南星村宗红芳、佘圩村范植、潘东村徐芳芳、潘家坝村谈茵、丰台村狄群英、胥藏村刘小群、盛家村赵梅娟、鲸塘村蒋杏芳、烟山村黄美蓉、堰头村任联、汤泉村朱夕仙、西墟村岑再芬、联星村谢艳、芳庄村徐国琴、五牧村陆法仙、邮堂村朱梦萍、奖墅村章凤娟。2011 年被评为无锡市残疾人工作五星社区有：民主社区、洴浰村、长福村、宜丰村、东岳村、美栖村、奖墅村、南星村、潘东村。2012 年，潘家坝村、丰台村、五牧村、盛家村、鲸塘村、烟山村、堰头村、汤泉村、西墟村、联星村、芳庄村、邮堂村被评为无锡市残疾人工作五星社区。

3. 康复站、室 2008—2009 年徐舍镇设立康复室 25 个。室内面积均为 50 平方米，配备工作人员 1 名，康复器材齐全。2015 年镇残联在鲸塘社区卫生服务中心设立康复站1个，室内面积60平方米，负责人1名，工作人员1名，康复器材齐全。

2008—2015年徐舍镇康复站、室一览表

表1-12

名称	设立年份	地点	负责人
洴浰村康复室	2008	洴浰村	李祖明
长福村康复室		长福村	许文忠
鲸塘社区康复室		鲸塘村	王孟定
堰头村康复室		堰头村	刘福生
东岳村康复室		东岳村	杨立平
潘家坝村康复室		潘家坝村	邵俊峰
南星村康复室		南星村	吴保生
佘圩村康复室		佘圩村	黄玉君
潘东村康复室	2009	潘东村	黄正军
丰台村康复室		丰台村	王松元
胥藏村康复室		胥藏村	谢育新
盛家村康复室		盛家村	柯荣荣
鲸塘村康复室		鲸塘村	王孟定
烟山村康复室		烟山村	丁亚军
西墟村康复室		西墟村	郑　刚
联星村康复室		联星村	王　俊
芳庄村康复室		芳庄村	张建伟
五牧村康复室		五牧村	蒋国成
邮堂村康复室		邮堂村	朱永明
奖墅村康复室		奖墅村	吴胜良
美栖村康复室		美栖村	宗华东

续表 1-12

名称	设立年份	地点	负责人
宜丰村康复室	2009	宜丰村	杨锡中
翔圩村康复室		翔圩村	蹇　春
民主社区康复室		民主社区	鲍春明
汤泉村康复室		汤泉村	陈德明
徐舍镇社区卫生服务中心康复站		鲸塘社区	许汉红

4. 安养院　2015 年，徐舍镇敬老院迁至堰头村，徐舍镇残联在敬老院内创办残疾人安养院。安养院占地面积 3000 多平方米，配备有康复器材、文化娱乐、生活设施。

5. 集中就业　1992—2015 年，徐舍镇福利企业先后有：宜兴市雁南飞制衣有限公司、宜兴市华翔羊兔绒制条有限公司、宜兴市鲸皇科技化工有限公司、宜兴市嘉仕达化工有限公司、无锡市金卓服饰有限公司、宜兴市飞翔颜料有限公司、宜兴市三友金属制品有限公司、宜兴市华鼎铜业有限公司、宜兴市帕利达铜业有限公司、宜兴市德达木业有限公司、宜兴市兴阳轴承有限公司、宜兴市太湖防水材料有限公司、宜兴市通用电子电器有限公司、宜兴市方晟化工有限公司、宜兴市兴扬化纤制品有限公司、无锡市大华风机有限公司、江苏重通风机有限公司、江苏绿盛环境工程有限公司、江苏天地龙有限公司等 19 个。累计安置残疾人就业 7000 多人次。镇残联协助福利企业组建残疾人协会（小组）20 个。

2007—2015 年徐舍镇建有残疾人协会（小组）的福利企业一览表

表 1-13

企业名称	成立年份	残疾人数（人）
宜兴市华鼎铜业有限公司	2007	43
无锡市大华风机有限公司		18

续表 1-13

企业名称	成立年份	残疾人数（人）
宜兴市华翔羊兔绒制条有限公司	2008	23
宜兴市三友金属制品有限公司		35
宜兴市德达木业有限公司		14
江苏绿盛环境工程有限公司		22
宜兴市兴扬化纤制品有限公司		12
宜兴市雁南飞制衣有限公司	2009	34
宜兴市嘉仕达化工有限公司		20
无锡市金卓服饰有限公司		13
宜兴市飞翔颜料有限公司		10
江苏重通风机有限公司		11
宜兴市太湖防水材料有限公司		17
宜兴市帕利达铜业有限公司		15
江苏天地龙有限公司		123
宜兴市通用电子电器有限公司		37
宜兴市方晟化工有限公司		13
宜兴市兴阳轴承有限公司	2010	21
宜兴市鲸皇科技化工有限公司		33

6. 普查 1992—2001 年，镇、乡残联每年开展就业年龄段残疾人就业失业情况调查并详细分类。2002 年，镇残联建立社区、村妇女主任为基层残联专职委员工作网络，定期开展村监护小组业务培训，每月调查各村残疾人情况，及时更换残疾人信息和领取残疾人证。2005 年，镇残联社区、村专职委员经市残联培训后，完成《宜兴市残疾人情况调查表》《宜兴市残疾人情况汇总表》调查填报工作，使镇残疾人档案纳入无锡市残疾人信息系统。2010 年，镇残联组织社区、村专职委员参加市残联各类康复、盲人定向行走训练、信息录入等培训，完善康复管理档案，使残疾人档案进入无锡市残疾人信息系统。2014 年，镇残联详细调查就业年龄段残疾人就业、失业情况，

共计1300人，调查信息完整录入江苏省残疾人就业系统。至2015年，街道有持证残疾人2532人。其中，视力残疾368人、听力残疾181人、肢体残疾1260人、智力残疾356人、精神残疾333人、言语残疾34人。

7. 培训 2001—2015年，徐舍镇残联协调镇相关业务部门加强对残疾人技能培训，举办瓜果种植、家禽、水产养殖、特种养殖等培训班，由镇残联聘请专业技术人员向残疾人面授知识。并选送残疾人至市爱德培训学校参加陶艺制作、电脑维修、盲人推拿、岗位技能等技艺培训。

8. 助残、扶困 1992年，徐舍镇残联、鲸塘乡残联被市评为“帮残助残”先进单位。徐舍镇残联累计发放寒衣6000件。鲸塘乡残联开展“献爱心，送温暖”活动，走访慰问残疾人25户51人。2012年，镇残联开展“两个100”工程，100名党员干部与100名贫困残疾人结对帮扶。徐舍镇交警中队结对帮扶贫困残疾家庭2户。市公安消防大队结对帮扶贫困残疾家庭3户。无锡市达虹电缆有限公司向35户贫困种植、养殖残疾家庭发放创业扶持款10万元。江丰、利通冠名发放助残基金20万元。2015年，镇残联为符合条件的特困残疾人家庭办理低保，应保尽保率100%，且低保金额全部提高20%；为低保重残人员和非低保无固定收入重残人员办理享受救助、重残补贴100%，同时组织慰问特困残疾人并补助钱物，与残疾户结对扶贫，资助残疾人学生和残疾人家庭子女，安排家庭困难残疾人免费体检，统一办理残疾人补贴发放证、残疾人证、爱心卡，发放机动车燃油补贴，为残疾人争取扶贫贷款等。为603名无固定收入重度残疾人发放生活补助费共计350万元。发放护理补贴费220人，低保重残补贴费182人。

9. 康复、辅具适配 2001年始，镇残联陆续为困难残疾人申请发放免费轮椅、盲杖、盲表，配发康复器材和适配辅助器具，为聋人免费安装助听器，为贫困白内障患者免费实施手术，为残疾人家庭安装无障碍设施。至2015年，社区村康复站、室均配发全套康复器材，免费发放轮椅累计800辆，免费安装假肢45人，为聋人免费安装助听器60人，为残疾人家庭安装无障碍设施60户，适配辅助器具350户，发放盲杖、盲表70人。

10. 创业就业 20世纪90年代始，冯纪生创办宜兴市雁南飞制衣有限公司，带动残疾人就业30多人；徐卫生承包水面10公顷，饲养肉猪115头；施国林承包土地16.8公顷种植稻麦；骆全初承包水塘3公顷，养殖鱼、虾；

沈伟华开办服装店，带动残疾人就业 6 名，5 位肢体残疾人自主创业均取得成功。另有建君养鹅场年出栏 3 万羽，带动残疾人就业 5 名；魏良、朱菊华、王军强成功创业，并安置残疾人就业。至 2015 年，全镇除在福利企业集中就业累计 7000 余人次外，另有残疾人创业就业，从事种植、养殖 800 余人次，从业盲人推拿 15 人，陶艺制作 8 人。

11、维权 2013 年始，镇残联在镇行政服务中心设立残疾人接待窗口，并联合镇综治信访办、司法所做好残疾人信访接待工作。至 2015 年，镇残联接待残疾人来访共计 240 多人次，受理来信、来访、来电咨询共计 350 件次。

1992—2015 年徐舍镇残疾人工作获得无锡市以上荣誉一览表

表 1-14

年份	集体 / 个人	荣誉
1992	赵　航	江苏省残联授予“残疾人之友”
1993	徐舍医院	无锡“三项康复”先进集体
	袁晓中	无锡“三项康复”先进个人
1993	鲸塘中心小学	无锡市特殊教育先进集体
	赵　航	无锡市特殊教育先进个人
1995	袁晓中	无锡市残联工作先进个人
1996	许杏初	江苏省特需人群补碘工作先进个人
	袁晓中	江苏省残联工作先进个人
2001	刘林森	无锡市残联工作先进个人
2004	全　清	中国残疾人唯一代表 前往泰国参加联合国亚太会议
2006	冯纪生	无锡市“自强创业”之星
	鲸塘镇残联	无锡市残联工作先进集体
	徐舍镇残联	无锡市残联工作先进集体
2011	李　琳	无锡市朗诵比赛二等奖

续表 1-14

年份	集体 / 个人	荣誉
2011	民主社区	无锡市残疾人工作五星社区
	洴浰村	
	长福村	
	宜丰村	
	东岳村	
	美栖村	
	奖墅村	
	南星村	
	潘东村	
2012	潘家坝村	
	丰台村	
	五牧村	
	盛家村	
	鲸塘村	
	烟山村	
	堰头村	
	汤泉村	
	西墟村	
	联星村	
	芳庄村	
	邮堂村	
	史茜茜	无锡市残疾人职业技能竞赛计算机组装 第三名

续表 1-14

年份	集体 / 个人	荣　誉
2013	周　幸	《江苏收听收看》奖
	李婵娟	《江苏收听收看》奖
	李　琳	《江苏收听收看》奖
2015	周　幸	《全国残疾人基本服务状况和需求专项调查》无锡市先进个人

五、官林镇残疾人联合会

1. 机构设立 1992 年 12 月，官林镇成立残疾人联合会（简称镇残联），行政隶属官林镇民政办公室，业务隶属市残疾人联合会(简称市残联)。同期，钮家乡（9 月）、都山乡（12 月）、丰义乡（12 月）分别成立乡残疾人联合会（简称乡残联），行政隶属各乡民政办公室，业务隶属市残联。1994 年 12 月，丰义乡撤乡设镇，乡残联更名为镇残联，行政隶属丰义镇民政办公室，业务隶属不变。2000 年 6 月，官林镇、都山乡、钮家乡合并为官林镇。镇、乡残联合并为官林镇残联，设立办公室，挂官林镇残联牌子，业务隶属不变。 2004 年 2 月，官林镇与丰义镇合并，行政隶属官林镇民政科，官林镇残联与丰义镇残联合并为官林镇残联，行政隶属官林镇民政科，业务隶属不变，设立办公室，挂官林镇残联牌子，至 2015 年不变。

1992—2015 年，历任残联理事长：吕正芳、宗伯年、董国庆、张晓琴、祁慎祥、杨春慧（官林镇），张松强、蒋定华、吕柏松（丰义乡），潘孟君（丰义镇），薛纯良、陈元法（都山乡），钱开华、周顺才、董国庆（钮家乡），历任副理事长：宗伯年、芮福彬、陈元法、薛鹰（官林镇），蒋定华、吴海俊、余玉娟（丰义乡），季顺清、刘洪林（都山乡）、史春根（钮家乡）。2012 年 11 月—2015 年，官林镇残疾人工作专（兼）职委员：吴程程。

2. 社区、村残疾人协会 2002 年，各社区、村成立残疾人协会，选出协会会长，制定工作制度、明确岗位职责。各社区、村残疾人协会在所属社区居委会、村委会和上级残联指导下开展工作。经撤并、调整，至 2015 年，官林镇有官林社区残疾人协会 1 个；官林、凌霞、滆湖、滨湖、笠渎、义庄、白茫、杨舍、桂芳、钮家、都山、前城、大儒、南庄、丰义、东尧、韶巷、戈庄等村残疾人协会18个。各社区、村残疾人协会会长由书记或主任兼任：官林社区周玲、官林村孙强、凌霞村史卫君、滆湖村谢树良、滨湖村曾中良、笠渎村孙超、义庄村史松雪、白茫村王洪明、杨舍村蒋勤南、桂芳村史建卫、钮家村韩俊峰、都山村刘洪林、前城村王建益、大儒村周志洪、南庄村吕虎江、丰义村储浩生、东尧村储正云、韶巷村薛伯华、戈庄村蒋晓明。社区、村残疾人协会选聘专职委员19名：官林社区曹僖雨、官林村芮文秀、凌霞村张敏、滆湖村吕秀娟、滨湖村吴敏、笠渎村薛秀琴、义庄村芮息兰、白茫村赵清清、杨舍村谈琴芳、桂芳村朱杏仙、钮家村薛芹、都山村崔文英、前城村蒋亚君、大儒村王震、南庄村储益君、丰义村王宣琴、东尧村楚克芹、韶巷村成筱薇、戈庄村卞秋华。2010年，凌霞村被评为无锡市残疾人工作五星社区、村。2011年，桂芳、白茫、丰义、韶巷、大儒、都山、义庄等村被评为无锡市残疾人工作五星社区、村。

3. 康复站、室 2008年始，官林镇残联相继在社区、村委内建立康复站、室12个，场所面积均为60平方米，工作人员均为1名，站、室均配备全套康复器材。至2015年不变。

2008—2015年官林镇康复站、室一览表

表1-15

名称	设立年份	地点	负责人
官林社区康复站	2008	官林社区	宗和强
桂芳村康复室		桂芳村	史建卫
韶巷村康复室		韶巷村	施永平
前城村康复室		前城村	张国芝
凌霞村康复室		凌霞村	芮亚平
丰义村康复室	2012	丰义村	储云方
官林村康复室		官林村	宗建芳
义庄村康复室		义庄村	史林光
白茫村康复室		白茫村	王洪明

续表 1-15

名称	设立年份	地点	负责人
戈庄村康复室	2012	戈庄村	蒋晓明
大儒村康复室		大儒村	骆建其
都山村康复室		都山村	王永华

4. *活动场所* 2013 年，官林镇老年服务中心内设残疾人安养院，建筑面积 360 平方米，融生活、医疗、娱乐等功能于一体，床位 15 张，工作人员 7 名，其中日间照料 6 名。自安养院设立后，镇残联为残疾人承接绣花针包装工作，按计件发放工资。2014 年，官林医院内设残疾人康复中心，建筑面积 100 平方米，配备工作人员 2 名，康复设施齐全。至 2015 年，安养院入住残疾人累计 66 名，康复中心康复训练残疾人 170 名。

5. *集中就业* 2010—2015 年，官林镇福利企业有：无锡市凌峰铜业有限公司、江苏江润铜业有限公司、宜兴市意达铜业有限公司、无锡市兴惠线缆有限公司、宜兴市天源铜业有限公司、江苏海达电缆有限公司、宜兴市兴达电工有限公司、宜兴市宜民工艺制品有限公司、宜兴市三联科技发展有限公司、江苏泰瑞耐火有限公司、宜兴市东明石油化学助剂有限公司、无锡市德立线缆有限公司、宜兴市阳洋塑料助剂有限公司、江苏荣宜电缆有限公司、宜兴市金啸铜业有限公司等 15 个。官林镇残联将就业年龄段残疾人集中安置福利企业就业，至 2015 年集中就业累计 1200 人次。镇残联同时协助各福利企业，组建残疾人协会（小组）。

2010—2015 年官林镇福利企业残疾人协会（小组）一览表

表 1-16

企业名称	成立年份	残疾人数（人）
无锡市凌峰铜业有限公司	2010	30
江苏江润铜业有限公司		40
宜兴市意达铜业有限公司		44
无锡市兴惠线缆有限公司		34

续表 1-16

企业名称	成立年份	残疾人数（人）
宜兴市天源铜业有限公司	2010	37
江苏海达电缆有限公司		84
宜兴市兴达电工有限公司		29
宜兴市宜民工艺制品有限公司		11
宜兴市三联科技发展有限公司		18
江苏泰瑞耐火有限公司		29
宜兴市东明石油化学助剂有限公司		26
无锡市德立线缆有限公司	2011	44
宜兴市阳洋塑料助剂有限公司	2012	72
江苏荣宜电缆有限公司		83
宜兴市金啸铜业有限公司		40

6. 特殊教育 1987 年 9 月，全国“金钥匙盲童教育”将宜兴作为试点县。钮家西村小学开设盲童“一体化教育”试点班，共收盲童 13 名，有教师 1 名。1993 年，撤销“一体化教育”试点教学班，在册盲童全部转入市特殊教育学校学习。

7. 残疾普查 2006 年，镇残联成立持证残疾人普查登记小组及办公室，完成残疾人信息登记 430 名，录入无锡市残疾人信息系统。与此同时，镇残联开展残疾人社会保障调研工作，详细调查就业年龄段残疾人就业、失业情况，全镇接受调查 1285 人，调查信息完整录入江苏省残疾人就业系统 1262 人。是年，镇残联被无锡市评为持证残疾人普查登记先进集体。镇残联论文《切实推进残疾人社会保障、积极构建同步小康社会》，在无锡市残疾人事业与新农村建设理论研讨会上获三等奖。至 2015 年，镇残联完成服务档案 1505 户。其中，肢体康复档案 795 户、精神残疾康复档案 115 户。全镇持证残疾人共计 1936 人，其中视力残疾 241 人、听力残疾 155 人、言语残疾 21 人、肢体残疾 1009 人、智力残疾 363 人、精神残疾 147 人。

8. 培训　2005 年始，镇残联多次组织社区、村专职委员参加市残联残疾人工作培训，有残疾人档案信息系统录入培训、盲人定向行走训练培训等。同时，组织社区、村专职委员参观市残疾人托养中心、奇奇农疗中心，熟悉康复业务。镇残联和市爱德学校联合举办残疾人种植、养殖技术培训班，参加培训残疾人 135 名；举办福利企业残疾职工安全生产及生产技能培训班 5 期，培训残疾职工 750 名；镇残联对江苏海达电缆有限公司和江润铜业有限公司残疾职工展开就业形势、道德教育培训，参加培训残疾职工 230 人。镇残联“以偏瘫家庭康复”为主要内容，召集有关人员 126 名，邀请红塔医院康复训练医生及市残联康复中心指导员到镇授课，在普及康复知识同时，强调家庭护理在康复中重要性，并在现场结合残疾人实际身体情况做指导练习。至 2015 年，接受培训残疾人职工累计达到 1600 余人次。

9. 助残　宜兴市宏丽化工厂、钮家乡敬老院院长张连生、下圩村党支部书记吴志华在市残联开展“残疾人之家”“残疾人之友”评选表彰活动中，分别被评为帮残助残先进单位和先进个人。

2003 年，丰义中心小学五（4）中队助残活动成绩突出，被评为“全国红领巾手拉手助残”先进集体。2011 年，官林小学师生 51 人，赴官林镇养老服务中心，与 50 位残疾人开展小手牵大手谈心活动，并为残疾人打扫卫生。

2015 年官林镇创办“官林镇青商基金会”，筹集助残金 30 万元，作为每年助残日和年底慰问贫困残疾人基金。

10. 扶贫解困　2005—2015 年，官林镇残联扶贫解困工作有：为贫困残疾人家庭低保金发放 586 万元，为重度残疾人低保金发放 500 万元，为无固定收入重度残疾人救助金发放 730 万元，为贫困残疾人家庭生活救助发放 182 万元；结对帮扶贫困残疾人家庭 369 户，发放救助金 190 万元；走访慰问贫困残疾人家庭 562 户，发放慰问金 45 万元；资助贫困残疾人学生就学金发放 35 万元；发放重度残疾人生活护理补贴 34 万元；为贫困残疾人家庭修缮危房 10 户；为贫困残疾人免费体检 85 人；发放残疾证 1984 人次，发放爱心卡 1600 余张。

11. 精神病防治　2005 年始，镇残联成立残疾人精神病防治领导小组，对新发现精神残疾人病情动态及时上报，与监护人签订免费服药协议及承诺书，并定期邀请精防医生上门辅导。会同司法、公安部门将重症精神残疾人送到周铁医院长期治疗 2 名。开展精神残疾人普查工作，对精神残疾人实行建档立卡 501 名。至 2015 年，精神残疾免费服药救助 268 人；精神残疾医疗救助 13 人；精神残疾三级、四级补助 116 人次，发放补助款 9.3 万元。

12. 辅具适配 2005—2015 年，镇残联为贫困残疾人申请免费发放轮椅 192 辆、盲杖 140 根、盲表 140 枚、免费安装助听器 88 人、盲人定向行走训练 65 人次、安装假肢 18 人，发放适配辅助器具共计 215 人。

13. 创业就业 2005 年，残疾人唐小燕参加市残联和人社局组织的 SYB 培训后，自主创业，开办文印室。丰义村肢残人严正云，刻苦钻研计算机应用技术，获得计算机应用等级证书，取得本科文凭，被丰义中学录用，教授计算机课程；都山村肢残人张国兴，自费到北京学习节能型蜂窝煤技术，回乡创办节能型蜂窝煤加工厂，并安置残疾人就业 3 人。

2003—2015 年官林镇残疾人工作获得无锡市以上荣誉一览表

表 1-17

年 份	集体 / 个人	荣誉
2003	丰义中心小学五（四）中队	“全国红领巾手拉手助残”先进集体
2006	官林镇残联	无锡市持证残疾人普查登记先进集体
		论文《切实推进残疾人社会保障，积极构建同步小康社会》，获“无锡市残疾人事业与新农村建设理论研讨会”三等奖。
2009	唐志良	无锡市残疾人工作先进个人
	前城村	“省残疾人社区康复先进市”优胜单位
	凌霞村	
2010	凌霞村	无锡市残疾人工作五星社区
2011	白茫村	
	桂芳村	
	都山村	

续表 1-17

年 份	集体 / 个人	荣誉
	义庄村	
	大儒村	
	丰义村	
	韶巷村	
2014	葛云开	江苏省盲人门球比赛团体第三名
2015	吴程程	无锡市残疾人专项调查先进个人

六、 杨巷镇残疾人联合会

1. 机构设立 1992 年 11 月，杨巷镇、新芳乡分别成立残疾人联合会，(以下简称镇、乡残联)，行政隶属杨巷镇、新芳乡民政办公室，业务隶属市残疾人联合会（简称市残联），下设残联办公室。1996 年 12 月，新芳撤乡设镇，乡残疾人联合会更名为新芳镇残疾人联合会（简称镇残联），行政隶属新芳镇民政办公室，业务隶属不变。2004 年 2 月，新芳镇并入杨巷镇，原杨巷镇残联、新芳镇残联合并为杨巷镇残联，行政隶属杨巷镇民政办公室，业务隶属市残联，设立办公室，挂杨巷镇残联牌子。至 2015 年行政隶属、业务隶属不变。

1992—2015 年，历任残联理事长：王继生、黄才宝、周茹娟、李志君（杨巷镇），徐永君（新芳乡），张杏元（新芳镇）；副理事长唐洪坤、孙阿伢、王南春、周茹娟（杨巷镇），王洪根（新芳乡），蒋建南（新芳镇）。历任镇残疾人工作专（兼）职委员：蒋小英、吴琳露。

2. 社区、村残疾人协会 2004 年，各社区、村成立残疾人协会，选出协会会长，制定工作制度、明确岗位职责。各社区、村残疾人协会在所属社区居委会、村委会和上级残联指导下开展工作。经几轮撤并、调整，至 2015 年，杨巷镇有杨巷、宝寿社区残疾人协会 2 个，塘门、英驻、城典、新芳、安乐、革新、镇龙、坝塘、黄家、了林、金紫、邬泉、皇新、西溪、芳东、芝果等村残疾人协会 16 个。社区、村残疾人协会会长由村书记或村主任兼任社区、村残疾人协会会长：杨巷社区陆蓉芬、韦青桥、宝寿社区毛鸽珍；塘门村周旭强、英驻村夏立君、城典村董立平、新芳村王俊明、安乐村王志明、革新村富伟军、镇龙村张建军、坝塘村万爱仙、黄家村马汝生、了林村史志远、金紫村张少东、邬泉村曹国群、周招君、皇新村朱志明、西溪村曹清明、芳东村徐小良、芝果村沈正民。各社区、村残疾人协会各选聘专职委员 1 名：杨巷社区张卫芬、宝寿社区史锡琴。塘门村张旦伢、英驻村秦伯明、城典村曹霆、新芳村蒋健、安乐村朱王俊、革新村毛国应、镇龙村梁缘、坝塘村杨玉婷、黄家村蒋中磊、了林村杨玉仙、金紫村张利锋、邬泉村王伟、皇新村曹德平、西溪村金燕、芳东村史跃萍、芝果村杨红娣。2010 年杨巷镇被评为无锡市残疾人工作五星社区、村有：黄家村、邬泉村、镇龙村、塘门村。2011 年被评为无锡市残疾人五星社区、村有：坝塘村、新芳村、皇新村、了林村、芳东村、安乐村、英驻村、金紫村、革新村、城典村、芝果村、杨巷社区、宝寿社区。

3. 康复站、室 2008 年 5 月，杨巷镇设立医疗康复站，地址在杨巷镇居委，场所面积 150 余平方米，配备专职医务人员 2 人。2009 年，杨巷镇在各社区、村相继设立医疗康复室 17 个，工作人员均为 1 人，场所面积均为 50 平方米，配齐全套康复医疗健身器材。

2008—2015 年杨巷镇康复站、室一览表

表 1-18

名　　称	设立年份	地点	负责人
杨巷社区康复站	2008	杨巷社区	史建良
宝寿社区康复室	2009	宝寿社区	孙华平
塘门村康复室		塘门村	潘凤仙
英驻村康复室		英驻村	印德芳
城典村康复室		城典村	毛益民
新芳村康复室		新芳村	席　巍
安乐村康复室		安乐村	徐林芳
革新村康复室		革新村	许志亚
镇龙村康复室		镇龙村	许为林

续表 1-18

名　　称	设立年份	地点	负责人
坝塘村康复室	2009	坝塘村	储俊伟
黄家村康复室		黄家村	罗志平
了林村康复室		了林村	史志林
金紫村康复室		金紫村	王凤清
邬泉村康复室		邬泉村	曹国群
皇新村康复室		皇新村	王小明
西溪村康复室		西溪村	周亚娟
芳东村康复室		芳东村	徐小良
芝果村康复室		芝果村	沈正民

4. 安养院　2009 年 8 月，杨巷镇敬老院设立残疾人安养院，有康复器材、文化娱乐、生活设施等设备。镇敬老院院长兼任安养院院长，配备工作人员 3 名。是年入院安养残疾人 12 名。至 2015 年，安养残疾人累计 123 名。

5. 集中就业　1991— 1997 年，杨巷镇创办福利企业有：宜兴市远红外加热设备厂、宜兴市振杨化工厂、宜兴市云雅毛纺厂。2000 年，3 个福利企业相继改制重组。为安置原福利企业残疾职工就业，镇政府及镇残联先后帮助转制福利企业 7 个：江苏东邦科技有限公司、江苏海兴金属材料有限公司、江苏鹤新纤维有限公司、无锡市荣成电工材料有限公司、无锡市圣恩线缆有限公司、江苏兴海线缆有限公司、宜兴市新芳铜厂有限公司。福利企业残疾人集中就业累计 700 多人次， 2015 年，福利企业相继改制，至此，杨巷镇无福利企业。

6. 特殊教育　1985 年 9 月 12 日，新芳乡中心小学创办全县第一批聋哑教学班，学制 6 年，入学年龄一般为 8 周岁，有 12 名学生，其中年龄最大 17 岁，最小 8 岁，设专职教师 1 人。教学设备由县教育局、县民政局拨款购买，当地政府向聋哑教学班学生赠送书包、文具用品等。1993 年，新芳乡聋哑教学班撤消，在册学生转入市聋哑学校就读。

7. 残疾普查　2006 年始，全镇残疾人信息进入无锡市残疾人信息系统管理。至2015年，镇残联建立肢体康复档案405人，精神残疾档案360人。全镇有持证残疾人1360人。其中，视力残疾172人、听力残疾107人、肢体残疾679人、智力残疾253人、精神残疾135人、言语残疾14人。

8. 培训 1993年8月，镇残联与镇成人学校联合举办首期残疾人技能培训班，为期3天，参加培训残疾人共计45名。聘请市劳动局、农林局等技术专家授课，讲授电焊操作、花卉栽培、蔬菜种植、茶叶制作等技术。2000年，镇残联会同镇成人学校开设财会知识培训班，挑选较高文化水平的12位年轻残疾人参加培训，全镇先后参加技能培训残疾人员700余名，受训率60%以上。经过培训残疾人有13人取得电气焊资格证，1人取得工程师证、2人取得财务会计资格证，1人担企业副总经理，1人担任企业主办会计。2002至2015年，镇残联组织社区、村专职委员参加市残联各类康复、盲人定向行走训练、信息录入培训等。

9. 助残 1992年12月，宜兴市新芳橡塑皮件厂、杨巷镇敬老院获“市帮残助残先进单位”称号；新芳聚氨酯厂唐锡生和杨巷镇杨扣根获“市帮残助残先进个人”称号；在市“帮残助残”交流会上，杨扣根作发言。同年，杨巷镇残联被评为“市帮残助残”先进单位。

1997年7月，镇政府和镇残联联合印发“关于保障残疾人合法权益”相关通知。自此，镇残联在每年的11月份到福利企业调查核对残疾人就业情况。至2013年，镇残联为残疾职工补签用工协议100余份，协调解决劳资纠纷8起、因工致残补偿纠纷1起、帮助残疾人追讨欠款2起，追讨金额13万元。

2000—2015年无锡市天兴空调设备有限公司重阳节和春节派人除带着慰问品到残疾人安养院慰问外，还每人发给慰问金100元；杨巷恒伟酒家吴国伟每逢冬令时节就会烧一大锅烩羊肉，分送给安养院残疾人；宜兴市新芳铜厂每逢春节到安养院慰问残疾人，带去猪肉、鱼、鸡等物品。

2010—2015年，镇民政、镇残联、村、企业筹集资金34万元，用于实施“帮残助残阳光工程”。

10. 扶贫解困 1998年，无锡市天兴空调设备有限公司率先在企业内部建立“天兴爱心”基金100万元，作为帮助残疾人家庭和残疾人子女助困助学基金。2008年，江苏海盛兴金属材料有限公司设立“爱心泉”专项基金260万元，为残疾人创业、康复医疗、残疾人家庭子女上学等提供资助。

2013 年 7 月 27 日，江苏海盛兴金属材料有限公司在设立“爱心泉”专项基金基础上，又设立“海盛兴助残基金”。

2002—2015 年，镇残联帮残扶贫工作有：每年“全国助残日”和节日期间走访慰问贫困残疾人，赠送慰问金和物品，结对帮扶贫困残疾人 130 名，发放助残金 9 万多元；资助低保重残 67 人次，发放金额 4.7 万元；资助重度残疾人 219 人次，发放金额 33 万元；资助贫困残疾人家庭子女就学 308 人次，资助金额 61 万元；残疾人家庭危房改造 20 户，补助修缮款 1 万元；走访贫困残疾人家庭 180 户，发放助残金 14.5 万元；机动车燃油补贴发放 0.6 万多元；发放爱心卡 980 张，发放残疾证累计 1338 人次。

11. 精神病防治　2004 年 6 月，镇残联与精神残疾患者结对帮扶 18 名，并制定由监护人签订免费服药协议及承诺书；邀请心理医生定期上门心理辅导 4 名。2010 年 8 月 12 日，“共享阳光”残疾人家属座谈会在镇残联召开，市残联康复科、镇残联、周铁医院精神科专家杨家良和全镇 13 名精神残疾患者及家属参加座谈会。市残联康复科发放精神残疾康复宣传手册；精神科专家杨家良就精神残疾康复治疗、回归社会为议题作讲座，强调家属在治疗中的作用；并和精神残疾病人和家属代表座谈。至 2015 年，镇残联对精神残疾免费服药救助 150 人，发放救助款 4.5 万元；精神残疾医疗救助 10 人，发放救助款 3 万元；精神残疾三级、四级救助 184 人次，发放救助款 14.7 万元（2013—2015 年）。

12. 康复与辅助器材适配　2001—2015 年，镇残联为贫困残疾人申请免费轮椅 70 辆、盲杖 110 根、盲表 130 只，为残疾人家庭安装无障碍设施 390 户、适配辅助器具 466 户。

2002 年 6 月初，镇残联会同康复站医生对全镇中风、脊柱侧凸残疾人员全面筛查，共计 28 名。其中，重度中风患者转介到红塔医院康复治疗 1 名；脊柱畸形及侧凸症残疾人分批到康复站，康复训练和校正 8 名。2009 年 8 月，杨巷镇敬老院内设残疾人安养院，吸收 12 名残疾人入院康复养老。至 2015 年，全镇残疾人经康复治疗率 90% 以上。

13. 自主创业　1995 年 10 月，芳东村残疾人万进才，自筹资金 150 万元，在村投资兴建全镇第一家千头养猪场，被评为市农副业先进个人（1998 年）。金紫村残疾人张继忠筹资 20 万元，在镇区开办“百味餐馆”，被宜兴市工商局授予“光彩之星”称号（1999 年）。了林村残疾人朱光明筹资 200 余万元，成立运输公司。西溪村张培荣夫妻残疾，原在农贸市场边开设临时摊位，由镇残联协调，办起缝纫修理部。黄家村残疾人黄明与妻子耕种农田 80 多亩。黄明作为残代会代表出席无锡市、江苏省第三届残疾人代表大会（1999 年）。西溪村村民董金法、周冬梅夫妇均为残疾人，拜师学艺后，在镇上开办羊毛衫店。“福根水产养殖合作社”杨福根被无锡市工商局评为“光彩之星”（2003 年）。2003 年，童云清在残疾人养殖班培训学习后，镇政府将 10 多间厂房赠送给他作创业用房，并积极争取资金，童云清从原来养猪 10 多头，发展成养猪上百头。2005 年，残疾人陈锁华向市残联无息贷款 5000 元，养兔 400 多只，年收入万元。残疾人宗晓芳参加残疾人种植培训后，种玉米和花木约 0.667 万平方米。肢残唐志军创业养殖野鸭，取得成功。至 2015 年，全镇 37 位残疾人领取个体工商营业执照，镇政府和镇残联除协调免除多项规费外，还提供场地和设施，发放帮扶资金累计约 50 余万元。

1995—2015 年杨巷镇残疾人工作获得无锡市以上荣誉一览表

表 1-19

年份	集体 / 个人	荣誉
1995	杨扣根	长篇人物通讯发表于《代表与人民》杂志，获无锡地区征文作品二等奖
		《无锡日报》优秀通讯员
1996		《无锡日报》优秀通讯员
1999	黄　明	江苏省第三届、无锡市第三届残疾人代表大会代表
2003	杨福根	无锡市光彩之星
	李　平	无锡市十一届残疾人运动会视力（T13）男子 800 米第六名
2010	黄家村	无锡市残疾人工作五星社区
	邬泉村	
	镇龙村	

续表 1-19

年份	集体 / 个人	荣誉
2010	塘门村	无锡市残疾人工作五星社区
2011	坝塘村	
	新芳村	
	皇新村	
	了林村	
	芳东村	
	安乐村	
	英驻村	
	金紫村	
	革新村	
	城典村	
	芝果村	
	杨巷社区	
	宝寿社区	

七、新建镇残疾人联合会

1. 机构设立 1992年11月，新建乡成立残疾人联合会(以下简称乡残联)，行政隶属新建乡民政办公室，业务隶属市残疾人联合会。1993 年 12 月，新建撤乡设镇，新建乡残联会更名为新建镇残联，行政隶属新建镇民政办公室，挂新建镇残联牌子，至 2015 年行政隶属业务隶属均不变。

1992— 2015 年，新建镇历任乡、镇残联理事长：顾菊良（新建乡）、吴田君（新建乡、新建镇）、蒋国洪、施祖民（新建镇）。副理事长：吴田君（新建乡）、吴军（新建镇）。历任乡、镇残疾人工作专（兼）职委员：张阿明、董孟娟、杜勋、芮留华、储丽亚。

2. 社区、村残疾人协会 2002年，村成立残疾人协会26个，选出协会会长，制定工作制度、明确岗位职责。各残疾人协会在所属村委会和上级残联指导下开展工作。经几轮撤并、调整，至 2015 年，新建镇有兴建社区残疾人协会 1 个，新建、南塘、臧林、闸上、留住、路庄等村残疾人协会 6 个。村、社区残疾人协会会长由村主任或村书记兼任。各社区、村协会会长：兴建社区丁国伟、新建村陈建平、南塘村史胜中、臧林村储群峰、闸上村邵红星、留住村储国新、路庄村邓永平。各社区、村选聘残疾人协会专职委员 7 名：兴建社区储丽亚、新建村周秋霞、南塘村周思敏、臧林村蒋红云、闸上村刘永君、留住村刘书英、路庄村吴丽萍。

2010—2014 年，新建镇被评为无锡市残疾人工作五星社区、村有：兴建社区、留住村、臧林村、闸上村、路庄村、新建村、南塘村。

3. 康复站、室　2008—2009 年，新建镇残联建成康复站 1 个、康复室 6 个，均配备管理人员 1 名、工作人员 1 名，康复活动器材齐全，无障碍设施及标设到位，每周一、五组织残疾人康复训练。康复站设在兴建社区卫生服务中心，室内面积 100 平方米，康复室设在各村委，室内面积均为 60 平方米，至 2015 年不变。

2008—2015 年新建镇康复站、室一览表

表 1-20

名　　称	设立年份	地点	负责人
兴建社区卫生服务中心（站）	2008	兴建社区	蒋金良
新建村康复室	2009	新建村	丁国伟
南塘村康复室		南塘村	吴祝君
臧林村康复室		臧林村	赵顺根
闸上村康复室		闸上村	周志坚
留住村康复室		留住村	史国庆
路庄村康复室		路庄村	邓永平

4．托养　2011 年，新建镇敬老院设立残疾人托养中心。内设娱乐活动室、康复训练室、浴室、食堂、医务室等设施，铺设盲道，安装呼叫系统，床位

20张，配备工作人员2名。至2015年，入住托养残疾人累计75名。

5. 集中就业 新建镇先后创办福利企业有：宜兴市新建涂料厂（1984年）；宜兴市星海绢纺织厂（1994年）、宜兴市生物公司（1995年）、宜兴市申兴染料厂（1999年）、宜兴市国信织造厂（2005年）、宜兴市明阳化纤有限公司（2005）、宜兴市昌吉利化工厂（2008年）、宜兴市卡欧彩涂钢板有限公司（2008年）、宜兴市聚金信化工有限公司（2009年）。其中，宜兴市新建涂料厂、宜兴市生物公司、宜兴市申兴染料厂、宜兴市明阳化纤有线公司、宜兴市聚金信化工有限公司，5家福利企业相继改制。至2015年，全镇4家福利企业残疾人就业累计600人次。

在安置残疾人就业同时，镇残联协助各福利企业组建残疾人协会。

2015年新建镇福利企业残疾人协会（小组）一览表

表1-21

企业名称	成立年份	残疾人数（人）
宜兴市兴海绢纺厂	1994	330
宜兴市国信织造厂	2005	50
宜兴市卡欧彩图钢板有限公司	2008	40
宜兴市昌吉利化工厂	2008	40

6. 特殊教育 1987年9月14日，新建乡典巷小学办起聋哑教学班，有学生8人，教师1人。1993年，聋哑教学班撤消，在册学生转入市聋哑学校就读。

7. 残疾普查 2006年，全镇残疾人信息进入无锡市残疾人信息管理系统，镇残联全面开展残疾人信息普查工作。至2015年，全镇有持证残疾人742人。其中，视力残疾102人、听力残疾55人、言语残疾5人、肢体残疾382人、智力残疾154人、精神残疾44人。残疾人、疑似残疾人康复档案信息系统收录1096名。

8. 培训 2008—2015年，镇残联组织社区、村专职委员参加市残联盲人定向行走训练培训56人次、信息录入培训28人次。到市残疾人托养中心、奇奇农疗中心学习，熟悉康复业务21人次。组织福利企业残疾职工安全生产、法律知识、职业道德培训475人。镇残联举办6期康复知识和康复器材使用培训班，参加培训残疾人及亲友140名。发放康复知识宣传手册100多份，并结合残疾人实际身体状况现场操作演练，让残疾患者掌握康复器材使用技巧。

9. 助残扶贫 2012年，镇残联提议，在镇政府改造镇区道路时，人行道上铺设盲道，意见被采纳并实施。镇区道路新增盲道5000多米。毛俊因车祸造成高位截瘫，家庭生活困难。2013年，镇残联与镇卫生院协调，将镇卫生院门口空房，低价租赁给毛俊，开办小超市；并会同市残联，与市烟草局联系，结对帮扶。至2015年，市烟草局对毛俊走访帮扶7次、心理疏导3次、政策咨询3次、店铺经营指导3次，发给帮扶资金2500元。至2015年，镇残联走访慰问贫困残疾人家庭410户，发放慰问金9.5万元，发放机动车燃油补贴2.3万元，办理爱心卡800张，办理残疾证168本，发放健康读物120本，为残疾人免费订阅报纸10份。救济生活贫困残疾人145名，发放救济款8.8万元；发放低保重残金20万元；发放无固定重残金92.35万元；发放重度残疾人生活补助6.6万元；发放重度智力、精神残疾护理补贴20万元；贫困残疾人免费体检81人；贫困残疾人家庭危房维修13户；精神病服药救助85人，精神病人医疗救助4人；发放精神三级、四级救助款8万元。

10. 辅具适配 2010—2015年，镇残联为困难残疾人申请免费发放轮椅94辆、盲杖31根、盲表31只、残疾人家庭安装无障碍设施35户、假肢安装14人、助听器适配72人、可视门铃安装5户。

11. 创业就业 2008年，肢残人储平创办湖北红太阳装饰工程有限公司宜兴分公司，2010年注册更名为湖北红太阳建设工程有限公司江苏分公司，拥有装修、幕墙施工一级资质。同时，在宜兴设立建设工程有限公司，公司在承接重点工程中，多次获得“湖北省优质工程奖”“江苏省文明工地”“幕墙工程国家级AAA安全文明标准化工地”“全国建筑工程装饰奖”等荣誉称号，安置就业40余人。2013年，聋哑人理发师储强参加无锡市残疾人职业技能竞赛美发比赛获得第一名，获“无锡市技术能手”荣誉称号；第十五届江苏省美发美容美甲大赛中，获公仔头剪吹银奖。

镇残联帮助残疾人自谋职业的有：帮助肢残人王国荣开办便民超市、帮助精神残疾人张小卓开办丧葬用品商店、帮助智力残疾人刘国祥开办石碑雕刻店、帮助肢残人吴腊春开办电动车修理店、帮助肢残人傅阿清开办网吧、帮助言语残疾人张新在油漆店就业、帮助肢残人储鑫在儿童用品商店就业、帮助听力残疾人袁园在土杂店就业、帮助视力残疾人张立伟在螃蟹养殖专业合作社就业。

12、体育 镇残联重视挖掘培养和选送有体育特长的残疾人。1999 年，残疾人毛俊在无锡市首届残疾人运动会获得男子肢残组 60 公斤级抓举、挺举 2 枚金牌。2011—2012 年，残疾人王紫陶在无锡市残疾人游泳锦标赛、乒乓球锦标赛，江苏省残疾人青少年游泳锦标赛、全国聋人游泳锦标赛中屡获奖牌。

1999—2015 年新建镇残疾人工作获得无锡市以上荣誉一览表

表 1—22

年份	集体 / 个人	荣誉
1999	毛　俊	无锡市第一届残疾人运动会男子肢残组 60 公斤级抓举、挺举金牌
2010	留住村	无锡市残疾人工作五星社区
	臧林村	
2011	闸上村	
	路庄村	
	新建村	
	南塘村	
2011	王紫陶	无锡市残疾人游泳锦标赛男子 S15 级组 100 米仰泳第三名
		无锡市残疾人游泳锦标赛男子 S15 级组 50 米仰泳第一名
		无锡市残疾人游泳锦标赛男子 S15 级组 50 米自由泳第六名
		无锡市残疾人乒乓球锦标赛男子 S15 级组男子团体第六名

续表 1-22

年份	集体 / 个人	荣誉
2012	王紫陶	江苏省残疾人青少年游泳锦标赛男 S15 级组 50 米蝶泳第一名
		江苏省残疾人青少年游泳锦标赛男 S15 级组 100 米自由泳第三名
		江苏省残疾人青少年游泳锦标赛男 S15 级组 200 米自由泳第二名
		全国聋人游泳锦标赛男子 S15 级组 4×100 米自由泳接力第四名
		"体育道德风尚奖"
	储平红太阳宜兴建设工程有限公司	开发区光电子产业园内外装修工程荣获"湖北省优质工程奖"
2013	王紫陶	无锡市第十届运动会男子 S15 级组 100 米仰泳第一名
		无锡市第十届运动会男子 S15 级组 100 米自由泳第一名
		无锡市第十届运动会男子 S15 级组 50 米蝶泳第一名
	储　强	无锡市残疾人职业技能竞赛美发组第一名
		第十五届江苏省美发美容美甲大赛，荣获公仔头剪吹银奖
	储平红太阳宜兴建设工程有限公司	宜兴市东氿大厦室内装饰工程，荣获"全国建筑工程装饰奖"
2014	储平红太阳宜兴建设工程有限公司	宜兴市汇龙商务中心内外装饰工程，荣获"江苏省文明工地"称号

续表 1-22

年份	集体 / 个人	荣誉
2014	储平红太阳宜兴建设工程有限公司	官林医院内外装饰工程，荣获“湖北省优质工程奖”
	王紫陶	江苏省第九届残疾人运动会男子 S15 级组 50 米自由泳第三名
		江苏省第九届残疾人运动会男子 S15 级组 100 米自由泳第二名
	兴建社区	无锡市残疾人工作五星社区
	新建镇残联	无锡市残联先进集体
2015	储平红太阳宜兴建设工程有限公司	宜兴市徐舍镇创业中心大厦内外装饰工程，荣获“湖北省优质工程奖”“江苏省文明工地称号”
		宜兴市科技孵化园节能大厦内外装饰工程，荣获“湖北省优质工程奖”
		宜兴市科技孵化园节能大厦幕墙工程，荣获“国家 AAA 级安全文明标准化工地称号”“江苏省文明工地称号”

八、和桥镇残疾人联合会

1. 机构设立 1992 年 7 月，和桥镇成立残疾人联合会（简称镇残联），行政隶属镇民政办公室，业务隶属市残疾人联合会。1992 年 9 月，南新乡、闸口乡分别成立残疾人联合会（简称乡残联），行政隶属乡民政办公室，业务隶属市残联。1993 年，南新撤乡设镇，南新乡残联更名为南新镇残联，行政隶属镇民政办公室，业务隶属不变。1995 年，闸口乡撤乡设镇，闸口乡残联更名为闸口镇残联，行政隶属镇民政办公室，业务隶属不变。2000 年 6 月，南新镇并入和桥镇，两镇残联合并为和桥镇残联，行政隶属和桥镇民政科，业务隶属不变。2004 年 2 月，闸口镇并入和桥镇，两镇残联合并为和桥镇残联，行政隶属和桥镇民政科，业务隶属不变。至 2015 年，行政隶属、业务隶属不变。

1992—2015 年，和桥镇历任残联理事长：庄新龙、朱斌培、王建军、吴占平、张林、吴俊花、凌红军、邱平（和桥镇），赵才华（南新乡）、徐清根、龚春华（南新镇），邵孟春（闸口乡）、董良（闸口镇）；历任副理事长：朱斌培、周早和（和桥镇），龚春华（南新乡），张强（闸口乡）、张正荣（闸口镇）。1998—2015 年，和桥镇历任专（兼）职委员：王平、蒋秋芬、缪玉芬、张云。

2. 社区、村残疾人协会 2002 年，和桥各社区、村成立残疾人协会，选出协会会长（一般由书记或主任兼任），制定工作制度、明确岗位职责。各社区、村残疾人协会在所属社区居委会、村委会和上级残联指导下开展工作。经几轮撤并、调整，至 2015 年，和桥镇有生建、劳动、兴业、南新、海棠等社区残疾人协会 5 个，同里、北庄、湖滨、大生、永兴、西锄、中巷、北新、王母桥、闸口、福巷桥、钟溪、北渠、楝聚等村残疾人协会 14 个。各社区、村残疾人协会会长：生建社区钱锡明、劳动社区闵健芬、兴业社区李辉、南新社区徐瑞芬、海棠社区秦均南、同里村蒋镜桃、北庄村韩尧中、湖滨村许建康、大生村郭根法、永兴村仇小华、西锄村吴桂良、中巷村徐建业、北新村许志强、王母桥村蒋小中、闸口村钱俊芝、福巷桥村邵方、钟溪村王伟军、北渠村冯华君、楝聚村袁三九。社区、村残疾人协会选聘专职委员 19 名：生建社区王文艳、劳动社区陈亚芳、兴业社区李明芝、南新社区蒋嘉杨、海棠社区陆文飞、同里村赵野、北庄村陆海英、湖滨村黄淑英、大生村谈小姣、永兴村杨明霞、西锄村蒋丽霞、中巷村傅武云、北新村金萍、王母桥村陈金娥、闸口村唐晨红、福巷桥村徐小芳、钟溪村徐勤芬、北渠村缪朝霞、楝聚村缪志琴。

2008—2010 年，被评为无锡市残疾人工作五星社区、村有：西锄、北庄、福巷桥、永兴、湖滨、大生、同里、王母桥、中巷、北渠、钟溪、北新、楝聚、闸口。

3. 康复站、室 2005—2015 年，和桥镇残联建成康复站 1 个，占地面积约 130 平方米。各项设备设施配套齐全，入室有无障碍坡道，内设康复训练室，配备无障碍卫生间和基本康复训练器材和设备。配备 2 名康复医生为全镇肢体残疾人每星期提供 2 次免费康复治疗、训练等服务。康复室 16 个，面积均为 50 ～ 80 平方米，工作人员 2 ～ 4 名，均配备康复器材和设备。

2005—2015年和桥镇康复站（室）一览表

表 1-23

站、室名称	设立年份	地点	负责人
劳动社区康复站	2005	劳动社区	夏小琴
安养院康复室	2008	和桥镇敬老院	邵　锋
同里村康复室		同里村	胡爱平
大生村康复室		大生村	樊平平
永兴村康复室		永兴村	吴建良
湖滨村康复室		湖滨村	孙惠军
福巷桥村康复室		福巷桥村	陈锡民
北庄村康复室	2009	北庄村	路竹青
西锄村康复室		西锄村	吴协南
中巷村康复室		中巷村	邵乃其
王母桥村康复室		王母桥村	陶小中
北渠村康复室		北渠村	邵其新
北新村康复室	2010	北新村	杨裕国
钟溪村康复室		钟溪村	何志中
楝聚村康复室		楝聚村	缪绿明
闸口村康复室		闸口村	陆　军
和桥镇残疾人康复站	2015	和桥镇社区卫生服中心	崔亚云

4. 集中就业　1992年，和桥建筑涂料福利厂、和桥电工材料厂被市残联评为帮残助残“残疾人之家”。同年，和桥镇福利企业分别建立残疾人协会。

1992—1994年，省残联在和桥镇北庄村开办扶贫织带厂，安置残疾人就业。和桥镇福利企业5个，就业残疾人280名。至2015年，共有福利企业7个，安置残疾人就业357名。

2015年和桥镇福利企业残疾人协会（小组）一览表

表1-24

企业名称	协会成立年份	残疾人数（人）
宜兴市鑫禾颜料化工有限公司	1985	35
宜兴市威灵格纺织有限公司	1987	21
宜兴市百丽纺织染整有限公司	1989	88
宜兴市新力科技实业有限公司	1994	28
宜兴市太滆化剂有限公司	1996	31
宜兴市太平洋集装箱配件有限公司	1999	131
宜兴市诚鑫辐射防护器材有限公司	2004	23

5. 特殊教育 1992年，和桥中心小学开设智残儿童班，有11名弱智儿童在校就读。1993年，有2名儿童转到正常班学习。2000—2002年，智力残疾学生在校就读累计49名。

6. 普查 1994年6月，和桥镇政府组组织相关单位了解摸底全镇残疾人分布情况，全面调查登记18个村，7个居委。10月份和桥医院由内外科、五官科组成体检队，突击性评残定级体检。

7. 1999—2013年，和桥镇开展残疾人普查评定工作。发放残疾证250多张。对全镇残疾人家庭情况、残疾程度、残疾类别建立台账，每年2次组织走访残疾人1028人次。

2014年1月，走访残疾登记失业人员家庭5户；登记失业残疾人员187名；实名制纳入年度培训计划残疾人30名；帮助残疾登记失业人员实现就业人数25人，其中社会用人单位按比例吸纳就业人数10名；同年7月，镇残联对全镇就业年龄段持证残疾人上门调查和电话调查，并与社保、民政、派出所等部门合作，对残疾人家庭基本情况、就业状况、就业意愿等调查，并输入就业系统近千条。

8. 培训 1996年，镇残联专职康复员王萍赴南京盲、聋学校系统学习。镇残联在全镇残疾人家庭中筛查出特困残疾人家庭作为重点帮扶对象41户。针对残疾人在日常生活技能、定向行走、社交技能、生产技能等方面做好培训工作。

2008—2015 年，镇残联举办残联专职队伍培训班 6 期，参加学习 130 人次。多次组织村、社区专干业务培训和网络在线学习培训。组织 8 名残疾人参加农林局在高塍镇举办的水产养殖业务培训。选送 2 名残疾人参加市残联组织的 SYB 技能培训。

9. 帮残助残 1996 年，和桥镇残联组织人员深入电工材料厂、苗桥油漆化工厂、三毛染整厂、染整制线厂等福利企业开展对残疾职工福利待遇、工资收入、劳保用品发放、同工同酬等方面的检查工作，维护残疾职工利益。福利厂组织走访小组到困难残疾家庭走访慰问，每人发放慰问金 50 元。和桥镇残联到和桥中心小学智力障碍班看望老师和全班同学。2000 年，和桥镇残联组织医护人员为 100 多名福利企业残疾职工义务体检。

2011—2015 年，为残疾人免费办理城区公交车“爱心卡”966 张；发放机动车燃油补贴 25 人，0.65 万元；为困难残疾人家庭危房修缮 17 户；为 33 名残疾学生发放特殊教育专项补贴，计 6.44 万元；资助残疾学生及残疾人子女 402 人次，计 70.39 万元；发放无固定重残人员救助金 1155 人次，计 560 余万元；组织残疾人专场招聘会 2 次；帮助残疾人享受专项扶持政策 4 人；为残疾人办理入托市残疾人托养中心 14 人。

在每年“全国助残日”期间，镇残联与和桥医院联合为贫困残疾人免费体检。同时，安排义工到残疾人安养院或残疾人家中提供生活服务，并为残疾人讲解康复知识。

10. 扶贫 1993 年，和桥镇被市残联定为康复扶贫试点乡镇。1995 年，残疾人纳入最低生活保障 76 人。1999—2002 年，残疾人纳入最低生活保障 500 多人，发放保障金 100 余万元；为有一技之长的残疾人提供扶贫周转资金 3.5 万元。2012—2013 年，瑞源普斯医疗器械有限公司资助贫困残疾人家庭 8 户，计 1.2 万元。至 2015 年，结对帮扶贫困残疾人 60 多名。

11. 康复 1996 年，镇残联协同医院聘请无锡医院专家到和桥实施复明手术 15 人。同时，在全镇范围内开展防盲治盲工作，委派康复员和眼科医生参加市组织的专业培训；并“以会代训”培训各村卫生室医生。

1999—2002 年，为残疾人提供康复训练 40 多人。2011—2015 年，为盲人定向行走训练 25 人次。和桥镇残联创建以村为单位康复示范点 3 个。全镇 80% 以上村、社区建有残疾人康复指导室。

至 2015 年，对精神病患者服药救助 189 人次，住院救助 14 人；发放轮椅 96 辆；安装假肢 9 人、安装助听器 125 人；无障碍设施改造 38 户；康复器材进家庭 198 户；发放语音手机 7 只、电脑 1 台、彩电 7 台。开展 0–6 岁、7–14 岁贫困儿童筛查工作，24 名确诊儿童得到救助。听力残疾儿童安装人工耳蜗 2 名，发放救助金 5 万元。为 178 名贫困白内障患者免费实施手术。

12. 创业就业 2000 年，闸口镇残联协助北渠村伤残军人张正荣创办小型织布加工厂，并为其筹措资金，购置织布机编织塑料布、平机布 5 台，支持创业。

2001—2015 年，镇残联为个体残疾人办理工商税务登记手续，并帮助协调工商管理费、税收减免等事务。创建残疾人扶贫基地 3 个，安置肢体残疾人从事种植、养殖。同时，镇残联联系农业部门给予技术指导。

13. 文体、技能 1995—2015 年，和桥镇残疾人陈涛、刘丹、周晨、陈哲参加无锡市、江苏省、全国体育运动会，屡创佳绩；夏正平文学作品在宜兴市、无锡市、北京市获得奖项；戴方元、刘军、吴展鸿，在无锡市技能竞赛中名列前茅。

1995—2015 年和桥镇残疾人工作获得无锡市以上荣誉一览表

表 1–25

年份	集体 / 个人	荣誉
1995	陈　涛	无锡残疾人运动会 200 米跑步第一名
		无锡残疾人运动会田径类第三名
1996	和桥镇	无锡市社区康复工作试点乡镇
		无锡市残疾人工作先进乡镇
2002	裴洪章	无锡市第二届自强模范先进人物
2003	西锄村	无锡市残疾人工作五星社区
	北庄村	

续表 1–25

年份	集体 / 个人	荣誉
2003	福巷桥村	无锡市残疾人工作五星社区
2008	永兴村	
	湖滨村	
	大生村	
	同里村	
2009	王母桥村	
	中巷村	
	北渠村	
2010	钟溪村	
	北新村	
	楝聚村	
	闸口村	
2012	刘　丹	江苏省青少年游泳锦标赛 200 米自由泳第一名
		江苏省青少年游泳锦标赛 100 米自由泳第二名
		江苏省青少年游泳锦标赛 50 米自由泳第二名
	戴方元	无锡市残疾人职业技能选拔赛 CAD 制图三等奖
	何锡根	无锡市级以上推荐为盲人定向行走业务考查示范点
	夏正平	无锡市“太湖文学奖”

续表 1-25

年份	集体 / 个人	荣誉
2013	周　晨	无锡市第十一届残疾人运动会聋人男子跳远　第二名
		无锡市第十一届残疾人运动会聋人男子 100 米　第三名
		无锡市第十一届残疾人运动会聋人男子 200 米　第三名
	陈　哲	无锡市第十一届残疾人运动会肢残站立（F45–F46）男子铁饼第六名
		无锡市第十一届残疾人运动会肢残站立（F45–F46）男子标枪第八名
	刘　丹	无锡市第十一届残疾人运动会男子肢残 S5–S6/S7–S8 组自由泳第一名
		无锡市第十一届残疾人运动会男子肢残 S5–S6/S7–S8 组 50 米自由泳第二名
		无锡市第十一届残疾人运动会男子肢残 S7–S8 组 50 米仰泳第三名
		全国残疾人射箭锦标赛男子复合弓第一名
	蒋秋芬	无锡市第四届“十佳”优秀残疾人专职干事
	戴方元	无锡市残疾人职业技能竞赛 CAD 制图第六名
	刘　军	无锡市残疾人职业技能竞赛 CAD 制图第四名
2014	周　晨	全国第九届残运会暨 2014 全国聋人篮球锦标赛 第四名
2015	和桥镇残联	全国残疾人基本服务状况和需求专项调查获无锡先进集体

续表 1-25

年份	集体 / 个人	荣誉
2015	吴展鸿	无锡残疾人技能竞赛第四名
	夏正平	无锡市读书征文比赛三等奖

九、高塍镇残疾人联合会

1. 机构设立 1992 年 7 月，高塍镇、范道乡各自成立残疾人联合会（简称镇、乡残联），行政隶属高塍镇、范道乡民政办公室，业务隶属市残疾人联合会（简称市残联）。1999 年 3 月，范道撤乡设镇，乡残联更名为范道镇残疾人联合会（简称镇残联），行政隶属范道镇民政办公室，业务隶属市残联，挂范道镇残联牌子。2004 年 2 月，范道镇并入高塍镇，两镇残疾人联合会合并为高塍镇残联，挂高塍镇残联牌子。至 2015 年，行政隶属高塍镇民政科，业务隶属不变。

1992 年至 2015 年，高塍镇历任残联理事长：夏勤元、凌跃成（高塍镇），莫克明、李洪芳（范道乡），陆素娟（范道镇）、王福军、于法娟、李国伟（高塍镇）；历任副理事长：费勤大、凌跃成（高塍镇），李洪芳、蒋锡培（范道乡）。1992 年至 2015 年，高塍镇历任残疾人工作专（兼）职委员：戴琴芳、陈艳、邵文婷。

2. 社区、村协会 2002 年，各社区、村成立残疾人协会，选出协会会长，制定工作制度、明确岗位职责。各社区、村残疾人协会在所属社区居委会、村委会和上级残联指导下开展工作。经几轮撤并、调整，至 2015 年，高塍镇有高塍、红星、桃园、滨水等社区残疾人协会 4 个，高塍、高遥、塍西、胥井、赋村、志泉、梅家渎、范道、天生圩、六圩、徐家桥、肖张墅、宋渎、红塔等村残疾人协会 14 个。各社区、村、残疾人协会会长：高塍社区唐汉培、红星社区吴丹平、桃园社区周建良、滨水社区庄伟彦、高塍村沙玉琴、高遥村吴振兴、塍西村王盘华、胥井村陈小平、赋村村宋顺强、志泉村周泽民、梅家渎村裴初平、范道村徐伯希、天生圩村陈培良、六圩村凌洪兵、徐家桥村陆国平、肖张墅村肖建生、宋渎村吴才良、红塔村吴丹平。

社区、村残疾人协会选聘残疾人工作专职委员 18 名：高塍社区周建琴、红星社区邵薇、桃园社区张彩芳、滨水社区乔俊丽、高塍村吴勤娟、高遥村冯惠萍、塍西村朱爱君、胥井村汤明仙、赋村村庄亦芬、志泉村周文亚、梅家渎村吴建芳、范道村裴英、天生圩村蒋梅芳、六圩村刘小芳、徐家桥村陆琴仙、肖张墅村吴建珍、宋渎村黄顺珍、红塔村黄丽君。2010年，高塍、高遥、胥井、塍西、赋村、志泉、梅家渎、范道、六圩、肖张墅、红塔11个村（社区）被评为无锡市五星社区。

3. 康复站（室） 2008—2009年，高塍镇建成康复室4个，场所面积均为50平方米，设施齐全，工作人员均为1人。2015年5月，高塍镇社区卫生服务中心残疾人康复站竣工并正式投入使用，占地面积约150平方米。康复站各项制度落实到位，内设康复训练室和办公室，配备无障碍扶手、无障碍卫生间和基本康复训练器材共计21件。康复站为全镇肢体残疾人提供每星期2次免费康复治疗、训练和康复知识宣传等服务，配备康复医生2名。

2008—2015年高塍镇康复站（室）一览表

表1-26

站、室名称	设立年份	地点	负责人
赋村村康复室	2008	赋村村	庄亦芬
梅家渎村康复室		梅家渎村	吴建芳
天生圩村康复室	2009	天生圩村	蒋梅芳
胥井村康复室		胥井村	汤明仙
高塍镇残疾人康复站	2015	高塍社区卫生服务中心	邵建强

4. 福利企业 1992年10月，境内福利企业有：宜兴市太滆色素炭黑厂、宜兴市微生物制剂厂、范道服装厂、范道冶炼厂等4个。同年，均被市残联评为帮残助残“残疾人之家”。至2015年，镇福利企业8家，累计安置残疾人就业约2000人次，镇残联协助各福利企业，组建残疾人协会（小组）。

2015 年高塍镇福利企业残疾人协会（小组）一览表

表 1-27

企业名称	成立年份	残疾人数（人）
江苏威达电缆有限公司	1985	19
江苏德普环保设备有限公司	1996	25
远东电缆有限公司	1997	884
江苏环宇汽车零部件有限公司	2001	152
宜兴市徐驰化工有限公司	2005	28
江苏星驰环保有限公司	2006	41
江苏贝斯特水处理科技有限公司	2009	29
宜兴市鑫峰环保设备有限公司	2012	43

5. 结对帮扶 2010—2015 年，高塍镇政府机关会同残联组织开展与各村特困残疾家庭结对帮扶活动，其重点是帮扶残疾人子女，残疾人家庭受益 45 户。同时，镇残联会同“姜达敖志愿者联合会”青年志愿者，结对帮扶贫困残疾人 24 名。姜达敖个人常年与邱新村残疾人杜水华一家和塍西村残疾人尹明华一家结对帮扶。另有 3 名青年志愿者与洋新圩村残疾家庭子女单露结对帮扶，除承担学费外，还资助全家生活费。后来，单露被南京财经大学录取。2011 年，无锡技监局副局长周建辉与塍西村残疾家庭子女杜梦姣帮扶结对，除承担学费外，还资助杜梦姣全家生活费。后来，杜梦娇被苏州大学录取。另外，镇残联与镇团委牵头组织 “助残致富”结对活动，17 名大学生村官与残疾人结对。结对当日，给残疾人家庭送去大米、花生油、慰问金和绿壳蛋鸡鸡苗等。

6. 扶贫解困 2010—2015 年，镇政府会同残联发放无固定重残救助金 824 人次、低保重残救助金 363 人次、重残护理补贴 147 人次；修缮贫困残疾人家庭房屋 11 户；慰问贫困残疾人钱物 21 余万元，资助残疾学生和残疾人子女金额 50 余万元；为精神病患者免费发放治疗药物 58 人、精神病患者服药救助 50 人、住院救助 13 人，年度救助精神病三、四级患者 110 人；免费发放轮椅95辆、免费安装假肢2人、为聋人免费安装助听器48人；为残疾人家庭安装无障碍设施25户、适配辅助器具149户，为贫困家庭白内障患者免费施行手术170例。2012年，镇政府将残疾人安养院建设列入为民办实事工程。次年，创办高塍镇残疾人安养院。2015年，镇残联完成“双基实事工程”包括镇残疾人康复站和安养院的建立和运行。安养院全托对象7名，日托对象6名。康复站每星期2次免费对10名肢体残疾人进行康复训练。

7. 创业就业 2001年，企业改制。镇政府会同残联妥善将企业中残疾职工安置进入福利企业工作，共计68名；对残疾职工办理社会保险291名。2010—2011年，推荐残疾人企业就业153名，扶持帮助残疾人自谋职业5名。远东集团慈善基金会创办残疾人创业街开业，为有志于创业残疾员工免费提供商铺。商铺征集项目中有盲人牵引按摩店、服装服饰店、家纺店、节能灯具店、紫砂工艺店、服装干洗店、电脑维修店、饭店等，远东集团与市爱德学校合作开展残疾人从业培训工作。首批肢体残疾、视力残疾和聋哑残疾人100余名走上自主创业之路。开业当天，残疾人创业街在中央电视台新闻中播出。

2014年1月，镇残联走访失业残疾人家庭，组织残疾人就业专场招聘会。2015年，帮助8名残疾人实现就业，培训10名残疾人，帮助5名残疾人创业。

2010—2015年高塍镇残疾人工作获得无锡市以上荣誉一览表

表1-28

年份	集体/个人	荣誉
2010	高塍村	无锡市残疾人工作五星社区
	高遥村	
	胥井村	
	塍西村	
	赋村村	
	志泉村	
	梅家渎村	
	范道村	
	六圩村	

续表 1-25

年份	集体 / 个人	荣誉
2010	肖张墅村	无锡市残疾人工作五星社区
	红塔村	
2013	肖志军	无锡市十一届残疾人运动会肢残站立（F44）男子铅球冠军
		无锡市十一届残疾人运动会肢残站立（F44）男子标枪冠军
		无锡市十一届残疾人运动会肢残站立（F44）男子铁饼亚军
	戴鸿群	无锡市十一届残疾人运动会聋人男子 400 米第五名
	杜　伟	无锡市第十一届残疾人运动会肢残站立（T45–T46）男子 800 米亚军
		无锡市第十一届残疾人运动会羽毛球单打 第六名
		无锡市第十一届残疾人运动会 200 米蛙泳　第四名

十、万石镇残疾人联合会

1. 机构设立　1992 年 7 月、12 月，南漕乡、万石乡分别成立残疾人联合会（简称“乡残联”），行政隶属南漕乡、万石乡民政办公室，业务隶属市残疾人联合会（简称“市残联”）。1995 年 7 月，南漕乡撤乡建镇，南漕乡残联更名为南漕镇残联，行政隶属镇民政办公室，业务隶属不变。1996 年 9 月，万石乡撤乡建镇，万石乡残联更名为万石镇残联，行政隶属镇民政办公室，业务隶属不变。2000 年 6 月，万石镇、南漕镇合并为万石镇。合并之后，两镇残联撤并成万石镇残联，行政隶属万石镇民政科，设立办公室，挂镇残联牌子，业务隶属不变。至 2015 年，行政隶属，业务隶属不变。

万石镇历任残联理事长（1992—2015 年）：王孟新（万石乡）、王裕芳、张明、黄建明、马俊锋、陈超、谢小龙（万石镇）、吴熙宁（南漕乡）、张明（南漕镇）。历任副理事长：王荣生（万石乡）、吴洪生（万石镇）、张明（南漕乡）。万石镇历任残疾人工作专（兼）职委员（2000—2015 年）：韩昕俐、袁振华。

2. 社区、村残疾人协会 2002年，万石镇各社区、村成立社区、村残疾人协会，并选出协会会长（一般由书记或主任兼任），制定工作制度、明确岗位职责。各社区、村残疾人协会在所属社区居委会、村委和上级残联指导下开展工作。经多次撤并、调整，至2015年，万石镇有万善、南漕社区残疾人协会2个，大尖、万石、余境、余庄、后洪、漕东、南漕、黄土寺、马庄等村残疾人协会9个。万石镇各社区、村残疾人协会会长：万善社区谢小龙、南漕社区王福荣、大尖村吴小东、万石村钱鹏、余境村余建江、余庄村宋小刚、后洪村周国良、漕东村彭旭峰、南漕村陈亮、黄土寺村谢克中、马庄村彭秋君。社区、村残疾人协会选聘专职委员11名：万善社区任春、南漕社区蒋丽、大尖村黄云妹、万石村陈丽娟、余境村王月琴、余庄村吴芳、后洪村屠小红、漕东村屠锡芬、南漕村钱云、黄土寺村巢静英、马庄村刘鑫。

2010年，余境村、余庄村被评为无锡市残疾人工作五星社区。

3. 康复站、室 2008—2009年，万石镇建成社区卫生服务中心康复站2个，工作人员均为1人，室内面积均为100平方米；康复室9个，工作人员均为1人，康复室场所面积均为60平方米。康复站、室均配齐全套康复器材，至2015年不变。

2008—2009年万石镇康复站、室一览表

表1-29

名称	设立年份	地点	负责人
万石社区康复站	2008	万石社区	吴筱华
南漕社区康复站		南漕社区	沈达兴
大尖村康复室		大尖村	汤燕萍
余庄村康复室		余庄村	王程程
余境村康复室		余境村	王　辉
万石村康复室		万石村	袁　涛
后洪村康复室	2009	后洪村	谢　丽
漕东村康复室		漕东村	屠锡芬
马庄村康复室		马庄村	周逸萍
南漕村康复室		南漕村	蒋　丽
黄土寺村康复室		黄土寺村	巢静英

4. 安养院 建于2012年5月，地址：在万石镇申兴西路8号万石镇敬老院内，总面积600平方米。有生活体验室、康复训练室、文体活动室、医务室、阅览室、食堂各1间和休息室5间，配备安养院主任1名、医务人员1名、会计1名、服务人员5名，为残疾人提供生活照料、康复训练、生活能力训练、文体娱乐等服务。至2015年，安养残疾人累计28名。

5. 集中就业 1988年至1991年，万石乡、南漕乡福利企业有无缝钢管厂（万石）、第八化工厂和申兴毛纺厂（南漕），安置残疾人就业累计700人次。其中南漕福利企业安置残疾人就业占职工总数的51%。

2011年至2012年，万石镇福利企业有：宜兴威尼特包装有限公司、宜兴市三灵电子电器有限公司、宜兴市旭昌化工有限公司等8家，安置225名残疾人就业。

至2015年，万石镇有福利企业7家：宜兴市三灵电子电器有限公司、无锡泰威电子有限公司、无锡铁明弘业化工有限公司、宜兴圣德力新材料有限公司、宜兴市吉瑞塑业有限公司、宜兴市吉兴纺织印染有限公司、宜兴威尼特包装有限公司，安置残疾人235名。

2015年万石镇福利企业残疾人协会（小组）一览表

表1—30

企业名称	成立年份	残疾人数
宜兴市吉兴纺织印染有限公司	1992	17
无锡铁明弘业化工有限公司	1993	18
宜兴市三灵电子电器有限公司	1994	17
宜兴市吉瑞塑业有限公司	2000	49
无锡泰威电子有限公司	2003	50
宜兴圣德力新材料有限公司	2010	16
宜兴威尼特包装有限公司		109

6. 普查 2014年，镇残联详细调查就业年龄段残疾人就业、失业情况，352名残疾人接受调查，调查信息完整录入江苏省残疾人就业系统349名。

至2015年，万石镇有持证残疾人674人。其中，视力残疾86人、听力残疾53人、肢体残疾359人、智力残疾96人、精神残疾72人、言语残疾8人。

7. 培训　2006年始，镇残联利用党校、成校、企业加强对残疾人技能培训，举办种植、养殖培训班。并选送部分残疾人至市爱德培训学校参加陶艺制作、电脑维修、盲人推拿、岗位技能等培训。2015年镇残联整合成校资源，举办首届再就业人员烘培培训班，为残疾人提供烘焙技术培训。

8. 助残　镇残联每年在“全国助残日”期间，发放康复知识读本，普及残疾人康复知识，走访慰问贫困、特困残疾人，赠送慰问金和物品，并为残疾人争取扶贫贷款。2012年6月29日，江苏金山环保有限公司出资200万元筹建金山党内关爱基金，特别针对残疾老党员设立救助金。黄土寺村家庭特困聋哑学生谢超，自上学起，便得到市、镇残联资助。谢超喜爱画画，市残联多渠道为谢超寻求帮助，并联系上徐悲鸿夫人廖静文，为谢超争取到徐悲鸿奖学金，每年3000元，连续资助3年。谢超绘画水平突飞猛进，顺利考取长春大学特教学院深造。市、镇残联资助谢超至大学毕业。谢超在校期间，先后获得校、市、省多项奖项，被吸收为宜兴市、无锡市美术家协会会员。2014年1月，在市残联、有关部门及爱心人士资助下，谢超在宜兴市徐悲鸿纪念馆举办画展。2015年9月，《印象宜兴》谢超油画在宜兴城市美术馆展出。

9. 扶贫解困　2009年起，镇残联为符合条件特困残疾人家庭办理低保，应保尽保率100%，且低保金额全部提高20%；为低保重残人员和非低保无固定收入重残人员办理享受救助、重残补贴100%，同时开展慰问特困残疾人并补助钱物、与残疾户结对扶贫、资助残疾人学生和残疾人家庭子女、安排家庭困难残疾人免费体检、统一办理残疾人补贴发放证、发放残疾人证、为残疾人办理“爱心卡”，发放机动车燃油补贴，为残疾人争取扶贫贷款等工作。至2015年，累计发放无固定收入重残人员救助金520人次、低保重残金175人次，发放金额78万元；发放重残护理补贴55人次；发放特困残疾人钱物近百万元；免费体检70人；资助残疾人学生和残疾人子女43人次，资助金额8.35万元；发放机动车燃油补贴42人次，发放爱心卡209张。

10. 精神病防治　2009年至2015年，镇残联为精神病患者免费发放治疗药物69人，申请贫困精神病人免费住院3人，为三、四级精神病患者28人发放年度救助金 1.68 万元。

11. 康复辅具适配 2001 年开始，镇残联陆续开展为困难残疾人申请免费发放轮椅、盲杖、盲表，配发康复器材和适配辅助器具，为聋人免费安装助听器，为贫困白内障患者免费实施手术，为残疾人家庭安装无障碍设施等工作。2009 年至 2015 年，社区（村）康复站、室全部配发全套康复器材，为 113 名贫困白内障患者申请施行免费手术，免费发放轮椅 110 辆，为聋人免费安装助听器 43 名，为残疾人家庭安装无障碍设施 81 户，适配辅助器具 50 户，发放盲人手机 6 部，为贫困残疾人家庭发放电视机 12 台，发放电脑 1 台。

12. 基地就业 2012 年，万石镇马庄村投入 50 万元成立宜兴市马庄生态种养专业合作社，生产经营甲鱼、西瓜、葡萄等。至 2015 年安置残疾人就业 11 人，辐射带动残疾人创业 3 人。

2010—2013 年万石镇残疾人工作获得无锡市以上荣誉一览表

表 1-31

年份	集体 / 个人	荣誉
2010	余境村	无锡市残疾人工作五星社区
	余庄村	
2013	谢　超	无锡市技能竞赛绘画项目银牌
		省技能比赛绘画项目铜牌
	陆双龙	无锡市技能竞赛美发项目银牌
		省技能比赛美发项目铜牌

十二、周铁镇残疾人联合会

1. 机构设立 1992 年 9 月，周铁镇成立残疾人联合会（简称镇残联），行政隶属周铁镇政府民政科，业务隶属宜兴市残疾人联合会。同年，分水乡、洋溪乡分别成立乡残疾人联合会（简称乡残联），行政隶属分水、洋溪乡政府民政科，业务隶属宜兴市残疾人联合会（简称市残联）。1994 年 11 月，分水、洋溪撤乡设镇，分水、洋溪乡残联更名为分水、洋溪镇残联，行政分别隶属分水镇、洋溪镇政府民政科，业务隶属不变。2000 年 6 月，周铁镇、分水镇合并，两镇残联合并为周铁镇残联，行政隶属周铁镇政府民政科，业务隶属不变。2004 年 2 月，周铁镇、洋溪镇合并，两镇残联合并为周铁镇残联，行政隶属周铁镇政府民政科，设立办公室，业务隶属市残联。至2015 年，行政隶属、业务隶属不变。

1992 年至 2015 年，周铁镇历任残联理事长：叶国强、吴寅大、吴琴华、许盘良、凌莉萍、何隽（周铁镇），陈祥荣（分水乡），蒋耀星（洋溪乡），管荣清（分水镇），王士勋、王伯荣（洋溪镇）；周铁镇历任残联副理事长：吴寅大（周铁镇），管荣清（分水乡），王伯荣、许解明（洋溪乡）。1992 年至 2015 年，周铁镇历任残疾人工作专（兼）职委员：吴寅大、管荣清、王伯荣、吴琴华、李晓红、周逸芳、杭旭峰、王敏东。

2. 村、社区残疾人协会　1992 年，各社区、村成立残疾人协会，选出协会会长，制定工作制度、明确岗位职责。各社区、村残疾人协会在所属社区居委会、村委会和上级残联指导下开展工作。经几轮撤并、调整，至 2015 年，周铁镇有东湖、分水、龙亭、欧毛渎、彭干、前观、沙塘港、棠下、王茂、下邾、徐渎、洋溪、中新、周铁等村残疾人协会 14 个，湖光、下邾、周铁等社区残疾人协会 3 个。各村、社区残疾人协会会长：东湖村陈年丰、分水村吴健、龙亭村吴小琴、欧毛渎村宋春洪、彭干村周伟明、前观村王育明、沙塘港村王仁安、棠下村冯国忠、王茂村王国荣、下邾村宋小龙、徐渎村蒋胜军、洋溪村许军良、中新村蒋法中、周铁村吴智君、湖光社区吴健、下邾社区宋小龙、周铁社区沈黎。村、社区残疾人协会选聘专职委员 17 名：东湖村李春琴、分水村钱晓云、龙亭村杭花、欧毛渎村周利斌、彭干村冯美红、前观村肖燕、沙塘港村裴志仙、棠下村王彩仙、王茂村丁小芳、下邾村王瑛、徐渎村黄科琴、洋溪村欧蕾、中新村施夕群、周铁村曹良芬、湖光社区钱晓云、下邾社区王瑛、周铁社区朱凌。2010 年，被评为无锡市残疾人工作五星社区、村有：分水村、东湖村、下邾村、沙塘港村、彭干村。

3. 康复站、室　2008—2009 年，周铁镇残联建成康复室 14 个，康复室场所面积均为 50 平方米，工作人员均为 1 人，配齐全套康复器材。至 2015 年不变。

2008—2015 年周铁镇康复站、室一览表

表 1-32

站（点）名称	设立年份	地点	负责人
棠下村康复室	2008	棠下村	冯国忠
沙塘港村康复室		沙塘港村	王仁安
东湖村康复室		东湖村	陈年丰
下邾村康复室		下邾村	宋小龙
周铁社区康复室		周铁社区	沈　黎
欧毛渎村康复室	2009	欧毛渎村	宋春洪
徐渎村康复室		徐渎村	蒋胜军
中新村康复室		中新村	蒋法中
洋溪村康复室		洋溪村	许军良
分水村康复室		分水村	吴　健
彭干村康复室		彭干村	周伟明
前观村康复室		前观村	王育明
王茂村康复室		王茂村	王国荣
龙亭村康复室		龙亭村	吴小琴

4. 安养院　2013 年 5 月 1 日，周铁镇残疾人安养院挂牌，地址在周铁镇湖滨路周铁敬老院内。安养院集残疾人托养照料、康复训练、文体活动为一体，建筑总面积 1800 平方米，设置床位 20 张，院内设护理房 10 间，康复室、活动室、图书阅览室、医疗保健室、技能培训室等多功能室 5 间，共配备管理、护理、医疗服务工作人员 8 名。至 2015 年，入院安养残疾人 25 名。

5. 集中就业　1985 年开始，先后有江苏宏厦门窗有限公司、江苏金特耐科技有限公司、宜兴市瞬间铸钢有限公司、江苏东泽环保科技有限公司、江苏傲伦达科技实业股份有限公司、江苏瑞佳化学有限公司、无锡欣翔尼龙有限公司、江苏天乾重工有限公司、江苏天音化工有限公司、周铁五州化工厂、周铁永鑫化工厂等 11 家福利企业，为残疾人安置就业。至 2015 年，镇有福

利企业7家，累计安置残疾人就业8600余人次。

2015年周铁镇福利企业残疾人协会（小组）一览表

表1-33

企业名称	成立年份	残疾人数（人）
江苏瑞佳化学有限公司	1987	61
江苏傲伦达科技实业股份有限公司	1988	54
无锡欣翔尼龙有限公司		13
江苏金特耐科技有限公司	1989	29
宜兴市瞬间铸钢有限公司	2007	18
江苏东泽环保科技有限公司		87
江苏宏厦门窗有限公司	2009	70

6. 普查 2007年始，镇残联多次开展残疾人贫困户普查工作，逐村逐户全面普查和详细分类辖区内残疾人情况，并将调查情况输入系统，形成电子档案。全镇有残疾人1359名，镇残联为残疾人家庭落实最低生活保障168户，办理低保239人。

全镇残联建立村、社区妇女主任为基层残联专职委员工作网络，组织学习相关业务知识，定期开展村监护小组业务培训，每月调查各村残疾人情况，并及时在信息系统内更新残疾人信息。2010年始，镇残联组织村、社区专职委员参加市残联各类康复、盲人定向行走训练、信息录入等培训，完善康复管理档案。2014年，镇残联详细调查就业年龄段残疾人就业、失业情况，调查残疾人785名，并将调查结果完整录入江苏省残疾人就业系统。2014年，镇残联在全国残疾人普查工作中被评为无锡市先进集体。至2015年，周铁镇有持证残疾人1421人。其中，视力残疾185人、听力残疾133人、肢体残疾684人、智力残疾272人、精神残疾131人、言语残疾16人。

7. 培训 2007—2015年，镇残联利用党校、成校办学条件，不断加强对企业残疾职工技能培训。同时举办种植、养殖培训班，课程有：蔬果种植，水果栽培，特种养殖等。并选送部分残疾人到市爱德培训学校参加陶艺制作、电脑维修、盲人推拿、岗位技能培训。至2015年，残疾人经过各类培训，在福利企业就业残疾人累计8600余人次；从事种植、养殖380余人次，盲人推拿10余人次。经培训，许多残疾人踏上自强创业之路，并带动就业，如残疾人周谊平开设盲人推拿所，解决残疾人累计就业30余人次；残疾人陆敏成立珍禽养殖协会，吸纳残疾人就业6人。

8. *扶贫解困* 2012年，民政局机关支部与王茂村贫困残疾人许正明、供电局机关支部与洋溪村贫困残疾人汪月华、组织部党支部与彭干村贫困残疾人王义峰、信访局党支部与棠下村贫困残疾人闵福荣、报社党总支部与龙亭村贫困残疾人彭小军、审计局党总支部与周铁村贫困残疾人吴小兵、工商局党总支部与分水村贫困残疾人赵金凤结对扶贫解困。同时，镇开展各社区、村党员干部与贫困残疾人结对帮扶活动，并确定帮扶对象。

同年始，镇残联为符合条件的特困残疾人家庭办理低保，应保尽保率100%，且低保金额全部提高20%；为低保重残人员和非低保无固定收入重残人员办理享受救助、重残补贴100%；慰问特困残疾人并补助钱物、资助残疾人学生和残疾人家庭子女，安排家庭困难残疾人免费体检，统一办理残疾人补贴发放证、残疾人证、爱心卡，发放机动车燃油补贴，为残疾人争取扶贫贷款等。至2015年，发放无固定收入重残人员救助累计金700余万元、低保重残金累计50余万元，重残护理补贴发放720人次，结对扶贫近500户，慰问贫困残疾人钱物累计150余万元，发放特困残疾人钱物累计100余万元；免费体检200余人次；资助残疾人学生和残疾人子女共50人次，资助金额30万元；发放机动车燃油补贴98人次，发放爱心卡680余张。

9. *精神病防治* 2005年年初，残联指定周铁医院为宜兴市精神病防治康复技术指导中心，建立精神病防治康复三级管理网络，周铁医院负责全市精神类疾病患者防治与康复指导工作，与市残联联合开展工作，为贫困精神病患者发放免费抗精神病药。周铁医院负责对全市精防医生业务培训工作，负责对近6000名精神类疾病患者登记、建档、定期随访管理。同时每年开展全市精神卫生知识宣传与精神心理疾病义诊，开通心理、精神卫生门诊热线，为需求者提供适当心理疏导。2009年5月，宜兴市残联、周铁医院联合无锡市精神卫生中心，成立精神疾病会诊中心，每月由无锡市精神卫生中心专家来宜坐诊，为宜兴市精神病人搭建服务平台。至2015年，周铁医院接受住院精神病患者350余人次，其中解救被关锁精神病患者3人。镇残联为

220 位精神病患者免费发放治疗药物，医疗救助精神病患者 20 人，为 210 人发放补助款，计 30 万元；救助三、四级精神病患者 180 人。

10. 康复辅具适配 2001 年始，镇残联陆续开展为困难残疾人申请免费发放轮椅、盲杖、盲表，配发康复器材和适配辅助器具，为聋人免费安装助听器，为贫困白内障患者免费实施手术，为残疾人家庭安装无障碍设施等工作。至 2015 年，社区、村康复站、室全部配发全套康复器材。镇残联为残疾人免费发放轮椅累计 300 余辆，免费安装假肢 35 人，免费安装助听器 180 人；为残疾人家庭安装无障碍设施 30 户，适配辅助器具 300 余户；发放盲杖、盲表 90 人。

11. 扶贫助残基地 2000—2015 年，周铁镇扶贫助残基地有"兴达扶贫助残示范基地""颖丰扶贫助残示范基地""陆氏扶贫助残示范基地"3 个。"兴达扶贫助残示范基地"每年以"兴达脱贫致富基金"为载体，对全镇贫困残疾人家庭生产经营项目，予以资助 3000 元。棠下村残疾人家庭杨菊饲养肉猪，得到资助，每年出栏商品猪 100 多头，加农田耕种，年收入 3 万元以上；龙亭村残疾人家庭张建春种植葡萄得到资助，逐步脱贫。"颖丰扶贫助残示范基地"结对帮困，以技术扶持为载体，并提供葡萄种苗、种兔、猪仔。周铁村吴幼娟、吴小兵聋哑姐弟以及彭干村残疾人卢旭文家庭得到扶持，养兔脱贫。"陆氏扶贫助残示范基地"免费提供鹧鸪、野鸡等种苗和饲养技术，产品包回收，扶助前观村丁泽平、东湖村瞿芳群等一批残疾人家庭脱贫。

1991—2015 年周铁镇残疾人工作获得无锡市以上荣誉一览表

表 1-34

年份	集体 / 个人	荣誉
—	陆 敏	第三届无锡市杰出青年农民
		江苏省农村青年科教兴农带头人标兵
		无锡市 1991-1993 年度劳动模范
2004	丁新元	无锡市第九届运动会获男子肢残组 F42 级铅球金牌，F42 级标枪金牌，F42、F44 级铁饼银牌

续表 1-34

年份	集体 / 个人	荣誉
2001	魏 平	江苏省残疾人文艺会演声乐三等奖
2005		无锡市“百佳文明职工”
2010		上海世博英国馆向导
		江苏省“绽放生命、共享阳光”演讲比赛二等奖
2011		无锡市优秀少先队辅导员
		无锡市精神文明“十佳”新人
2005	王晓红	无锡市技能竞赛获女服制作一等奖
2007		
2009		
2006	许丹萍	江苏省第七届残疾人运动会女子 F60 组别跳远第三名
2013		无锡市第十一届聋人女子跳远第一名、跳高第一名、女子 4×100 米接力赛第二名、100 米蛙泳第三名
2009	东湖村	“省残疾人社区康复先进市”优胜单位
2010	分水村	无锡市残疾人工作五星社区
	东湖村	
	下邾村	
	沙塘港村	
	彭干村	
2014	丁小忠	无锡第九届运动会男子盲人 B3 级 100 米、200 米跳远铜牌

十二、丁蜀镇残疾人联合会

1. 机构设立 1992年9月，丁蜀镇成立残疾人联合会（简称镇残联），行政隶属镇民政科，业务隶属市残疾人联合会。同年，张泽乡、大浦乡、洑东乡分别成立乡残疾人联合会（简称乡残联）。行政隶属各乡民政办公室，业务隶属市残联。1993年，张泽乡撤乡设镇，张泽乡残联更名为张泽镇残联，行政隶属张泽镇民政办公室，业务隶属不变。1995年，洑东乡撤乡设镇，洑东乡残联更名为洑东镇残联，行政隶属洑东镇民政办公室，业务隶属不变。1996年，大浦乡撤乡设镇，大浦乡残联更名为大浦镇残联，行政隶属大浦镇民政办公室，业务隶属不变。2000年3月，张泽镇并入大浦镇，张泽镇残联与大浦镇残联合并为大浦镇残联，行政隶属大浦镇民政科，业务隶属不变。2004年2月，洑东镇并入丁蜀镇，丁蜀镇残联和洑东镇残联合并为丁蜀镇残联，行政隶属丁蜀镇民政科，业务隶属不变。2007年4月，大浦镇并入丁蜀镇，两镇残联合并为丁蜀镇残联，行政隶属丁蜀镇社会事业局民政科，设立办公室，同时挂镇残联牌子，业务隶属不变。至2015年，行政隶属、业务隶属不变。

1992—2015年，丁蜀镇历任残联理事长：朱孟大、何梅生、杭南生、钱星球、王文元（丁蜀镇），张草宏（洑东乡），陶建新、杨仁洁（洑东镇），万志新（张泽乡），姜林荣、邵全林（张泽镇），顾小初（大浦乡），方建平、蒋其祥（大浦镇）。历任副理事长：张凡华、（丁蜀镇）、陶建新（洑东乡）、姜林荣（张泽乡）、方建平（大浦乡）。1992—2015年，丁蜀镇历任专（兼）职委员：杭南生，蒋良琪、王文元、魏韶赟、方顺芬（丁蜀镇），方顺芬（大浦镇）。

2. 社区、村残疾人协会 2002年，丁蜀镇各社区、村成立残疾人协会，选出协会会长，制定工作制度、明确岗位职责。各社区、村残疾人协会在所属社区居委会、村委会和上级残联指导下开展工作。经几轮撤并、调整，至2015年，丁蜀镇有蜀山、蜀北、蠡墅、潘南、南河、丁山、周墅、湖渎、赵庄、龙溪、白宕、公园路、汤渡、画溪、大浦、张泽、川埠等社区残疾人协会17个，定溪、双桥、西望、三洞桥、塍里、建新、任墅、紫砂、川埠、查林、洛涧、潜洛、上坝、大港、洑东、陶渊、洋渚、洋岸、渭渎、汤庄、浦南、大浦、方钱、毛旗、双庙、施荡、北塘、张泽等村残疾人协会28个。湖光服务站1个。

各社区、村、残疾人协会会长：蜀山社区高小兰、蜀北社区范梅香、蠡墅社区郭益芳、潘南社区薛冬民、南河社区丁梅琴、丁山社区潘玉蓉、周墅社区盛亚勤、湖渎社区范文欣、赵庄社区秦 健、龙溪社区王松、白宕社区郭景沂、公园路社区郭静、汤渡社区吕盛芳、画溪社区杜琪、大浦社区闵剑婷、张泽社区蒋立芳、川埠社区陆裕谷、定溪村崔正群、双桥村周德云、西望村章夏芬、三洞桥村金小波、塍里村姜瑶瑶、建新村张莉、任墅村余云鹏、紫砂村沈惠勤、川埠村李婷、查林村陈慧菊、洛涧村刘 丹、潜洛村项爱凤、上坝村李君、大港村魏华芳、 洑东村李辉、陶渊村任文华、洋渚村方伟琴、洋岸村徐玲、渭渎村毛丽华、汤庄村许娅娅、浦南村方鹭、大浦村方银花、方钱村郭菊英、毛旗村周云霞、双庙村毛培花、施荡村蒋秀丽、北塘村沈超、张泽村邵文英、湖光服务站黄萍。社区、村残疾人协会选聘专职委员 93 名：蜀山社区高小兰，蜀北社区曹雪萍、范梅香，蠡墅社区郭益芳，潘南社区洪巧云、薛冬民，南河社区宋碧琴、丁梅琴，丁山社区潘樱、许维、潘玉蓉，周墅社区刘春梅、盛亚琴，湖渎社区周红芬、范文欣，赵庄社区秦健，龙溪社区王松，白宕社区王华、肖雯、郭景沂，公园路社区郑建芳、郑婷如、缪梦雅、郭静，汤渡社区吕盛芳，画溪社区吴婷、蒋亚捷、杜琪，大浦社区张美琴、闵剑婷，张泽社区盛梅芳、蒋立芳，川埠社区徐群、殷亚敏、陆裕谷，湖光社区吴婷、周建琴、黄萍，上坝村李君，大港村蒋来娣、魏华芳， 洑东村金小凤、李辉，陶渊村赵燕、任文华，定溪村崔正群，双桥村吴丽华、周德云，西望村周菊英、章夏芬，三洞村陈应芳、金小波，塍里村高月琴、姜瑶瑶，建新村刘晓华、张莉，任墅村陈娟、余云鹏，紫砂村范秀芳、汤海燕、沈惠勤，川埠村王雪娇、吴锡凤、李婷、王晔，查林村钱仕英、陈慧菊，洛涧村穆玉芬、刘丹，潜洛村项爱凤、高永平，洋渚村许惠芳、方伟琴，洋岸村范菊芳、徐金仙、徐玲，渭渎村毛丽华，汤庄村邵根妹、许娅娅，浦南村王燕靖、方鹭，大浦村吴云妹、方银花，方钱村郭菊英，毛旗村周云霞，双庙村卢佩霞、毛培花，施荡村吴小芬、蒋秀丽，北塘村黄玉娟、沈超，张泽村俞菊华、邵文英。

至 2015 年，被评为无锡市残疾人工作五星社区有：任墅村、蜀北社区、潘南社区、洛涧村、双庙村、赵庄社区、大浦村、上坝村、大港村、白宕社区、洋岸村、毛旗村、张泽村、龙溪社区、川埠村、紫砂村、西望村、双桥村、蜀山社区、查林村、川埠社区、塍里村、施荡村、北塘村、汤庄村、洋渚村、三洞桥村、洑东村、潜洛村、定溪村、公园路社区、汤渡社区、周墅社区、张泽社区、方钱村、湖渎社区、渭南村、渭渎村。

3. 康复站、室 2008—2009 年社区、村，丁蜀镇残联建成康复室 38 个，工作场所面积均为 50 ~ 80 平方米，均设工作人员 1 名，各室均配齐全套康复器材。至 2015 年不变。

2008—2015 年丁蜀镇康复室一览表

表 1-35

名称	设立年份	地点	负责人
任墅村康复室	2008	任墅村	俞小军
蜀北社区康复室		蜀北社区	许晓梅
潘南社区康复室		潘南社区	王志强
洛涧村康复室		洛涧村	蒋建春
双庙村康复室		双庙村	蒋跃平
赵庄社区康复室		赵庄社区	钱汉成
大浦村康复室		大浦村	吴建明
上坝村康复室		上坝村	杨新勇
大港村康复室		大港村	沈伯清
白宕社区康复室		白宕社区	徐　芳
洋岸村康复室		洋岸村	江泽平
毛旗村康复室		毛旗村	周云霞
张泽村康复室		张泽村	周　平
龙溪社区康复室		龙溪社区	许海明
川埠村康复室		川埠村	戴亚权
紫砂村康复室		紫砂村	董伯初
西望村康复室		西望村	范文明
双桥村康复室		双桥村	冯志松
蜀山社区康复室		蜀山社区	李国强

续表 1-35

名称	设立年份	地点	负责人
查林村康复室	2008	查林村	周朋华
川埠社区康复室		川埠社区	鲍　燕
塍里村康复室		塍里村	姜根明
施荡村康复室	2009	施荡村	蒋秀丽
北塘村康复室		北塘村	姚伯洪
汤庄村康复室		汤庄村	沈雪锋
洋渚村康复室		洋渚村	顾国芳
三洞桥村康复室		三洞桥村	庄泽明
洑东村康复室		洑东村	林仕秋
潜洛村康复室		潜洛村	朱洪祥
定溪村康复室		定溪村	许伟中
公园路社区康复室		公园路社区	王　华
汤渡社区康复室		汤渡社区	吕盛芳
周墅社区康复室		周墅社区	侯建坤
张泽社区康复室		张泽社区	吴仕娟
方钱村康复室		方钱村	吴建伟
湖㳇社区康复室		湖㳇社区	周红芬
浦南村康复室		浦南村	许良西
渭渎村康复室		渭渎村	沈东君

4. 安养院　2012 年，镇残联举行残疾人安养院揭牌仪式。镇残疾人安养院设在丁蜀镇敬老院内，总面积 400 多平方米，配备工作人员 6 名。一次可接纳残疾人 30 名。至 2015 年，入院安养残疾人累计 82 名。

5. 集中就业　1999 年，镇残联在 3 家福利企业中，创办“残疾人之家”和组建残疾人协会（小组），协会名誉会长分别由各企业负责人担任，同时，各企业为每个残疾职工办理养老金保险。是年，镇残联扶持残疾人贫困家庭14户。其中，安排经商3户、搞庭院经济5户、福利厂就业2户、对无劳动能力享受最低生活保障4户、残疾人贫困户脱贫8户。2007年，福利企业适时抓住退税政策由缴税额退税变为使用残疾人数退税有利时机，扩大残疾人就业人数，新安置残疾人就业252人。2008—2010年，镇内新创办江苏国窑科技有限公司、江苏全能机械设备有限公司、江苏拜富色釉料有限公司、宜兴市金鱼陶瓷有限公司等福利企业6家，共安置残疾职工800多名。2012年，镇内福利企业共计26家，安置残疾职工1638人。至2015年，镇内福利企业23家，安置残疾职工1418人。镇残联协助福利企业设立残疾人协会（小组）。

2015年丁蜀镇福利企业残疾人协会（小组）一览表

表1-36

企业名称	成立年份	残疾人数（人）
宜兴市兴达合金材料有限公司	1999	28
宜兴市灵谷塑料设备有限公司		177
宜兴市金易合金有限公司	2007	33
江苏国窑科技有限公司	2008	51
宜兴市宇球化工陶瓷有限公司		25
江苏宜开电气有限公司		20
宜兴市大亨建材有限公司		
江苏拜富科技有限公司		75
江苏全能机械设备有限公司		82
江苏裕龙电磁线有限公司		176
宜兴市金鱼陶瓷有限公司	2010	246
宜兴诺伏电工材料有限公司		33
无锡晨星陶瓷有限公司		76
宜兴汉光高新石化有限公司		32
宜兴市宏成橡塑制品有限公司		11

续表 1-36

企业名称	成立年份	残疾人数（人）
宜兴市新宇化工有限公司	2010	19
宜兴市惠能电子材料有限公司		22
宜兴市新太平洋特种电缆有限公司		10
宜兴市特种泵阀厂有限公司		14
宜兴市宏诚电子仪表配件有限公司		39
宜兴市惠华复合材料有限公司		31
江苏国豪耐火科技有限公司	2011	33
江苏省宜兴彩陶工艺厂		172

5. 特殊教育　1986 年 9 月 12 日，全县第一个智力障碍儿童辅读班在丁山小学开学，全镇 12 名智力障碍儿童入学就读。省特殊教育学会秘书长，无锡市、宜兴县教育局、民政局等单位领导参加开学典礼。1987 年 8 月，智力障碍儿童辅读班改名培智班，智力障碍儿童 13 名，专任教师 1 名，行政由丁蜀镇科教文卫办公室管理，业务接受无锡市崇安区培智学校辅导。培智班根据智力障碍儿童实际情况分类教育。

1992 年，越南教科所特殊教育代表团到宜兴市考察特教工作，培智学校培智班作为重点考察点。

1995 年，丁山培智学校在中国教科所指导下，运用“3、3、3……智能学具”开启学生智力《学习与全面发展》课题实验，经教科所论证验收合格，课题实验论文获中央教科所论文一等奖，并在 10 个省市培智教育研讨会上交流。丁山培智学校根据当地制陶特点，开展制陶技能训练，学生陶艺作品参加省劳技展览，学校被省教委定为劳动技能教育实验基地。盲童随班就读在丁山培智学校实验成为国家教委实验点，盲童教育经验被国家教委和中残联在全国推广。1997 年 3 月，《试论随班就读在普及盲童教育中的地位和作用》一文，在日本爱知县交流。至 2015 年，丁山培智学校并入宜兴市特殊教育学校。

6. 普查　2005 年 6 月，镇残联开展残疾人情况调查，认真填报《宜兴市残疾人情况调查表》和《宜兴市残疾人情况汇总表》。2014 年 1 月，镇残联在“就业援助月”活动中走访残疾登记失业人员家庭 40 户，登记失业残疾人员 40 名。至 2015 年，全镇共有各类残疾人 2811 名。其中，视力残疾 252 名，听力语言残疾 326 名，肢体残疾 1668 名，智力精神残疾 565 名。（城镇残疾人 1531 名、农村残疾人 1280 名）。

7. 培训 2007—2014 年，镇残联组织举办的残疾人技能培训班有：盲人按摩、种植、养殖、制壶和陶刻、计算机应用、小家电维修等。其中，参加种植花卉、苗木、葡萄、草莓，技术培训 60 多人；参加养鱼、养蟹，技术培训 20 多人；参加制壶和陶刻技术培训 30 多人；参加盲人按摩技术培训 20 多人。另外，推荐参加无锡市残联举办残疾人计算机应用培训、小家电维修培训班 9 人；推荐参加无锡市残联举办盲人电脑培训班 2 人；实名制纳入年度培训计划 15 人。2015 年，镇残联继续开设紫砂壶制作、陶刻培训班，学员 21 名，培训费用由镇政府承担。

8. 助残 1989 年，丁山小学被评为全国红领巾助残活动先进集体。1992 年始，镇残联在每年“全国助残日”期间，走访慰问贫困、特困残疾人，赠送慰问金和物品；同时为残疾人争取扶贫贷款。2000 年，在“全国助残日”期间，副市长一行专程走访慰问助残青年志愿者、部分残疾人、市二院眼科医生和病人，并为市第二人民医院成为省“视觉第一、中国行动”白内障复明手术扶贫定点医院揭牌。2004 年，重新确认市第二人民医院为市“视觉第一、中国行动”扶持定点医院。是年，市第二人民医院开设眼科独立病区，设专科病床 20 张，有眼科医生 7 名（其中副主任医师 1 名，主治医师 2 名）、护士 7 名。2005 年，残疾人从事个体经营，享受优先办理、减少收费优惠政策 300 多名。同年，镇机关领导与残疾人家庭户结对扶贫 20 多户，机关人员、村（居）干部及社会爱心人士与残疾人家庭结对 452 户。2010—2015 年，为贫困残疾人免费体检 150 人，帮助残疾人实现就业 4 人，帮助残疾人享受专项扶持政策 5 人，两次组织残疾人赴郑州、济南展销茶壶，并免除部分费用。

宜兴市彩陶工艺厂开设全市首家“残疾人职工之家”，为厂内 180 多名残疾职工提供阅览、健身、文艺活动场所。

9. 扶贫解困 1993 年，丁蜀镇被定为市乡镇残疾人康复扶贫工作试点乡镇。2001 年至 2009 年，镇残联为符合条件特困残疾人家庭办理低保，应保尽保率 100%，且低保金额全部提高 20%；为低保重残人员和非低保无固定收入重残人员办理享受救助、重残补贴率 100%，同时开展慰问特困残疾人并补助钱物、与残疾户结对扶贫、资助残疾人学生和残疾人家庭子女、安排家庭困难残疾人免费体检、统一办理残疾人补贴发放证、发放残疾人证、为残疾人办理爱心卡，发放机动车燃油补贴，为残疾人争取扶贫贷款等工作。至 2015 年，为低保户发放 268.7 万元；为低保重残发放 43.4 万元；为重残护理补贴发放 51.7 万元；资助残疾人学生和残疾人子女 20 多万元；无固定收入重残补贴人数 477 人，发放 282.3 万元；发放残疾证 1400 余张；发放爱心卡 2180 余张；对全镇 0–6 周岁各类残疾儿童免费康复训练 55 人，救助金额 4.8 万元。为 450 户贫困残疾人家庭发放临时救济款和慈善救助款 40 多万元。春节前上门对困难残疾人家庭慰问，下发慰问金和慰问物资 49.8 万元。

10. 精神病防治 1996 年，丁蜀镇人民政府获江苏省特需人群补碘工作先进单位、无锡市残疾人工作先进乡镇称号。2000 年，江苏省特需人群补碘工作总结表彰会上，镇残联理事长杭南生被评为省“九五”特需人群补碘工作先进个人。2005—2015 年，镇残联为 192 名低保困难家庭精神病患者提供免费用药；为 37 名低保困难精神病患者提供住院救助，免费金额 10.6 万元。为三、四级持证精神病人发放救助金 25.7 万元；办理精神病患者住院救助 19 人，发放救助金 5.9 万元。

11. 康复辅具适配 2001—2015 年，镇残联共为残疾人配发轮椅 308 辆，为贫困残疾人安装假肢 52 人，免费实施白内障免费手术 408 例，免费体检 225 人，为残疾家庭安装无障碍设施 355 件次，为 63 名精神病患者减免住院费 18.2 万元。在中华慈善总会邓铜山副会长安排下美国 LDS 慈善会向宜兴残疾人捐赠轮椅活动在丁蜀举行，50 辆轮椅及 100 件衣服定向捐赠 150 位残疾人。

12. 基地扶持 2007 年，镇残联扶持残疾人就业基地有：“德记壶庄”“金君杨梅”“邑鼎堂”等 3 个，共安置残疾人就业 50 余名。2008 年，镇残联在丁蜀成校和袁国强培训中心创建残疾人免费陶艺培训基地，每年免费培训残疾人 20 名以上。2011 年“全国助残日”期间，袁国强培训基地事迹在中央二台播出。2015 年，镇残联组织党员义工到“金君杨梅”种植基地清除杂物 3 吨多，松土 400 平方米。

13. 陶艺、体育 1991—2015 年，残疾人夏淑君、毛丹、马志刚、蔡春英、范月琴、范培君、王六初、黄强等陶艺作品参加省级、国家级，乃至国际性比赛，屡获金奖。

2004—2014 年，残疾人刘莉、龚丁、王珺、蔡伟强等参加无锡市、江苏省、全国残疾人体育运动会获得多项目一、二、三等奖。

14. 慈善 2007 年，双庙村一级盲人吕亚明经市人民医院确诊白血病后，得到镇残联、市残联、市慈善会多次救助。吕亚明去世后，亲属遵其遗愿将遗体奉献，作医学研究。2008 年，四川汶川地震后，高级工艺美术师、中国紫砂艺术名人、残疾人夏淑君将历时一年，制作的“巾帼壶”，经华证拍卖公司无偿义拍，得善款五万元。并通过宜兴市慈善会，将善款捐到四川灾区。施荡村一级盲人吴盘元，在收音机中听到四川发生地震后，立刻让家人带着赶到村委，为灾区捐款 300 元。2011 年，敬老节期间，市盲人协会 6 名盲人按摩师及 2 名理发师、3 名医生、30 名义工队员，到镇敬老院为残疾人服务 86 人次。

1991—2015 年丁蜀镇残疾人工作获得无锡市以上荣誉一览表

表 1-37

年份	集体 / 个人	荣誉
1988	马炳荣	江苏省残疾人代表大会代表
1991	夏淑君	香港第三届国际残疾人技能竞赛金奖
1993	马炳荣	无锡市残疾人代表大会代表、主席团成员
		江苏省残疾人代表大会代表
1994	张泽浇注耐火材料厂	无锡市帮残助残先进单位
1995	夏淑君	澳大利亚第四届国际残疾人技能竞赛金奖

续表 1-37

年份	集体 / 个人	荣誉
1995	夏淑君	全国技术能手
		江苏省杰出青年岗位能手
1996	张泽浇注耐火材料厂	无锡市残疾人之家
1997	丁蜀镇人民政府	江苏省特需人群补碘工作先进单位
		无锡市残疾人工作先进乡镇
	祁　斌	江苏省特奥会一金一银
	夏淑君	全国“三八”红旗手
		江苏省优秀技术能手
		江苏省立功奖章
		全国自强模范
1998	马炳荣	无锡市残疾人代表大会代表
		江苏省残疾人代表大会代表
		无锡市见义勇为先进分子
2000	夏淑君	被劳动和社会保障部授于“中华技能大奖”
2001		作品《荷塘情趣》获第三届中国工艺美术精品博览会传统艺术金奖
	王六初	作品《玉笠壶》获无锡市首届残疾人工艺美术作品二等奖
2002	毛　丹	作品“鹰”获无锡市首届残疾人工艺美术作品比赛一等奖
	马志刚	作品《返朴归真壶》获无锡市首届残疾人工艺美术作品比赛一等奖

续表 1-37

年份	集体 / 个人	荣誉
2003	马志刚	紫砂陈设件《飞黄腾达》在第 37 届全国工艺品交易会暨国际礼品博览会上荣获银奖
		第六届国际残疾人职业技能竞赛第四名
		无锡市技术能手
2004	王六初	《合菱壶》获第六届中国工艺美术大师精品博览会金奖
	夏淑君	江苏省突出贡献“高级技师”
	刘　莉	无锡市第九届运动会聋哑人组女子 200 米第一名
2005	马志刚	江苏省技术能手
	蔡春英	第三届江苏省残疾人职业技能竞赛中荣获陶艺第一名
	王六初	《贵妃出浴》获第七届中国工艺美术大师精品博览会金奖
2006	夏淑君	《大地情》紫砂壶被第二届中国十大紫砂茗壶评选评为十大茗壶之一，由中南海紫光阁收藏
		无锡市突出贡献中青年专家
		获国务院特殊津贴
2009	蔡春英	第四届江苏省残疾人职业技能竞赛陶艺项目第一名
	龚　丁	无锡市第十届运动会残疾人部乒乓球比赛一等奖
	余虹云	无锡市计算机组装比赛第四名

续表 1-37

年份	集体 / 个人	荣誉
2010	刘　莉	无锡市第十届运动会聋哑人组女子 200 米第二名、100 米第三名
		江苏省第八届残疾人运动会田径项目女子接力 T60 级 4×100 米第一名
		江苏省第八届残疾人运动会田径项目女子 100 米第四名
	马志刚	微雕作品《万众一心》获世界纪录证书和世界之最证书
	王　珺	全国残疾人射箭锦标赛男子个人反曲弓站姿第五名
2011		无锡市残疾人游泳锦标赛男子重度肢残 50 米自由泳第二名、50 米仰泳第四名、200 米自由泳第一名
		中华人民共和国第八届残疾人运动会射箭比赛反曲弓团体淘汰赛（70 米）第一名、单轮（70 米）第五名、个人淘汰赛（70 米）第五名
	蔡春英	第四届全国残疾人职业技能竞赛陶艺组一等奖
		第八届国际残疾人职业技能竞赛特别奖
	范月琴	全国第四届残疾人技能竞赛陶艺组二等奖
		作品《画壶》《知足壶》入选“内地与澳门残疾人书法绘画及工艺品联展

续表 1-37

年份	集体 / 个人	荣誉
2012	丁蜀镇残疾人联合会	省残疾人基层组织建设先进集体
	黄　强	作品《山居秋暝》获省手工制陶大赛优秀奖
	蔡伟强	无锡市盲人蛙泳 100 米第三名
		无锡市盲人蛙泳 200 米第四名、自由泳 50 米第二名
2013	范培君	作品《龙蛋壶》获中国上海国际艺术节暨第十五届中国工艺美术大师精品博览会金奖
	王　珺	无锡市第十一届运动会肢体男子组 S9 组 50 米自由泳第一名、100 米自由泳第三名
	刘　莉	无锡市第十一届运动会聋人组女子 100 米第二名、200 米第二名、4×100 米第二名、400 米第三名
2014	范月琴	第五届江苏省残疾人职业技能竞赛陶艺项目第一名
		中韩陶瓷文化第三届“希望杯”壶艺大赛一等奖
		第十六届中国工艺美术大师精品博览会金奖
		全国技术能手
	范培君	第五届江苏省职业技能竞赛陶艺比赛第二名

续表 1-37

年份	集体 / 个人	荣誉
2014	黄　强	作品《黄山松云瓶》获首届江苏省陶瓷艺术作品展评金奖
	王　珺	江苏省第九届残疾人运动会射箭比赛男子组 ST 级反曲弓（30 米）项目第三名
		全国残疾人射箭锦标赛“体育道德风尚奖”
		全国残疾人射箭锦标赛公开级男子反曲弓组团体项目第四名
	刘　莉	江苏省第九届残疾人运动会田径项目女子接力 T60 级 4×100 米第三名
	蔡伟强	江苏省盲人门球比赛团体第三名
		无锡市盲人游泳蛙泳 100 米第二名、200 米第三名、自由泳 200 米
	陈乐俭	第六届特殊奥林匹克运动会聋人篮球比赛男子第四名
2015	范月琴	江苏省技术能手
	黄　强	论文《用陶刻艺术赋予紫砂无声世界里的生命力》获江苏省工艺美术“艺博杯”第四届陶艺创新作品展评暨陶艺论文评比一等奖
	陈张琦	无锡残疾人读书征文二等奖

十三、湖㳇镇残疾人联合会

1. 机构设立　1992 年，湖㳇镇成立残疾人联合会（简称镇残联），行政隶属镇民政科，业务隶属市残疾人联合会。2004 年，设立办公室，配置专门办公场所，挂镇残联牌子。至 2015 年，行政隶属、业务隶属不变。

1992—2015 年，湖㳇镇历任（1992—2015 年）残联理事长：蒋品洪、胡正宏、李孟洪、王建芬、章华安；历任副理事长：奚洪斌、施冠新、严晓云。2000—2015 年湖汊镇历任残疾人工作专（兼）职委员：严晓云、傅延敏、谢保勤、向亚蓉。

2. 社区、村残疾人协会 2002 年，各社区、村成立残疾人协会，选出协会会长，制定工作制度、明确岗位职责。各社区、村残疾人协会在所属社区居委会、村委会和上级残联指导下开展工作。经几轮撤并、调整，至 2015 年，湖汊镇有：湖汊社区残疾人协会 1 个，阳羡茶场残疾人协会 1 个；竹海、洑西、邵东、东兴、大东、银湖、张阳等村残疾人协会 7 个。社区、村残疾人协会会长由村书记或村主任兼任。各社区、村残疾人协会会长：湖汊社区李正海、阳羡茶场叶志军、竹海村应华明、洑西村曹志华 、邵东村应明洪、东兴村勇兴成、大东村宋文君、银湖村周伯青、张阳村李上彬。各社区、村选聘专职委员 18 名：竹海村冯惠君，洑西村杨月娥，邵东村张红梅、邵丽琴，东兴村张陆芳、温赛芬，大东村王娅芳、付丽华，银湖村李金华、卞其芬，张阳村温红仙、钱玉芳，阳羡茶场唐玉仙、陆晶晶，湖汊社区方红珍、陈惠芳、应彩萍、高琳霏。湖汊镇 2012 年被无锡市残疾人工作评为五星社区有：洑东村、邵东村、东兴村、张阳村、湖汊社区。

3. 康复站、室 2008—2015 年，湖汊镇残联建成康复站 1 个，工作场所面积 150 平方米、设工作人员 1 名。社区、村建成康复室 9 个，场所面积均为 50 平方米，均设工作人员 1 名，至 2015 年不变。

2008—2015 年湖汊镇康复站、室一览表

表 1-38

站、室名称	设立年份	地点	负责人
张阳村康复室	2008	张阳村	李上彬
竹海村康复室	2009	竹海村	应华明
洑西村康复室		洑西村	曹志华
大东村康复室		大东村	宋文君
银湖村康复室		银湖村	周伯青

续表 1-38

站、室名称	设立年份	地点	负责人
邵东村康复室	2011	邵东村	应明洪
东兴村康复室		东兴村	勇兴成
湖汊社区康复室	2014	湖汊社区	李正海
湖汊镇康复站		镇卫生服务中心	范立平

4. 活动场所　2000 至 2012 年，镇残疾人活动场所设在镇社区居委内，配备康复器材、文娱、生活设施等。2013 年，活动场所迁至湖汊镇老年食堂，占地面积1000平方米，其中设立镇残疾人综合服务中心，为残疾人提供餐饮、休闲、娱乐、康复、培训等活动。至 2015 年，活动场所未变。

5. 集中就业　2000 年，湖汊镇有残疾人 106 人，其中 40 多位就业年龄段残疾人进入 3 家镇办福利企业。至 2015 年，湖汊镇有福利企业 6 家，安置残疾人就业累计 209 人次。

2015 年湖汊镇福利企业残疾人协会（小组）一览表

表 1-39

企业名称	成立年份	残疾人数
宜兴市连铸耐火材料厂有限公司	1994	113
宜兴市振湖铜加工有限公司		21
宜兴市湖鑫石墨有限公司		17
宜兴市金泰铜材有限公司	2002	19
宜兴市阳泉纸品有限公司		16
宜兴市旭日耐材制品有限公司		23

6. 普查　1995 年，湖汊镇残联全面开展残疾人贫困户普查工作。2000 年，镇残联将 1992—2000 年残疾人调查情况全部建立残疾人个人档案，进入微机管理。是年，全镇有残疾人 106 人，镇残联为残疾人家庭实行最低生活保障 17 户。至 2015 年，镇残联共有残疾人 922 名，其中持证残疾人 757 名，

其中肢体残疾 399 人、智力残疾 97 人、视力残疾 109 人、精神残疾 55 人、听力残疾 88 人、言语残疾 9 人。

7. 培训 2000—2015 年，湖汉镇举办残疾人种植、养殖培训班，面授课程有：茶叶制作、油菜、盆景、果树栽培、园林绿化、特种养殖等，共有 65 位残疾人参加培训。35 位残疾人参加陶艺制作、盲人推拿、种植养殖、福利企业岗位技能培训。组织残联、社区、村专干参加各类康复业务培训，完善康复管理档案。开展盲人定向行走训练培训（为期一周）。组织社区、村专职委员信息录入培训，使残疾人档案进入无锡市残疾人信息系统。镇服务档案完成 454 户，其中肢体康复档案 399 户，精神残疾档案 55 户。镇残联注重就业年龄段残疾人岗前培训，6 家福利企业 209 名残疾人均接受上岗前各项法律法规培训。

8. 助残　1992 年起，镇残联每年为全镇低保家庭户中残疾人进行免费体检，对特困残疾人家庭走访慰问。2013 年"全国助残日"期间，由镇分管领导、镇残联理事长会同竹海国际会议中心总经理组成走访小组，先后看望东兴村周慧敏、洑西村徐宝生、竹海村王建锋、银湖村邵明大和大东村丁琴芬等重点困难残疾家庭 5 户，并发放慰问金。同时，竹海国际助残基金会走访慰问镇残疾人困难家庭 30 户，发放助残金 3 万元；镇分管领导与江苏中科农业科技发展有限公司总经理走访当地贫困残疾儿童，共发放"中科关爱天使基金"1.1 万元，资助贫困残疾儿童 4 名；镇残联会同有关部门开展慈善助学活动，走访慰问各村贫困学生家庭，共有残疾学生 4 人、残疾人家庭子女 18 人获得助学金 4.9 万元。2015 年，镇、社区、村走访慰问贫困残疾人 155 人，发放物资价值约 1 万元。

9. 扶贫解困 2000 年始，符合条件的特困残疾人家庭全部纳入低保，共 84 户，应保尽保率 100%、低保金额全部提高 20%，低保重残人员和非低保无固定收入重残人员享受救助 100%。2012—2015 年，为 40 位家庭困难残疾人免费体检；对 8 户贫困残疾人补助住房修缮；发放残疾人爱心卡 60 人；发放机动车燃油补贴 9 人；结对扶贫残疾人家庭 98 户；救助无固定收入重度残疾人 121 名；为重度残疾人申请护理补贴 143 人，发放金额 13 万元；为低保重度残疾人申请低保重残补贴 59 人，特困残疾人救助 25 人，发放救助款 6.4 万元。

10. 精神病防治　2001—2015年，镇残联为服药精神病人提供复诊、制定由监护人签订免费服药协议及承诺书，并请精神病防治医生定期服务指导。为精神病人申请补助款和年度救助。精神病门诊特殊疾病康复累计救助143人次，救助精神病患者住院医疗18人次，救助三、四级精神病患者75人次。

11. 康复辅具适配　2001年起，镇残联为困难残疾人申请免费轮椅、盲杖、盲表，申请免费安装假肢，申请残疾人辅助康复器材进家庭，申请为残疾人家庭安装无障碍设施，申请为社区、村康复站、点配发康复器材等。至2015年，发放盲杖、盲表15人，发放轮椅80辆，安装假肢4人，安装助听器13人，适配辅助器具进家庭95户，适配康复器材进家庭50户，安装无障碍设施37户，社区、村康复站、点全部配发整套康复器材。

12. 创业就业　1994年始，镇残联采取福利企业集中安置就业、创业就业基地就业，个人创业就业方式，安置残疾人就业。镇特等伤残军人孙春荣，双目失明后自强不息，在市残联帮助下，先后到武汉盲校，南京特殊教育学校学习按摩技术。学成后市残联和镇残联扶持孙春荣在湖汊镇区开办盲人按摩所，带动周边残疾人自主创业。1997年，镇残联推荐孙春荣参加市残联助残与自强经验交流会。孙春荣先后二次出席无锡市残疾人代表大会。至2015，镇共有残疾人创业就业基地3个：宜兴市阳岭生态种养殖专业合作社、大圣苗木创业基地、大地春残疾人就业基地。创业就业基地辐射带动残疾人就业30人，集中培训人员累计300余人次。

13. 维权　2009年始，湖汊镇在镇行政服务中心设立残疾人接待窗口，镇残联、镇信访办、镇司法所联合做好残疾人信访接待工作，维护残疾人合法权益。至2015年，窗口接待残疾人来访共计1020人次，受理残疾群众来信、来电800件次，为残疾人维权1020人次。

1993—2015年湖汊镇残疾人工作获得无锡市以上荣誉一览表

表1−40

年份	集体 / 个人	荣誉
1993	孙春荣	无锡市残疾人代表大会代表
1998		

续表 1-40

年份	集体 / 个人	荣誉
2012	洑西村	无锡市残疾人工作五星社区
	邵东村	
	东兴村	
	张阳村	
	湖㳇社区	
2015	向亚蓉	全国残疾人专项调查无锡市级先进个人

十四、宜城街道残疾人联合会

1. 机构设立 1992年7月21日，宜城镇成立残疾人联合会(简称镇残联)，行政隶属镇民政科，业务隶属市残联。同年5月14日，6月24日十里牌乡与红塔乡分别成立乡残疾人联合会，行政隶属各自乡民政办公室，业务隶属市残联。1997年2月，十里牌乡并入宜城镇，乡、镇残疾人机构合并为宜城镇残联，行政隶属宜城镇民政科，业务隶属不变。1999年11月，红塔撤乡设镇，红塔乡残联更名为红塔镇残联，行政隶属镇民政办公室，业务隶属市残联。2000年6月，红塔镇并入宜城镇，镇残联合并为宜城镇残联，行政隶属镇社会事务办公室，设立办公室，挂残联牌子，业务隶属不变。2006年10月，宜城撤镇设街（道），宜城镇残联更名为宜城街道残联，单独设立宜城街道残联，街道残联办公室设在宜城街道办事处，行政隶属街道办事处，业务隶属不变。

1992—2015年，宜城街道历任残联理事长：史洪明、陈盘芳、仇梅芬、陈朗然、韦达平（宜城镇、街道），孙毛大、周建良、张春华（红塔乡、镇），张盘君、王建祥、夏国中（十里牌乡）；历任副理事长：王菊仙、吴俊明（宜城镇、街道），张盘君、王建祥、陈锡宝（十里牌乡），孙毛大、王家凤（红塔乡、镇）。2000年至2015年宜城镇、街道历任专职委员：沈华仙、夏俊英。

2. 社区、村残疾人协会 至2015年，宜城街道各社区、村成立残疾人协会34个，会长由社区、村书记或居委、村主任兼任，制定工作制度、明确岗位职责。各社区、村残疾人协会在所属社区居委会、村委会和上级残联指导下开展工作。社区残疾人协会及协会会长：溪隐社区高敬平、荆东社区蒋发娟、东山社区高伟明、岳堤社区徐双喜、碓坊社区陈法如、荆溪社区黄赛英、土城社区徐佳倩、城南社区陶锦荣、民主社区陈丽君、和平社区储慧、新华社区韦琴、大同社区张燕萍、茶东社区王芳、长新社区沈敏华、下漳社区徐小清、宝东社区蒋丽萍、东虹社区周韦、阳羡社区吴凌云、宝塔社区许忠林、北虹社区沈娴、宜北社区魏建华、城北社区何伯勤、阳泉社区许建中、曲坊社区张祖军、巷头社区朱群峰、徐坝社区周晓良、唐公社区邵益民、袁桥社区邵小强、文峰社区林娟、谈家干社区郑利骏、城东村王伟东、沧浦村焦林生、山林村闵熙君、南园村顾耀平。2006 年至 2015 年，历任社区、村专（兼）职委员：溪隐社区闻春仙，荆东社区徐芳芳、吕昕昱，东山社区孙红珍、杨芳、杨颖芳，岳堤社区史敏勤、周超华、耿静，碓坊社区赵秀君、陆士芳，荆溪社区盛菊、吴文玲，土城社区张玉凤、郭勤，城南社区雷琴华、陈美红、刘月芬，民主社区陈耘、周园，和平社区吴艳、蒋燕芳，新华社区戴铮、陈霞，大同社区崔玉仙，茶东社区陈荷芬、蒋璐，长新社区王锡娟、何旭鹏，下漳社区朱玉华，宝东社区张秀华、潘露茜、蒋旭涛，东虹社区周雪琴、潘瑾、王黎、孙颖菲，阳羡社区李惠芬、方明、宝塔社区徐明、张园、叶丽芳，北虹社区林娟、王春红，宜北社区周丽、蒋美华，城北社区裴利芬，阳泉社区张萍萍、蔡文华、沈晓斐，曲坊社区吴芳琴、蒋美芳、蒋霞，巷头社区唐群、梁红艳，徐坝社区张云仙、朱烨，唐公社区董建新、蒋凌燕、张露，袁桥社区周玉娟、石红仙、沈萱，文峰社区孙慧、谈家干社区钱建芬、胡彬彬，城东村邵浩清，沧浦村孔国英、高雯、张红琴，山林村王荣妹，南园村孙丹莺、徐旭锋。

3. 康复站、室 2008—2014 年，宜城街道在 31 个社区（村）建立康复室，室内面积均为 50 平方米，工作人员均为 1 人，康复室设施器材齐全。

2008–2015 年宜城街道康复站（室）一览表

表 1–41

名称	设立年份	地点	负责人
城北社区康复室	2008	城北社区	裴利芬
北虹社区康复室		北虹社区	王春红
荆溪社区康复室		荆溪社区	吴文玲

续表 1-41

名称	设立年份	地点	负责人
城南社区康复室	2009	城南社区	刘月芬
东山社区康复室		东山社区	杨颖芳
岳堤社区康复室		岳堤社区	耿　静
和平社区康复室		和平社区	蒋燕芳
新华社区康复室		新华社区	陈　霞
东虹社区康复室		东虹社区	孙颖菲
唐公社区康复室		唐公社区	张　露
下漳社区康复室		下漳社区	朱玉华
袁桥社区康复室		袁桥社区	沈　萱
阳泉社区康复室		阳泉社区	沈晓斐
宝塔社区康复室		宝塔社区	叶丽芳
宝东社区康复室		宝东社区	蒋旭涛
荆东社区康复室		荆东社区	吕昕昱
宜北社区康复室		宜北社区	冯　玲
曲坊社区康复室		曲坊社区	蒋　霞
南园村康复室		南园村	徐旭锋
徐坝社区康复室		徐坝社区	朱　烨
溪隐社区康复室		溪隐社区	闻春仙
巷头社区康复室		巷头社区	梁红艳
山林村康复室		山林村	王荣妹
徐坝社区康复室		徐坝社区	朱　烨
谈家干社区康复室		谈家干社区	胡彬彬
大同社区康复室		大同社区	崔玉仙
碓坊社区康复室		碓坊社区	陆士芳

续表 1-41

名称	设立年份	地点	负责人
文峰社区康复室	2009	文峰社区	孙　慧
民主社区康复室		民主社区	周　园
沧浦村康复室	2013	沧浦村	张红琴
土城社区康复室	2014	土城社区	郭　勤

4. 活动场所　2013 年，宜城镇残疾人活动场所设在街道文体中心，占地面积 500 多平方米，配备有康复器材、文化娱乐设施，为残疾人提供服务，至 2015 年不变。

5. 集中就业　1998—2015 年，宜城街道先后有宜兴市强大耐火材料有限公司、四通家电配件有限公司、宜兴市耀辉化工厂等福利企业，集中安置残疾人就业。至 2015 年，福利企业集中安置残疾人就业 132 人。

2015 年宜城街道福利企业残疾人协会（小组）一览表

表 1-42

企业名称	成立年份	残疾人数（人）
宜兴市耀辉化工厂	1998	45
宜兴市强大耐火材料有限公司	2002	20
四通家电配件有限公司	2002	24

6. 特殊教育　2006 年，宜兴市聋哑学校正式更名为宜兴市特殊教育学校。学校除开设普通文化教育课程外，还专门设置书法、绘画、陶艺等各类特色教育课程。陶艺教育形成办学特色。校本教材《陶艺》在全国特殊教育校本课程评比中获一等奖，学校成为“宜兴市 A 级特色学校”，连续 12 年被评为“宜兴市先进学校”。

7. 普查　1992 年始，镇残联每年开展就业年龄段残疾人就业、失业情况调查，建立残疾人档案，全部进入微机管理。1999 年 6 月至 8 月，宜城镇残联对全镇残疾人全面普查和详细分类。2005 年 6 月，镇残联再次开展残疾人情况调查，完成填报《宜兴市残疾人情况调查表》和《宜兴市残疾人情况汇总表》。至 2015 年，街道持证残疾人 1637 人。其中，肢体残疾 849 人，精神残疾 179 人，智力残疾 275 人，听力残疾 157 人，视力残疾 169 人，言语残疾 18 人。

8. 培训 2000—2015 年，镇（街道）残联利用党校、成校、企业加强对残疾人技能培训，举办种植、养殖培训班，面授课程有：茶叶制作、油菜栽培、园林绿化，草莓、葡萄栽培、特种养殖等。同时选送部分残疾人至市爱德培训学校参加陶艺制作、电脑维修、盲人推拿等岗位技能培训。至 2015 年，经过各类培训，在福利企业就业的残疾人累计 7000 余人次；从事种植、养殖 600 余人次，盲人推拿 30 多人，陶艺制作 50 多人。宜兴市新平盲人推拿所和王俊盲人推拿所在街道设立多家门店，成为盲人推拿培训基地。新平盲人推拿所所长杨新平被市特殊学校聘为职业技术教育培训教师，每周 2 次，共计授课培训 200 人次。

9. 助残 2001 年，宜城街道出台扶助残疾人工作实施意见，设立残疾人福利基金会，每年出资 3 万元用于残疾人事业。街道残联在“全国助残日”期间，走访慰问贫困、特困残疾人，赠送慰问金和物品；协调各个社区（村）残疾人协会开展每个协会深入 5~8 户残疾人家庭，走访慰问活动和帮扶结对活动。同时街道残联协调有关单位，为贫困残疾人家庭，住房屋面翻修、墙面粉刷、门窗更换、基本卫生设施改造等。

10. 扶贫解困 2001—2009 年，宜城街道残联帮残扶困工作有：对符合条件的特困残疾人家庭全部纳入低保，应保尽保率 100%，低保金额全部提高 20%；低保重残人员和非低保无固定收入重残人员 100% 享受救助，并发放重残补贴；对特困残疾人节日慰问并补助钱物，与残疾人贫困户结对扶贫，资助残疾人学生和残疾人家庭子女；安排贫困残疾人免费体检；统一办理残疾人“补贴发放证”，发放残疾人证，办理爱心卡，发放机动车燃油补贴，为残疾人争取扶贫贷款等。至 2015 年，发放无固定重残人员救助金累计 3500 余人次，低保重残金 1800 余人次，发放金额 2000 余万元。重残护理补贴发放 1500 余人次，结对扶贫近千户，救助 200 余户。慰问贫困残疾人钱物 50 余万元，发放特困残疾人钱物近百万元；免费体检累计 400 余人次；资助残疾人学生和残疾人子女百余人次，资助金额 50 多万元；发放残疾人机动车燃油补贴 40 人次；发放爱心卡 1000 余张。对白内障患者免费筛查义诊约 200 余名，发放残疾人证累计 1637 人次。

11. 精神病防治 至 2015 年，街道残联累计为精神病患者免费发放治疗药物 300 余人、医疗救助精神病患者 16 人。申报服药救助重度精神病患者 8 人，为重度精神病人免费复诊检查 100 余人；精神、智力残疾人领取生活补贴 100 余人。

12. 康复辅具适配 2001 年始，街道（镇）残联陆续为困难残疾人申请发放免费轮椅、盲杖、盲表，配发康复器材、适配辅助器具等；为聋人免费安装助听器、为贫困白内障患者免费实施手术、为残疾人家庭安装无障碍设施。至 2015 年，街道协调有关部门，为白内障患者免费手术 178 名，为听力残疾人安装助听器 60 名，为残疾人家庭安装无障碍设施 150 户，为贫困残疾人免费提供轮椅 80 辆，免费安装假肢 4 条；配置残疾人康复器材社区（村）31 个；为重点康复对象提供盲人定向行走、心理支持、运动功能训练、日常生活技能、社交技能等康复服务百余名。

13. 基地就业 2006 年 3 月，长新社区芦仕华（肢残）创建宜兴市潜洛山庄残疾人就业（创业）基地。总规划面积约 13.6 万平方米。基地拥有固定资产 650 万元，主要生产经营种植果树、苗木。至 2015 年，基地栽种早熟梨面积约 5.4 万平方米、各种苗木约 5.4 万平方米。基地安置残疾人 10 名，从事种植、栽培、采摘、包装等工作，人均年收入约 2.1 万元。基地重点帮扶贫困残疾人家庭 3 户，项目为种植果树苗木等经济作物，脱贫率 100%。

14. 个体创业 1997 年 3 月，宜兴市首家盲人推拿所“新平盲人推拿所”开业，创办人杨新平成为全市第一个获得推拿主治医师资格证书的盲人，他个人和推拿所先后获得“江苏省创业之星”“中国盲人按摩学会会员单位”“宜兴市残疾人创业就业先进单位”“江苏省盲人按摩星级单位”“江苏省盲人按摩示范单位”“宜兴市盲人推拿实训基地”“江苏省省级盲人按摩保健示范机构”称号。2009 年，“王俊盲人保健按摩院”保健推拿技术申请注册“王俊推拿”商标。而后，开设有 4 个分店，总营业面积 1000 平方米，拥有推拿师 40 多名。带动残疾人就业 200 多人，按摩院为盲人一对一推拿实行免费培训，被评为“宜兴市残疾人创业就业先进单位”。

1992-2015 年宜城街道残疾人工作历年获得无锡市以上荣誉一览表

表 1-43

年份	集体 / 个人	荣誉
2004	杨新平	江苏省民办营利性企业先进个人奖
2007	杨新平	江苏省第三届“创业之星”
2012	杨新平	江苏省第五届“创业之星”
2012	杨新平	第十届全国“创业之星”
2012	杨新平	无锡市劳动模范
2006	宜城街道残联	无锡市残疾人工作先进集体奖
2011	陈朗然	无锡市残疾人工作先进个人奖
2012	陈朗然	江苏省基层残疾人组织优秀个人奖
2011	王　俊	无锡市就业创业先进个人奖
2013	王　俊	无锡市就业创业优秀个人奖
2013	王　俊	第二届中国社区自愿者之星奖
2011	王俊按摩保健所	无锡市 2009-2010 年度先进社会组织奖
2014	王俊按摩保健所	无锡市知名商标“王俊 WANGJUN”
2015	夏俊英	残保金征缴审核工作先进个人奖
2015	夏俊英	无锡市人民政府残疾人工作委员会先进个人奖

十五、屺亭街道残疾人联合会

1. 机构设立 1992年7月15日，屺亭乡成立残疾人联合会(简称乡残联)，行政隶属乡民政办公室，业务隶属市残疾人联合会。1996 年 11 月，屺亭撤乡设镇，乡残联更名屺亭镇残疾人联合会（简称镇残联），行政隶属镇民政办公室，业务隶属市残联。2006 年 10 月，屺亭撤镇建街（道），镇残联更名为屺亭街道残疾人联合会（简称街道残联），行政隶属屺亭街道办事处民政科，业务隶属不变。办公室设在屺亭街道办事处。

1992 年至 2015 年，屺亭乡、镇、街道历任残联理事长：吴四小、王国军、杜仲槐（屺亭乡），杜仲槐、叶志良（屺亭镇），叶志良、吉建军（屺亭街道）。1992 年至 2015 年，屺亭乡、镇、街道历任专（兼）职委员：王国军、邹小仙（屺亭乡），邹小仙、刘秀芳、金秋燕、朱海燕（屺亭镇），朱海燕、吴迅燕、吉黎、蒋东琴（屺亭街道）。

2. 社区、村残疾人协会　2002 年，各社区、村成立残疾人协会，选出协会会长，制定工作制度、明确岗位职责。各社区、村残疾人协会在所属社区居委会、村委会和上级残联指导下开展工作。经调整，至 2015 年，屺亭街道有三阳、东郊、奔马、五星、广汇等社区残疾人协会 5 个，寺前、寺东、胜天、屺亭、邵谈、前亭、后亭、花圩、东梅、杏里、文庄、边庄、轸村、学圩、大塍、虞山等村残疾人协会 16 个。各社区、村、残疾人协会会长：三阳社区周其洪、东郊社区马其能、奔马社区堵士明、五星社区黄建平、广汇社区吕建强、寺前村吴再勤、寺东村吴春荣、胜天村岑亚萍、屺亭村褚锡伟、邵谈村欧伟皎、前亭村堵宣强、后亭村殷申华、花圩村马伟平、东梅村陈佰明、杏里村潘伯军、文庄村邵新其、边庄村丁志敏、轸村村吴柏元、学圩村钱湘、大塍村张忠新、虞山村史锡平。社区、村残疾人协会选聘专职委员 21 名：三阳社区王美娇、东郊社区吴玉珍、奔马社区王文琴、五星社区姚海英、广汇社区王蕊、寺前村蒋红英、寺东村周敏仙、胜天村吉美芬、屺亭村顾美华、邵谈村裴佳、前亭村蒋和勤、后亭村蒋天玲、花圩村蒋文佳、东梅村吕卫、杏里村钱亚珍、文庄村杨洁、边庄村朱海霞、轸村村吉亚琴、学圩村王乐琴、大塍村蔡暗英、虞山村李素平。

2010—2011 年，屺亭街道被评为无锡市五星社区、村有：奔马社区、后亭村、边庄村、虞山村、轸村村、广汇社区。

3. 康复站、室　2008—2009 年，屺亭街道残联建成康复站 1 个、康复室 9 个。2013 年，屺亭街道残疾人康复站设在五星社区内。办公、康复场地 130 平方米，各项设备设施配套齐全，无障碍坡道入室，内设康复训练室，配备基本康复训练器材和设备，配有无障碍卫生间和康复休息室，并共享五星社区图书馆、活动室、会议室，至 2015 年不变。

2015年屺亭街道康复站（室）一览表

表1-44

站、室名称	设立年份	地点	负责人
虞山村康复室	2009	虞山村	李素平
边庄村康复室		边庄村	朱海霞
奔马社区康复室		奔马社区	王文琴
屺亭村康复室		屺亭村	顾美华
安养院康复室		敬老院	杜　艳
广汇社区康复室	2010	广汇社区	王　蕊
后亭村康复室		后亭村	汪　桃
轸村村康复室		轸村村	吉亚琴
屺亭街道残疾人康复站	2013	五星社区	王东强

4. 集中就业　1985年始，屺亭乡、街道先后有宜兴市宇星工贸有限公司、宜兴市星光宝亿化工有限公司、无锡双诚炭黑有限公司、宜兴市驰马体育运动用品有限公司、宜兴市东宏实业有限公司、江苏国立化工科技有限公司、宜兴市华法纸业有限公司、宜兴市天骄净水有限公司、江苏彬鹏环保有限公司、宜兴市华宇漂染有限公司、江苏创新石化有限公司、宜兴市华阳色织有限公司等福利企业12个。至2015年，街道有福利企业10个，集中安置残疾人就业累计638人次。

2015年屺亭街道福利企业残疾人协会（小组）一览表

表1-45

企业名称	成立年份	残疾人数（人）
宜兴市宇星工贸有限公司	1985	242
宜兴市星光宝亿化工有限公司	1995	35

续表 1-45

企业名称	成立年份	残疾人数（人）
无锡双诚炭黑有限公司	1999	69
宜兴市驰马体育运动用品有限公司		32
江苏国立化工科技有限公司	2008	75
宜兴市华法纸业有限公司		75
宜兴市天骄净水有限公司	2009	16
江苏彬鹏环保有限公司		47
宜兴市华宇漂染有限公司		16
宜兴市华阳色织有限公司	2010	31

5. 教育培训　2010—2015 年，街道残联联合福利企业以《中华人民共和国劳动法》为主要内容，培训残疾职工 186 人次；联合市科协、文联举办有关科技、文艺知识培训班 2 期，培训残疾职工 53 人次；联合市残联宣文科、教就科、康复科，以“岗前培训、定期轮训”形式，对村、社区专干业务培训 21 名；对 40 名就业残疾人进行岗位培训；选送 10 名残疾人参加 SYB 创业培训。同时，组织各村、社区专干参加“盲人定向行走训练”培训。

6. 普查　2014 年 1 月，街道残联完成对全街道残疾人一对一调查 932 名，复查，调查表由市残联统一录入信息系统。同年 7 月，开展就业年龄段内残疾人就失业和基本服务状况、需求专项调查，调查残疾人 580 人次，并录入江苏省就业培训综合业务系统。

7. 帮残助残　2005 年，镇残联为残疾人生活困难家庭发放临时救助费，共计 48 户；落实结对帮扶 30 户。2008—2015 年，发放低保重残金 472 人次、无固定重残金 533 人次、重残护理补贴 210 人次；扶贫帮困 300 余户，慰问贫困残疾人钱物 10 余万元；免费体检 70 余人次；资助残疾人学生和残疾人子女 226 人次，资助金额 37 余万元；危房改造 4 户，救助金 2.5 万元。燃油补贴发放 73 人次；发放残疾证 1014 人次、爱心卡 443 张。宗教协会为残疾人家庭捐赠电视机 2 户、捐赠洗衣机 2 户。街道残联发放电脑、液晶电视、盲表 16 人。

8. 精神病防治　2009—2015 年，街道残联为精神病患者免费发放治疗药物 43 人，救助精神病患者服药 52 人，救助精神病患者住院 18 人，救助精神三、四级患者 127 人。

9. 康复　2005 年，街道残联成立康复工作领导小组，开展各类康复工作。2009 年，开展 0 ~ 6 岁儿童康复调查登记。同年，敬老院、边庄村、屺亭村、奔马社区、虞山村等，设立为残疾人康复室，并统一由市残联安装康复器材。敬老院增添室外残疾人康复器材。2010 年，广汇社区、后亭村、钐村村，设立为残疾人康复室，统一由市残联安装康复器材。同年，屺亭街道残疾人安养院筹建工程全面竣工。2015 年，为 118 位贫困白内障患者免费施行手术，为盲人定向行走训练 34 人次，对 28 名残疾儿童实施抢救性康复。

10. 辅具适配　2009 年至 2015 年，累计发放免费轮椅 62 辆，免费安装假肢 5 人，为聋人免费安装助听器 13 人，助听器安装补贴 3 人，为残疾人家庭安装无障碍设施 41 户，适配辅助器具 122 户。

1996—2015 年屺亭街道残疾人工作获得无锡市以上荣誉一览表

表 1-46

<table>
<tr><th>年份</th><th>集体 / 个人</th><th>荣誉</th></tr>
<tr><td>1996</td><td rowspan="2">周国君（残疾人）</td><td>无锡市优秀班主任</td></tr>
<tr><td>2009</td><td>无锡市优秀教育工作者</td></tr>
<tr><td rowspan="2">2010</td><td>奔马社区</td><td rowspan="7">无锡市残疾人工作五星社区</td></tr>
<tr><td>后亭村</td></tr>
<tr><td rowspan="5">2011</td><td>边庄村</td></tr>
<tr><td>广汇社区</td></tr>
<tr><td>屺亭村</td></tr>
<tr><td>虞山村</td></tr>
<tr><td>钐村村</td></tr>
<tr><td>2012</td><td>屺亭街道残联</td><td>中残联“全国残疾人文化进社区试点单位”</td></tr>
</table>

续表 1-46

年份	集体 / 个人	荣誉
2013	周敏艳	第八届全国残疾人艺术汇演（福州赛区）女子群舞《梅花吟》一等奖
2015	吉建军	全国专项调查先进个人
	蒋东琴	全省残疾人就业指导员远程培训优秀学员

十六、芳桥街道残疾人联合会

1. 机构设立 1992 年 5 月、11 月，芳桥乡、扶风乡分别成立残疾人联合会（简称乡残联），行政隶属芳桥乡、扶风乡民政办公室，业务隶属市残疾人联合会。1993 年 2 月，芳桥乡撤乡设镇，芳桥乡残联更名为芳桥镇残疾人联合会（简称镇残联），行政隶属芳桥镇民政办公室，业务隶属不变。1995 年，扶风乡撤乡设镇，乡残联更名为镇残疾人联合会（简称镇残联），行政隶属扶风镇民政办公室，业务隶属不变。2000 年 6 月，芳桥镇、扶风镇合并为芳桥镇。两镇残联随之合并为芳桥镇残联。2014 年 4 月，芳桥撤镇设街（道），镇残联更名为芳桥街道残联，行政隶属芳桥街道办事处民政科，设立办公室，挂街道残联牌子，业务隶属不变。至 2015 年，行政隶属、业务隶属不变。

芳桥街道历任(1992—2015 年)残联理事长: 周介平(芳桥乡)、杭顺裕(扶风乡)、盛其华（扶风镇）、史凤珍、魏荷珍、杨志良（芳桥镇）、尤忠明（芳桥街道），副理事长：周武、许洪平（芳桥乡）、盛其华（扶风乡）。芳桥街道历任（2000—2015 年）残疾人工作专（兼）职委员：魏荷珍、史凤珍、刘秀芳、夏梦琳。

2. 社区、村残疾人协会 2002 年，芳桥镇各社区、村成立残疾人协会，选出协会会长（一般由书记或主任兼职），制定工作制度、明确岗位职责。各社区、村残疾人协会在所属社区居委会、村委会和上级残联指导下开展工作。经几轮撤并、调整，至 2015 年，芳桥街道有龙眼、神龙等社区残疾人协会 2 个，芳桥、阳山、后村、夏芳、扶风、金兰、屺山、华阳等村残疾人协会 8 个。各社区、村残疾人协会会长：龙眼社区陆卫强、神龙社区王建平、芳桥村凌晋大、阳山村丁国强、后村村蒋锡君、夏芳村王建平、扶风村许建平、金兰村蒋仲良、屺山村黄福清、华阳村杨立新。社区、村残疾人协会选聘专职委员 9 名：龙眼社区张文燕、神龙社区刘秀娟、芳桥村刘海燕、阳山村周惠芳、后村村陈静芳、夏芳村陈小妹、扶风村尹渊、金兰村史天娇、屺山村陆扣娣、华阳村周英。

2009 年被评为无锡市残疾人工作五星社区、村有：后村村、夏芳村。

2010 年被评为无锡市残疾人工作五星社区、村有：阳山村、扶风村、金兰村、华阳村、屺山村、芳桥村、龙眼社区。

3. 康复站、室 2008—2013 年，芳桥街道残联建成康复室 9 个、康复站 1 个，康复站场所面积为 150 平方米，康复室场所面积均为 50 平方米，工作人员均为 1 人，康复站、室均配齐全套康复器材。至 2015 年不变。

2008—2013 年芳桥街道康复站、室一览表

表 1-47

名称	设立年份	地点	负责人
扶风村康复室	2008	扶风村	许建平
金兰村康复室		金兰村	蒋仲良
夏芳村康复室		夏芳村	王建平
后村村康复室	2009	后村村	蒋锡君
阳山村康复室		阳山村	丁国强
龙眼社区康复室		龙眼社区	陆卫强
华阳村康复室		华阳村	杨立新
屺山村康复室		屺山村	黄福清
芳桥村康复室		芳桥村	凌晋大
芳桥街道康复站	2013	芳桥社区卫生服务中心	吴伟东

4. 活动场所 2013 年，街道残疾人活动场所设在镇（街道）文体中心，占地面积近 3600 平方米，配备有康复器材、文化娱乐、生活设施。

5. 集中就业 1984 年，扶风乡办起福利厂安置残疾人就业 18 人。1999 年，扶风镇有福利企业 5 个，安置残疾人就业 120 人。至 2015 年，芳桥街道残疾人在福利企业就业累计 5069 人次。

2015年芳桥街道福利企业残疾人协会（小组）一览表

表1-48

企业名称	成立年份	残疾人数（人）
无锡市虎皇漆业有限公司	1994	97
宜兴市邦尔特化纤有限公司		45
江苏神马铝业有限公司		34
宜兴市耐火材料有限公司	2010	80
宜兴市军达浆料科技有限公司		34
宜兴市辰禧包装制品有限公司		17

6. 普查 1995年始，镇残联先后全面开展残疾人贫困户普查工作，挨村逐户全面普查和详细分类区域内残疾人情况，并将调查情况建成档案，进入微机管理。

2006年，镇残联认真开展“无锡市持证残疾人普查登记”工作。各村（社区）居委，残联专职委员全部担任普查员，普查工作做到登门入户100%，一户不漏；持证残疾人登记100%，一人不少；信息采集准确率100%，一项不错。2009年，镇残联组织开展换发残疾人第二代“残疾人证”，对全镇残疾人信息全面摸底调查，确保残疾人信息准确无误，并实现残疾人信息库动态管理。全镇持证残疾人换证626名。2010年始，街道残联组织社区、村专职委员参加市残联各类康复、盲人定向行走训练、信息录入等培训，完善康复管理档案，使残疾人档案进入无锡市残疾人信息系统。2014年，街道残联详细调查就业年龄段残疾人就业、失业情况，应调查残疾人总数443人，实际调查残疾人总数449人。各社区（村）残联专职委员根据残疾人性别、残疾类别和等级等各项信息进行分类汇总，对每个残疾人调查情况建档立卡并录入江苏省残疾人就业培训综合业务系统。同年12月份，在全国残疾人基本服务状况和需求调查中，各社区（村）专职委员对街道残疾人情况进行详细了解和调查，调查残疾人714人。至2015年，街道有持证残疾人749人。其中，视力残疾115人、听力残疾96人、肢体残疾365人、智力残疾100人、精神残疾68人、言语残疾5人。

7. 培训 2000—2015 年，镇（街道）残联利用党校、成校、企业加强对残疾人技能培训，举办种植、养殖培训班，面授课程有：茶叶制作、油菜栽培、园林绿化，草莓、葡萄栽培、特种养殖等。并选送部分残疾人至市爱德培训学校参加陶艺制作、电脑维修、盲人推拿等岗位技能培训。镇残联与市残联、爱德学校联合对全镇 5 家福利企业的 489 名残疾职工进行职业道德、岗位技能、爱岗敬业、个人安全、自强自立等一系列培训教育。

8. 助残 1992 年始，乡、镇、街道残联每年在“全国助残日”期间，走访慰问贫困、特困残疾人，赠送慰问金和物品；并为残疾人争取扶贫贷款。2009 年，在市级机关党工委组织义工与百户贫困残疾人家庭结对帮扶活动中市法院、市计生局、市药监局、市房改办分别与芳桥镇 4 户残疾贫困家庭结对。2011 年，为 16 位贫困残疾人发放电脑、手机、彩电，为贫困残疾人免费订购《宜兴日报》10 份。

9. 扶贫解困 2001 至 2009 年，街道残联为符合条件特困残疾人家庭办理低保，应保尽保率 100%，且低保金额全部提高 20%；为低保重残人员和非低保无固定收入重残人员办理救助、重残补贴，覆盖率 100%。同时，开展慰问特困残疾人并补助钱物，与残疾户结对扶贫，资助残疾人学生和残疾人家庭子女、安排贫困残疾人免费体检，统一办理残疾人补贴发放证、发放残疾人证，为残疾人办理爱心卡，发放机动车燃油补贴，为残疾人争取扶贫贷款等工作。2010 年至 2015 年，累计发放无固定收入重残人员救助金 2374 人次，发放金额 315 余万元；低保重残金 76 人次，发放金额 7600 元；重残护理补贴发放 116 人次，发放金额 1.2 万余元；结对扶贫 128 户、救助 10 万余元；慰问贫困残疾人钱物 30 余万元；免费体检 100 人次；资助残疾学生和残疾人子女共 77 人次，资助金额 11.7 万元；发放机动车燃油补贴 33 人次，发放爱心卡 428 张。

10. 精神病防治 至 2015 年，街道残联为精神病患者免费发放治疗药物 260 人、医疗救助精神病患者 27 人、补助精神残疾病人 180 人，发放补助款 10 多万元；年度救助三、四级精神病患者 145 人，发放救助款 9.42 万元。

11. 康复辅具适配 2001 年始，街道（镇）残联陆续开展为困难残疾人申请免费发放轮椅、盲杖、盲表，配发康复器材和适配辅助器具，为聋人免费安装助听器，为贫困白内障患者免费实施手术，为残疾人家庭安装无障碍设施等工作。至 2015 年，社区、村康复站、室全部配发全套康复器材，累计免费发放轮椅 91 辆，免费安装假肢 3 人，为聋人免费安装助听器 77 人，为残疾人家庭安装无障碍设施 45 户，适配辅助器具 131 户，发放盲杖、盲表 37 人。

12. 基地就业　2012 年，屺山村残疾人夫妇罗义菊、蒋群华创建义菊蔬果种养殖基地。至 2015 年，基地面积约 2 万平方米，建蔬菜大棚 1.7 万平方米，主要种植蔬菜和百合，建有冷藏保鲜百合等农副产品冰库一组，吸纳周边地区残疾人到基地就业 10 多人。

13、文体　2012 年，芳桥镇创作排练反映残疾人家庭生活，关爱下一代子女为主题的锡剧小戏《关爱》，由镇残疾人参演，获市残疾人文艺汇演金奖，并代表无锡市残联参加省残联文艺比赛，荣获三等奖。

2011 年，肢体残疾人周红参加无锡市残疾人游泳锦标赛，获得个人“一金二银”成绩。2013 年，在无锡市第十一届残疾人体育运动会上，肢体残疾人周红在女子 100 米、50 米自由泳中获得 2 块金牌。2014 年，街道共有 24 位残疾运动员参加宜兴市首届残疾人体育运动会，周红获女子自由泳 50 米、女子蛙泳 100 米第一名；王飞云获羽毛球女子单打第一名。2014 年，在江苏省第九届残运会上，卢超漪参加男子盲人门球比赛，获得团体第三名。

2008—2015 年芳桥街道残疾人工作获得无锡市以上荣誉一览表

表 1–49

年份	集体 / 个人	荣誉
2008	芳桥镇残联	无锡市“十五”期间残疾人就业工作先进集体
2011	周　红	参加无锡市残疾人游泳锦标赛，获“一金二银”
2013		参加无锡市第十一届残疾人运动会，获女子 100 米、50 米自由泳金牌 2 块
2012	芳桥镇残联	锡剧小戏《关爱》获江苏省残疾人文艺汇演三等奖
2013	王利群	无锡市技能竞赛计算机组装二等奖
2014	卢超漪	江苏省第九届残疾人运动会盲人门球团体第三名

续表 1-49

年份	集体 / 个人	荣誉
2015	尤忠明	全国残疾人基本服务状况和需求专项调查工作先进个人

十七、新庄街道残疾人联合会

1. 机构设立 1992 年，新庄乡、大塍乡分别成立残疾人联合会（简称乡残联），行政隶属各自乡民政办公室，业务隶属市残疾人联合会（简称市残联）。1993 年，新庄撤乡设镇，乡残联更名为新庄镇残疾人联合会（简称镇残联），行政隶属镇民政办公室、业务隶属不变。1995 年，大塍撤乡设镇，乡残联更名为大塍镇残疾人联合会（简称镇残联），行政隶属镇民政办公室，业务隶属不变。2000 年，大塍镇并入新庄镇，两镇残联合并为新庄镇残疾人联合会(简称新庄镇残联)，行政隶属新庄镇民政办公室，业务隶属不变。2007 年，新庄撤镇设街道，残联更名为新庄街道残疾人联合会（简称新庄街道残联），行政隶属新庄街道社会事务管理办公室民政科，设立办公室，挂街道残联牌子，业务隶属不变。至 2015 年，行政隶属、业务隶属不变。

1992—2015 年，新庄街道历任残联理事长：查善忠（新庄乡）、沈亦良、钱东明（新庄镇），许国强（大塍乡）、吕竹鹃、余志君（大塍镇），钱东明、潘新霞（新庄街道）。副理事长：张德洪（新庄乡），闵林根、陈国忠、王元清（大塍乡），郭赛红（新庄街道）。1996—2015 年，新庄街道历任残疾人工作专（兼）职委员：张春燕（新庄镇），张定芳、陆亚萍（大塍镇），胡文琴、周璐（新庄街道）。

2. 社区、村残疾人协会 2002 年，各社区、村成立残疾人协会，选出协会会长，制定工作制度、明确岗位职责。各社区、村残疾人协会在所属社区居委会、村委会和上级残联指导下开展工作。经几轮撤并、调整，至 2015 年，新庄街道有新庄、东氿、新塍等社区残疾人协会 3 个，茭渎、核心、洪巷、苏阳、王婆、曹家等村残疾人协会 6 个。各社区、村残疾人协会会长：新庄社区陈建元、东氿社区顾华君、新塍社区韩小龙、茭渎村徐骏、核心村李峰、洪巷村朱培源、苏阳村钱新强、王婆村杨光辉、曹家村陈盘君。社区、村残疾人协会选聘专职委员13名：新庄社区洪英、东氿社区陈惠珍、新塍社区陈玉英、茭渎村陈琴华，核心村欧旭红、王瑛英、吴花，洪巷村王兰英、石秀芬，苏阳村潘华芬、曹家村吴秀娣、莫晓丽，王婆村钱小贤，王婆社区吴霞。2009—2011年，被评为无锡市残疾人工作五星社区有：泽南社区、东氿社区、新塍社区（2009年）、新庄社区（2011）。

3. 康复站、室　2009年，新庄街道残联建成康复室9个，场所面积均为50平方米。2015年，建成康复站1个，场所面积为80平方米，每个站、室工作人员均为1人，康复器材配套齐全。

2009—2015年新庄街道康复站、室一览表

表1-50

站、室名称	设立年份	地点	负责人
新庄社区康复室	2009	新庄社区	洪 英
东氿社区康复室		东氿社区	陈惠珍
新塍社区康复室		新塍社区	陈玉英
茭渎村康复室		茭渎村	陈琴华
核心村康复室		核心村	王瑛英
洪巷村康复室		洪巷村	石秀芬
苏阳村康复室		苏阳村	潘华芬
曹家村康复室		曹家村	吴秀娣
安养院康复室		安养院	潘宪军
新庄街道康复站	2015	街道社区卫生服务中心	褚国良

4. 安养院　2009年9月11日，博爱家园新庄安养院竣工，宜兴市副市长、新庄街道党工委书记、市残联理事长参加揭牌仪式。街道安养院设置床位50多张。至2015年，入院安养残疾人65人。2013年，建成街道残疾人综合服务中心。至2015年，为残疾人提供休闲、娱乐、康复、培训等活动。

5. 集中就业　1990年始，福利企业宜兴市笨酚厂安置残疾职工49名。2012年，街道残联组织福利企业残疾职工，以“我是企业主人，我为企业做什么”为主题，开展培训活动，参加人数200多名。至2015年，街道共有福利企业12家，累计安置残疾人就业851人次。

2015年新庄街道福利企业残疾人协会（小组）一览表

表1-51

企业名称	成立年份	残疾人数（人）
宜兴市星光化工厂	1998	16
宜兴市苏派合成材料厂	2000	87
宜兴市钢神钢料厂	2001	20
宜兴市金碧灯饰有限公司	2002	35
宜兴市晓鑫钢结构有限公司	2004	25
宜兴市恒祥耐火材料有限公司	2008	23
江苏诺明高温材料股份有限公司		172
宜兴市宸昊科技有限公司		25
宜兴市清利来除尘脱硫设备公司		20
宜兴世达胜照明有限公司	2009	32
宜兴市华宇电光源有限公司	2010	86
江苏荣达耐火材料有限公司	2012	21

6. 教育补助　2010—2015年，共有7名高中阶段残疾学生享受教育专项补助，补助金额共计1.2万元；124名贫困残疾人子女享受慈善助学金19.96万元；为1名大专在读残疾学生、1名成人教育毕业残疾人发放教育专项补助共计5000元。

7. 普查　2014年7月，街道残联核查就业年龄段内持证残疾人为428名，残疾人就、失业情况同时调查登记，并填写调查表。至2015年，街道共有残疾人1158名，其中持证残疾人717名（肢体残疾404人、智力残疾112人、视力残疾77人、精神残疾66人、听力残疾51人、言语残疾7人）。街道残联为所有残疾人建立康复服务档案，并录入无锡市残疾人信息系统。

8. 助残 1993年，大塍乡残联与宜兴市第三麻纺厂、宜兴市锦纶丝厂协商，成立乡残疾人联合基金会，每年募集助残、扶残基金上万元，至1996年，共募集资金4万余元。宜兴市第三麻纺厂、宜兴市锦纶丝厂共安置残疾人就业40余名。2008—2015年，街道机关党员干部开展与贫困残疾人结对助残活动，共计结对171名，帮扶贫困残疾人家庭40多户。街道残联协调有关单位，为贫困残疾人家庭住房屋面翻修、墙面粉刷、门窗更换、基本卫生设施改造，增设无障碍设施6户，改造危房2户；为16位贫困残疾人发放电脑、手机及彩电，与宜兴宝利丰有限公司协调，促成与3名困难残疾人家庭学生结对，帮扶至大学毕业。

9. 扶贫解困 2001—2009年，街道、镇残联为符合条件特困残疾人家庭办理低保，应保尽保率100%，低保金额全部提高20%；为低保重残人员和非低保无固定收入重残人员办理享受救助、重残补贴，覆盖率100%。2010—2015年，累计为无固定收入重残人员发放救助金649人次，低保重残金165人次，发放金额327.25万元；重残护理补贴发放128人次，发放金额12.37万元；为街道持证残疾人免费办理公交车爱心卡385名；为符合条件残疾人发放残疾证848名；每年为贫困残疾人免费体检。

10. 精神病防治 2008—2015年，街道残联为精神病患者提供免费服药196名；为149名持证三、四级精神病人，累计发放救助金额11.39万元。

11. 康复辅具适配 2001年始，街道（镇）残联陆续为困难残疾人申请发放免费轮椅、盲杖、盲表，配发康复器材、适配辅助器具等；为聋人免费安装助听器、为贫困白内障患者免费实施手术、为残疾人家庭安装无障碍设施。至2015年，协调有关部门，为白内障患者免费手术178名，为听力残疾人安装助听器55名，为残疾人家庭安装无障碍设施82户，为贫困残疾人免费提供轮椅61辆，免费安装假肢10条；配置残疾人康复器材社区（村）9个；为重点康复对象提供盲人定向行走、心理支持、运动功能训练、日常生活技能、社交技能等康复服务35名。

12. 基地就业 2009年5月13日，市勤丰鞋业（残疾人邵亚勤创办），成为市残疾人就业创业基地，在市爱德培训学校挂牌。勤丰鞋业产品有：成人布鞋、拖鞋、棉鞋、婴幼儿虎头鞋等六七个品种，注册“勤丰”牌商标。至2015年，基地安置残疾人就业63名，提供残疾人外包手工制鞋26名。

2009—2013年新庄街道残疾人工作获得无锡市以上荣誉一览表

表1-52

<table>
<tr><th>年份</th><th>集体 / 个人</th><th>荣誉</th></tr>
<tr><td rowspan="3">2009</td><td>史艳彬</td><td>无锡市第十届残疾人运动会团体三等奖</td></tr>
<tr><td>泽南社区</td><td rowspan="4">无锡市残疾人工作五星社区</td></tr>
<tr><td>东氿社区</td></tr>
<tr><td rowspan="3">2011</td><td>新塍社区</td></tr>
<tr><td>新庄社区</td></tr>
<tr><td rowspan="2">谈　莹</td><td>无锡市第十届残疾人运动会女子游泳锦标赛获一金一银奖牌</td></tr>
<tr><td rowspan="3">2013</td><td>无锡市第十一届残疾人运动会女子50米、100米蛙泳第一名、新人奖</td></tr>
<tr><td>邵亚勤</td><td>无锡市女性创业项目设计大赛优胜奖</td></tr>
<tr><td>新庄社区</td><td>无锡市和谐社区</td></tr>
</table>

十八、新街街道残疾人联合会

1. 机构设立 1992年5月，新街乡、归径乡分别成立残疾人联合会（简称乡残联），行政隶属新街、归径乡政府民政办公室，业务隶属市残联。1995年11月，新街乡撤乡设镇，新街乡残联更名为新街镇残联，行政隶属新街镇政府民政办公室，业务隶属不变。1999年，中国宜兴环保科技工业园成立残疾人联合会（简称环科园残联），行政隶属环科园社会事业局民政办公室，业务隶属市残联。2000年6月，新街镇、归径乡合并为新街镇。镇、乡残联随之撤并为新街镇残联。2006年，新街镇委托环科园管理，残联机构仍分属新街镇残联和环科园残联。2007年4月，新街撤镇建街（道），残联更名为新街街道残联，行政隶属新街街道办事处民政科，设立办公室，挂街道残联牌子，业务隶属不变。2010年，新街街道残联和环科园残联合并成新街街道残联，行政隶属新街街道办事处民政科，设立办公室，同时挂街道残联牌子，业务隶属不变。至2015年，行政隶属、业务隶属不变。

新街街道历任（1992—2015年）残联理事长：储小军、徐惠忠（新街乡），欧方明、蒋金保（归径乡），郭建琴、朱旭强（环科园），欧学新、徐惠忠、傅旭明（新街镇），傅旭明、王金荣（新街街道）；历任副理事长：吉龙根（新街乡），王德康（归径乡），蒋敖根（新街镇）。新街街道历任（2000—2015 年）残疾人工作专（兼）职委员：储云娣、戴爱芳（新街镇），谈青（环科园），谈青、曹勇（新街街道）。

2. 社区、村残疾人协会　2002 年，新街各社区、村成立残疾人协会，选出协会会长（一般由书记或主任兼职），制定工作制度、明确岗位职责。各社区、村残疾人协会在所属社区居委会、村委会和上级残联指导下开展工作。经几轮撤并、调整，至 2015 年，新街街道有南河、铜峰、南岳、谢桥、梅园、氿南、绿园、堂前、归径等社区残疾人协会 9 个，百合、新乐、陆平、水北、潼渚、吴墟、铜山等村残疾人协会 7 个。社区、村残疾人协会会长由村书记或村主任兼任。各社区、村残疾人协会会长：南河社区万君华、铜峰社区李志强、南岳社区朱国军、谢桥社区汤良其、梅园社区黄彩富、氿南社区庞明华、绿园社区嵇亚萍、堂前社区殷建中、归径社区曹杏秋、百合村白希坤、新乐村李志荣、陆平村潘敖齐、水北村蒋伟年、潼渚村强才军、吴墟村谈洪泉、铜山村韦志奇。社区、村残疾人协会选聘专职委员 16 名：南河社区谢琴芳、铜峰社区杨坤林、南岳社区许明仙、谢桥社区夏雪芳、梅园社区郑美珠、氿南社区徐伟琴、绿园社区胡新群、堂前社区陈惠芳、归径社区谈丽娟、百合村董玉芬、新乐村许春兰、陆平村王菊兰、水北村戴婷婷、潼渚村褚佳梅、吴墟村蒋叶珍、铜山村吴招娣。被评为无锡市残疾人工作五星社区、村有：吴墟社区、南岳社区（2010 年），水北村、潼渚村、陆平村、新乐村、铜山村、堂前社区、归径社区、谢桥社区、南河社区、铜峰社区（2011 年），氿南社区（2012 年）。

3. 康复站、室　2008—2009 年，新街街道残联建成康复站 1 个、康复室 16 个，康复站场所面积为 150 平方米，康复室场所面积均为 50 平方米，工作人员均为 1 人，康复站、室均配齐全套康复器材。至 2015 年不变。

2008—2015 年新街街道康复站、室一览表

表 1-53

名称	设立年份	地点	负责人
新街街道卫生服务中心（站）	2008	堂前社区	吴行祥
南河社区康复室		南河社区	万君华

续表 1-53

名称	设立年份	地点	负责人
绿园社区康复室	2008	绿园社区	嵇亚萍
氿南社区康复室		氿南社区	庞明华
吴墟村康复室		吴墟村	谈洪泉
百合村康复室		百合村	白希坤
水北村康复室		水北村	蒋伟年
潼渚村康复室		潼渚村	强才军
铜山村康复室		铜山村	韦志其
南岳社区康复室	2009	南岳社区	朱国军
谢桥社区康复室		谢桥社区	汤良其
梅园社区康复室		梅园社区	黄彩富
铜峰社区康复室		铜峰社区	李志强
堂前社区康复室		堂前社区	殷建中
归径社区康复室		归径社区	曹杏秋
陆平村康复室		陆平村	潘敖齐
新乐村康复室		新乐村	李志荣

4. *活动场所* 2000—2014 年，街道残疾人活动场所设在镇（街道）敬老院内，占地面积近万平方米，配备有康复器材，文化娱乐、生活设施。2015 年，残疾人活动场所迁至街道老年公寓，占地面积 1.9 万平方米。设有街道残疾人综合服务中心，其中康复治疗、文化娱乐、卫生服务、无障碍设施、生活用品、超市购物等一应俱全，并为残疾人免费提供康复、托养、培训、职业介绍、文体活动等服务。

5. *集中就业* 1985 年始，先后有新街空调设备厂、归径橡胶制品厂、江苏元欣科技发展有限公司、江苏远航电缆附件有限公司、江苏石化科技有限公司、宜兴兴合树脂有限公司、宜兴迅达树脂有限公司、宜兴市怡光环保有限公司、宜兴市佳力科技有限公司、江苏辰光塑业有限公司、宜兴市环洲电子有限公司等11个福利企业。至2015年，街道福利企业8个，安置残疾人就业累计6000余人次。

2015年新街街道福利企业残疾人协会（小组）一览表

表1-54

企业名称	成立年份	残疾人数（人）
江苏科创石化有限公司	1994	45
宜兴市兴合树脂有限公司		49
宜兴市迅达树脂有限公司		32
江苏元欣科技发展有限公司	2002	31
江苏远航电缆附件有限公司		38
江苏辰光塑业有限公司		23
宜兴市佳力科技有限公司		50
宜兴市怡光环保机械有限公司		39

6. 特殊教育　1985年9月，境内开设有归径乡中心小学聋哑学生特教班，同时在陆平小学、铜山小学设有聋哑教育点，招收聋哑儿童入学就读。是年，聋哑特教班教师宗曙儿，被中国残疾人福利基金会评为年度特殊教育先进工作者。1992年，归径中心小学特教班教师郑冬梅，在市组织“帮残助残、自强自立”演讲比赛中获优胜奖。1993年12月，归径中心小学聋哑班及陆平小学、铜山小学聋哑教育点同时撤消，在册聋哑学生入市特殊教育学校就读。

7. 普查　1995年始，镇街道残联先后全面开展残疾人贫困户普查工作，挨村逐户普查和详细分类区域内残疾人情况，并将调查情况建成档案，进入微机管理。2000年，全镇有残疾人539名，街道残联为残疾人家庭落实最低生活保障17户，办理低保134人次。2002年街道残联建立社区、村妇女主任为基层残联专职委员工作网络，组织学习相关业务知识，定期开展村监护小组业务培训，每月调查各村残疾人情况，及时更换残疾人信息和领取残疾人证。2005 年 6 月，镇残联社区、村专职委员经市残联培训后，完成《宜兴市残疾人情况调查表》《宜兴市残疾人情况汇总表》调查填报工作，使镇残疾人档案纳入无锡市残疾人信息系统。2010 年始，街道残联组织社区、村专职委员参加市残联各类康复、盲人定向行走训练、信息录入等培训，完善康复管理档案，使残疾人档案进入无锡市残疾人信息系统。2014 年，街道残联详细调查就业年龄段残疾人就业、失业情况，调查残疾人 730 人，调查信息完整录入江苏省残疾人就业系统 719 人。至 2015 年，街道持证残疾人 1245 人。其中，视力残疾 183 人、听力残疾 74 人、肢体残疾 715 人、智力残疾 165 人、精神残疾 99 人、言语残疾 8 人、多重残疾 1 人。

8. 培训 2000—2015 年，镇（街道）残联利用党校、成校、企业加强对残疾人技能培训，举办种植、养殖培训班，面授课程有：茶叶制作、油菜栽培、园林绿化，草莓、葡萄栽培、特种养殖等。并选送部分残疾人至市爱德培训学校参加陶艺制作、电脑维修、盲人推拿等岗位技能培训。至 2015 年，残疾人经过各类培训，在福利企业就业残疾人累计 6000 余人次；从事种植、养殖 500 余人次，盲人推拿 10 多人，陶艺制作 20 多人。残疾人陈卫军、董忠达参加市残联和市人社局组织的 SYB 培训后，自主创业取得成功，带动 10 多位残疾人进行电脑维修、种植花木、养殖山羊、缝纫制衣等个体创业。4 个盲人按摩所，吸纳经过培训盲人就业 8 人。盲人周迅在市残联举办的“同在蓝天下”残疾人艺术节中获职业技能盲人按摩一等奖，吴能源获盲人按摩三等奖。周迅参加无锡市职业技能竞赛获盲人按摩一等奖，被推荐参加江苏省第四届残疾人职业技能竞赛。残疾人潘雪平，经过陶艺制作培训后，在江苏省第三届残疾人职业技能竞赛中，获陶瓷项目比赛第二名，受到省人事社会保障厅、省教育厅、省残疾人联合会表彰，并于 2005 年 5 月获“江苏省技术能手”称号。2011 年境内无锡市应未广告传媒有限公司，成为宜兴市首个援助贫困残疾人大、中专毕业生培训就业基地。首期得到公司技能培训和资金帮扶的贫困残疾大、中专毕业生 22 人。同时，公司对经培训，未就业贫困家庭大、中专毕业生每月发放救助生活费 300 元，期限一年，并享受公司内部福利待遇。公司分别安排员工与之结对帮扶。

9. 助残 乡、街道残联 1992 年始，在“全国助残日”期间，走访慰问贫困、特困残疾人，赠送慰问金和物品；并为残疾人争取扶贫贷款。2010 年，市残工委开展结对帮扶贫困残疾人活动，确定结对帮扶双方为：市国税一分局与吴墟村贫困残疾人马俊锋、王富生，陆平村贫困残疾人宦岩，归径社区贫困残疾人汪洪琪；市史志办与吴墟村贫困残疾人谢伯良；市级机关事务局与百合村贫困残疾人林海洋等。同时，开展各社区、村党员干部与贫困残疾人结对帮扶活动，并确定帮扶对象。同年，在全市开展“阳光工程”活动中，行政投入助残金 34 万元，用于街道残疾人事业。

10. 扶贫解困　2001—2009 年，街道残联为符合条件的特困残疾人家庭办理低保，应保尽保率 100%，且低保金额全部提高 20%；为低保重残人员和非低保无固定收入重残人员办理救助、重残补贴，覆盖率 100%，同时开展慰问特困残疾人并补助钱物，与残疾户结对扶贫，资助残疾人学生和残疾人家庭子女，安排家庭困难残疾人免费体检，统一办理残疾人补贴发放证，发放残疾人证，为残疾人办理爱心卡，发放机动车燃油补贴，为残疾人争取扶贫贷款等工作。2010 年至 2015 年，累计发放无固定收入重残人员救助金 1165 人次，低保重残金 260 余人次，发放金额 400 余万元；重残护理补贴发放 370 人次；结对扶贫近百户、救助 50 余户；慰问贫困残疾人钱物 30 余万元、发放特困残疾人钱物近百万元；免费体检百余人次；资助残疾学生和残疾人子女共 134 人次，资助金额 20 多万元；发放机动车燃油补贴 215 人次，发放爱心卡 500 余张。

11. 精神病防治　1993 年，宜兴市被定为全国智力残疾康复和特需人群补碘工作试点县（市），新街乡被定为市补碘工作试点乡。新街、归径乡同时成立补碘工作领导小组。1995 年，新街乡补碘工作领导小组被评为市试点工作先进单位。同年，新街撤乡建镇，新街镇被市定为精神病防治试点镇，在为免费服药精神病人复诊、制定由监护人签订免费服药协议及承诺书的同时，请精防医生定期服务指导；为精神病人申请补助款和年度救助。至 2015 年，街道残联为精神病患者免费发放治疗药物 143 人、医疗救助精神病患者 4 人、补助精神残疾病人 48 人，发放补助款 3.84 万元（2013 年）；年度救助三、四级精神病患者 15 人（2015 年）。

12. 康复辅具适配　2001 年始，街道（镇）残联陆续开展为困难残疾人申请免费发放轮椅、盲杖、盲表，配发康复器材和适配辅助器具，为聋人免费安装助听器，为贫困白内障患者免费实施手术，为残疾人家庭安装无障碍设施等工作。至 2015 年，社区（村）康复站、室全部配发全套康复器材，发放免费轮椅累计 403 辆，免费安装假肢 1 人，为聋人免费安装助听器 13 人，为残疾人家庭安装无障碍设施 34 户，适配辅助器具 95 户，发放盲杖、盲表 15 人。

13. 基地就业　2005 年始，境内残疾人马俊锋创办的怡和园艺场成为市残疾人创业、就业扶贫基地，扶持贫困残疾人就业 52 人。2007 年、2008 年，先后投资 150 多万元，种植花卉苗木、蔬菜、吊瓜等，建成综合型基地；被评为宜兴市创业、就业先进单位。同年，被评为无锡市残疾人扶贫示范基地。2010 年，投入 50 多万元，种植山东寿光薄皮核桃 60 亩，创建成江苏省残疾人创业、就业扶贫示范基地，接纳残疾人在基地工作 10 多人；由马俊锋资助技术、帮助销售，自主创业脱贫致富残疾人 10 多人。2013 年，残疾人马伟忠创办浩峰农业生态园，同时成为残疾人就业基地。是年，街道残疾人创业、就业基地新增有：茗苑茶林场、万福生态园。创业就业基地辐射带动残疾人就业 90 人。经整顿规范后，境内残疾人创业、就业基地确定为：怡和园艺场、浩峰农业生态园、茗苑茶林场。

2014 年，残疾人马伟忠创办宜兴市爱德陶瓷艺术文化有限公司，吸纳残疾紫砂艺人 32 人、每年培训残疾人 40 名，公司聘请 7 位国家级、省级陶艺大师等为顾问，聘请 2 名工艺美术师为长年制壶指导。残疾人经培训后，合格者就业率 90% 以上。公司成为全市首家省残疾人文化创业基地。至 2015 年，怡和园艺场、浩峰农业生态园、茗苑茶林场、爱德陶瓷艺术文化有限公司等 4 家残疾人创业、就业基地，累计安排残疾人就业累计上千人次。

14. 体育　新街街道（镇）是全市残疾人体育亮点。新乐村肢体残疾人谈燕华从乡村田间一路走来，逐级走向世界竞技场，屡创佳绩。2002 年始，先后获省、全国残疾人运动会女子坐式排球第六、七、八届第一名，蝉联残疾人女子坐式排球雅典、北京、伦敦三届残奥会世界冠军。

2010 年，经选拔，街道参加无锡市残疾人体育比赛运动员 7 名。其中，潘永明获肢残组男子乒乓球团体金牌、个人单打银牌，朱志琴获聋哑女子田径个人跳远、铁饼、标枪 3 块银牌，周迅获盲人组男子 100 米自由泳银牌。经选拔，街道参加无锡市第十一届残疾人运动会运动员 4 名。其中，聋哑残疾运动员朱志琴获女子标枪、铁饼、跳远 3 块金牌，视力残疾运动员李鑫凯获男子田径 400 米、跳远、铅球银牌，肢残运动员潘永明获男子乒乓球团体银牌、个人单打银牌。经选拔，街道参加宜兴市第八届体育运动会暨首届残疾人运动会的运动员，在乒乓球、象棋、篮球、羽毛球、拔河、田径六大类比赛中，以 7 金 4 银 2 铜的成绩获得市第八届运动会残疾人部总分第五。朱志琴在江苏省第八届残疾人聋哑组女子铅球、铁饼、标枪比赛中，获 3 块银牌。视力残疾运动员李鑫凯获 2014 年江苏省第九届盲人门球铜牌。街道分别给予优秀运动员表彰奖励。

新街街道残疾人工作获得无锡市以上荣誉一览表

表 1-55

年 份	集体 / 个人	荣誉
1985	宗曙儿	中国残疾人福利基金会年度特殊教育先进工作者
2002	谈燕华	江苏省第六届残疾人运动会女子坐式排球第一名
2003		全国第六届残疾人运动会女子坐式排球团体第一名
2004		雅典残奥会女子坐式排球团体冠军
2006		荷兰残疾人世锦赛女子坐式排球第二名，获世界最佳运动员称号。
2008		全国第七届残疾人女子坐式排球第一名，体育道德风尚奖
		北京残奥会女子坐式排球团体冠军
		党中央国务院授予先进个人称号
2009		无锡市“自强创业”之星
2011		全国第八届残疾人运动会女子坐式排球团体第一名
2012		伦敦残奥会女子坐式排球团体冠军
		江苏省劳动模范、江苏省残疾人先进个人、江苏省“三八红旗手”

续表 1-55

年 份	集体 / 个人	荣誉
2012	谈燕华	江苏省“五四青年奖章”
2005	潘雪平	江苏省残疾人职业技能大赛陶艺比赛第二名、“江苏省技术能手”
2007	怡和园艺场	无锡市残疾人扶贫示范基地
2008		无锡市残疾人扶贫示范基地
2009	马俊锋	无锡市“扶残助残”之星
2010	吴墟村	无锡市残疾人工作五星社区
	南岳社区	无锡市残疾人工作五星社区
2011	怡和园艺场	江苏省残疾人创业就业扶贫示范基地
	谢桥社区	无锡市残疾人工作五星社区
	南河社区	
	铜峰社区	
	堂前社区	
	归径社区	
	水北村	
	潼渚村	
	铜山村	
	陆平村	
	新乐村	
2012	氿南社区	
2009	周 迅	无锡市职业技能盲人按摩一等奖
		无锡市盲人组男子 100 米自由泳亚军
2010	潘永明	无锡市肢残组男子乒乓球团体冠军、个人单打亚军
2013		无锡市第十一届残疾人运动会肢残组男子乒乓球团体亚军、个人单打亚军

续表 1-55

年 份	集体 / 个人	荣誉
2010	朱志琴	无锡市残疾人运动会聋哑组女子跳远、铁饼、标枪三项亚军
2010	朱志琴	江苏省第八届残疾人运动会聋哑组女子铅球、铁饼、标枪三项亚军
2013	朱志琴	无锡市第十一届残疾人运动会聋哑组女子跳远、铁饼、标枪三项冠军
	李鑫凯	无锡市第十一届残疾人运动会视力残疾男子组田径 400 米、跳远、铅球三项亚军
2014	李鑫凯	江苏省第九届盲人门球铜牌
2013	马伟忠	无锡市“五一奖章”、十佳助残先进个人、无锡好人
2015	马伟忠	江苏好人
2014	宜兴市爱德陶瓷文化有限公司	江苏省残疾人文化创业基地

图 1-2 2008 年度镇（街道）残联工作总结交流会

图 1-3 2009 年度基层残联理事长工作交流会

第四节 专门协会

2004 年 5 月，宜兴市残联第三届代表大会主席团第六次会议召开，选举产生第三届主席团成员、理事会成员，并决定成立残疾人专门协会：宜兴市肢残人协会、盲人协会、聋人协会、智残人和精神残疾人亲友协会。2007 年 11 月，成立宜兴市残疾人艺术协会。各专门协会委员会由主席、副主席组成。原则上由市残联主席团委员会中的残疾人及残疾人亲友担任。各类别残疾人协会主席领导并负责协会全面工作，副主席负责日常工作并协助主席工作。协会代表残疾人利益，针对本类别残疾人的特殊需求提供服务，协助并配合市残联做好工作，团结、教育本类别残疾人；并促进各类别残疾人之间的融合，残疾人与健全人之间的融合。专门协会为各类别残疾人群众性社团组织，接受市残联领导。2008 年 10 月，宜兴市残联第四届代表大会召开，选举产生第四届主席团成员、理事会成员和残疾人类别专门协会主席、副主席。

图 1-4 2009 年度盲协工作会议

至 2015 年，各类别残疾人协会每年在“爱耳日”“全国助残日”“爱眼日”“国际聋人节”“国际盲人节”“世界精神卫生日”“国际残疾人日”及其他重要节日期间，开展活动。

图 1-5　　残疾人在植树

图 1-6 盲协召开庆祝 24 个国际盲人节大会

2004—2015年宜兴市残疾人专门协会主席、副主席一览表

表1-56

协会名称	职务	姓名	任职时间
肢残人协会	主　席	张　杰	2004.5—2008.10
	副主席	裴国强	2004.5—2008.10
		储跃强	2004.5—2008.10
	主　席	裴国强	2008.10—2013.3
	副主席	夏淑君	2008.10—2013.3
		郭建峰	2008.10—2013.3
		钱岳龙	2013.3
		夏淑君	2013.3
		夏正平	2013.3
		马伟忠	2013.3
盲人协会	主　席	裴洪章	2004.5—2008.10
	副主席	杨新平	2004.5—2008.10
	主　席	杨新平	2008.10—2013.3
	副主席	孙春荣	2008.10—2013.3
		许梦曦	2008.10—2013.3
	主　席	杨新平	2013.3
	副主席	王　俊	2013.3
聋人协会	主　席	邵旭俊	2004.5—2008.10
	副主席	马炳荣	2004.5—2008.10
		刘　峰	2004.5—2008.10
	主　席	周文豪	2004.5—2008.10
	副主席	邵旭俊	2004.5—2008.10
		张吨云	2004.5—2008.10

续表 1-56

协会名称	职务	姓名	任职时间
聋人协会	主　席	周文豪	2013.3
	副主席	邵旭俊	2013.3
	副主席	钱　琦	2013.3
智残人和精神残疾人亲友协会	主　席	钱洪军	2004.5—2008.10
	副主席	陈一龙	2004.5—2008.10
		钱盘海	2004.5—2008.10
	主　席	陆虹伟	2008.10—2013.3
	副主席	谢雅力	2008.10—2013.3
	主　席	邵浩清	2013.3
	副主席	孙春雷	2013.3
	副主席	肖　雯	2013.3
残疾人艺术协会	名誉会长	刘　明	2007.7—
	副会长	蔡力武	2007.7—

第二章　残疾人代表大会

市残疾人代表大会是宜兴市各级残疾人联合会组织的最高权力机构，讨论决定残疾人工作重要事项。1991–2013 年，宜兴市残疾人代表大会每五年召开一次，已历五届。每次会议听取和审议主席团向大会所做工作报告，选举主席、副主席，推举残联执行理事长。全市各乡镇（街道）相应召开残疾人代表大会，选举主席、副主席、理事长。

第一节 宜兴市残疾人代表大会

一、第一届代表大会

1991 年 12 月 12 日，宜兴市残疾人第一届代表大会在市委会堂隆重召开。大会正式代表 125 名，其中残疾人 63 名，健全人 62 名，特邀代表 78 名，特邀单位：市人大、市政协、市纪委、市委组织部、市委宣传部、宜兴人民广播电台、宜兴电视台、宜兴日报社、市总工会、市共青团、市妇联、市政法委员会、公安局、检察院、法院、交通局、商业局、市人民医院、市中医院、徐舍医院、驻宜部队，无锡市民政局、无锡市残联、江阴市民政局、无锡县残联。

大会宣读市政府成立宜兴市残疾人联合会（简称宜兴市残联）批文和筹备工作报告，宣布大会领导小组名单。组长为沈根福，副组长为邹劭卿（亲友）、薛根荣，成员为杨德新、史允年、章晓根、孙春荣（盲）、张杰（肢残）、马炳荣（聋）、赵航（手语老师）。大会通过代表资格审查，宣读祝贺单位名单。大会由副市长沈根福致开幕词并讲话，民政局副局长杨德新作工作报告。

而后，代表分组讨论工作报告和酝酿主席团候选人 28 名名单 (其中残疾人 14 名，健全人 14 名）；通过选举工作人员名单，通过选举办法，通过主席团候选人名单，选举产生市残联主席团成员；召开主席团第一次会议，等额选举产生主席团主席、副主席和执行理事会领导。沈根福兼任主席，邹劭卿、薛根荣、杨德新兼任副主席，杨德新兼任执行理事长，聘章晓根为副理事长，戚顺元接受聘请兼任主席团名誉主席。

闭幕式上，宣布宜兴市残疾人联合会主席、名誉主席、副主席、执行理事长、副理事长名单，宣读残联代表大会授权决定，市政府领导授牌，戚顺元作闭幕词。

图 2-1 宜兴市残疾人联合会第一次代表大会

宜兴市残疾人联合会第一届代表大会代表一览表

（1991 年 12 月 12 日）

表 2-1

姓名	工作单位及职务	生理状况
沈根福	市政府副市长	健全
史允年	市政府办公室主任	健全
邹劭卿	原县人大主任	健全
袁　俊	省林科所原所长	二等甲残
薛根荣	市民政局局长	健全
杨德新	市民政副局长	二等甲残
周焕松	市民政工业公司经理	健全
章晓根	市民政局科长	健全
张国华	市财政局局长	健全
刘伯金	市劳动局局长	健全
钱忠道	市卫生局副局长	健全

续表 2-1

姓名	工作单位及职务	生理状况
柴玉龙	市工商行政管理局局长	健全
路凤之	市教委副主任	健全
罗听方	市人事局副局长	健全
严祝雨	市税务局副局长	健全
卞听大	市聚酯化工厂化验员	残疾
高才根	张渚镇民政科长	健全
宗顺生	市第二铝型材厂材料会计	残疾
徐才元	西渚乡民政助理	健全
郑金龙	市麻球厂后勤	残疾
朱志刚	元上乡民政助理	健全
张群芳（女）	市第四麻纺厂化验员	残疾
张国平	太华乡民政助理	健全
吴功平	市建筑装潢厂工人	残疾
曹云仙（女）	太华乡太平村农民	残疾
程文清	茗岭乡民政助理	健全
管春芳	茗岭精细化工厂职工	残疾
惠荣奇	茗岭乡工业公司书记	残疾
刘挺根	善卷乡民政助理	健全
孙伯荣	市花岗石板材厂工人	残疾
王德康	归径乡民政助理	健全
殷洪才	归径乡橡胶制品厂班长	残疾
张文彬	横山乡民政助理	健全

续表 2-1

姓名	工作单位及职务	生理状况
谢腊狗	横山乡福利厂	残疾
张小如	徐舍镇民政助理	健全
杨新民	市康乐化工厂厂长	健全
谈富祥	徐舍镇藕池村支部书记	健全
王富山	徐舍镇停车场主任	残疾
许杏初	鲸塘乡民政助理	健全
赵　航	鲸塘中心小学教师	健全
马林荣	市第三毛毯厂工人	残疾
胡同幸	潘家坝乡民政助理	健全
邱水祥	市燃料化工厂工人	残疾
朱其明	市燃料化工厂工人	残疾
赵富生	堰头乡民政助理	健全
吴义穆	堰头乡玻璃马赛克厂机电主任	残疾
陆荣福	芳庄乡民政助理	健全
陆瑞彬	市金属制品厂质检组长	残疾
张孟生	邮堂乡民政助理	健全
蹇锡明	邮堂合金厂通讯员	残疾
宗美良	宜丰乡民政助理	健全
管建新	市第二毛线厂电工	残疾
宗伯年	官林镇民政助理	健全
蒋志平	市东方电缆厂会计	残疾
史志君	无锡市江南电缆厂车间主任	残疾
唐洪坤	杨巷镇民政助理	健全
杨扣根	市远红外加热设备厂材料会计	残疾

续表 2-1

姓名	工作单位及职务	生理状况
王洪根	新芳乡民政助理	健全
曹和兰	市聚氨酯厂车间副主任	残疾
吴殿君	新建乡民政助理	健全
徐田良	市涂料厂科长	残疾
周顺才	钮家乡民政助理	健全
周岳明	市日用化学厂技术员	残疾
陈元法	都山乡民政助理	健全
张秋生	市石油化学助剂厂保安员	残疾
蒋定华	丰义乡民政助理	健全
朱杏林	市铝型材厂车间主任	残疾
李洪芳	范道乡民政助理	健全
周杏君	范道服装厂验收员	残疾
邵锡大	和桥线帽厂发电员	残疾
徐卫中	和桥建筑涂料福利厂	残疾
邵正强	和桥电工材料厂工人	残疾
费勤大	高塍镇民政助理	健全
王川成	市微生物制剂厂场地组长	残疾
杜浩坤	市太滆色素炭黑厂后勤	残疾
杜中槐	屺亭乡民政助理	健全
邹小平（女）	屺亭乡社会福利厂工人	残疾
龚春华	南新乡民政助理	健全
余达生	无锡市电力线缆厂工人	残疾

续表 2-1

姓名	工作单位及职务	生理状况
张　强	闸口乡民政助理	健全
张正荣	市勤业包装材料厂企管员	残疾
王荣生	万石乡民政助理	健全
周雅琴（女）	市无缝钢管厂统计	残疾
张　明	南漕乡民政助理	健全
袁惠英（女）	市毛线厂统计	残疾
吴寅大	周铁镇民政助理	健全
陈奇荀	市通达化工厂工人	残疾
蒋士娟（女）	上海机械公司宜兴联营厂	残疾
许洪平	芳桥乡民政助理	健全
王秋芬	市第四化工厂工人	残疾
盛其华	扶风乡民政助理	健全
裴伯庚	扶风乡团委副书记	残疾
闵林根	大塍乡民政助理	健全
唐正明	市第三麻纺厂会计	健全
管荣清	分水乡民政助理	健全
张　杰	市菲达化工厂副厂长	残疾
张德洪	新庄乡民政助理	健全
薛土金	新庄耐火厂厂长	残疾
王伯荣	洋溪乡民政助理	健全
潘孟根	洋溪乡向阳村务农	残疾

续表 2-1

姓名	工作单位及职务	生理状况
杭南生	丁蜀镇民政助理	健全
夏淑君（女）	市紫砂工艺四厂工人	残疾
马炳荣	丁山派出所治安联防队队员	残疾
吴鹳南	市建筑陶瓷厂工会干事	残疾
方建明	大浦乡民政助理	健全
堵龙大	市稀土分离厂车工	残疾
姜林荣	张泽乡民政助理	健全
周国芳	张泽浇注耐火材料厂企管员	残疾
宗保生	川埠乡民政助理	健全
袁凤芝	市电工厂工人	残疾
施冠新	湖㳇乡民政助理	健全
孙春荣	湖㳇乡盲人按摩师	特残
杜贵寿	市铜厂	残疾
陶建新	洑东乡民政助理	健全
蒋满华	市有色金属材料厂会计	残疾
陈盘芳	宜城镇政府办事员	健全
陈金祥	市玻璃纤维厂组长	残疾
黄家凤（女）	红塔乡民政助理	健全
王兆彬	红塔电工社会福利厂统计	残疾
邵幸平	红塔电工电缆厂工人	残疾

续表 2-1

姓名	工作单位及职务	生理状况
陈锡宝（女）	十里牌乡民政助理	健康
裴志根	十里牌乡新杏村农民	特残
吕汝生	市电线材料厂组长	残疾
吉龙根	新街乡民政助理	健全
蒋伯生	市迅达树脂厂工人	残疾

宜兴市残疾人联合会第一届代表大会主席团成员一览表

（1991 年 12 月 12 日）

表 2-2

姓名	工作单位及职务	生理状况
沈根福	市政府副市长	健全
邹邵卿	原县人大主任	健全（亲友）
袁　俊	原省林科所所长	残疾
薛根荣	市民政局局长	健全
杨德新	市民政局副局长	残疾
史允年	市政府办公室主任	健全
张国华	市财政局长	健全
路凤之	市教委副主任	健全
刘伯金	市劳动局局长	健全
钱忠道	市卫生局副局长	健全
罗听方	市人事局副局长	健全
严祝雨	市税务局副局长	健全

续表 2-2

姓名	工作单位及职务	生理状况
柴玉龙	市工商局长	健全
周焕松	市民政工业公司经理	健全
杨新民	市康乐化工厂厂长	健全
赵　航	鲸塘中心小学教师	健全
章晓根	市民政局社救科科长	健全
张　杰	市菲达化工厂副厂长	肢残
孙春荣	特等伤残军人	盲人
马炳荣	丁山联防队队员	聋哑
吴鹳南	丁山陶瓷公司	肢残
夏淑君（女）	市紫砂工艺四厂工人	肢残
潘孟根	洋溪乡向阳村农民	肢残
邵锡大	市和桥线帽厂	肢残
裴志根	特等伤残军人	肢残
卞听大	市聚酯化工厂化验室主任	肢残
曹云仙（女）	太华乡太平村务农	聋哑

宜兴市残疾人联合会第一届代表大会特邀代表一览表

（1991 年 12 月 12 日）

表 2-3

姓名	工作单位	职务
殷美凤（女）	张渚镇	镇长
肖和生	市版纸厂	副厂长
张富根	市第二麻纺厂	副厂长
袁德友	市冷拔磨具厂	厂长

续表 2-3

姓名	工作单位	职务
何小康	市绢麻纺织厂	副厂长
李扣保	市第三棉纺厂	厂长
余建春	市宏达纺织厂	厂长
尹仲南	市归径橡胶制品厂	副书记
王治华	衡山福利厂	厂长
张 群	市康乐化工厂	厂残协会长
陈利生	市第三毛毯厂	副厂长
谢德胜	市燃料化工三厂	厂长
汤洪保	无锡市第二防水卷材厂	厂长
梅仁清	市金属制品厂	厂长
张瑞春	邮堂乡合金材料厂	厂长
王孟生	市第二毛线厂	副厂长
芮富彬	无锡市电工厂	副厂长
黄洪才	市振扬化工厂	会计
唐锡生	市聚氨酯厂	厂长
杨国平	市涂料厂	厂长
许再生	市铜带厂	副书记
邹三元	市石油化学助剂厂	厂长
钱宝楼	市铝型材厂	书记
吴建林	市滆湖珍珠工艺厂	会计
孙雄瑽	和桥镇	镇长
朱斌培	和桥镇	民政科长
蒋迪元	市第三毛纺厂	厂长

续表 2-3

姓名	工作单位	职务
蒋国平	市有机化工六厂	厂长兼书记
苏林荣	屺亭金属线材厂	厂长
吴培金	市高频瓷件厂	厂长
白永炳	市长江稀土冶炼厂	安保科长
陈杏敏（女）	市第八化工厂	副厂长
王玉祥	市振兴金属材料厂	厂长
吴洪生	市无缝钢管厂	书记
胡志南	市凯利化工厂	厂长
卢云清	市第三化纤厂	厂长
许德荣	江南五金标准件厂	厂长
赵细春	市第三毛纺厂	书记
张瑞良	市助剂化工厂	厂长
邵正华	市草酸厂	厂长
周正军	市江南化工厂	厂长
周瑞荣	市工程塑料厂	厂长
吴晓明	市电磁电线厂	厂长
蒋泉龙	市稀土分离厂	厂长
顾汉章	市紫砂工艺五厂	厂长
张华庆	市张泽浇注耐火材料厂	厂长
刘洪根	市电工厂	厂长
陈标富	市铜厂	厂长兼书记
李荣祥	洑东乡政府	副乡长
史洪祥	宜城镇政府	副镇长

续表 2-3

姓名	工作单位	职务
顾其生	市化工五厂	厂长
黄财元	市红塔制毡厂	厂长
芮国良	十里牌金属线材厂	厂长
潘汉军	新街乡空调设备厂	书记

1994 年 8 月 3 日，根据《中国残疾人联合会章程》关于调换主席团成员的规定和第一届第一次大会《关于授权主席团会议有权增补主席团委员的决议》，经主席团全体会议表决，同意增补任立新、丁连云为主席团副主席，张爱娣、潘德胜为主席团委员。史允年、薛根荣、周焕松等因工作变动不再担任主席团委员。

二、第二届代表大会

宜兴市残疾人第二届代表大会于 1994 年 12 月 17 日召开。会议指导思想是：以邓小平同志建设有中国特色社会主义理论和 中共“十四大”精神为指导，回顾总结第一届代表大会以后的工作，确定今后五年宜兴市残疾人事业基本任务，明确新形势下加快残疾人事业发展指导原则，激励残疾人全面参与社会生活，积极投身社会主义现代化建设。会议主要议程：听取和审议宜兴市残疾人代表大会第一届主席团向大会所做工作报告；选举产生第二届主席团委员，召开主席团会议，选举产生主席、副主席，推举产生执行理事会理事长；通过有关问题决议。根据上级有关规定，参照残联第一届代表大会规模和结合全市目前开展残疾人工作情况，坚持广泛性和代表性相结合，代表由各乡镇残联召开会议民主协商产生。其中各乡镇残联一名领导和第一届主席团委员一般应当选为市残联第二次代表大会代表。原则上每约 4000 名残疾人产生 1 名代表，确定市残疾人联合会第二次代表大会正式代表为 130 名，其中残疾人代表 70 名，占代表总数 54%；特邀代表 30 名，共计 160 名。会议由市残联第二次代表大会领导小组领导，市残联具体组织实施。

大会通过市残联杨德新理事长代表市残联首届主席团所做工作报告，聘请市残联名誉主席，选举出市残联二届主席团委员 25 名，他们为：沈根福、任立新、丁连云、杨德新、戴锡南、张国华、刘伯金、柴玉龙、罗听方、潘德胜、张爱娣、赵航、杨新民、袁俊、张杰、夏淑君、马炳荣、孙春荣、卞听大、惠荣奇、吴鹳南、邵锡大、薛土金、王兆彬、史国新。

会议代表高度评价市残联成立以来，残疾人事业取得的显著成绩：深入广泛宣传《中华人民共和国残疾人保障法》，卓有成效地开展每年助残活动，超额完成三项康复任务，不断拓宽残疾人就业渠道，兴建宜兴市残疾人康复中心等工作。与会代表一致认为，市残联首届主席团和广大残疾人工作者认真扎实工作，维护了残疾人合法权益，使市残疾人事业有较快发展，领域拓宽、观念更新，残疾人状况得到明显改善。

会议聘请史祖能、戚顺元、邹劭卿担任宜兴市残联名誉主席，市残联二届主席团选举沈根福为宜兴市残联主席，任立新、丁连云、戴锡南、杨德新为宜兴市残联副主席，主席团推举杨德新为宜兴市残联理事长，根据《中国残疾人联合会章程》规定，理事长由宜兴市政府任命。会议还通过其他决议和事项。

宜兴市残联第二届代表大会代表名额分配一览表

表 2-4

乡镇	名额（人）	乡镇	名额（人）	乡镇	名额（人）
张渚	3	新建	2	分水	2
西渚	2	钮家	2	新庄	2
元上	2	都山	2	洋溪	2
太华	2	丰义	2	丁蜀	4
茗岭	2	范道	2	大浦	2
归径	2	高塍	2	湖㳇	2
徐舍	3	屺亭	2	洑东	2
鲸塘	2	南新	2	宜城	3
潘家坝	2	闸口	2	红塔	2
堰头	2	万石	2	十里牌	2

续表 2-4

乡镇	名额（人）	乡镇	名额（人）	乡镇	名额（人）
芳庄	2	南漕	2	新街	2
宜丰	2	周铁	3	开发区	2
官林	3	芳桥	2	环科园	2
杨巷	2	扶风	2	市属	28
新芳	2	大塍	2	直属单位	2

备注：1、各乡镇分配名额中残疾人代表不得少于 50%

2、第一届主席团委员为市属当然代表，不占代表所属乡镇名额

宜兴市残联第二届主席团成员一览表

（1994 年 12 月 17 日）

表 2-5

姓名	工作单位及职务	生理状况
史祖能	市委副书记	健全
戚顺元	市政协主席	健全
邹劭卿	原县人大常委会主任	健全
沈根福	市政府副市长	健全
任立新	市政府办公室副主任	健全
丁连云	市民政局局长	健全
戴锡南	市委宣传部副部长	健全
杨德新	市残联理事长	残疾
张听宝	市政府办公室副主任	健全
庄康勇	市委宣传部副部长	健全
丁国强	市民政局副局长	健全
张国华	市财政局局长	健全
陈培余	市劳动局副局长	健全

续表 2-5

姓名	工作单位及职务	生理状况
赵胜元	市工商局副局长	健全
朱　云	市人事局副局长	健全
潘德胜	市教委副主任	健全
周荣生	市卫生局副局长	健全
赵　航	市荆溪小学办公室主任	健全
杭南生	丁蜀镇民政科	健全
袁　俊	原宜兴县县长	残疾
夏淑君（女）	市紫砂工艺五厂工艺师	肢残
张　杰	市菲达化工厂副厂长	肢残
薛土金	新庄耐火材料厂厂长	肢残
史国新	张渚镇政府纪委	肢残
孙春荣	湖父镇特等伤残军人	盲人
王兆彬	红塔社会福利厂会计	肢残
马炳荣	丁山派出所联防队	聋哑
张　群	徐舍康乐化工厂残协主席	肢残
卞听大	市聚脂化工厂化验员	肢残
邵锡大	市和桥染整制线厂车间主任	肢残
惠荣奇	茗岭纺织器材厂	肢残

1998 年元月 16 日，鉴于市残联第二届主席团部分成员工作变动，经主席会议研究，决定予以调整。

宜兴市残疾人联合会第二届代表大会主席团成员调整后一览表

表 2-6

姓名	工作单位及职务	生理状况
史祖能	市政府市长	健全

续表 2-6

姓名	工作单位及职务	生理状况
戚顺元	市政协主席	健全
邹劭卿	县人大原主任	健全
杨亚君（女）	市政府副市长	健全
杨德新	市残联理事长	残疾
丁国强	市民政局副局长	健全
何　涛	市政府办公室副主任	健全
庄康勇	市委宣传部副部长	健全
华学文	市财政局局长	健全
陈培余	市劳动局副局长	健全
赵胜元	市工商局副局长	健全
朱　云	市人事局副局长	健全
潘德胜	市教委副主任	健全
周荣生	市卫生局副局长	健全
赵　航	市荆溪小学办公室主任	健全
杭南生	丁蜀镇民政科长	健全
袁　俊	原宜兴县县长	残疾
夏淑君（女）	市紫砂工艺五厂工艺师	肢残
张　杰	市菲达化工厂副厂长	肢残
薛土金	新庄耐火材料厂厂长	肢残
史国新	新庄耐火材料厂厂长	肢残
孙春荣	湖父镇特等伤残军人	盲人
王兆彬	红塔社会福利厂会计	肢残

续表 2-6

姓　名	工作单位及职务	生理状况
马炳荣	丁山派出所联防队	聋哑
张　群	徐舍康乐化工厂残协主席	肢残
卞听大	市聚酯化工厂化验员	肢残
邵锡大	市和桥染整制线厂车间主任	肢残

三、第三届代表大会

宜兴市残疾人第三届代表大会于 1999 年 12 月 30 日在市政府会议中心召开。会议领导小组由杨亚君担任组长，王旻明、丁国强任副组长，曹全松任秘书长，夏淑君（肢残）、马炳荣（聋哑）、孙春荣（盲）为成员。会议明确新形势下残疾人事业发展指导思想，激励残疾人全面参与社会生活，共享社会物质文化成果。

宜兴市残疾人第三届代表大会议程：听取市残联关于第三次代表大会筹备情况报告；听取和审议残疾人联合会第二届主席团工作报告；选举产生宜兴市联合会第三届主席团；召开宜兴市残疾人联合会第三届第一次会议，选举产生宜兴市残疾人联合会第三届主席团主席、副主席。推举产生执行理事会正副理事长；通过有关决议。

宜兴市残疾人联合会第三届代表大会代表采取推举和协商办法产生。各乡镇代表由各乡镇残联推举产生，并经各乡镇政府批准。市属各代表通过各有关部门民主协商产生。根据上级残联关于对代表要求，结合宜兴市残疾人工作情况，本届代表大会共有代表 123 名，特邀代表 76 名。123 名代表中，有残疾人和残疾人亲属代表 62 名，占代表总数的 50.4%。其中肢残 45 人，盲 4 人，聋哑 8 人，残障、精神病亲友 5 人；健全人代表 61 名，有政府相关部门领导和乡镇残疾人工作者，还有热心为残疾人服务的社会各界人士。特邀代表中，由市政府残疾人工作协调委员会成员以及有关部门负责人、各乡镇分管领导。代表具有代表性、先进性和广泛性，经大会审议，符合代表条件和《中国残疾人联合会章程》。

经过选举，市委常委、常务副市长杨亚君为主席团主席，市政府办公室副主任王旻明、市民政局长杨长春、市民政局副局长丁国强为主席团副主席，丁国强为执行理事会理事长、曹全松为执行理事会副理事长。无锡市残联副理事长顾荣华及宜兴市总工会副主席曹明军到会讲话。宜兴市委常委、常务副市长、市残联主席团主席杨亚君作闭幕词。

宜兴市残疾人联合会第三届代表大会人员一览表

表 2-7

姓名	工作单位和职务	生理状况
杨亚君（女）	市委常委、常务副市长	健全
王旻明	市政府办公室副主任	健全
杨长春	市民政局局长、党组书记	健全
丁国强	市民政局副局长	健全
曹全松	市残联副理事长	健全
陈培余	市劳动局副局长	健全
许锡生	市委宣传部副部长	健全
史伟明	市卫生局副局长	健全
潘德胜	市教委副主任	健全
吴培元	市财政局副局长	健全
吴自强	市公安局副局长	健全
朱云（女）	市人事局副局长	健全
赵胜元	市工商局副局长	健全
周春才	市城监大队大队长	健全
陈盘芳	宜城镇残联理事长	健全
蒋根培	远东集团副总经理	健全
曹占强	凯凯橡塑保温材料厂办公室主任	健全
王志荣	市聋哑学校校长	健全
吕红娣	张渚镇残联理事长	健全

续表 2-7

姓名	工作单位和职务	生理状况
史国新	张渚镇纪委委员	肢残
裴国强	张渚镇喜临门大酒店经理	肢残
许三荣	张渚镇北门村	盲人
连正安	西渚乡残联干部	健全
罗荣军	西渚乡厍溪村	聋哑
李定康	元上乡残联理事长	健全
俞志良	华东绢纺厂党支部副书记	健全
江永清	太华镇残联理事长	健全
李林生	太华镇个体协会	肢残
史秀芬	茗岭乡残联理事长	健全
周国良	茗岭乡敬老院院长	健全
刘挺根	善卷镇残联理事长	健全
严琛丽（女）	善卷镇飞里村	聋哑
蒋金保	归径乡残联理事长	健全
李彪培	归径乡八仕村	肢残
刘林森	徐舍镇残联理事长	健全
郁全清	徐舍镇个体	盲人
许杏初	鲸塘镇残联理事长	健全
冯纪生	雁南飞制衣有限公司厂长	肢残
胡同章	潘家坝乡残联理事长	健全
万凤坤	潘家坝乡工业公司统计	肢残
吴正华	堰头乡残联理事长	健全

续表 2-7

姓名	工作单位和职务	生理状况
程金保	堰头乡申门村	肢残
蒋灯强	芳庄镇残联干部	健全
蹇锡明	芳庄镇谈墅村	肢残
宗美良	宜丰镇残联理事长	健全
杨益军	宜丰镇个体	肢残
宗伯年	官林镇残联理事长	健全
储永成	市塑料机械厂财务科长	肢残
黄　明	杨巷镇黄家村	聋哑
杨扣根	杨巷镇个协	肢残
张杏元（女）	新芳镇残联理事长	健全
蒋国新	新芳镇古都村	肢残
吴田君	新建镇残联理事长	健全
路广忠	杰成生物公司副书记	肢残
董国庆	钮家乡残联理事长	健全
吴小牛	钮家乡西图村	聋哑
陈元法	都山乡残联理事长	健全
王水华	都山乡黄楼村书记	肢残
潘孟君	丰义镇残联理事长	健全
张正平	丰义镇个协	肢残
李洪芳	范道镇残联理事长	健全
宋金华	范道镇朱家渎村	肢残
王建军	和桥镇残联理事长	健全

续表 2-7

姓名	工作单位和职务	生理状况
邵锡大	和桥镇中长丝织厂车间主任	肢残
凌小芬（女）	和桥镇建筑涂料福利厂化验员	肢残
裴洪章	和桥印染助剂厂厂长	盲人
王福君	高塍镇残联理事长	健全
周奇娟（女）	凯凯橡塑保温材料厂职工	聋哑
杜仲槐	屺亭镇残联理事长	健全
蒋志芳	屺亭工企管理站统计	肢残
龚春华	南新镇残联理事长	健全
唐建芳	南新电子电器厂车间主任	肢残
董　良	闸口镇残联理事长	健全
张正荣	中包物资公司宜兴勤业厂	肢残
王裕方	万石镇残联理事长	健全
黄行洲	健康食品有限公司	肢残
张　明	南漕镇残联理事长	健全
邵永刚	南漕镇农副公司副技员	健全
吴琴华（女）	周铁镇残联理事长	健全
闵晓贤	周铁镇个体	肢残
史凤珍（女）	芳桥镇残联理事长	健全
丁建明	第三化纤厂	肢残
盛其华	扶风镇残联理事长	健全
裴伯庚	扶风镇金兰村	肢残
余志军	大塍镇残联理事长	健全

续表 2-7

姓名	工作单位和职务	生理状况
钱仕洪	江苏洋霸集团公司锦纶厂	肢残
管荣清	分水镇残联理事长	健全
张　杰	菲达化工厂副厂长	肢残
钱东明	新庄镇残联理事长	健全
薛土金	新庄耐火材料厂厂长	肢残
史艳彬	新庄镇东岸村	聋哑
王士勋	洋溪镇残联理事长	健全
宋建强	洋溪镇莱顿集团主办会计	肢残
杭南生	丁蜀镇残联理事长	健全
马炳荣	丁山派出所联防队员	聋哑
金锦云	丁蜀镇化工新村	肢残
方建明	大浦镇残联理事长	健全
夏淑君（女）	汉光集团工艺师	肢残
邵全林	张泽镇残联理事长	健全
王祖福	张泽镇施荡村	健全
戈华忠	经济开发区残联理事长	健全
黄国达	经济开发区文化站	肢残
王才明	经济开发区影剧院经理	肢残
严晓芸（女）	湖㳇镇残联干部	健全
孙春荣	湖㳇镇特等伤残军人	盲人
郑存福	化工陶瓷设备厂厂长	健全
闻新强	化工陶瓷设备厂职工	肢残

续表 2-7

姓名	工作单位和职务	生理状况
邹劭卿	原宜兴县人大主任	健全
毛建强	宜城镇个体	肢残
张科伟	宜城镇建设新村	肢残
朱全根	宜城镇个体	肢残
陈　军	宜城镇	聋哑
吴达华	宜城镇个体	肢残
黄家凤（女）	红塔镇残联理事长	健全
陈顺龙	红塔服装厂厂长	肢残
杜钧其	红塔镇黄干村	肢残
肖志军	红塔镇西木村	肢残
郭建琴（女）	环科园残联理事长	健全
张志洪	环科园个体	肢残
郭浩春	环科园富强房地产开发公司总经理	肢残
徐惠忠	新街镇残联理事长	健全
蒋小彬	新街镇个体	肢残
王子南	残疾人康复中心	肢残

宜兴市残疾人联合会第三届主席团成员一览表

表 2-8

姓名	工作单位和职务	生理状况
杨亚君（女）	市委常委、常务副市长	健全
王旻明	市政府办公室副主任	健全
杨长春	市民政局局长、党组书记	健全

续表 2-8

姓名	工作单位和职务	生理状况
丁国强	市民政局副局长	健全
曹全松	市残联副理事长	健全
陈培余	市劳动局副局长	健全
许锡生	市委宣传部副部长	健全
史伟明	市卫生局副局长	健全
潘德胜	市教委副主任	健全
吴培元	市财政局副局长	健全
吴自强	市公安局副局长	健全
朱　云（女）	市人事局副局长	健全
赵胜元	市工商局副局长	健全
周春才	市城监大队大队长	健全
陈盘芳	宜城镇残联理事长	健全
蒋根培	远东集团副总经理	健全
曹占强	凯凯橡塑保温材料厂办公室主任	健全
夏淑君（女）	汉光集团工艺师	肢残
张　杰	菲达化工厂副厂长	肢残
薛土金	新庄耐火材料厂厂长	肢残
史国新	张渚镇纪委	肢残
孙春荣	湖㳇盲人按摩所	盲人
马炳荣	丁山派出所联防队	聋哑
裴国强	张渚镇喜临门大酒店经理	肢残
陈顺龙	红塔服装厂厂长	肢残

续表 2-8

姓名	工作单位和职务	生理状况
冯纪生	雁南飞制衣有限公司厂长	肢残
郭浩春	环科园富强房地产开发公司总经理	肢残
黄行洲	健康食品有限公司厂长	肢残
路广忠	杰成生物公司副书记	肢残
蒋志芳	屺亭镇工企管理站统计	肢残
王永华	都山乡黄楼村农民	肢残
杨扣根	杨巷镇个协会长	肢残
黄国达	经济开发区文化站工人	肢残
毛建强	宜城镇个体	肢残
张科伟	宜城镇建设新村	肢残

四、第四届代表大会

宜兴市残疾人第四届代表大会于 2008 年 10 月 9 日在宜兴大酒店召开。会议主要任务：认真学习中共十七大会议精神，贯彻落实科学发展观，认真总结前三次代表大会后残疾人工作所取得成绩和经验，研究部署今后五年残疾人工作；选举产生宜兴市残疾人联合会第四届主席团；倡导社会主义精神文明，弘扬全社会扶残助残良好社会风尚，激励残疾人自强不息，积极投身建设富裕、和谐、秀美新宜兴伟大实践，为富民强市、率先基本实现现代化做贡献，努力开创残疾人事业崭新局面。

市残联第四届代表大会组织工作由市分管领导和有关部门组成领导小组开展工作。大会主要议程：听取和审议市残联第三届主席团工作报告；选举产生宜兴市残联第四届主席团；召开第四届一次主席团会议，选举产生主席、副主席；推举执行理事会理事长；提名通过副理事长和理事；召开各专门会议，选举产生各专门协会主席、副主席；通过有关决议。

代表名额分配：根据各镇（街道）残联，各类别残疾人数分布状况，注意代表广泛性、先进性和代表性，做到大体平衡，基本合理。拟定出席这次大会代表 160 人，其中正式代表 120 人、特邀代表 40 人。

代表构成：各镇（街道）分管领导（残联主席）、残联负责人，部分福利企业领导，市有关部门负责人及有关单位健全人代表占 43.3%；残疾人、伤残军人及残疾人亲友代表占 57%，其中视力、听力、语言、肢体、亲友、伤残军人各占一定比例。有关部门领导、特教学校、康复机构及有关单位领导为特邀代表。

代表产生办法：由各镇（街道）残联代表大会选举产生或主席团会议推举产生；市属有关部门、有关单位代表由残联与其所在单位协商产生，特邀代表根据工作需要确定。

主席团委员拟定 33 名，主席团委员中残疾人、残疾人亲友及伤残军人 17 名，市机关及有关单位领导 16 名。主席团委员候选人，按照先进性、代表性和广泛性原则，从有利于残疾人事业发展出发，推荐最佳人选。各镇（街道）推荐代表至少含一名妇女代表。

第四届主席团设主席 1 人、副主席 2 人，在第四届主席团委员中选举产生。主席团委员候选人必须是本届代表大会正式代表。

主席团主席由同级政府分管残疾工作领导和残联理事长担任；主席、副主席一般为兼职。主席、副主席人选，由市残联提名，报组织部之前，征求无锡市残联意见，待市委组织部审批后，提交主席团会议选举产生。

按照《中国残疾人联合会章程》有关规定，依据宜兴市委《中共宜兴市委关于宜兴市残疾人联合会第四届代表大会换届选举人事安排的批复》要求，经宜兴市残疾人联合会第四届代表大会全体委员选举，宜兴市第四届残疾人联合会主席为张听宝（兼），副主席为闵曲成、王卫（兼），执行理事会理事长为闵曲成、副理事长为薛慧芳。

宜兴市残疾人联合会第四届代表大会主席团委员：吴俊明、杨新平、周文豪、邵旭俊、陆虹炜、张健、孙春荣、马志刚、夏淑君、钱琦、裴国强、夏正平、谢雅力、钱岳龙、曹汝林、邵红星。

2012 年 4 月 18 日，按照宜兴市残疾人联合会第四届代表大会关于授予主席团会议调整主席团委员权力的决议，根据主席团工作需要和有委员工作变动情况，张听宝、闵曲成、邵伯坤、周洪芬不再担任市残联第四届主席团委员职务。经第四届主席团全体会议，选举产生吴青峰为市残联第四届主席团主席，杭仁育为市残联第四届主席团副主席，主席团会议推举杭仁育为市残联第四届执行理事会理事长。

图 2-2　宜兴市残联第四届主席团第一次会议

图 2-3　宜兴市残疾人联合会第四届主席团第六次会议

宜兴市残联第四届主席团委员一览表

（2012 年 4 月 18 日）

表 2-9

姓名	职务	姓名	职务
吴青峰	市政府副市长	孙春荣	盲协副主席
王　卫	市府办副主任	陆虹炜	智残精残协会主席
马建成	宣传部副部长	谢雅力	智残精残协会副主席
王　欣	卫生局副局长	周文豪	聋协主席
叶毅平	财政局党委书记	邵旭俊	聋协副主席
史耀清	司法局副局长	裴国强	肢残协会主席
杭洪祥	民政局副书记	夏淑君	肢残协会副主席
蒋小青	建设局党委书记	吴俊明	宜城街道机关工作人员
庞德征	地税局副局长	马志刚	市紫砂工艺厂职工
柳志贤	教育局副局长	张　健	市新华书店经理助理
蒋定芳	人社局副局长	邵红星	新建镇闸上村党总支书记
阚国琪	国税局副局长	夏正平	个体店主
魏宜明	体育局副局长	钱岳龙	宜兴市博爱生态农业有限公司董事长
杭仁育	残联理事长	谈燕华	国家女坐式排球运动员
薛慧芳	残联副理事长	曹汝霖	务农
潘志泉	残联副主任科员	钱　琦	国家工艺美术员
杨新平	盲协主席		

五、第五届代表大会

宜兴市残疾人第五届代表大会于 2013 年 3 月 28 日在禄漪园大酒店召开。

会议主要任务：贯彻落实科学发展观，认真总结第四次代表大会以来残疾人工作；选举产生宜兴市残疾人联合会第五届主席团；倡导社会主义精神文明，弘扬全社会扶残助残良好风尚，激励残疾人自强不息，积极投身建设和谐幸福新宜兴伟大实践；努力开创全市残疾人事业新局面，为实现“残健融合、幸福共享”，宜兴率先基本实现现代化做出新的更大贡献。

会议主要议程：听取和审议市残联第四届主席团工作报告；选举产生市残联第五届主席团；召开第五届一次主席团会议，选举产生主席、副主席；推举执行理事会理事长，提名通过副理事长和理事；召开各专门协会会议，选举产生各专门协会主席、副主席；通过有关决议。

代表名额分配：根据各镇（街道）残联、各类别残疾人数分布状况，注意代表广泛性、先进性和代表性，做到大体平衡，基本合理。出席这次大会代表 180 人左右，其中正式代表 130 人，特邀代表 50 人左右。

代表构成：各镇（街道）分管领导、理事长，市残联工作主要部门单位领导，健全人代表 52 人，占代表总数 40%；残疾人、伤残军人及残疾人亲友代表 78 人，占代表总数 60%，其中视力、听力、语言、肢体残疾及精神智力残疾人亲友、伤残军人各占一定比例。市有关部门领导、市残疾人有关工作机构负责人、近年热心残疾人事业有关工作机构负责人以及近年热心残疾人事业并作出重要贡献的社会有识之士为特邀代表。在推荐代表时要注

图 2-4 宜兴市残疾人联合会第五次代表大会

重年轻化、知识化，同时，各镇推荐代表至少含一名妇女代表。

代表产生办法：各镇（街道）代表由残联代表大会选举产生或主席团会议推举产生；市属有关部门、有关单位代表由残联与其所在单位协商产生，特邀代表根据工作需要确定。

主席团委员36名。主席团委员中残疾人、残疾人亲友及伤残军人20名，市机关及有关领导16名。主席团委员候选人，按照先进性、代表性和广泛性原则，从有利于残疾人事业发展出发，推荐最佳人选。

主席团主席由同级政府分管残疾人工作领导担任，副主席由政府有关部门领导和残联理事长担任，主席、副主席一般为兼职。主席、副主席人选，由市残联提名，在报市委组织部之前，征求无锡市残联意见，待市委组织部审批后，提交主席团会议产生。

市残联第五届代表大会组织工作由市分管领导和有关部门组成领导小组开展工作。

宜兴市委书记、市人大主任王中苏出席市残疾人联合会第五次代表大会并讲话。宜兴市残联执行理事会理事长杭仁育作题为《立足新起点，追求新跨越，引领残疾人向更加幸福美好的小康社会迈进》的工作报告。出席主席团会议的领导还有无锡市残联党组书记、理事长刘翔，宜兴市委副书记、市长张立军，市政协主席邵亚群，市人大常委会副主任王华良，市政府副市长吴青峰、市总工会主席黄维正等。

会议选举产生宜兴市残联第五届主席团成员以及各专门协会主席、副主席。吴青峰当选主席团主席，杭仁育、王林俊当选主席团副主席，推举杭仁育为宜兴市残联执行理事会理事长，推举吴亚琴、戴菊华为宜兴市残联执行理事会副理事长，推举储云南为宜兴市残联执行理事会兼职副理事长。同时，还推举出席无锡市残联第六次代表大会代表。

宜兴市残疾人联合会第五届代表大会主席团成员一览表

表2-10

姓名	单位职务	生理状况
马伟忠	市中骏市政工程公司总经理	肢残
马志刚	宜兴市紫砂工艺厂职工	肢残

续表 2-10

姓名	单位职务	生理状况
王林俊	市人民政府办公室副主任	健全
王　欣	市卫生局副局长	健全
王　俊	王俊按摩院院长	视力残疾
史耀清	市司法局副局长	健全
朱朝晖	市财政局副局长	健全
孙春荣	湖 㳇镇青松按摩所负责人	视力残疾
孙雪春	徐舍镇民主社区主任助理	健全
杨新平	新平推拿所负责人	视力伤残
肖　雯	丁蜀镇白宕社区主任助理	健全
吴青峰	市人民政府副市长	健全
张　郷	黎兵砂艺艺术馆	听力残疾
张　健	新华书店经理助理	肢残
邵旭俊	市教育彩印厂职工	听力残疾
邵红星	新建镇闸上村党支部书记	肢残
邵浩青	宜城街道城东村副主任	健全

宜兴市残疾人联合会第五届执行理事会理事一览表

表 2-11

姓名	职务
潘志泉	市残联办公室主任、副主任科员
戴菊华（女）	市残联康复科科长
储智娟（女）	市残联教就科科长
张阿明	市残疾人托养中心主任
储瑞琴（女）	市康复中心主任

宜兴市残疾人联合会第五届代表大会代表一览表

表 2-12

姓名	年龄	工作单位及职务	生理状况
谈慧元	49	张渚镇副镇长	健全
史健东	43	张渚镇残联理事长	健全
雷道军	36	宜兴市电炉厂职工	听力残疾
裴国强	50	醇香山鸡养殖场场长	肢残
史国新	50	张渚镇人大办主任	肢残
徐　晟	23	苏州职业技术学院学生	肢残
董骆萍（女）	33	艺笑堂按摩所推拿师	视力残疾
徐雯霞（女）	37	西渚镇组织委员	健全
陈夕芳（女）	48	西渚镇残联理事长	健全
钱岳龙	49	博爱生态农业有限公司总经理	肢残
胡天君	29	西渚镇华康推拿店推拿师	视力残疾
谢祥新	49	西渚镇筱王茶场场长	肢残
汤惠仙（女）	45	太华镇副镇长	健全
张文斌	52	太华镇残联理事长	健全
李玉君（女）	50	太华镇太华村妇联主任	健全
吴六兵	42	祥盛纺织有限公司职工	听力残疾
蒋剑秋	51	排水有限公司巡营员	视力残疾
蒋洪元	44	徐舍镇副镇长	健全
黄俊章	41	徐舍镇残联理事长	健全
周　幸	23	徐舍镇残联专职委员	肢残
孙雪春	29	徐舍镇民主社区主任助理	健全
李婵娟（女）	31	满足堂足浴店店主	视力残疾

续表 2-12

姓名	年龄	工作单位及职务	生理状况
冯纪生	56	雁南飞制衣有限公司总经理	肢残
吴伟芬(女)	45	徐舍镇财政所会计	肢残
仲建军	36	堰头村养殖场场长	听力残疾
梁玉华(女)	49	徐舍镇南星村村委信息员	健全
唐志良	51	官林镇副镇长	健全
祁慎祥	46	官林镇残联理事长	健全
王永华	50	江苏三木集团副书记	肢残
谢玉勤(女)	54	官林大儒村工作人员	肢残
周文豪	33	公安局刑侦大队手语翻译	言语残疾
宗正梅(女)	54	东旭电缆有限公司职工	肢残
王小龙	61	官林镇前城村务农	健全
朱彩仙(女)	50	官林镇计生办工作人员	健全
史伟平	44	杨巷镇副镇长	健全
周茹娟(女)	42	杨巷镇残联理事长	健全
曹汝霖	57	务农	伤残军人
沈娇娇(女)	27	海盛兴金属材料有限公司职工	肢残
张培荣	46	杨巷镇菜场路修鞋工	肢残
潘凤仙(女)	49	杨巷镇塘门村党总支书记	健全
夏　峰	45	新建镇副镇长	健全
蒋国洪	53	新建镇残联理事长	健全
储丽亚(女)	41	新建镇残联专职理事长	健全
邵红星	52	新建镇闸上村党支部书记	伤残军人

续表 2-12

姓名	年龄	工作单位及职务	生理状况
蒋精忠	48	个体服装制作	肢残
毛旭娟（女）	41	和桥镇副镇长	健全
吴俊花（女）	34	和桥镇残联理事长	健全
夏正平	47	个体店主	肢残
杨乃军	48	和桥法庭传达室职工	听力残疾
吴美华（女）	46	茂达电磁线有限公司	肢残
郭洪权	44	和桥镇大生村水产养殖	肢残
唐雪萍（女）	47	太平洋集装箱配件有限公司	视力残疾
吕朝霞（女）	40	高塍镇副镇长	健全
李国伟	45	高塍镇残联理事长	健全
王建忠	49	个体维修户	肢残
贺清明	50	个体户	肢残
张　邺	26	黎兵砂艺艺术馆	听力残疾
褚志瑾（女）	37	屺亭街道办事处副主任	健全
吉建军	54	屺亭街道残联理事长	健全
蒋跃进	55	屺亭街道办事处副主任科员	肢残
樊福强	49	国立化工科技有限公司副总	肢残
邵旭俊	34	宜兴市教育彩印厂职工	听力残疾
周志安	41	万石镇副镇长	健全
马俊锋	39	万石镇残联理事长	健全
黄亚琴（女）	43	万石镇敬老院服务员	健全
胡建君	45	建军中介	肢残
邵林荣	53	万善社区环卫所职员	伤残军人

续表 2-12

姓名	年龄	工作单位及职务	生理状况
吴盘琴（女）	48	周铁镇副镇长	健全
凌丽萍（女）	43	周铁镇残联理事长	健全
李晓红（女）	52	周铁镇残联工作人员	健全
周谊平	46	盲人推拿店负责人	视力残疾
魏　平（女）	44	瑞佳化学有限公司 QA 主管	肢残
胡玉平	48	个体电焊工	听力残疾
周　斌	39	芳桥镇副镇长	健全
尤忠明	48	芳桥镇残联理事长	健全
蒋锡君	45	芳桥镇后村村党支部书记	肢残
罗义菊（女）	38	大棚蔬菜种植户	肢残
刘锡芬（女）	51	芳桥镇方桥村务农	肢残
汤泽伟	36	新庄街道办事处副主任	健全
钱东明	40	新庄街道残联理事长	健全
邵亚勤（女）	44	勤丰鞋业负责人	肢残
史艳彬	39	江苏省振球集团职工	听力残疾
许建明	55	华宇电光源有限公司职工	肢残
吴雪峰	44	丁蜀镇副镇长	健全
王文元	50	丁蜀镇残联理事长	健全
夏淑君（女）	50	紫砂二厂高级工艺师	肢残
王　珺	21	江苏省射箭运动员	肢残
周金君	50	金君生态杨梅园负责人	肢残
胡汝生	67	杨巷供销社退休职工	健全
马志刚	50	宜兴市紫砂工艺厂	智残

续表 2-12

姓名	年龄	工作单位及职务	生理状况
肖　雯（女）	25	丁蜀镇白宕社区主任助理	健全
徐　毅	24	紫砂壶制作	听力残疾
王亚平	67	丁蜀一副公司退休	健全
万年青(女)	36	湖 汊镇副镇长	健全
王建芬	47	湖镇残联理事长	健全
钱　琦	32	陶艺制作个体户	听力残疾
孙海军	44	步步高包装制品厂职工	肢残
孙春荣	48	湖 汊镇青松按摩所负责人	视力残疾
许卫彬	51	宜城街道办事处副主任	健全
陈朗然	48	宜城街道残联理事长	健全
杨新平	50	新平按摩所负责人	伤残军人
王　俊	31	王俊盲人按摩院负责人	视力残疾
张　健	50	宜兴新华书店经理助理	肢残
吴俊明	58	宜城街道机关工作人员	肢残
陈　军	45	宜兴市丽人服装店负责人	听力残疾
芦仕华	55	宜兴市潜洛山庄老板	肢残
蒋文新	44	宜兴市华发纸业职工	肢残
邵浩青	47	宜城街道城东村副主任	健全
褚雪华(女)	47	新街街道办事处副主任	健全
傅旭明	53	新街街道残联理事长	健全
谈燕华(女)	26	三届残奥会冠军	肢残
马伟忠	41	中骏市政工程总经理	肢残
钱夕宣	52	潼渚村盲人按摩所职工	视残
马俊锋	50	新街街道吴墟村主任	肢残

续表 2-12

姓名	年龄	工作单位及职务	生理状况
吴青峰	49	市政府副市长	健全
杭仁育	50	市残联理事长	健全
王俊林	32	市政府办公室副主任	健全
蒋永芳	46	市委宣传部副部长	健全
杭洪祥	53	市民政局党委副书记	健全
王　欣	50	市卫生局副局长	健全
蒋定芳	48	市人力资源和社会保障局副局长	健全
柳志贤	50	市教育局副局长	健全
蒋小青	47	市建设局党委书记	健全
魏宜明	46	市体育局副局长	健全
朱朝晖	40	市财政局副局长	健全
史耀清	47	市司法局副局长	健全
阚国琪	56	市国税局副局长	健全
庞德征	49	市地税局副局长	健全

宜兴市历届残疾人代表大会主席团、执行理事会负责人一览表

（1991 年 12 月 -2013 年 3 月）

表 2-13

届次	职务	姓名	任期
第一届	名誉主席	戚顺元	1991.12
	主　席	沈根福	1991.12
	副主席	邹劭卿	1991.12
		薛根荣	1991.12—1994.12
		杨德新	1991.12

续表 2-13

届次	职务	姓名	任期
第一届	理事长	杨德新	1991.12
	副理事长	章晓根	1991.12—1999.12
第二届	名誉主席	史祖能	1994.12—1999.12
		戚顺元	1994.12—1999.12
		邹劭卿	1994.12—1999.12
	主　席	沈根福	1994.12—1999.12
	副主席	任立新	1994.12—1999.12
		丁连云	1994.12—1999.12
		戴锡南	1994.12—1999.12
		杨德新	1994.12—1999.12
	理事长	杨德新	1994.12—1998.3
		徐桂忠	1998.3—1999.12
第三届	主　席	杨亚君	1999.12
	副主席	王旻明	1999.12—2008.10
		杨长春	1999.12—2000.8
		丁国强	1999.12—2008.7
	理事长	丁国强	1999.12—2008.7
	副理事长	薛慧芳	2004.10
		曹全松	1999.12—2007
第四届	主　席	张听宝	2008.10
	副主席	闵曲成	2008.7—2012.4
		王　卫	2008.10—2013.3
	理事长	闵曲成	2008.7—2012.4
	副理事长	薛慧芳	2008.10—2013.3

续表 2-13

届次	职务	姓名	任期
第五届	主　席	吴青峰	2013.3
	副主席	杭仁育	2012.4
		王林俊	2013.3
	理事长	杭仁育	2012.4
	副理事长	吴亚琴	2013.3
		戴菊华	2013.3
		储云南（兼）	2013.3

1993年出席无锡市残疾人联合会代表大会代表一览表

表 2-14

姓名	性别	工作单位及单位职务	生理状况
丁连云	男	市民政局局长	健全
杨德新	男	市残联理事长	残疾
孙春荣	男	湖 汶镇青松按摩所负责人	视残
张　杰	男	市菲达化工厂副厂长	肢残
夏淑君	女	市紫砂工艺五厂工艺员	肢残
惠荣奇	男	市纺织器材厂书记	肢残
张　群	男	市康乐化工厂工人	肢残
王兆彬	男	市红塔社会福利厂会计	肢残
马炳荣	男	市丁山派出所联防队员	聋哑
薛　强	男	市江南电缆厂工人	聋哑
曹云仙	男	市太华镇太平村村民	聋哑
邹劭卿	男	原宜兴县人大主任	健全
储智娟	女	市残联干部	工作人员

无锡市残疾人代表大会主席团委员：石锁才、马炳荣、邹劭卿

1998 年出席无锡市残疾人联合会代表大会代表一览表

表 2-15

姓名	性别	工作单位及单位职务	生理状况
孙春荣	男	湖汶镇青松按摩所负责人	视残
夏淑君	女	市紫砂工艺五厂工艺师	肢残
裴国强	男	张渚镇四川酒店经理	肢残
张　杰	男	分水菲达化工厂副厂长	肢残
陈顺龙	男	红塔乡服装厂厂长	肢残
徐南翔	男	宜城南翔钟表店经理	肢残
马炳荣	男	丁山联防队员	聋哑
黄　明	男	杨巷镇黄家村	聋哑
陈　军	男	宜城大同新村	聋哑
邹劭卿	男	市关工委	健全
杨长春	男	市民政局局长	健全
曹全松	男	市残联副理事长	健全

2008 年出席无锡市残疾人联合会代表大会代表一览表

表 2-16

姓名	性别	工作单位及单位职务	生理状况
孙春荣	男	湖汶镇青峰按摩负责人	视残
夏淑君	女	市紫砂工艺五厂工艺师	肢残
裴国强	男	张渚镇四川酒店经理	肢残
杨新平	男	新平按摩所负责人	视残
周文豪	男	公安局刑侦大队手语翻译	言语残疾

续表 2-16

姓名	性别	工作单位及单位职务	生理状况
邵旭俊	男	市教育彩印厂职工	听力残疾
陆虹炜	男	智残精残协会主席	健全
张　健	男	市新华书店经理助理	肢残
马志刚	男	市紫砂工艺职工	肢残
钱　琦	男	陶艺制作个体户	听力残疾
夏正平	男	个体店主	肢残
谢雅力	男	智残精神协会副主席	健全

2013年出席无锡市残疾人联合会代表大会代表一览表

表 2-17

姓名	性别	工作单位及单位职务	生理状况
吴青峰	男	市人民政府副市长	健全
杭仁育	男	市残联理事长	健全
王林俊	男	市政府办公室副主任	健全
谈燕华	女	国家女子坐式排球运动员	肢残
钱岳龙	男	博爱生态农业有限公司总经理	肢残
夏淑君	女	紫砂工艺二厂高级工艺师	肢残
夏正平	男	个体店主	肢残
马伟忠	男	中骏市政工程公司总经理	肢残
魏　平	女	瑞佳化学有限公司 QA 主管	肢残
杨新平	男	新平按摩所负责人	视残
王　俊	男	王俊盲人按摩院负责人	视残
周文豪	男	公安局刑侦大队手语翻译	言语残疾
邵旭俊	男	市教育彩印厂职工	听力残疾

续表 2-17

姓名	性别	工作单位及单位职务	生理状况
钱　琦	男	陶艺制作个体户	听力残疾
邵浩青	男	宜城街道城东村副主任	健全
孙雪春	男	徐舍镇民主社区主任助理	健全
肖　雯	女	丁蜀镇白宕社区主任助理	健全

无锡市残疾人联合会代表大会第六届主席团委员：钱岳龙、杨新平、周文豪、邵浩青。

1988 年出席江苏省残疾人联合会代表大会代表：王兆彬（肢残）、马炳荣（聋哑）。

1993 年，出席江苏省残疾人联合会代表大会代表：杨德新（宜兴市残联理事长、二等甲残）、张杰（肢残）、马炳荣（聋哑）。

1998 年，出席江苏省残疾人联合会代表大会代表：夏淑君、（肢残）、马炳荣（聋哑）、曹全松（宜兴市残联副理事长）。

第二节　镇、街道代表大会

一、张渚镇残疾人代表大会

1992 年 5 月 16 日，张渚镇残疾人第一届代表大会（简称残代会）召开，出席大会正式代表 35 人。其中，残疾人和残疾人亲友代表 25 人、健全人代表 10 人。特邀代表 7 人。施菊芳当选残代会主席、残联理事长；高才根当选为残代会副主席、残联副理事长，主持残联日常工作。推选出席市残代会代表 2 人、特邀代表 1 人。

同年，善卷乡残疾人第一届代表大会召开，出席大会正式代表 35 人。其中，残疾人和残疾人亲友代表 25 人、健全人代表 10 人。特邀代表 7 人。郑爱凤当选为残代会主席、残联理事长；刘挺根、严余福当选为残代会副主席、残联副理事长，主持残联日常工作。推选出席市残代会代表 2 人、特邀代表 1 人。

同年，茗岭乡残疾人第一届代表大会召开，出席大会正式代表35人。其中，残疾人和残疾人亲友代表25人、健全人代表10人。特邀代表7人。卢坤其当选残代会主席、残联理事长；程文清、惠荣奇当选残代会副主席、残联副理事长，主持残联日常工作。推选出席市残代会代表2人、特邀代表1人。

1994年5月，张渚镇残疾人第二届代表大会召开，出席大会正式代表82人。其中，残疾人和残疾人亲友代表38人、健全人代表44人。施菊芳当选残代会主席、残联理事长；史国新、孙小毛、徐庆科当选残代会副主席；史国新当选残联副理事长，主持残联日常工作。推选出席市残代会代表3人。

同年，善卷镇残疾人第二届代表大会召开，出席大会正式代表82人。其中，残疾人和残疾人亲友代表38人、健全人代表44人。郑爱凤当选为残代会主席、残联理事长；刘挺根、严余福当选残代会副主席、残联副理事长，主持残联日常工作。推选出席市残代会代表2人。

同年，茗岭乡残疾人第二届代表大会召开，出席大会正式代表82人。其中，残疾人和残疾人亲友代表38人、健全人代表44人。卢坤其当选残代会主席、残联理事长；程文清、惠荣奇当选为残代会副主席、残联副理事长，主持残联日常工作。推选出席市残代会代表2人。

1999年，张渚镇残疾人第三届代表大会召开，出席大会正式代表82人。其中，残疾人和残疾人亲友代表38人、健全人代表44人。吕红娣当选为残代会主席、残联理事长，主持残联日常工作。推选出出席市残代会代表3人。

同年，善卷镇残疾人第三届代表大会召开，出席大会正式代表82人。其中，残疾人和残疾人亲友代表38人、健全人代表44人，刘挺根当选残代会主席、残联理事长，主持残联日常工作。推选出席市残代会代表2人。

同年，茗岭乡残疾人第三届代表大会召开，出席大会正式代表82人。其中，残疾人和残疾人亲友代表38人、健全人代表44人，史秀芬当选为残代会主席、残联理事长；程文清、惠荣奇当选为残代会副主席、残联副理事长，主持残联日常工作。推选出席市残代会代表2人。

2000年，善卷镇并入张渚镇，镇残代会调整主席团成员。高才根任张渚镇残疾人联合会理事长，潘春红任张渚镇残疾人联合会专职副理事长。

2002年5月16日，张渚镇残疾人第四届代表大会召开，出席大会正式代表82人。其中，残疾人和残疾人亲友代表38人、健全人代表44人，石平当选为残代会主席；高才根、史建东当选为残代会副主席；史建东为残联理事长，主持残联日常工作。推选出席市残代会代表8人。

2004年，张渚镇残代会主席团人员调整，程志兴为残代会主席，史秀芬为副主席。

2005年，张渚镇残代会主席团人员调整，骆永辉为残代会主席，史秀芬为副主席。

2007年，张渚镇残代会主席团人员调整，张静为残代会主席，史秀芬、史建东为副主席。

2008年3月28日，张渚镇残疾人第五届代表大会召开，出席大会正式代表82人。其中，残疾人和残疾人亲友代表38人、健全人代表44人。特邀代表12名。张静当选为残代会主席；咸春芳当选为残代会副主席，史建东当选残联理事长，主持残联日常工作。推选出席市残代会代表7人。

2012年11月28日，张渚镇残疾人第六届代表大会召开，出席大会正式代表66人。其中，残疾人和残疾人亲友代表40人、健全人代表26人。特邀代表和列席代表22名。谈慧元当选残代会主席；咸春芳、史建东当选为残代会副主席；史建东兼任残联理事长，主持残联日常工作。推选出席市残代会代表7人。

1992—2015年张渚镇残联历届残代会主席、副主席一览表

表2-18

届次	乡、镇	残代会主席	残代会副主席
一	张渚镇	施菊芳	高才根
	善卷乡	郑爱凤	刘挺根、严余福
	茗岭乡	卢坤其	程文清、惠荣奇
二	张渚镇	施菊芳	史国新、孙小毛、徐庆科
	善卷镇	刘挺根	—
	茗岭乡	史秀芬	—

续表 2-18

届次	乡、镇	残代会主席	残代会副主席
三	张渚镇	吕红娣	—
	善卷镇	刘挺根	—
	茗岭乡	史秀芬	—
四	张渚镇	石　平	高才根、史建东
五		张　静	咸春芳
六		谈慧元	咸春芳、史建东

1992—2015 年张渚镇历届残联理事长、副理事长一览表

表 2-19

届次	乡、镇	理事长	副理事长
一	张渚镇	施菊芳	高才根
	善卷乡	郑爱凤	刘挺根、严余福
	茗岭乡	卢坤其	程文清、惠荣奇
二	张渚镇	施菊芳	史国新
	善卷镇	刘挺根	—
	茗岭乡	史秀芬	—
三	张渚镇	吕红娣	—
	善卷镇	刘挺根	—
	茗岭乡	史秀芬	—
四	张渚镇	史建东	—
五			—
六			—

二、西渚镇残疾人代表大会

1992 年 8 月 25 日，西渚乡残疾人第一届代表大会召开，出席大会正式代表 35 人。其中，残疾人和残疾人亲友代表 25 人、健全人代表 10 人。特邀代表 7 人。蒋元良当选乡残代会主席、兼任残联理事长；徐才元当选残代会副主席、兼任残联副理事长，主持残联日常工作。推选出席市残代会代表 2 人，特邀代表 1 人。

同年 12 月，元上乡残疾人第一届代表大会召开，出席大会正式代表 35 人。其中，残疾人和残疾人亲友代表 25 人、健全人代表 10 人。特邀代表 7 人。张洪春当选乡残代会主席、兼任残联理事长；朱志刚、任卫平当选残代会副主席，朱志刚兼任残联副理事长，主持残联日常工作。推选出席市残代会代表 2 人、特邀代表 1 人。

1994 年 5 月，西渚乡第二届残代会召开，出席大会正式代表 35 人。其中，残疾人和残疾人亲友代表 25 人、健全人代表 10 人。特邀代表 7 人。蒋元良当选乡残代会主席；徐才元当选残代会副主席、兼任残联理事长，主持残联日常工作。推选出席市残代会代表 2 人、特邀代表 1 人。

同年，元上乡第二届残代会召开，出席大会正式代表 35 人。其中，残疾人和残疾人亲友代表 25 人、健全人代表 10 人。特邀代表 7 人。张洪春当选乡残代会主席；朱志刚当选残代会副主席，兼任残联理事长，主持残联日常工作。推选出席市残代会代表 2 人、特邀代表 1 人。

1999 年 9 月，西渚乡第三届残代会召开，出席大会正式代表 35 人。其中，残疾人和残疾人亲友代表 25 人、健全人代表 10 人。特邀代表 7 人。陈先钊当选乡残代会主席；徐才元当选残代会副主席；兼任残联理事长；连正安任残联副主席，主持残联日常工作。推选出席市残代会代表 2 人、特邀代表 1 人。

同年，元上乡第三届残代会召开，出席大会正式代表 35 人。其中，残疾人和残疾人亲友代表 25 人、健全人代表 10 人。特邀代表 7 人。管永军当选乡残代会主席；李定康当选残代会副主席、兼任残联理事长，主持残联日常工作。推选出席市残代会代表 2 人、特邀代表 1 人。

2002 年 5 月，西渚镇第四届残代会召开，出席大会正式代表 35 人。其中，残疾人和残疾人亲友代表 25 人、健全人代表 10 人。特邀代表 7 人。陈先钊当选残代会主席；李定康当选残代会副主席；兼任残联理事长，主持残联日常工作。推选出席市残代会代表 2 人、特邀代表 1 人。

2008 年 3 月，西渚镇第五届残代会召开，出席大会正式代表 41 人。其中，残疾人和残疾人亲友代表 29 人、健全人代表 12 人。列席代表 10 人。殷其敏当选残代会主席；张锁荣、管顺林、钱岳龙、熊中财、肖美君当选残代会副主席，；张锁荣兼任残联理事长，主持残联日常工作。推选出席市残代会代表 5 人。

2012 年 11 月，西渚镇第六届残代会召开，出席大会正式代表 41 人。其中，残疾人和残疾人亲友代表 29 人、健全人代表 12 人。列席代表 25 人。徐雯霞当选残代会主席；陈夕芳、管顺林、钱岳龙当选残代会副主席；陈夕芳兼任残联理事长，主持残联日常工作。管顺林任残联专职干事，推选出席市残代会代表 5 人。

1992—2015 年西渚镇残联历届残代会主席、副主席一览表

表 2-20

<table>
<tr><th>届次</th><th>乡、镇</th><th>残代会主席</th><th>残代会副主席</th></tr>
<tr><td rowspan="2">一</td><td>西渚乡</td><td>蒋元良</td><td>徐才元</td></tr>
<tr><td>元上乡</td><td>张洪春</td><td>朱志刚、任卫平</td></tr>
<tr><td rowspan="2">二</td><td>西渚乡</td><td>蒋元良</td><td>徐才元</td></tr>
<tr><td>元上乡</td><td>张洪春</td><td>朱志刚</td></tr>
<tr><td rowspan="2">三</td><td>西渚乡</td><td>陈先钊</td><td>徐才元</td></tr>
<tr><td>元上乡</td><td>管永军</td><td>李定康</td></tr>
<tr><td>四</td><td rowspan="3">西渚镇</td><td>陈先钊</td><td>李定康</td></tr>
<tr><td>五</td><td>殷其敏</td><td>张锁荣、管顺林、钱岳龙、
熊中财、肖美君</td></tr>
<tr><td>六</td><td>徐雯霞</td><td>陈夕芳、管顺林、钱岳龙</td></tr>
</table>

1992—2015 年西渚镇历届残联理事长、副理事长一览表

表 2-21

届次	乡、镇	理事长	副理事长
一	西渚乡	蒋元良	徐才元
	元上乡	张洪春	朱志刚
二	西渚乡	徐才元	—
	元上乡	朱志刚	—
三	西渚乡	徐才元	—
三	元上乡	李定康	—
四	西渚镇	李定康	—
五		张锁荣	—
六		陈夕芳	—

三、太华镇残疾人代表大会

1992 年 8 月，太华镇第一届残疾人代表大会召开（简称残代会，下同），出席大会正式代表 66 人。其中残疾人和残疾人亲友代表 33 人、健全人代表 27 人。特邀代表 2 人。姜玉轩当选镇首届残代会主席、镇残联理事长；朱红珍、余建农当选残代会副主席、副理事长。民政助理张国平主持残联日常工作。推选出席市残疾人代表大会代表 2 人，特邀代表 1 人。

1994 年 6 月，太华镇第二届残疾人代表大会召开，出席大会正式代表 45 人。其中，残疾人和残疾人亲友代表 35 人、健全人代表 10 人。特邀代表 2 人。姜玉轩当选残代会主席，江永清当选残代会副主席，推选朱红珍为残联副理事长，主持残联日常工作。推选出席市残代会代表 4 人，特邀代表 2 人。

1999 年，太华镇第三届残疾人代表大会召开，出席大会正式代表 60 人。其中，残疾人及亲友代表 33 人、健全人代表 27 人。特邀代表 1 人。汤永民当选为残代会主席，张文斌当选为残代会副主席，推选江永清为残联理事长，主持残联日常工作。推选出席市残代会代表 2 人。

2002 年 12 月 12 日，太华镇第四届残疾人代表大会召开，出席大会正式代表 66 人。其中残疾人及亲友代表 39 人、健全人代表 27 人。特邀代表 10 人。王林俊当选为残代会主席，张文斌当选残代会副主席、残联理事长，主持残联日常工作。推选出席市残代会代表 4 人。

2008 年，太华镇第五届残疾人代表大会召开，出席大会正式代表 36 人。其中，残疾人及亲友代表 19 人、健全人代表 17 人。特邀代表 10 人。虞卫才当选残代会主席，史富君、张文斌当选残代会副主席，张文斌兼任残联理事长，主持残联日常工作。推选出席市残代会代表 2 人。

2012 年，太华镇第六届残疾人代表大会召开，出席大会正式代表 36 人。其中，残疾人及亲友代表 19 人、健全人代表 17 人。特邀代表 10 人。汤惠仙当选残代会主席，张文斌当选残代会副主席、残联理事长，主持残联日常工作。推选出席市残代会代表 2 人。

2015 年，太华镇残代会主席团人员调整，王夕芳当选为残代会副主席、残联理事长。

1992—2015 年太华镇残联历届残代会主席、副主席

表 2-22

<table>
<tr><th>届次</th><th>乡、镇、街道</th><th>残代会主席</th><th>残代会副主席</th></tr>
<tr><td>一</td><td rowspan="7">太华镇</td><td>姜玉轩</td><td>朱洪珍、余建农</td></tr>
<tr><td>二</td><td>姜玉轩</td><td>江永清</td></tr>
<tr><td>三</td><td>汤永民</td><td rowspan="2">张文斌</td></tr>
<tr><td>四</td><td>王林俊</td></tr>
<tr><td rowspan="2">五</td><td rowspan="2">虞卫才</td><td>史富君</td></tr>
<tr><td>张文斌</td></tr>
<tr><td>六</td><td>汤惠仙</td><td>王夕芳</td></tr>
</table>

1992—2015 年太华镇历届残联理事长、副理事长一览表

表 2-23

届次	乡、镇	理事长	副理事长
一	太华镇	姜玉轩	朱红珍、余建农
二		朱红珍	—
三		江永清	—
四		张文斌	—
五			
六		王夕芳	—

四、徐舍镇残疾人代表大会

1992 年，徐舍镇第一届残疾人代表大会召开（简称残代会）出席大会正式代表 70 人，其中，残疾人代表 42 人，健全人代表 28 人。特邀代表 8 人。同年，鲸塘乡、芳庄乡、宜丰乡、潘家坝乡、堰头乡第一届残疾人代表大会召开。鲸塘乡出席残代会正式代表 60 人。其中，残疾人代表 32 人，健全人代表 28 人。特邀代表 7 人。芳庄乡出席残代会正式代表 58 人。其中，残疾人代表 38 人，健全人代表 20 人。特邀代表 6 人。宜丰乡出席残代会正式代表 48 人。其中，残疾人代表 28 人，健全人代表 20 人。特邀代表 6 人。潘家坝乡出席残代会正式代表 46 人。其中，残疾人代表 28 人，健全人代表 18 人。特邀代表 5 人。堰头乡出席残代会正式代表 42 人。其中，残疾人代表 22 人，健全人代表 20 人。特邀代表 5 人。镇（乡）分别选出残代会主席、副主席和残联理事长。

1994 年，徐舍镇第二届残代会召开，出席残代会正式代表 75 人。其中，残疾人代表 45 人，健全人代表 30 人。特邀代表 9 人。同年，鲸塘乡、芳庄乡、宜丰乡、潘家坝乡、堰头乡、各自分别召开第二届残代会。鲸塘乡出席残代会正式代表 65 人。其中，残疾人代表 35 人，健全人代表 30 人。特邀代表 8 人。芳庄乡出席残代会正式代表 56 人。其中，残疾人代表 35 人，健全人代表 21 人。特邀代表 7 人。宜丰乡出席残代会正式代表 48 人。其中，残疾人代表 28 人，健全人代表 20 人。特邀代表 6 人。潘家坝乡出席残代会正式代表 46 人。其中，

残疾人代表 28 人，健全人代表 18 人。特邀代表 5 人。堰头乡出席残代会正式代表 42 人。其中，残疾人代表 22 人，健全人代表 20 人，特邀代表 5 人。镇（乡）分别选出残代会主席、副主席和残联理事长。

1997 年，徐舍镇第三届残代会召开。出席残代会正式代表 85 人。其中，残疾人代表 50 人，健全人代表 35 人。特邀代表 10 人。同年，鲸塘镇残联和芳庄镇残联、宜丰镇残联、潘家坝乡残联、堰头乡残联第三届残代会召开。鲸塘镇出席残代会正式代表 70 人。其中，残疾人代表 40 人，健全人代表 30 人。特邀代表 10 人。芳庄镇出席残代会正式代表 67 人。其中，残疾人代表 36 人，健全人代表 31 人。特邀代表 9 人。宜丰镇出席残代会正式代表 48 人。其中，残疾人代表 28 人，健全人代表 20 人。特邀代表 6 人。潘家坝乡出席残代会正式代表 46 人。其中，残疾人代表 28 人，健全人代表 18 人。特邀代表 5 人。堰头乡出席残代会正式代表 42 人。其中，残疾人代表 22 人，健全人代表 20 人。特邀代表 5 人。镇（乡）分别选出残代会主席、副主席和理事长。

2002 年，徐舍镇第四届残代会召开，出席残代会正式代表 97 人。其中，残疾人代表 57 人，健全人代表 40 人。特邀代表 13 人。同年，鲸塘镇和芳庄镇第四届残代会召开。鲸塘镇出席残代会正式代表 78 人。其中，残疾人代表 47 人，健全人代表 31 人。特邀代表 11 人。芳庄镇出席残代会正式代表 75 人。其中，残疾人代表 40 人，健全人代表 35 人。特邀代表 10 人。各镇分别选出残代会主席、副主席和残联理事长。

2007 年，徐舍镇第五届残代会召开，出席残代会正式代表 98 人。其中，残疾人代表 58 人，健全人代表 40 人。特邀代表 11 人。同年，鲸塘镇和芳庄镇分别召开第五届残代会。鲸塘镇出席残代会正式代表 85 人。其中，残疾人代表 50 人，健全人代表 35 人。特邀代表 13 人。芳庄镇出席残代会正式代表 80 人。其中，残疾人代表 50 人，健全人代表 30 人。特邀代表 11 人。三镇分别选出残代会主席、副主席和残联理事长。

2012 年 11 月，徐舍镇第六届残代会召开，出席残代会正式代表 93 人。其中，残疾人和亲友代表 55 人，健全人代表 38 人。特邀代表 11 人。选举产生残代会主席、副主席和残联理事长。推选出席宜兴市第五次残代会代表 7 名。孙雪春作为智力精神残疾亲属出席无锡市第五届残疾人代表大会。

徐舍镇残联历届残代会主席、副主席一览表

表 2-24

届次	乡、镇	残代会主席	残代会副主席
一	徐舍镇	管荣君	张小如
二		王旻明	刘林森
三		沈鹰峰	孙才珍
四		蒋勤益	黄俊章
五		蒋洪元	丁　卫
一	芳庄镇	丁山明	梅仁清
二		周　斌	陆荣福
三		徐俊杰	吕杏根
四		张　敏	王志祥
一	鲸塘镇	邵　峰	许杏初
二		梁洪庚	陆法良
一	宜丰乡	王祖培	宗美良
二	宜丰镇	王祖培	宗美良
一	堰头乡	嵇才大	吴正华
二			
一	潘家坝乡	许洪泉	胡同章

徐舍镇残联残联正副理事长一览表

表 2-25

届次	乡、镇	理事长	副理事长
一	徐舍镇	沈富君	张小如
二		张小如	

续表 2–25

届次	乡、镇	理事长	副理事长
三		刘林森	
四		孙才珍	
五		王志祥	
六		黄俊章	
		丁 卫	
一	芳庄乡	袁洪祥	陆荣福、梅仁清
二		梅仁清	
三		陆荣福	
四	芳庄镇	吕杏根	
五		王志祥	
一	鲸塘乡	李明初	许杏初
二	鲸塘镇	许杏初	
三		陆法良	
一	潘家坝乡	许洪泉	胡同章、谢德胜
二			
三		胡同章	
一	宜丰乡	王祖培	宗美良
二	宜丰镇	宗美良	
一	堰头乡	嵇才大	赵富生、吴正华
二			
三		吴正华	

五、官林镇残疾人代表大会

1992 年 12 月 25 日，官林镇第一届残疾人代表大会召开，出席大会正式代表 50 人。其中，残疾人代表 32 人、健全人代表 18 人。亲友代表 1 人。胡炳华当选镇残代会主席，吕正芳担任镇残代会副主席、兼残联理事长；宗伯年、芮福彬任镇残联副理事长。推选出席市残代会代表 3 名。同年 9 月 21 日，钮家乡第一届残疾人代表大会召开，出席大会正式代表 35 人。其中，残疾人代表 21 人、健全人代表 14 人。亲友代表 1 人。许顺芳当选乡残代会主席，钱开华当选乡残代会副主席兼任残联理事长，史春根任乡残联副理事长。推选出席市残代会代表 2 名。同年 12 月 7 日，都山乡第一届残疾人代表大会召开，出席大会正式代表 30 人。其中，残疾人代表 18 人、健全人代表 12 人。亲友代表 1 人。毛顺仙当选乡残代会主席，薛纯良当选乡残代会副主席、兼任残联理事长；季顺清、刘洪林任乡残联副理事长。推选出席市残代会代表 2 名。同年 12 月，丰义乡第一届残疾人代表大会（简称乡残代会）召开，出席大会正式代表 30 人。其中，残疾人代表 18 人、健全人代表 12 人。亲友代表 1 人。吴建新当选乡残代会主席，张松强当选乡残代会副主席、兼任残联理事长；蒋定华、吴海俊任残联副理事长。推选出席市残代会代表 2 名。

1994 年，官林镇第二届残代会召开，出席大会正式代表 50 人。其中，残疾人代表 32 人、健全人代表 18 人。亲友代表 2 人。许玉芳当选残代会主席，宗伯年当选残代会副主席、兼任残联理事长，陈元法任残联副理事长。推选出席市残代会代表 3 名。同年，钮家乡第二届残代会召开，出席大会正式代表 30 人。其中，残疾人代表 19 人、健全人代表 11 人。亲友代表 2 人，许顺芳当选残代会主席，周顺才当选残代会副主席、兼任残联理事长。推选出席市残代会代表 2 名。同年，都山乡第二届残代会召开，出席大会正式代表与第一届相同。推选出席市残代会代表 2 名。同年，丰义乡第二届残代会召开，出席大会正式代表 32 人。其中，残疾人代表 20 人、健全人代表 12 人。亲友代表 1 人。吴建新当选残代会主席，蒋定华当选残代会副主席、兼任残联理事长。推选出席市残代会代表 2 名。

1999 年，官林镇第三届残代会召开，出席大会正式代表 55 人。其中，残疾人代表 33 人、健全人代表 22 人。亲友代表 2 人。宗翡当选残代会主席，董国庆当选残代会副主席、兼任残联理事长，薛鹰任残联副理事长。推选出席市残代会代表3名。同年，钮家乡第三届残代会召开，出席大会正式代表30人。其中，残疾人代表18人、健全人代表12人。亲友代表2人，毛顺仙当选残代会主席，董国庆当选残代会副主席、兼任残联理事长。推选出席市残代会代表2名。同年，都山乡第三届残代会召开，出席大会正式代表32人。其中，残疾人代表20人、健全人代表12人。亲友代表2人。刘洪生当选残代会主席，陈元法当选残代会副主席、兼任残联理事长。推选出席市残代会代表2名。同年，丰义镇第三届残代会召开，出席大会正式代表35人。其中，残疾人代表21人、健全人代表14人。亲友代表2人。许忠根当选残代会主席，吕柏松当选残代会副主席、兼任残联理事长。推选出席市残代会代表2名。

2002年8月25日，官林镇第四届残代会召开，出席大会正式代表44人。其中，残疾人代表26人、健全人代表18人。亲友代表6人。王永华当选残代会主席，丁再明、宗正梅当选残代会副主席，张晓琴任残联理事长。推选出席市残代会代表7名。2002年10月20日，丰义镇第四届残代会召开，出席大会正式代表26人。其中，残疾人代表17人、健全人代表9人。亲友代表2人。许忠根当选残代会主席，潘孟君当选残代会副主席、兼任残联理事长，余玉娟任残联副理事长。

2008年，官林镇第五届残代会召开，出席大会正式代表70人。其中，残疾人代表45人、健全人代表25人。亲友代表3人。唐志良当选残代会主席，祁慎祥、张晓琴、王永华、丁再明当选残代会副主席，祁慎祥兼任残联理事长。推选出席市残代会代表8人。

2012年11月12日，官林镇第六届残代会召开，出席大会正式代表70人。其中，残疾人代表44人、健全人代表26人。亲友代表3人。唐志良当选残代会主席，祁慎祥、张晓琴、王永华当选残代会副主席，祁慎祥兼任残联理事长。2015年4月，官林镇调整残代会主席团成员，王卫担任残代会主席，杨春慧担任残代会副主席、兼残联理事长。

1992—2015 年官林镇残联历届残代会主席、副主席一览表

表 2-26

届次	乡、镇	残代会主席	残代会副主席
一、二、三	官林镇	胡炳华	吕正芳
		许玉芳	宗伯年
		宗翡	董国庆
一、二、三	钮家乡	许顺芳	钱开华
		毛顺仙	董国庆
一、二	都山乡	毛顺仙	薛纯良
三		刘洪生	陈元法
一、二	丰义乡	吴建新	张松强
			蒋定华
三、四	丰义镇	许忠根	吕柏松
			潘孟君
四	官林镇	王永华	丁再明、宗正梅
五		唐志良	祁慎祥、张晓琴、王永华、丁再明
六		唐志良	祁慎祥、张晓琴、王永华
		王　卫	杨春慧

1992—2015 年官林镇历届残联理事长、副理事长一览表

表 2-27

届次	乡、镇	理事长	副理事长
一、二、三	官林镇	吕正芳	宗伯年、芮福彬
		宗伯年	陈元法
		董国庆	薛　鹰

续表 2-27

届次	乡、镇	理事长	副理事长
一、二、三	钮家乡	钱开华	史春根
		周顺才	—
		董国庆	—
一、二	都山乡	薛纯良	季顺清、刘洪林
三		陈元法	—
一	丰义乡	张松强	蒋定华、吴海俊
二		蒋定华	—
三	丰义镇	吕柏松	—
四		潘孟君	余玉娟
四	官林镇	张晓琴	—
五		祁慎祥	—
六		祁慎祥	—
		杨春慧	—

六、杨巷镇残疾人代表大会

1992 年 11 月 12 日，杨巷镇残疾人联合会召开第一届残疾人代表大会，出席大会正式代表 35 人。其中，残疾人代表 25 人、健全人代表 10 人。特邀代表 7 人、亲友代表 3 人。王继生当选残代会主席兼残联理事长，唐洪坤、孙阿伢当选残代会副主席兼残联副理事长，推选出席市残代会代表 2 名。同年 11 月 25 日，新芳乡残疾人联合会第一届代表大会召开，出席大会正式代表 32 人。其中，残疾人代表 22 人、健全人代表 10 人。特邀代表 5 人、亲属 2 人。徐永君当选乡残代会主席兼残联理事长，王洪根当选副主席兼残联副理事长，推选出席市残疾人代表大会代表 2 名。

1994 年，杨巷镇残联召开第二届残代会，出席大会代表人数与第一届相同。黄才宝当选残代会主席兼残联理事长，王南春当选残代会副主席兼残联副理事长。推选产生出席市残代会代表 2 名。同年，新芳乡残联召开第二届残代会，出席大会正式代表人数和担任职务人与第一届相同。推选出席市残疾人代表大会代表 2 名。

1999 年，杨巷镇残联召开第三届残代会，出席大会正式代表 37 人。其中，残疾人代表 20 人、健全人代表 17 人。特邀代表 6 人、亲友代表 2 人。黄才宝当选残代会主席兼残联理事长，周茹娟当选残代会副主席兼残联副理事长。推选出席市残代会代表 2 名，其中 1 名代表（黄明）分别出席无锡市、江苏省第三届残疾人代表大会。同年，新芳镇残联第三届残代会召开，出席大会正式代表 35 人。其中，残疾人代表 15 人、健全人代表 20 人。特邀代表 9 人、亲属代表 3 人。张杏元当选残代会主席兼残联理事长，蒋建南当选残代会副主席兼残联副理事长。推选出席市残代会代表 2 名。

2004 年 9 月 20 日，杨巷镇残联召开第四届残代会，出席大会正式代表 50 人。其中，残疾人代表 30 人、健全人代表 20 人。特邀代表 7 人、亲友代表 3 人。张杏元当选残代会主席，周茹娟当选残代会副主席兼残联理事长，推选出席市残疾人代表大会代表 5 名。

2011 年 1 月 28 日杨巷镇残联召开第五届残代会，出席大会正式代表 79 人。其中，残疾人代表 54 人、健全人代表 25 人。特邀代表 7 人、亲友代表 5 人。史伟平当选残代会主席，周茹娟当选残代会副主席兼残联理事长，推选出席市残代会代表 6 名。2013 年，杨巷镇调整残代会主席团成员，储云军担任残代会主席。2014 年，杨巷镇调整残代会主席团成员，王硕担任残代会主席、李志君担任残代会副主席兼任残联理事长。

1992—2015 年杨巷镇残联历届残代会主席、副主席一览表

表 2-28

<table>
<tr><th>届次</th><th>乡、镇</th><th>残代会主席</th><th>残代会副主席</th></tr>
<tr><td rowspan="3">一、二、三</td><td rowspan="3">杨巷镇</td><td>王继生</td><td>唐洪坤、孙阿伢</td></tr>
<tr><td rowspan="2">黄才宝</td><td>王南春</td></tr>
<tr><td>周茹娟</td></tr>
</table>

续表 2-28

<table>
<tr><th>届次</th><th>乡、镇</th><th>残代会主席</th><th>残代会副主席</th></tr>
<tr><td>四</td><td rowspan="4">杨巷镇</td><td>张杏元</td><td rowspan="3">周茹娟</td></tr>
<tr><td rowspan="3">五</td><td>史伟平</td></tr>
<tr><td>储云军</td></tr>
<tr><td>王　硕</td><td>李志君</td></tr>
<tr><td>一、二</td><td>新芳乡</td><td>徐永君</td><td>王洪根</td></tr>
<tr><td>三</td><td>新芳镇</td><td>张杏元</td><td>蒋建南</td></tr>
</table>

1992—2015 年杨巷镇残联历届残联理事长、副理事长一览表

表 2-29

<table>
<tr><th>届次</th><th>乡、镇</th><th>理事长</th><th>副理事长</th></tr>
<tr><td rowspan="3">一、二、三</td><td rowspan="3">杨巷镇</td><td>王继生</td><td>唐洪坤、孙阿伢</td></tr>
<tr><td rowspan="2">黄才宝</td><td>王南春</td></tr>
<tr><td>周茹娟</td></tr>
<tr><td rowspan="2">四、五</td><td rowspan="2">杨巷镇</td><td>周茹娟</td><td>—</td></tr>
<tr><td>李志君</td><td>—</td></tr>
<tr><td>一、二</td><td>新芳乡</td><td>徐永君</td><td>王洪根</td></tr>
<tr><td>三</td><td>新芳镇</td><td>张杏元</td><td>蒋建南</td></tr>
</table>

七、新建镇残疾人代表大会

1992 年 11 月 23 日，新建乡第一届残疾人代表大会召开，出席大会正式代表 15 人。其中残疾人代表 11 人，健全人代表 4 人。亲友代表 1 人。顾菊良当选残代会主席兼残联理事长，吴田君当选残代会副主席兼残联副理事长，主持残联日常工作。推选出席市残代会代表 2 名。

1996 年 11 月，新建镇第二届残疾人代表大会召开，出席大会正式代表 25 人。其中，残疾人代表 19 人，健全人 6 人。亲友代表 2 人。顾菊良当选残代会主席，吴田君当选残代会副主席兼残联理事长，推选出席市残代会代表 2 名。

2001 年 11 月，新建镇第三届残疾人代表大会召开，出席大会正式代表 28 人。其中，残疾人代表 20 人，健全人代表 8 人。亲友代表 2 人。邱顺英当选残代会主席，吴田君当选残代会副主席兼残联理事长，推选出席市残代会代表 2 名。

2007 年 11 月，新建镇第四届残疾人代表大会召开，出席大会正式代表 35 人。其中，残疾人代表 21 人，健全人代表 14 人。亲友代表 4 人。吴亚琴当选残代会主席，蒋国洪、邵红星、路光忠当选残代会副主席，蒋国洪兼残联理事长。推选出席市残代会代表 2 名。2008 年 11 月，镇调整残代会主席团成员，潘国庆担任残代会主席。

2012 年 11 月，新建镇召开第五届残疾人代表大会，出席大会正式代表 38 人。其中，健全人代表 10 人，残疾人代表 28 人。亲友代表 1 人。夏峰当选残代会主席，蒋国洪、吴军、邵红星、蒋精忠、储丽亚当选残代会副主席，蒋国洪兼残联理事长，吴军兼残联副理事长。推选出席市残代会代表 5 人。

2015 年，镇调整残代会主席团成员，施祖民担任残代会副主席、兼任残联理事长，吴军兼任残联副理事长。

1992—2015 年新建镇残联历届残代会主席、副主席一览表

表 2-30

届次	乡、镇	残代会主席	残代会副主席
一、二	新建乡	顾菊良	吴田君
三	新建镇	邱顺英	吴田君
四	新建镇	吴亚琴	蒋国洪、邵红星、路光忠
		潘国庆	蒋国洪
五	新建镇	夏 峰	蒋国洪、吴军、邵红星、蒋精忠、储丽亚
			施祖民

1992—2015 年新建镇残联历届残联理事长、副理事长一览表

表 2-31

届次	乡、镇	理事长	副理事长
一	新建乡	顾菊良	吴田君
二		吴田君	—
三	新建镇	吴田君	—
四		蒋国洪	—
五		蒋国洪	吴 军

八、和桥镇残疾人代表大会

1992 年 7 月 10 日，和桥镇第一届残疾人代表大会召开，庄新龙当选残代会主席，兼任残联理事长，朱斌培当选残代会副主席，兼任残联副理事长。推选出席市残代会代表 3 人。同年 9 月 15 日，闸口乡第一届残疾人代表大会召开，邵孟春当选残代会主席，兼任残联理事长，张强当选残代会副主席，兼任残联副理事长。推选出席市残代会代表 2 人。同年 12 月，南新乡第一届残疾人代表大会召开，赵才华当选残代会主席，兼任残联理事长，龚春华当选残代会副主席，兼任残联副理事长。推选出席市残代会代表 2 人。

1994 年，和桥镇第二届残代会召开，选出残代会主席、副主席和理事长，蒋顺虎当选残代会主席，朱斌培当选残代会副主席，兼任残联理事长，推选出席市残代会代表 3 人。同年，闸口乡第二届残代会召开，选出残代会主席和理事长，尹叶芳当选残代会主席，董良任残联理事长，推选出席市残代会代表 2 人。同年，南新镇第二届残代会召开，吴辉当选残代会主席，徐清根任残联理事长，推选出席市残代会代表 2 人。

1999 年，和桥镇第三届残代会召开，选出残代会主席、理事长，吴建明当选残代会主席，王建军任残联理事长，推选出席市残代会代表 3 人。同年，闸口镇第三届残代会召开，选出残代会主席、理事长，沈晓红当选残代会主席，董良任残联理事长，推选出席市残代会代表 2 人。

2000 年 11 月 28 日，和桥镇召开第四届残代会，选举产生残代会主席、理事长和副理事长，顾伯南当选残代会主席，王建军任残联理事长，周早和任残联副理事长。

2000年12月26日，闸口镇调整残代会主席团成员，董良任闸口镇残联理事长，张正荣任闸口镇残联专职副理事长。

2002年10月15日，和桥镇第五届残代会召开，选出残代会主席、理事长。朱建华当选残代会主席，吴战平任残联理事长。

2007年，和桥镇第六届残代会召开。正式代表79人。其中，残疾人42人，健全人37人。选出残代会主席和理事长，王穗村当选残代会主席，张林任残联理事长。

2012年11月23日，和桥镇第七届残代会召开。正式代表80人。其中，残疾人和残疾人亲友代表40人，健全人代表40人。大会选举产生残代会主席、理事长，毛旭娟当选残代会主席，吴俊花、凌红军、夏正平当选残代会副主席，吴俊花任残联理事长，夏正平任综合残疾人协会主席。推选出席市残代会代表8人。

2013年4月，和桥镇调整残代会主席团成员，凌红军任镇残联理事长。

2014年3月，和桥镇调整残代会主席团成员，邱平任镇残联理事长。

1992—2015年和桥镇残联历届残代会主席、副主席一览表

表2-32

届次	乡、镇	残代会主席	残代会副主席
一、二、三	闸口乡	邵孟春	张 强
		尹叶芳	—
	闸口镇	沈晓红	—
		殷其敏	—
一、二、三	南新乡	赵才华	龚春华
	南新镇	吴 辉	—
		周 斌	—

续表 2-32

届次	乡、镇	残代会主席	残代会副主席
一、二、三、四、五六、七	和桥镇	庄新龙	朱斌培
		蒋顺虎	—
		吴建明	—
		顾伯南	—
		朱建华	—
		王穗村	—
		毛旭娟	吴俊花、凌红军、夏正平

1992—2015 年和桥镇历届残联理事长、副理事长一览表

表 2-33

届次	乡、镇	理事长	副理事长
一、二、三	闸口乡	邵孟春	张 强
		董 良	—
	闸口镇		张正荣
一、二、三	南新乡	赵才华	龚春华
	南新镇	徐清根	—
		龚春华	—
一、二、三、四、五	和桥镇	庄新龙	朱斌培
		朱斌培	—
		王建军	—
			周早和
		吴战平	—
六、七		张 林	—
		吴俊花	—
		凌红军	—
		邱 平	—

九、高塍镇残疾人代表大会

1992年7月11日、12月3日，高塍镇、范道乡分别召开残疾人代表大会，选出残代会主席，残联理事长、副理事长；分别选出出席市残代会代表2人。

1994年，高塍镇、范道乡分别召开第二届残代会，选出大会主席，残联理事长、副理事长；分别选出出席市残代会代表2人。

1999年，高塍镇、范道镇召开第三届残代会，选出残代会主席，残联理事长、副理事长；分别选出出席市残代会代表2人。

2007年，高塍镇召开第四届残代会，选出残代会主席，残联理事长，选出出席市残代会代表5人。

2008年3月21日，高塍镇召开第五届残代会，正式代表55人。其中，残疾人和亲友代表34人、健全人代表21人。列席代表6名，特邀代表1名，共62人。选出残代会主席，残联理事长。

2012年11月23日，高塍镇召开第六届残代会，正式代表61名。其中，残疾人和亲友代表39人、健全人代表22人。列席代表6名、特邀代表1名。选出残代会主席、副主席，残联理事长。推选出席市残代会代表5人。

1992—2015年高塍镇残联历届残代会主席、副主席一览表

表2-34

届次	乡、镇	残代会主席	残代会副主席
一、二、三	范道乡	莫克明	—
	范道镇	陈先钊	—
一、二、三	高塍镇	孙建华	—
四、五、六		夏勤元	—
		鲁建伦	—
		吕朝霞	李国伟

1992—2015年高塍镇历届残联理事长、副理事长一览表

表2-35

届次	乡、镇	理事长	副理事长
一、二、三	范道乡	莫克明	李洪芳、蒋锡培
	范道镇	陆素娟	—
一、二、三	高塍镇	夏勤元	费勤大、凌跃成
		王福军	—
		于法娟	—
		李国伟	—
四、五、六		李国伟	—

十、万石镇残疾人代表大会

1992年5月，南漕乡第一届残疾人代表大会召开，出席大会代表53人。其中，残疾人和残疾人亲友代表30人，健全人代表23人。沈金娟当选残代会主席，吴熙宁当选残代会副主席、任残联理事长，主持残联日常工作。张明任残联副理事长。推选出席市残代会代表1人。同年6月，万石乡第一届残疾人代表大会召开，出席大会代表64人。其中，残疾人和残疾人亲友代表36人，健全人代表28人。袁良新当选残代会主席，王孟新当选残代会副主席、任残联理事长，主持残联日常工作。王荣生、吴洪生任残联副理事长。

1995年8月，南漕镇第二届残代会召开，出席大会代表55人。其中，残疾人和残疾人亲友代表30人，健全人代表25人。周炳华当选残代会主席，张明当选残代会副主席、任残联理事长，主持残联日常工作。

1996年12月，万石镇第二届残代会召开，出席大会代表64人。其中，残疾人和残疾人亲友代表36人，健全人代表28人。袁良新当选残代会主席，王裕芳当选残代会副主席、任残联理事长，主持日常工作。

1999年，万石镇第三届残代会召开，出席大会代表64人。其中，残疾人和残疾人亲友代表36人，健全人代表28人。张国民当选残代会主席，王裕芳当选残代会副主席、任残联理事长，主持日常工作。推选出席市残代会代表2人。同年，南漕镇第三届残代会召开，出席大会代表53人。其中，残疾人和

残疾人亲友代表30人，健全人代表23人。张一维当选残代会主席，张明当选残代会副主席、任残联理事长，主持日常工作，推选出席市残代会代表2人。

2000年6月，万石镇、南漕镇合并为万石镇。镇残代会主席由张国民担任，残联理事长由王裕芳担任。2001年8月，万石镇第一届残代会召开，出席大会代表94人。其中，残疾人和残疾人亲友代表53人，健全人代表41人。张一维当选残代会主席，张明当选残代会副主席、任残联理事长，主持日常工作。推选出席市残代会代表2人。镇残代会主席团成员经数次调整，王健、尹一芳先后担任残代会主席；黄建明、马俊锋先后担任残代会副主席、残联理事长。

2012年11月，万石镇残联第二届残代会召开，出席大会代表63人。其中，残疾人和残疾人亲友代表44人，健全人代表19人。周志安当选残代会主席，马俊锋当选残代会副主席、任残联理事长。镇残代会主席团成员经数次调整，至2015年，余震、朱建华先后担任残代会主席；陈超、谢小龙先后担任残代会副主席、残联理事长。

1992—2015年万石镇残联历届残代会主席、副主席一览表

表2-36

届次	乡、镇	残代会主席	残代会副主席
一	南漕乡	沈金娟	吴熙宁
一	万石乡	袁良新	王孟新
二、三	南漕镇	周炳华	张　明
		张一维	张　明
二、三	万石镇	袁良新	王裕芳
一	万石镇	张一维	张　明
		王　健	黄建明
		尹一芳	马俊锋
二		周志安	陈　超
		余　震	马俊锋
		朱建华	谢小龙

1992—2015 年万石镇历届残联理事长、副理事长

表 2-37

届次	乡、镇	理事长	副理事长
一	南漕乡	吴熙宁	张 明
	万石乡	王孟新	王荣生、吴洪生
二、三	南漕镇	张 明	—
二、三	万石镇	王裕芳	吴洪生
一		张 明	—
		黄建明	—
二		马俊锋	—
		陈 超	—
		谢小龙	—

十一、周铁镇残疾人代表大会

1992 年 9 月，周铁镇第一届残疾人代表大会召开。出席大会正式代表 38 名，列席代表 19 名。叶国强当选周铁镇残代会主席，吴寅大当选残代会副主席、任残联理事长。同年 5 月，分水乡第一届残疾人代表大会召开。出席大会正式代表 32 名，列席代表 15 名。陈祥荣当选分水乡残代会主席，管荣清当选残代会副主席、任残联理事长。同年 12 月，洋溪乡第一届残疾人代表大会召开。出席大会正式代表 36 名，列席代表 23 名。蒋耀星当选洋溪乡残代会主席，王伯荣当选残代会副主席、任残联理事长。

1994 年 10 月，周铁镇第二届残代会召开。出席大会正式代表 39 名，列席代表 20 名。夏国忠当选残代会主席，吴寅大当选残代会副主席、任残联理事长。同年 11 月，分水镇第二届残代会召开。出席大会正式代表 32 名，列席代表 16 名。陈祥荣当选残代会主席，管荣清当选残代会副主席、任残联理事长。同年 12 月，洋溪镇第二届残代会召开。出席大会正式代表 35 名，列席代表 23 名。王士勋当选残代会主席，王伯荣当选残代会副主席、任残联理事长。

1999年9月，周铁镇第三届残代会召开。出席大会正式代表39名，列席代表18名。蒋跃进当选残代会主席，吴琴华当选残代会副主席、任残联理事长。同年10月，分水镇第三届残代会召开。出席大会正式代表30名，列席代表12名。周永昌当选残代会主席，管荣清当选残代会副主席、任残联理事长。同年12月，洋溪镇第三届残代会召开。出席大会正式代表65名，其中残疾人代表33名。周产群当选残代会主席，王伯荣当选残代会副主席、任残联理事长。

2002年9月28日，周铁镇第四届残代会召开。出席大会正式代表65名。其中，残疾人代表39名，健全人代表26名。潘泉华当选残代会名誉主席，王朝霞当选残代会主席，曹效平当选残代会副主席，吴琴华任残联理事长。推选出席市残代会代表5人。同年10月，洋溪镇第四届残代会召开。出席大会正式代表43名，列席代表6名。吴旭当选残代会名誉主席，陆海华当选残代会主席，王伯荣当选残代会副主席、任残联理事长。

2008年1月23日，周铁镇第五届残疾人代表大会召开。出席大会正式代表65名。其中，残疾人及亲友代表38人、健全人代表27人。列席代表35名。李立明当选残代会主席，许盘良、李效平当选残代会副主席，许盘良任残联理事长。

2012年11月22日，周铁镇第六届残代会召开。出席大会正式代表65名。其中，残疾人及亲友代表34人、健全人代表31人。列席代表23名。吴盘琴当选残代会主席，凌莉萍、李效平当选残代会副主席，凌莉萍任残联理事长。2015年，调整残代会主席团成员，何隽任残联理事长。

1992—2015年周铁镇残联历届残代会主席、副主席一览表

表2-38

届次	乡、镇	残代会主席	残代会副主席
一、二、三	周铁镇	叶国强	吴寅大
		夏国忠	
		蒋跃进	吴琴华
一	分水乡	陈祥荣	管荣清

续表 2-38

届次	乡、镇	残代会主席	残代会副主席
二、三	分水镇	陈祥荣	管荣清
		周永昌	
一	洋溪乡	蒋耀星	王伯荣
二、三、四	洋溪镇	王士勋	
		周产群	
		陆海华（名誉主席吴旭）	
四、五、六	周铁镇	王朝霞（名誉主席潘泉华）	曹效平
		李立明	许盘良、李效平
		吴盘琴	凌莉萍、李效平

1992—2015 年周铁镇历届残联理事长、副理事长一览表

表 2-39

届次	乡、镇	理事长	副理事长
一	分水乡	陈祥荣	管荣清
二、三	分水镇	管荣清	—
一	洋溪乡	蒋耀星	王伯荣、许解明
二、三、四	洋溪镇	王伯荣	—
		王士勋	—
		王伯荣	—

续表 2-39

届次	乡、镇	理事长	副理事长
一	周铁镇	叶国强	吴寅大
二		吴寅大	—
三、四		吴琴华	—
五		许盘良	—
六		凌莉萍	—
七		何隽	—

十二、丁蜀镇残疾人代表大会

1992 年 9 月 21 日，丁蜀镇残疾人第一届代表大会召开，出席大会正式代表 54 人。其中，残疾人代表 36 人，健全人代表 18 人。特邀代表 2 人。陈云松当选残代会主席，朱孟大当选残代会副主席、兼任镇残联理事长，张凡华当选为残代会副主席、兼任残联副理事长，主持残联日常工作。推选出出席市残代会代表 4 人。同年，洑东乡、大浦乡、张泽乡第一届残疾人代表大会分别召开，蒋炳法、顾小初、张菊芳分别当选残代会主席。张草宏、方建平、姜林荣分别任残联理事长。每乡推选出席市残代会代表 2 人。

1996 年 10 月，丁蜀镇召开第二届残代会，出席大会正式代表 52 人。其中，残疾人和残疾人亲友代表 40 人、健全人代表 12 人。特邀代表 6 人。何梅生当选为残代会主席、兼任残联理事长，主持残联日常工作。推选出席市残代会代表 4 人。同年，洑东镇、大浦镇、张泽镇第二次残代会分别召开，蒋炳法、顾小初、张菊芳分别当选残代会主席，陶建新、方建平、姜林荣分别任残联理事长。每镇推选出席市残代会代表 2 人。

1999 年 11 月，丁蜀镇召开第三届残代会，出席大会正式代表 62 人。其中，残疾人代表 49 人，健全人代表 13 人。特邀代表 3 人。周洪顺当选为残代会主席，杭南生当选残代会副主席、兼任残联理事长，主持残联日常工作。推选出席市残代会代表 4 人。同年洑东镇、大浦镇、张泽镇第三次残代会分别召开，蒋炳法、顾小初、张菊芳分别当选残代会主席，陶建新、方建平、邵全林分别任残联理事长。每镇推选出席市残代会代表 2 人。

2003年12月，丁蜀镇第四届残代会召开，出席大会正式代表100人。其中，残疾人代表60人，健全人代表40人。特邀代表2人。袁立群当选残代会主席，钱星球当选为残代会副主席、兼任残联理事长，主持残联日常工作。同年洑东镇、大浦镇第四届残代会分别召开，周红芬、方建平分别当选残代会主席，杨仁洁、蒋其祥分别任残联理事长。

2008年1月，丁蜀镇第五届残代会召开，出席大会正式代表62人。其中，残疾人代表45人，健全人代表17人。特邀代表5人。何亚君、史成俊当选残代会主席，王文元当选残代会副主席、任残联理事长，主持残联日常工作。推选出席市残代会代表9人。

2012年，丁蜀镇召开第六届残疾人代表大会，出席大会正式代表70人。其中，残疾人代表50人，健全人代表20人。特邀代表5人。吴雪峰、黄立明当选为残代会主席，王文元当选为残代会副主席、任残联理事长，主持残联日常工作。推选出席市残代会代表10人。

1992—2015年丁蜀镇残联历届残代会主席、副主席一览表

表2-40

届次	乡、镇	残代会主席	残代会副主席
一	丁蜀镇	陈云松	朱孟大、张凡华
	洑东乡	蒋炳法	张草宏、陶建新
	大浦乡	顾小初	方建平
	张泽乡	张菊芳	姜林荣
二、三	丁蜀镇	何梅生	钱星球
		周克仁	钱星球、杭南生
	洑东镇	蒋炳法	—
	大浦镇	顾小初	—
	张泽镇	张菊芳	—
四	丁蜀镇	袁立群	钱星球
	洑东镇	周红芬	杨仁洁
	大浦镇	方建平	蒋其祥

续表 2-40

届次	乡、镇	残代会主席	残代会副主席
五、六	丁蜀镇	何亚君 史成俊	王文元
		吴雪峰 黄立明	—

1992—2015 年丁蜀镇历届残联理事长、副理事长一览表

表 2-41

届次	乡、镇	理事长	副理事长
一	丁蜀镇	朱孟大	张凡华
	洑东乡	张草宏	陶建新
	大浦乡	顾小初	方建平
	张泽乡	万志新	姜林荣
二、三	丁蜀镇	何梅生	—
		杭南生	—
二、三	洑东镇	陶建新	—
	大浦镇	方建平	—
	张泽镇	姜林荣	—
		邵全林	—
四	丁蜀镇	钱星球	—
	洑东镇	杨仁洁	—
	大浦镇	蒋其祥	—
五、六	丁蜀镇	王文元	—

十三、湖汊镇残疾人代表大会

1992年6月，湖汊镇第一届残疾人代表大会召开，出席大会正式代表40人，其中残疾人和残疾人亲友代表25人、健全人代表15人。蒋品洪当选首届残代会主席兼任残联理事长。施冠新、严晓云任残联副理事长，奚洪斌主持残联日常工作。推选出席市残代会代表2人。

1999年，湖汊镇第二届残代会召开，出席大会正式代表46人，其中残疾人和残疾人亲友代表30人、健全人代表16人。袁立群当选残代会主席，胡正宏任残联理事长，主持残联日常工作。推选出席市残代会代表2人。

2002年，湖汊镇第三届残代会召开，出席大会正式代表50人，其中残疾人和残疾人亲友代表30人、健全人代表20人。舒志超当选残代会主席，应德新、李孟洪当选残代会副主席。李孟洪任残联理事长，主持残联日常工作。推选出席市残代会代表2人。

2008年，湖汊镇第四届残疾人代表大会召开，出席大会正式代表35人，其中残疾人和残疾人亲友代表21人、健全人代表14人。万年青当选残代会主席，应德新、李孟洪当选残代会副主席。李孟洪任残联理事长，主持残联日常工作。

2012年9月，湖汊镇召开第五届残疾人代表大会，出席大会正式代表46人，其中残疾人和残疾人亲友代表28人、健全人代表18人。万年青当选为残代会主席，李孟洪、邵金秋、许玉华、刁延海、石健康、孙春荣、骆陶峰、孙海军当选为残代会副主席，李孟洪任残联理事长，主持残联日常工作。推选出席市残代会代表2人，特邀代表1人。2012年，镇调整主席团成员，王建芬任残联理事长。

1992—2015年湖汊镇残联历届残联主席、副主席一览表

表2-42

届次	乡、镇	残联主席	残联副主席
一	湖汊镇	蒋品洪	—
二		袁立群	—
三		舒志超	应德新、李孟洪

续表 2-42

届次	乡、镇	残联主席	残联副主席
四	湖汊镇	万年青	应德新、李孟洪
五			李孟洪、邵金秋 许玉华、刁延海、 石健康、孙春荣、 骆陶峰、孙海军

1992—2015 年湖汊 镇历届残联理事长、副理事长一览表

表 2-43

届次	乡、镇	理事长	副理事长
一	湖汊镇	蒋品洪	奚洪斌、施冠新、 严晓云
二	湖汊镇	胡正宏	—
三		李孟洪	—
四			—
五			—
		王建芬	—

十四、宜城街道残疾人代表大会

1992 年 7 月，宜城镇残疾人联合会第一次代表大会召开，出席大会正式代表 35 名，其中残疾人和残疾人亲友代表 20 名、健全人代表 15 名。列席代表 24 名。史洪明当选宜城镇第一届残代会主席、兼任残联理事长，王菊仙、吴俊明任残联副理事长。推选出席市残疾人代表大会代表 3 名。

同年 5 月，十里牌乡残疾人联合会第一届代表大会召开，出席大会正式代表 35 名，其中残疾人和残疾人亲友代表 20 名、健全人代表 15 名。特邀代表 8 名。张盘君当选十里牌乡第一届残代会主席、兼任残联理事长，陈锡宝任残联副理事长。推选出席市残疾人代表大会代表 2 名。

同年6月，红塔乡残疾人联合会第一届代表大会召开，出席大会正式代表30名，其中残疾人和残疾人亲友代表18名、健全人代表12名。特邀代表6名。孙毛大当选红塔乡第一届残代会主席、兼任残联理事长，黄家凤任残联副理事长。推选出席市残疾人代表大会代表2名。

1997年6月，宜城镇残联第二次代表大会召开，出席大会正式代表名35人，其中残疾人和残疾人亲友代表20人、健全人代表15人。列席代表24。史洪明当选宜城镇第二届残代会主席、兼任残联理事长，王菊仙、吴俊明任残联副理事长。推选出席市残疾人代表大会代表6名。

同年4月，红塔乡残联第二届代表大会召开，出席大会正式代表30名，其中残疾人和残疾人亲友代表18名、健全人代表12名。列席代表28名。周建良当选红塔乡第二届残代会主席、兼任残联理事长，黄家凤任残联副理事长。推选出席市残疾人代表大会代表3名。

1999年5月，宜城镇残联第三次代表大会召开，出席大会正式代表名60名，其中残疾人和残疾人亲友代表40名、健全人代表20名。列席代表35名。鲍燮森当选残代会主席，陈盘芳任宜城镇第三届残联理事长。推选出席市残疾人代表大会代表6名。

同年11月，红塔镇残联第三届代表大会召开，出席大会正式代表30名，其中残疾人和残疾人亲友代表18名、健全人代表12名。列席代表17名。

图2-5 宜兴市镇（街道）残联换届选举工作

张春华当选红塔镇第三届残代会主席，王家凤任残联理事长。推选出席市残疾人代表大会代表 3 名。

2008 年 1 月， 宜城街道残联第一次代表大会召开。出席大会正式代表 100 名，其中残疾人和残疾人亲友代表 70 名、健全人代表 30 名，列席代表 34 名。许卫彬当选宜城街道第一届残代会主席，陈朗然任残联理事长。推选出席市残疾人代表大会代表 8 名。

2012 年 11 月 ，宜城街道残疾人联合会第二次代表大会召开。出席大会正式代表 100 名，其中残疾人和残疾人亲友代表 70 名、健全人代表 30 名，列席代表 34 名。许卫彬当选宜城街道第二届残代会主席，陈朗然任残联理事长。推选出席市残疾人代表大会代表 8 名。

2015 年，宜城街道残代会主席团成员调整，韦达平担任宜城街道残联理事长。

1992—2015 年宜城街道残联历届残代会主席、副主席一览表

表 2-44

届次	乡、镇、街道	残代会主席	残代会副主席
一	宜城镇	史洪明	—
	十里牌乡	张盘君	—
	红塔乡	孙毛大	—
二	宜城镇	史洪明	—
	红塔乡	周建良	—
三	宜城镇	鲍燮森	—
	红塔镇	张春华	—
四、五	宜城街道	许卫彬	—

1992—2015 年宜城街道历届残联理事长、副理事长一览表

表 2-45

<table>
<tr><th>届次</th><th>乡、镇、街道</th><th>残联理事长</th><th>残联副理事长</th></tr>
<tr><td rowspan="3">一</td><td>宜城镇</td><td>史洪明</td><td>王菊仙、吴俊明</td></tr>
<tr><td>十里牌乡</td><td>张盘君</td><td>陈锡宝</td></tr>
<tr><td>红塔乡</td><td>孙毛大</td><td>黄家凤</td></tr>
<tr><td rowspan="2">二</td><td>宜城镇</td><td>史洪明</td><td>王菊仙、吴俊明</td></tr>
<tr><td>红塔乡</td><td>周建良</td><td>黄家凤</td></tr>
<tr><td rowspan="2">三</td><td>宜城镇</td><td>陈盘芳</td><td>—</td></tr>
<tr><td>红塔镇</td><td>黄家凤</td><td>—</td></tr>
<tr><td rowspan="2">四、五</td><td rowspan="3">宜城街道</td><td rowspan="2">陈朗然</td><td>—</td></tr>
<tr><td>—</td></tr>
<tr><td>六</td><td>韦达平</td><td>—</td></tr>
</table>

十五、屺亭街道残疾人代表大会

1992 年 7 月 15 日，屺亭乡第一届残疾人代表大会召开，吴四小当选首届残代会主席、任残联理事长，杜仲槐当选残代会副主席、任残联副理事长。推选出席市残代会代表 2 人。

1994 年，屺亭乡第二届残代会召开，张伯宏当选残代会主席，王国军、杜仲槐当选残代会副主席，王国军兼任残联理事长，杜仲槐兼任残联副理事长。推选出席市残代会代表 2 人。

1999 年，屺亭镇第三届残代会召开，徐占良当选残代会名誉主席，褚雪华当选残代会主席，叶志良当选残代会副主席兼任残联理事长。推选出席市残代会代表 2 人。

2002 年 11 月 1 日，屺亭镇第四届残代会召开，出席大会正式代表人数 42 人，其中残疾人和亲友代表 28 人、健全人代表 14 人。列席代表 10 人。徐占良当选残代会名誉主席，褚雪华当选残代会主席，叶志良当选副主席兼任残联理事长。

2007年，屺亭镇第五届残代会召开，缪孟全当选残代会主席、叶志良当选残代会副主席兼任残联理事长。推选出席市残代会代表5人。

2008年6月6日，屺亭街道第一届残代会召开，出席大会正式代表72人，其中残疾人和亲友代表44人、健全人代表28人。选举产生残代会主席、副主席和理事长。褚志瑾当选残代会主席，蒋跃进、叶志良、黄建君、查荣连、樊福强、蒋峰当选残代会副主席，叶志良任残联理事长。

2012年11月23日，屺亭街道第二届残代会召开，出席大会正式代表63名，其中残疾人和亲友代表40人、健全人23人。选举产生新一届残代会主席、副主席和理事长。褚志瑾当选残代会主席，蒋跃进、吉建军当选残代会副主席，吉建军兼任残联理事长。推选出席市残代会代表5人。

1992—2015年屺亭街道残联历届残代会主席、副主席一览表

表2-46

届次	乡、镇、街道	残代会主席	残代会副主席
一、二	屺亭乡	吴四小	杜仲槐
		张伯宏	
三、四、五	屺亭镇	徐占良（名誉主席）、褚雪华	叶志良
		缪孟全	
一	屺亭街道	褚志瑾	蒋跃进、叶志良、黄建君、查荣连、樊福强、蒋峰
二	屺亭街道	褚志瑾	蒋跃进、吉建军

1992—2015 年屺亭街道历届残联理事长、副理事长一览表

表 2-47

届次	乡、镇、街道	理事长	副理事长
一、二	屺亭乡	吴四小	杜仲槐
		王国军	—
		杜仲槐	—
三、四、五	屺亭镇	叶志良	—
一、二	屺亭街道	叶志良（兼）	—
		吉建军	—

十六、芳桥街道残疾人代表大会

1992 年 11 月 16 日，芳桥乡第一届残疾人代表大会召开，出席大会正式代表 38 人。周介平当选芳桥乡残代会主席，兼任残联理事长，周武、许洪平当选残代会副主席，任残联副理事长。同年 5 月，扶风乡第一届残疾人代表大会召开，杭顺裕当选扶风乡残代会主席，兼任残联理事长，盛其华当选残代会副主席，任残联副理事长。

1996 年 9 月 4 日，芳桥镇第二届残代会召开，出席大会正式代表 40 人。邱作为当选芳桥镇第二届残代会主席，史凤珍当选残代会副主席，任残联理事长。同年，扶风乡第二届残代会召开，盛其华任扶风镇残联理事长。

2002 年，芳桥镇第三届残代会召开，出席大会正式代表 42 人。吴亚琴当选芳桥镇第三届残代会主席，史凤珍当选残代会副主席，任残联理事长。2003 年，芳桥镇残代会主席团成员调整，魏荷珍当选残代会副主席，任残联理事长。2004 年，芳桥镇残代会主席团成员调整，杨志良当选残代会副主席，任残联理事长。

2008 年 6 月 24 日，芳桥镇第四届残代会召开，出席大会正式代表 44 人。黄伯勤当选芳桥镇第四届残代会主席，尤忠明、蒋锡君当选残代会副主席，尤忠明任芳桥镇残联理事长。

2012 年 12 月 5 日，芳桥镇第五届残代会召开，出席大会正式代表 41 人。周斌当选芳桥镇第五届残代会主席，尤忠明、蒋锡君当选残代会副主席，尤忠明任芳桥镇残联理事长。

1992—2015 年芳桥街道残联历届残代会主席、副主席

表 2-48

届次	乡、镇、街道	残代会主席	残代会副主席
一	芳桥乡	周介平	周武、许洪平
	扶风乡	杭顺裕	盛其华
二	芳桥镇	邱作为	史凤珍
	扶风镇		盛其华
三	芳桥镇	吴亚琴	史凤珍
四		黄伯勤	蒋锡君、尤忠明
五		周　斌	蒋锡君、尤忠明

1992—2015 年芳桥街道历届残联理事长、副理事长一览表

表 2-49

届次	乡、镇、街道	理事长	副理事长
一	芳桥乡	周介平	周武、许洪平
	扶风乡	杭顺裕	盛其华
二	芳桥镇	史凤珍	—
	扶风镇	盛其华	—
三	芳桥镇	史凤珍	—
四		魏荷珍	—
五		杨志良	—
一	芳桥街道	尤忠明	—

十七、新庄街道残疾人代表大会

1992年，新庄乡第一届残疾人代表大会召开，出席大会正式代表41人，其中残疾人和残疾人亲友代表25人、健全人代表16人。查善忠当选乡残代会主席、残联理事长。张德洪当选残代会副主席、残联副理事长，主持残联日常工作。推选出席市残疾人代表大会代表4人。同年，大塍乡第一届残疾人代表大会召开，出席大会正式代表32人，其中残疾人和残疾人亲友代表20人、健全人代表12人。许国强当选乡残代会主席、残联理事长。闵林根、陈国忠、王元清当选残代会副主席、残联副理事长，闵林根主持残联日常工作。推选出席市残代会代表4人。

1996年，新庄镇第二届残疾人代表大会召开，出席大会正式代表52人，其中残疾人和残疾人亲友代表34人、健全人代表18人。沈亦良当选残代会主席、残联理事长，主持残联日常工作。推选出席市残代会代表4人。同年，大塍镇第二届残疾人代表大会召开，出席大会正式代表40人，其中残疾人和残疾人亲友代表24人、健全人代表16人。吕竹鹃当选残代会主席、残联理事长，主持残联日常工作。推选出席市残代会代表5人。

1999年，新庄镇第三届残疾人代表大会召开，出席大会正式代表61人，其中残疾人及亲友代表39人、健全人代表22人。钱东明当选残代会主席、残联理事长，主持残联日常工作。推选出席市残代会代表5人。

同年，大塍镇召开第三届残疾人代表大会，出席大会正式代表38人，其中残疾人和残疾人亲友代表22人、健全人代表16人。余志君当选残代会主席、残联理事长，主持残联日常工作。推选出席市残代会代表5人。

2007年，新庄街道第一届残疾人代表大会召开，出席大会正式代表45人，其中残疾人代表及亲友代表25人、健全人代表20人。钱东明当选残代会主席、残联理事长，主持残联日常工作。推选出席市残代会代表5人。

2012年11月19日，新庄街道第二届残疾人代表大会召开。出席大会正式代表50人，其中残疾人及亲友代表30人、健全人代表20人。钱东明当选为残代会主席、残联理事长，主持残联日常工作。推选出席市第五届残代会代表5人。2015年，新庄街道调整残代会主席团成员，潘新霞担任残代会主席兼残联理事长，主持残联日常工作。郭赛红担任残代会副主席兼任残联副理事长。

1992—2015 年新庄街道残联历届残代会主席、副主席一览表

表 2–50

届次	乡、镇、街道	残代会主席	残代会副主席
一、二、三	新庄乡	查善忠	张德洪
	新庄镇	沈亦良	—
		钱东明	—
一	大塍乡	许国强	闵林根、陈国忠、王元清
二、三	大塍镇	吕竹鹃	余志君
		余志君	—
一、二	新庄街道	钱东明	—
		潘新霞	郭赛红

1992—2015 年新庄街道历届残联理事长、副理事长一览表

表 2–51

届次	乡、镇、街道	理事长	副理事长
一、二、三	新庄乡	查善忠	张德洪
	新庄镇	沈亦良	—
		钱东明	—
一	大塍乡	许国强	闵林根、陈国忠、王元清
二、三	大塍镇	吕竹鹃	—
		余志君	—
一、二	新庄街道	钱东明	—
		潘新霞	郭赛红

十八、新街街道残疾人代表大会

1992 年 5 月 12 日，归径乡残疾人第一届代表大会召开，出席大会正式代表 35 人。其中，残疾人和残疾人亲友代表 25 人、健全人代表 10 人。特邀代表 7 人。欧方明当选残代会主席、残联理事长；王德康当选残代会副主席、残联副理事长，主持残联日常工作。推选出席市残代会代表 2 人、特邀代表 1 人。

1992 年 7 月 5 日，新街乡残疾人第一届代表大会召开，出席大会正式代表 30 人。其中，残疾人和残疾人亲友代表 16 人、健全人代表 14 人。特邀代表 6 人。储小军当选残代会主席、残联理事长；吉龙根当选残代会副主席、残联副理事长，主持残联日常工作。推选出席市残疾人代表大会代表 2 人、特邀代表 1 人。

1994 年 5 月，新街乡第二届残疾人召开，出席大会正式代表 30 人。其中，残疾人和残疾人亲友代表 16 人、健全人代表 14 人。特邀代表 6 人。储小军当选残代会主席、残联理事长；吉龙根当选残代会副主席和残联副理事长，主持残联日常工作。推选出席市残代会代表 2 人、特邀代表 1 人。同年 6 月，归径乡第二届残疾人代表大会召开，出席大会正式代表 32 人。其中，残疾人和残疾人亲友代表 18 人、健全人代表 14 人。特邀代表 8 人。欧方明当选残代会主席和残联理事长；王德康当选残代会副主席、残联副理事长，主持残联日常工作。推选出席市残代会代表 2 人、特邀代表 1 人。

1999 年，新街镇第三届残疾人代表大会召开，出席大会正式代表 35 人。其中，残疾人及亲友代表 20 人、健全人代表 15 人。特邀代表 10 人。欧学新当选残代会主席；徐惠忠当选残代会副主席、残联理事长，主持残联日常工作。推选出席市残代会代表 2 人、特邀代表 1 人。同年，归径乡第三届残疾人代表大会召开，出席大会正式代表 40 人。其中，残疾人代表及亲友代表 24 人、健全人代表 16 人。特邀代表 8 人。蒋金保当选残代会主席、残联理事长；王德康当选残代会副主席、残联副理事长，主持残联日常工作。推选出席市残代会代表 2 人、特邀代表 1 人。同年，中国宜兴环保科技工业园（简称环科园）成立残疾人联合会，召开第一届代表大会，出席大会正式代表 30 人。其中，残疾人及亲友代表 16 人，健全人代表 14 人。特邀代表 6 人。许卫彬当选残代会主席；郭建琴当选为残代会副主席、残联理事长，主持残联日常工作。推选出席市残代会代表2人、特邀代表1人。

2000年，归径乡并入新街镇。新街镇调整残代会主席团成员，褚雪华担任残代会主席；傅旭明担任残代会副主席、残联理事长；蒋敖根担任残联专职副理事长，主持残联日常工作。

2007年，新街镇（街道）第四届残疾人代表大会召开，出席大会正式代表50人。其中，残疾人及亲友代表30人，健全人代表20人。列席代表12人。褚雪华当选残代会主席；傅旭明当选残代会副主席、残联理事长，主持日常工作。推选出席市残代会代表4人，特邀代表2人。同年，环科园第二届残疾人代表大会召开，出席大会正式代表35人。其中，残疾人和亲友代表19人，健全人代表16人。特邀代表8人。曹卫平当选残代会主席；朱旭强当选残代会副主席、残联理事长，主持残联日常工作。推选出席市残代会代表2人、特邀代表1人。

2012年11月，新街街道第一届残疾人代表大会召开，出席大会正式代表50人。其中，残疾人及亲友代表30人，健全人代表20人。列席代表16人。选举产生残代会主席。褚雪华当选残代会主席；傅旭明当选为残代会副主席、残联理事长，主持残联日常工作。推选出席市第五届残代会代表6人、特邀代表3人。

2015年，街道调整残代会主席团成员，褚雪华担任残代会主席；王金荣担任残代会副主席、残联理事长，主持残联日常工作。

1992—2015年新街街道残联历届残代会主席、副主席一览表

表2-52

届次	乡、镇、街道	残代会主席	残代会副主席
一、二、三	新街乡	储小军	吉龙根
		欧学新	徐惠忠
一、二、三	归径乡	欧方明	王德康
		蒋金保	王德康
一、二	环科园	许卫彬	郭建琴
		曹卫平	朱旭强

续表 2-52

届次	乡、镇、街道	残代会主席	残代会副主席
三、四	新街镇	欧学新	徐惠忠
		褚雪华	傅旭明
一	新街街道	褚雪华	傅旭明
			王金荣

1992—2015 年新街街道历届残联理事长、副理事长一览表

表 2-53

届次	乡、镇、街道	理事长	副理事长
一、二	新街乡	储小军	吉龙根
三		欧学新	徐惠忠
一、二	归径乡	欧方明	王德康
三		蒋金保	王德康
一、二	环科园	郭建琴	—
		朱旭强	—
四	新街镇	徐惠忠	—
		傅旭明	蒋敖根
一	新街街道	傅旭明	—
		王金荣	—

第三章 党群组织

宜兴市残联党支部成立后，按照市委统一部署，不断加强思想建设、组织建设、党风廉政建设和机关干部作风建设。党支部一班人结合市残联各项工作实际，带领全体工作人员面向残疾人事业发展，面向基层，创建学习型、服务型、廉政型机关。

宜兴市残联工会配合党支部全面推进全体工作人员的思想建设，发挥工会联系职工的桥梁和纽带作用，不断增强工会的凝聚力，将工会工作与残联工作同步展开。同时，按照上级工会的布置，发动全体职工参与各项文体活动。

第一节 中共宜兴市残疾人联合会支部委员会

一、历届党支部

2003 年，市残联党员的组织关系由市民政局转至市级机关党工委。

2004 年 7 月，经市级机关党工委批准，市残联成立中共宜兴市残疾人联合会支部委员会。丁国强、曹全松、潘志泉当选为宜兴市残联党支部成员。丁国强任市残联首届党支部书记，曹全松、潘志泉任党支部委员。同年 12 月，市残联党支部改选，薛慧芳任第二届市残联党支部书记。

2013 年，市残联党支部改选，杭仁育任第三届党支部书记，吴亚琴任党支部副书记，戴菊华任党支部委员。

二、主要工作

2003 年，宜兴市残联党支部根据《中国共产党党员干部廉洁从政若干准则（试行）》《中共中央、国务院关于党政机关厉行节约制止奢侈浪费行为的若干规定》和《中国共产党纪律处分条例（试行）》、中央纪委、监察部，廉洁从政有关规定，制定宜兴市残联机关干部廉洁从政规定。

2004 年，市残联党支部按照市委统一部署，落实市委、市政府《关于开展机关作风建设集中教育的意见》，做到领导精心制定方案，并认真实施，带领职工，面向两个“率先”，面向残疾人事业发展，面向基层对象服务。在为期 3 个月的教育活动中，集中辅导学习 5 次，撰写自我剖析材料 28 篇，召集群众座谈、走访 95 人次，征求到意见 38 条，查摆问题 5 个方面，制定整改措施 5 类 13 条，新订和完善规章制度 13 项，将《宜兴市残疾评定程序》

公示。召开全体党员会议 12 次，民主生活会 4 次，对党支部、单位领导、各科室负责人民主测评，发展预备党员 1 名。

2005 年 1 月，宜兴市残联党支部由宜兴市委统一部署，列为市第一批开展以实践“三个代表”重要思想为主要内容的保持共产党员先进性教育活动单位。为使活动有序开展，市残联成立党员先进性教育活动领导小组，由丁国强任组长，薛慧芳、曹全松为小组成员。活动分学习动员、分析评议、整改提高三个阶段实施，至 6 月底结束。

2006 年，市残联党支部按照市委部署，开展保持共产党员先进性教育活动，为期 6 个月，召开群众座谈会 3 次，发放征求意见表 67 份，征求到意见 3 类 8 条，开展谈心活动 52 次，撰写党性分析材料 8 篇，制定整改措施 16 条。活动分学习动员、分析评议、整改提高三个阶段。创建学习型、服务型、节约型、效能型、廉政型机关。发展新党员，考察材料齐全，程序规范，手续完备。新党员参加市级机关党工委论文征集讨论活动和“七一”入党宣誓仪式。残联党支部与党员干部签订廉政责任状。同时，学习《中国共产党纪律处分条例》，参观市廉政书画展，撰写学习心得，对照检查、召开党内民主生活会，开展批评与自我批评。市残联党支部采取党课辅导、学习心得交流、问题测试等形式，集中学习邓小平理论、“三个代表”重要思想，中共十六届五中、六中全会精神等 60 课时，撰写学习心得 24 篇。组织全体党员，学习残疾人工作政策、法规、条例、劳动就业、教育培训、康复、社会保障等业务技能。

2007 年，市残联和市财政局对照上级文件精神，联合下发《关于对残疾学生和贫困残疾人家庭子女就学实行资助和奖励的通知》，重申对残疾人大学生（含自学考试和高校毕业生）的资助和奖励办法、标准作出新的规定。市残联党支部一班人结合工作实际，带领全体工作人员，进一步提高工作效率，及时解决 50 户贫困残疾人家庭子女就学费用 50 万元，由党员干部一一送上门。

2008 年 11 月，市残联党支部被定为宜兴市深入学习实践科学发展观活动试点。12 月，成立深入学习实践科学发展观活动试点工作领导小组，组长：闵曲成，副组长：薛慧芳、潘志泉，成员：曹全松、戴菊华、储智娟、张阿明。由潘志泉兼任联络员，负责组织协调工作，工作方案发放至各科室、直属单位。

以领导班子和党员领导干部为重点，贯彻党的十七大精神，学习科学发展观，着力转变不适应、不符合科学发展观思想；着力完善保障残疾人各项政策措施；着力构建残疾人发展规划和机制，打造残疾人工作者新形象。活动分学习调研、分析检查、整改落实三个阶段。学习调研阶段分动员学习、深入调研，分析检查阶段、召开民主生活会、接受群众评议；整改落实阶段分制定整改措施、找出解决问题办法，群众满意度测评。深入学习实践科学发展观活动试点工作，历时6个月结束。市残联党支部活动成果，得到市委深入学习实践科学发展观活动试点工作指导检查组肯定。

2009年，市残联党支部签订《宜兴市2009年度党风廉政建设责任书》，制定《2009年度宜兴市残联文明机关创建活动计划》，6名党员公务员全部通过“3+2”选修考试。同年，储智娟被评为市级机关优秀共产党员。

是年，市级机关党委联合市残联开展党员义工结对百户残疾人家庭活动。

2010年，市残联党支部充分利用组织活动、党课学习、政治理论学习，认真学习中共十七大报告及十七届三中、四中、五中全会《决定》。党支部要求全体党员读一本好书，写一篇读后感。7月1日，市残联党支部邀请市委党校王建坤作《党的十七大四中全会精神解读和体会》报告，组织全体党员观看电影《复兴之路》。同时开展党员干部对有关残疾人康复、教育、就业、法律法规的知识培训。是年，薛慧芳被市级机关党工委评为优秀党（总）支部书记，薛建强被评为优秀党员。

图3-1 市残联全体党员重温入党誓言

图3-2 党支部开展十七届四中全会精神解读活动

市残联党支部在开展“幸福宜兴”活动中，按“关爱残疾人劳动就业、生活保障、身心健康、文化需求、自强进步”要求，围绕“阳光助残幸福共享”，举办专场“阳光助残”就业招聘洽谈会。同时开展“千户残疾人家庭、万名残疾人”走访活动，启动“阳光助残安居工程”，举办“关爱农村残疾人——走进南园村”广场咨询服务活动，“享发展成果，看家乡巨变”组织百名残疾人游园活动，组织50名优秀残疾人观摩上海世界博览会。

同年，市残联党支部深入开展“单位比作为，社区当表率”活动，残联党员进社区报到率、活动率100%。组织市、镇二级残联系统35周岁以下人员参加“迎国庆”读书征文演讲比赛，参加演讲比赛共37人，11人获一等奖，2人获二等奖，3人获三等奖，6人获优秀奖。组织人员参加市级机关党工委举行的自行车慢骑、摄影、书法选拔赛。

同年，残联党支部加强党风廉政建设，学习《中国共产党纪律处分条例》和《中国共产党廉洁从政若干准则》，结合座谈讨论、廉文阅读，撰写心得，对照检查；召开民主生活会，开展批评和自我批评。

同年，市残联党支部开展“社会公德、家庭美德、职业道德”教育，开展“人道、廉洁、服务、奉献”教育，开展“党性党风、群众路线、法律法规、艰苦创业，为残服务、荣辱观念”教育。同时开展“党组织履行职责创先进，广大党员立足本职争优秀”活动。市残联党支部在党员义工与贫困残疾人家庭结对帮扶活动中，党员义工戴菊华、储智娟结对帮扶和桥镇贫困残疾人吴美华，走访4次，送给慰问金4000元；教育就业科党员走访贫困残疾人，2名贫困残疾人各获救助金2000元；党支部帮忙联系民营企业28家，捐资助学8.4万元，帮助特困残疾学生28名。

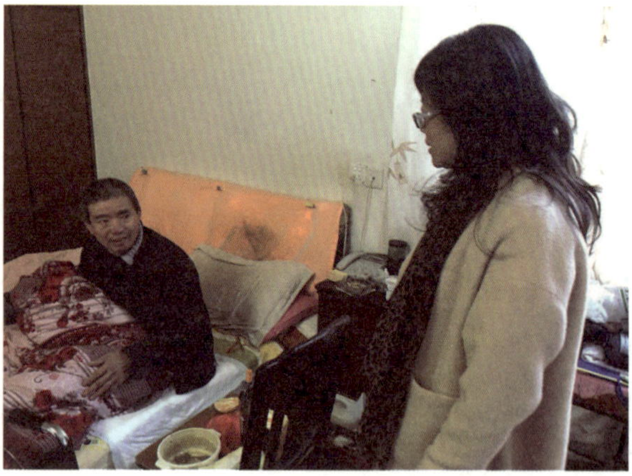

图3-3 市残联党支部开展结对帮扶贫困残疾人活动

同年，在“三走进、三服务”活动中，市残联党支部与丁蜀镇建新村结对共建，走访4次，技术培训1次，帮扶困难群众5名，慰问困难党员5名，助学2名；走访慰问建新村贫困残疾人和贫困党员10人，发放慰问金5000元。

同年，残联党支部开展“玉树地震救灾”募捐活动，全体党员和机关人员捐款2500元。开展“慈善一日捐”活动，捐款4300元。是年，市残联党员储智娟、闻英，参加2010—2012年市级机关第六期党员轮训班。是年，张阿明被市级机关党工委评为优秀共产党员。

2011年，残联党支部开展党员“社会公德、家庭美德、职业道德”教育，规范“人道、廉洁、服务、奉献”残疾人工作者职业道德；开展“形势政策、党性党风、群众路线、法律法规、艰苦创业、为残服务、道德文化、荣辱与共”教育，弘扬爱岗敬业、艰苦奋斗精神，增强党员干部和谐理念、表率作用意识。

同年，残联党支部组织党员开展理论和业务学习，提升党员干部理论素养和业务能力，连续组织全体党员学习十七届五中、六中全会精神，收看胡锦涛总书记在建党90周年纪念大会上讲话，听取市委党校池慧灵作《社会管理的方向和创新》讲座，参加《中华人民共和国残疾人保障法》、残疾人康复、教育、就业、法律法规等培训。

“七一”前夕，市残联党支部举办“学党史、学业务”知识竞赛，全体党员和工作人员参加闭卷考试。周明芬、朱红娟、洪晶、刘小燕、闻英获建党知识竞赛一等奖。市残联党支部组织全体党员干部赴南昌等地，参观南昌“八一”纪念馆。

图3-4　市残联党支部开展七一纪念活动

2012年，残联党支部会同市级机关党工委开展党员义工结对百户残疾人家庭活动。活动中，走访残疾人家庭1130人次，交心谈话750人次，资助总金额102万元，解决残疾人家庭就医、就学、就业等现实困难。

同年，市残联党支部针对部分福利企业退工情况，在深入调研基础上，撰写《稳定福利企业和残疾人就业工作的建议和意见》，交市委市政府决策，

图 3-5 党员义工结对百户贫困残疾人家庭活动

组织各镇（街道）残联排查退工人员，以结对帮扶、纳入低保、扶持创业等方式，确保困难残疾职工基本生活。安置残疾人就业、再就业 281 名。

同年，市残联党支部组织全体党员，学习中共十八大精神，集中学习讨论、个人谈体会交流，增强党员干部政治敏锐性。全体党员及机关工作人员听取市党校老师《十八大精神解读》辅导报告，撰写体会文章。组织党员干部就残疾人康复、教育、就业、法律法规知识等培训 10 次，赴南京、泰州、兴化等地考察学习走访调研，提升党员干部为残服务能力。市残联党支部要求党员在“单位比作为、社区作表率”；参与居住社区党组织各项活动。

是年，闻英被评为市级机关优秀党员。

2013 年，市残联党支部加强残联机关效能建设，每周召开支部碰头会，安排一周工作，每半个月召开中层干部工作例会，每季召开片区工作交流会。出台《关于合同制人员报酬结构优化和绩效考核的实施办法（试行）》，明确岗位职责。

是年，在创造“一支部一品牌”中，市残联支部党员与残疾紫砂艺人结对座谈，牵线大师结对学员，筹划作品展销，关注残疾紫砂艺人职称晋升。党员干部在无锡市开展的“走百村访千户”活动中，走访残疾家庭 200 户，在社区、福利企业，为残服务机构中与残疾人交谈，了解残疾人及家庭需求，帮助解决困难。同年，市残联党支部结合开展群众路线教育实践活动，组织入党积极分子和党员共20名，在市人民剧院观看故事片《周恩来的四个昼夜》。是年，吴亚琴被评为市级机关优秀党支部书记。邵漪群转为中共正式党员。

2014年3月，市残联召开党的群众路线教育实践活动动员大会，党支部书记、市残联理事长、学教活动小组组长杭仁育作工作报告，市委党的群众路线教育实践活动领导小组第十督查组组长、市总工会党组书记周亚定等成员出席动员会。

市残联党支部全面贯彻习近平总书记在中央党的群众路线教育实践活动总结大会重要讲话和省、无锡市、宜兴市委党的群众路线教育实践活动会议精神，推进作风建设和从严治党，落实党的群众路线教育实践活动。市残联分别召开理事长办公会和中层干部会，传达市委精神，研究工作。残联党支部成立群众路线教育实践领导小组，由杭仁育任组长，吴亚琴、戴菊华任副组长，储智娟、张阿明、蒋敏为成员，下设办公室，蒋敏兼任主任。制定《市残联党的群众路线教育实践活动学习教育、听取意见环节实施办法》。

同年4月，市委和市级机关党工委将市残联作为全市党的群众路线教育实践活动的三个“学教点”之一。市委常委、组织部长孙海东带领市级机关近百名党员干部，结合党的群众路线教育实践活动，在市残联理事长杭仁育、副理事长吴亚琴、戴菊华陪同下，参观残疾人托养中心和爱德培训学校，

图3-6 市残联党的群众路线教育实践活动总结大会

深入了解全市为残疾人服务机构运营情况；在残疾人托养中心，参观护理间、文化活动室、康复训练室、图书阅览室、工技室等，孙海东一行对残疾人在此享受到的贴心服务感到欣慰。在爱德培训学校，参观残疾人陶艺班、学校文化展厅、盲人推拿班，并了解课程设置、名师结对、学员培训后就业情况，作出充分肯定。市委组织部拍摄专题片在电视台播放宣传。市残联还在全市党的群众路线教育实践活动推进会上作交流发言。

市残联领导班子，将托养中心的运行管理、入托方式、托养服务、托养成效上的探索实践，作为党的群众路线教育实践活动重要内容之一，不断增强入托人员的生活习惯、自理能力、自信心态、自立意识、身体机能和感恩意识，使托养中心成为入托人员的“温馨家园”和“健康之家”，受到社会各界和残疾人的认可。与此同时，不断加大爱德培训学校对残疾人培训的工作力度，以促进创业就业为目标，探索建立“培训—实训—就业”一条龙服务机制，以就业率、自主创业、学历晋升、职称评定、竞赛获奖等，作为培训成效的体现。

同年，市残联党支部在教学实践活动中，深入开展解决“四风”问题，加强作风建设的党的群众路线教育实践活动。按照“照镜子、正衣冠、洗洗澡、治治病”总要求，坚持群众路线、着眼解决问题，使教育实践活动成为加强残联机构自身建设、提升党员干部服务意识和履职能力有效途径，完成“学习教育、听取意见”，“查摆问题、开展批评”，“整改落实、建章立制”目标任务。活动期间，共召开支委会 3 次、理事长办公会 6 次和中层干部会 4 次，研究部署教育实践活动工作。领导干部带头学，党员同志自觉学，集中学习和个人自学相结合、理论学习与观摩学习相结合，视频学习与专题讨论相结合，依托《爱德讲堂》邀请专家辅导，参加学习 260 多人次。组织残联中层以上干部和镇、街道残联理事长赴省党校培训学习。开展宗旨大讨论，解决“我是谁、为了谁、依靠谁”和“入党为什么、党员做什么、与人比什么”问题。市残联党支部以召开座谈会、开展问卷调查、康复服务进家庭，就业失业情况调查为契机，开展征求意见和残疾人工作研讨会，反馈意见 7 个方面 35 条，涉及“四风”问题 11 条。领导班子就反馈意见研究，列出整改时间，按上级要求，交心谈话。主要领导与班子成员，班子成员相互之间、与分管科室之间、督导组与班子成员面对面，一对一交心谈话，主要领导与所有中层干部、部分街道残联理事长、专干、残疾人专门协会负责人等多层次谈话，领导班子成员逐一检查遵守党的纪律、贯彻中央八项规定，个人作风。以“四风”问题对照检查材料，查摆问题见人见事、召开领导班子组织生活会，达到“红红脸、出出汗、排排毒”，批评和自我批评意见 39 条，通报公示。针对问题和批评意见，制定“方案和计划”，从坚定理想信念、遵守各项规定、强化工作落实、提高办事效率、提升服务能力、努力改善民生等 6 个方面制定整改措施。围绕加强残联队伍建设、建立完善学习制度等 6 个方面，制定出台《关于改进工作作风、深化服务残疾群众的十项规定》《执行理事会议规定》《信访工作规定》《请示报告、因公出差及请假审批制度》《关于机关事业单位职工休假的规定》《关于公文处理的暂行规定》《计算机使用管理制度》《关于规范公务接待工作的规定》《关于合同制人员报酬结构优化和绩效考核的实施办法》《固定资产使用管理规定》《关于党员干部结对帮扶贫困残疾人家庭活动的方案》等制度 13 项，纠正不正之风。

市残联党支部在群众路线教育实践活动中，始终注重与残疾人新需求和新期待，残疾人民生福祉和幸福指数、残疾人事业发展结合，党支部主要领导认真履行“第一责任人”职责，坚持指导，严格把关、全程监督，发挥统揽全局、带头抓总作用，推动各级“一把手”始终把责任扛在肩上、活动抓在手上、要求落到实处，形成抓上促下、以上率下，压力传递，推动教育

图 3-7 市残联党支部走访慰问走进残疾人家庭

实践活动开展。市残联党支部在群众路线教育实践活动中，组织开展“走百村访千户”调研活动。由党员带队，分组深入残疾人家庭，详细了解生活状况，准确掌握服务需求，形成调研报告，积极建言献策，有计划分布落实，实施残疾人政策。

市残联党支部采取集中学习和个人自学，理论学习与观摩学习、视频学习与专题讨论相结合方法，带领全体党员创新学习形式，强化学习效果。同时，党支部邀请专家学者对十八届三中全会精神、焦裕禄精神、党的群众路线发展史教育解读，开设道德与法律讲座、紫砂文化研究讲座，组织收看党内教育片《苏联亡党亡国二十年祭》等。参加学习的党员干部和入党积极分子 260 余人次。

同年，市残联党支部接待市政协主席团视察残疾人事业发展情况，接待市级机关百名党务干部参观为残服务机构；协调市委组织部拍摄介绍残联党支部的专题片《挚爱的天空》。

同年，市残联党支部印发《党员干部结对贫困残疾人活动方案》，党员和各科室结对全市特困残疾人 27 名，党员干部走访残疾人 100 户，以经济帮扶、就业帮扶、学习帮扶各种形式，发放慰问金 2.7 万元，帮助安置就业 1 名。

是年，市残联党支部戴菊华、储智娟、张阿明、徐锦、蒋敏、潘小燕、薛建强、闻英、朱文娴、邵漪群、谭伟、董霞等党员 12 名，参加市级机关党员轮训班培训（连续 2 年）。市残联被列为争创宜兴市文明机关单位。

是年，市残联党支部参与机关党工委“永远跟党走”演讲征文活动，蒋敏获演讲比赛一等奖。

是年，市残联党支部和领导干部，坚持聚焦问题“不走神、不散光”，认真查摆“四风”存在突出问题，深入分析产生问题根源，采取措施解决突出问题，制定制度机制，防范问题反弹。将问题作为鲜明导向，解决党员干部“四风”问题，在学习焦裕禄精神、落实“三严三实”要求，在反对“四风”上，做到问题思想自觉；支部及个人见人见事对照有关“反腐倡廉”资料文本，自我整改 8 次。

党的群众路线教育实践活动开展以来，市残联党支部认真落实中央、省、市委部署的要求，结合单位实际，围绕残疾人群众反映突出问题，以市政府重点工程之一的“双基”工程为抓手，加快康复站和安养院建设，成立“爱德陶艺社”，搭建残疾人创业就业平台，规范为残服务机构残疾人托养中心管理等重点项目，按照“准、狠、韧”要求，抓好落实，重点突破。

市残联党支部在学教活动中开门抓教育、搞活动，从党内拓展到党外，引导群众有序参与。领导班子认真开展“座谈交流、问卷调查、康复服务进残疾人家庭”等活动，广泛听取意见，收集群众反映问题，通报领导班子民主生活会、接受群众评议，公示整改方案，接受群众监督。

党员干部本着“整合各方资源、拓展服务内涵”的理念，建立党员服务责任区，党员领导干部作为责任区第一责任人，深入实际，查找管理问题、了解服务需求，做到人人有方案、个个有内容、时时有服务、天天有活动，为全市残疾人提供全天候、个性化康复服务。市残联党的群众路线教育实践活动从 2014 年 2 月开始，至 10 月底结束，历时 8 个月。是年，市残联党支部被评为市级机关先进党（总）支部。杭仁育被中共宜兴市委评为 2012—2014 年度优秀党务工作者。戴菊华、张阿明被市级机关党工委评为优秀共产党员。蒋敏被中共宜兴市委评为优秀共产党员。

2015 年，市残联党支部组织党员和机关全体人员，继续学习党的十八大文件精神和习近平总书记重要讲话，撰写体会文章，并作交流发言。党支部为 2 名入党积极份子物色联系人，同时接受多名同志入党申请，帮助学习党的知识，了解思想动态，对积极要求入党的同志端正入党动机，在实践中继续考察、培养、发展。树立公仆意识，继续在党员中开展贫困残疾人结对走访。同年，市残联组织全体党员和中层副职以上人员 21 名，赴张渚镇茗岭村开展七一纪念活动，参观张渚镇红色文化展示馆。是年，杭仁育被市级机关党工委评为 2015 年度优秀党支部书记。

第二节 宜兴市残疾人联合会工会委员会

一、历届工会

2003 年，经市级机关工会同意，建立市残疾人联合会工会。经会员选举，产生。由曹全松、戴菊华、储智娟组成的市残联第一届工会委员会，选举曹全松担任工会主席，戴菊华担任女工委员，储智娟担任经审委员。

2015 年 1 月，根据《中华人民共和国工会法》（以下简称工会法）《中国工会章程》有关规定，经宜兴市残联党支部同意，宜兴市残联工会，举行换届选举，由吴亚琴任工会主席，蒋敏任文体委员，孙列亚任生活财务委员，徐锦任女工委员。

二、有关活动

2003—2005 年，市残联工会组织全体工会会员系统学习《工会法》和《中华人民共和国残疾人保障法》，开展文体活动，设立职工活动室，添置各种文体器材；组织全体职工健康体检。

2006—2009 年，市残联工会组织全体工会会员观看励志电影《隐形的翅膀》，结合实际工作座谈讨论。市残联工会开展新年联谊活动。2008-2009 年，市残联工会被市级机关工会评为基层先进工会。

2010 年，市残联工会组织全体机关职工观看电影《复兴之路》。在宜兴市第二届机关文化节系列活动中，市残联工会组织会员参加“勇攀高峰”登山、“巧手绘春”才艺展示、“锦绣宜兴”征文、“理论武装”知识竞赛等活动。

2011 年 7 月中旬，市残联工会根据省残联《关于组织开展第二届全省残疾人文化周活动的通知》精神，以“残疾人文化进社区”“残疾人文化进乡镇”为平台，在残疾人相对集中的社区、乡镇、残疾人服务机构、特教学校、福利企业、各类公共文化服务场所，开展文化知识讲座、读书演讲比赛、康复知识咨询，健身技能辅导、趣味运动会等残疾人文体活动。

图 3-8 市残联工会开展新年联谊活动

2012 年，市残联工会组织工会会员观看描述残疾人成长经历的励志电影《特别的爱》。是年 9 月，市残联工会主席曹全松参加市级机关工会主席培训。

2013 年，市残联工

图 3-9 市残联开展“关爱残疾人——走进南园村”广场咨询活动

会组织全体职工参加铜官山徒步登山、自行车慢骑等有益身心健康活动。同年，市残联工会组织工会会员及镇（街道）残联工作人员，共计 37 人，参加“迎国庆”征文演讲比赛。同年 8 月，市残联工会组织全体会员观看影片《钱学森》。

2014 年，市残联工会组织工会会员在宜兴市“培源实验小学”开展乒乓球、拔河等项目趣味运动会。

2015 年，市残联工会组织 28 名女职工在森林公园开展庆“三八”，徒步行走竞赛，同时在奇奇农疗中心开设 DIY 烘焙课程。同年 12 月，市残联工会组织全体职工开展包饺子比赛。

图 3-10　市残联工会开设“三八节”烘焙课程

第四章 教育培训

20 世纪 80 年代，归径乡、洋溪乡中心小学分别附设聋哑教学班，丁山小学附设弱智儿童辅导班。90 年代初，特殊教育纳入义务教育轨道，全市残疾儿童进入宜兴市特殊教育学校、丁山培智学校就读，入学率 100%。2003 年，市残联创办宜兴市爱德培训学校，为全市残疾人提供职业培训。至 2015 年，宜兴市特殊教育学校主要为全市残疾人提供文化教育，宜兴市爱德培训学校主要为全市残疾人提供职业培训。

90 年代起，市残联和爱德基金会联合开展对残疾人的职业培训和文化学历培训。职业培训项目有家政服务、种植养殖、保健按摩、电线电缆、陶艺等；学历培训主要为工艺美术大、中专班、本科学历班。接受培训的残疾人大部分走上就业创业之路。至 2015 年，许多残疾人成为创业明星，以残助残，反哺社会。

90 年代起，市残联为提高残疾人工作者的业务水平，开办培训班，聘请国内外专家到宜兴，讲授盲人、肢残人、低视力患者的康复技能，并现场解答各种难题；同时开办各类与残疾人工作者相关的培训班。主要内容有：残疾人功能训练、生活技能、手语交流、定向行走、精神疾病防治等。至 2015 年，接受培训的人员有市残联相关科室人员，各乡、镇、街道理事长、专职干部、社区康复员、残疾人家长等。

第一节 残疾儿童教育

一、聋哑学生教育

1985 年春，宜兴县教育局为解决聋哑学龄儿童入学问题，从归径乡中心小学、新芳乡中心小学分别抽调 2 名女教师，到无锡市聋哑学校学习。同年 9 月 12 日，县教育局在归径乡中心小学、新芳乡中心小学分别创办聋哑教学班，从无锡市聋哑学校学习归来的教师

图 4-1 聋哑儿童在接受专业语言训练

负责施教。

归径乡聋哑教学班分设在乡中心小学、铜山小学、陆平小学内，成为聋哑教育点。共有聋哑学生 17 名，其中年龄最大的 16 岁，最小的 7 岁，乡中心小学聋哑学生分别来自归径、太华、渚东、宜丰、铜峰等 5 个乡，教师 2 名，其中 1 名在乡中心小学和铜山小学巡回教学。11 月，铜山聋哑教学点并入乡中心小学聋哑教学班。次年，陆平聋哑教学点并入乡中心小学聋哑教学班。乡中心小学发动少先队员赠送书包、文具给聋哑班学生；安排 12 名聋哑学生寄宿。是年，归径乡中心小学聋哑教学班教师宗曙儿被中国残疾人福利基金会评为 1985 年特殊教育先进工作者。

新芳乡中心小学聋哑教学班学生 12 名，年龄最大的 17 岁，最小的 8 岁，专职教师 1 名。新芳中、小学教师给聋哑班学生赠送书包、文具等用品。新芳聋哑教育班教学设备由县教育局、县民政局拨款购买教具、玩具和图书资料由乡中心小学购置。

1986 年 9 月，洋溪乡中心小学开设聋哑教学班，11 名聋哑学生中，年龄最大的 14 岁，最小的 8 岁，专职教师 1 名。1987 年 9 月，新建乡典巷小学和芳庄乡中心小学开设聋哑教学班，各有聋哑学生 8 名，专职教师各 1 名。是年，全县聋哑教学班 5 个，学制为 6 年，在校聋哑学生 54 名，其中女生 28 名，专职教师 6 名。全县 7–15 岁聋哑儿童入学率为 31.6%。

图 4–2　聋儿语训

1991 年，全市聋哑教育班级 8 个，学生 62 名，聋哑儿童入学率 45%。教学课程有思想品德、语文、数学、会话、体育、美术、手工劳动等科。教材为部编课本，补充乡土教材。采取手势语、手指语、口语、书面语相结合的教育方法。教师坚持直观性，用实物、挂图、教具、言语、动作，为学生演示。聋哑学生凭视觉、肤觉、味觉、嗅觉等，反复感知课本知识，与健全学生一样参加学校所有活动。行政管理体制，是乡办乡管，业务由无锡市聋哑学校辅导。

1992 年，特殊教育被政府纳入义务教育轨道。1993 年，市聋哑学校建成招生，全市聋哑教学班并入。是年，全市学龄聋哑儿童在校入读率 93.4%。

1994—2000 年，市聋哑学校以“拖把、橡皮工程”为基础，以按摩、缝纫、电脑、美容、陶艺、书画为重点，开展劳动职业技术教育。聋哑学生在市以上各类竞赛中获奖 60 多人次。2006 年，市聋哑学校改名为市特殊教育学校，将聋哑学生的学习、生活、缺陷补偿、个性发展、就业训练、身心健康等，纳入常规管理。并加强聋生与健全生交流；加强学生面语训练和口形矫正，开设有个别矫正课，加强心理品质和行为习惯培养训练矫正。学校与公司、企业、村委联系，帮助特困家庭学生解决读书经费和生活费用。学生毕业，学校与市民政局、市残联及有关福利工厂联系帮助毕业学生安排工作，首届毕业学生安置率 90%。

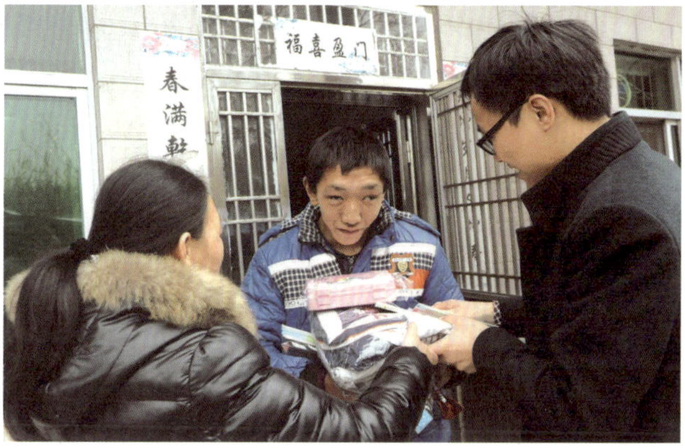

图 4-3　赠送书籍和学习用品给特困家庭学生

2013 年，特殊教育学校有聋哑教学班 6 个，学生 41 名。2014 年特殊教育学校有聋哑教学班 5 个，学生 33 名。2015 年特殊教育学校有聋哑教学班 5 个，学生 41 名。全市学龄聋哑儿童入学率 100%。

二、智力障碍学生教育

1986 年 7 月，丁蜀镇有智力落后儿童 16 名，经无锡市第四人民医院小儿科、神经科医生智力测查，测定其中 12 名属智力障碍儿童。8 月，宜兴县教育局与丁蜀镇人民政府在丁山小学试办智力障碍儿童辅读班。招收 12 名智力障碍儿童入学，将初级小学 4 年课程化为 8 年教学。9 月 12 日，全县第一个智力障碍儿童辅读班在丁山小学开学。江苏省特殊教育学会秘书长、无锡市、宜兴县教育局、民政局、团县委、妇联和丁蜀镇委等领导参加开学典礼。辅读班开设有思想品德、语文、数学、音乐、美术、体育、游戏、手工等科目，并根据智力障碍儿童特点，采用放慢进度、降低坡度，坚持形象直观，大量运用实物、图片等教具，开展各种游戏活动，使智力障碍儿童获得知识。为克服智力障碍儿童健忘缺陷，教师培养学生学习兴趣，增强儿童技艺能力，采用因人制宜，因材施教方法，加强对智力障碍儿童个别辅导。1987年8月，辅读班改名为培智班，学生13名，专职教师1名，行政上由丁蜀镇科教文卫办公室管理，业务上接受无锡市崇安区培智学校辅导。1989年秋，培智班在丁山小学内独立建校，成为市第一所特殊教育学校，称丁山培智学校，共有学生25名，教职工6名。学校对学生实施制陶技能训练，学生吴昊、包建强制作的泥塑“九龙壁”参加省劳技展览，获好评。学校将教师与学生共同制作完成的紫砂工艺品赠送日本朋友。是年，学校被省教委定为劳动技能教学实验基地。

图4-4　中心主任在为孩子们上课

1991年，培智学校学生参加无锡市庆“六一”书画比赛，获一等奖。学校多方面培养学生兴趣爱好，学习剪纸、雕塑、书法、绘画、裁剪缝纫、陶瓷制作、自行车修理等。1995年，培智学校学生参加宜兴市小学生劳技作品竞赛，获一等奖2项。

1996年，丁山培智学校在中央教育科学研究所指导下，运用“3、3、3......智能学具”开启学生智力“学习与全面发展”课题实验，经中央教育科学研究所论证验收合格，课题实验论文获中央教育科学研究所论文一等奖，在十省市智培教育研讨会上交流。

2012年，丁山培智学校不再招收智力障碍儿童入学，全市智力障碍智力障碍儿童进入市特殊教育学校学习。是年，全市智力障碍儿童入学率99.6%。

2013年，市特殊教育学校设有智力障碍儿童教学班8个，学生81名。

图 4-5　智力障碍儿童在特殊学校学习

是年起，全市智力障碍儿童入学率100%。2014年，市特殊教育学校设有弱智儿童教学班9个，学生92名。2015年，市特殊教育学校设有智力障碍儿童教学班10个，学生101名。其中，义务教学班9个，学习内容为义务教学课程、生活适应技能及特色课程；高中阶段教学班1个，学习内容为职技教学、特色课程、生活适应技能等就业型课程。

三、盲童教育

1987年初，宜兴县被中国残疾人福利基金会确定为全国“金钥匙盲童教育计划”5个试点县之一，开展盲童随班就读实验，探索普及盲童教育路子。为确保盲童随班就读顺利进行，3月，宜兴市成立由分管副市长任组长，教育局、民政局、共青团市委、宣传部等领导组成的盲童教育领导小组，市人民政府专门下发《关于普及盲童教育意见》。在县教育局统一安排下，每个盲童都有一位老师对他们实施个别教学，经过短期辅导，学生掌握盲文符号后，能在附近小学和健全孩子一起学习。4月，县教育部门对全县7—15周岁盲童深入调查，发现因视力因素不能上学儿童共7名，其中茗岭乡、鲸塘乡各2名，善卷、钮家、洋溪等乡各1名。7月，邀请上海盲童学校教导主任和教研组长到宜兴举办盲童教育师资培训班，县教育局在盲童住地附近6所小学选出6名小学教师参加学习，掌握全部盲符、读写规律，能简单翻译。8月，中国残疾人福利基金会和上海市盲童学校寄来盲童教育课本、摸图识字图片、盲童教育辅导录音磁带；团县委、县民政局、县妇联给盲童赠送学习用品；无锡市教育局给每个盲童赠送1台袖珍收音机；德国“爱德基金会”给每个盲童教育点赠送收录机1台，供辅导盲童学习使用。10月，“金钥匙盲童教育”宜兴点正式开学，全县7名盲童、辅导老师6名（茗岭乡平原小学、善卷乡葛山小学、鲸塘乡中心小学、鲸塘乡蒋家小学、钮家乡西村小学和洋溪乡马家小学各 1 名）和有关乡民政助理、团委书记到县实验小学参加开学典礼。开学后，用一年时间对盲童个别辅导，使盲童掌握盲文符号，然后插入附近小学，与普通儿童一起学习。“金钥匙盲童教育”试点系小学性质，学制 6 年。教材采用上海市盲童学校编印教材（全国盲校通用）。是年，全县盲童入学率为 100%。1988 年，在中国残疾人福利基金会和上海市盲童学校支持指导下，盲童和普通儿童一体化教育实验稳步推进。至 1990 年，国家教委和省教委有关领导、专家多次到宜兴调研特殊教育，视察洋溪乡、茗岭乡盲童教育。1991 年 5 月，全国盲童随班就读现场会在无锡召开，与会专家和领导专程到宜兴视察鲸塘乡、洋溪乡盲童随班就读现场，充分肯定宜兴做法和经验。是年，16 名盲童进入普通学校随班就读，全市学龄盲童入学率 100%。1992 年 10 月，越南教育代表团考察洋溪乡盲童教育情况。1994 年，全市盲童随班就读实验点 2 个，学龄盲童入学率 100%。是年，宜兴市建成聋哑学校，招收盲童入学。2006 年，宜兴市特殊教育学校秋季招生范围扩大至三类（听力、智力、视力障碍）特殊儿童，至 2015 年不变。

图 4-6 特殊儿童健康成长预警网络公益创投项目启动仪式现场

第二节 特殊学校教育

一、宜兴市特殊教育学校

1992年5月，经宜兴市人民政府批准，市财政拨专项资金200万元，市民政局、市残联先后拨款160万元，社会各界募集资金30多万元，在宜城镇原东域小学所在地（荆溪北路19号）创办宜兴市聋哑学校。1993年3月，学校全面开工建设。同年9月1日，学校利用东域小学的教学楼面向全市招生，并将原在归径、新芳、洋溪、新建、新庄、鲸塘、新街等乡镇普通小学附设的聋哑班学生全部收入，设班级7个，聋哑学生74名，教职员工27名，其中专任教师22名。开设课程有语文、数学、自然常识、社会常识、美工理化、体育等，属九年一贯制学校。同年12月，学校教学大楼、餐厅、及宿舍等建造竣工，建筑面积2500平方米，举行落成典礼。1994年元月，学校正式落成，占地面积约4900平方米，建筑面积4400平方米，班级8个，聋哑学生87名，全市学龄聋哑儿童在校入读率93.4%。

图4-7 特殊学校学生在活动

1996年，学校新建职教楼竣工，聋哑学校成为宜兴市按摩职教基地，实施“教育—补偿—培训—就业”一体化，开设电脑、缝纫、按摩、美容、陶艺、语训、微机、多媒体等课程。学生钱琦擅长书法和国画，作品《醉卧落花》在全国首届学生美术作品大赛中获江苏省一等奖及全国优秀奖，被市残联和学校推荐到宜兴市蜀古紫砂厂工作。学生宗玉玲获第五届全国残疾人文艺会演江苏赛区一等奖、全国比赛银奖、第六届全国残疾人文艺会演湖北赛区二等奖。同年，学校增开按摩推拿课，由一等伤残军人、盲人杨新平授课，增加聋哑学生社会工作技能。是年，全市聋哑儿童入学率98%，智力障碍儿童和盲童入学率100%。

1998年，新建资源教育楼竣工。同年，学校被评为无锡市常规管理先进学校。1999年，学校被江苏省教委命名为江苏省特殊教育现代化示范学校。

图 4-8　市特殊教育学校

2000 年，学校开设聋哑教学班 9 个，学生 100 名，教职工 35 名，其中任课教师 28 名，同年，学校被评为宜兴市扶残助残先进单位。2001 年 12 月，校长王志荣被教育部、民政部及中国残疾人联合会评为全国特殊教育先进工作者。

2002 年，学校投入 100 多万元，用于改造校门、综合教学楼、宿舍、餐厅、学生活动场地、为老师配置电脑，建起校内闭路电视系统、电话系统、安全监控系统，配备多媒体教育等。

2004 年起，宜兴市实施义务教育阶段特殊学生全免费教育，学校招生扩大至智障儿童，开设培智教育班。是年，学校被评为江苏省特殊教育现代化示范学校、宜兴市德育先进学校。

图 4-9　省人民政府原副省长许津荣（中）视察学校

2006 年，宜兴市聋哑学校更名为宜兴市特殊教育学校，秋季招生范围扩大至三类（听力、智力、视力障碍）特殊儿童。8 月，学校开设智障教学班 1 个，学生 12 名。同年 11 月，学校被省教育厅命名为南京特殊教育职业技术学院教育实习基地和教科研基地。是年，学校占地面积 4900 平方米，建筑面积 4236 平方米，绿化面积 1200 平方米。建有规范化校园网、多媒体教室，设有综合陶艺室、实验室、语训室、心理咨询室、律动室、网络教室、体能训练室、图书阅览室、报告厅、陈列室等专用教室近 20 个，并按标准配置有各类仪器设备及图书资料。学校遵循教育和康复并重的原则，加强对学生语言训练、科学文化教育和潜能开发，开设劳动技术、按摩、电脑操作、陶艺教育课程。开设聋哑生班 8 个，学生 79 名；智障班 1 个，学生 12 名。学校按全日制特殊教育课程设置方案，开设各类课程，在编教职工 34 名，其中专任教师 28 名。

学校连续 9 年（1998—2006 年）被评为“宜兴市先进学校”，历年受到中国人民银行宜兴市支行、无锡市远东集团、无锡市江南电缆有限公司、江苏鹏鹞集团有限公司等单位的关爱和资助。

2010 年，市特殊教育学校 24 名教师撰写论文 24 篇，参加全国第四届现代特殊教育论文大赛，获二等奖 2 篇，三等奖 17 篇，学校获组织奖。3 名学生代表无锡参加江苏省纵横码汉字输入赛，获特等奖和二、三等奖。2 名学生参加纵横码汉字输入大赛词语接龙赛，夺得一、三等奖。辅导老师获全国优秀指导教师奖。

2011 年，马瑞其撰写的论文《陶行知教育思想与生活德育》获无锡市陶研会一等奖，《探究生活德育，创新德育实践》获江苏省陶研会一等奖。学校网站在 2011 年江苏省中小学优秀校园网站评比活动中，获无锡市一等奖江苏省二等奖。

图 4–10

是年，3 名学生参加全国纵横码汉字

输入大赛，分别获全国聋哑组特等奖、二等奖、三等奖。2 名学生参加全国纵横码汉字输入大赛词语接龙比赛，获一等奖和三等奖。戏剧小品《第八个是你》获江苏省残疾人文艺汇演三等奖。学生舞蹈和小品参加全国残疾人文艺汇演比赛获二、三等奖。多名学生被南京特院录取或升入南京、无锡聋校就读。多名教师撰写的教学论文，获全国、省、市级奖。学校被评为 2010-2011 年度无锡市德育先进学校。

2012 年，陈素琴、吴瑛撰写的论文，获无锡市陶研会优秀教育论文评比一等奖。舞蹈《母亲的故事》在无锡市三十三届百灵鸟文艺汇演获创作奖，

图 4-11 宜兴市特殊教育学校第十九届“博爱”校园文化艺术节

和表演金奖。11 月 20 日，学校举行江苏省陶行知研究会实验学校授牌仪式。是年，马瑞其撰写的论文《打造“博爱文化”引领学校发展》《“生活德育”过好生活》在全国刊物《现代特殊教育》上发表。学校被评为无锡市健康促进学校、无锡市平安校舍、无锡市教育系统敬老先进集体、学习陶行知教思想先进集体。党支部书记马瑞其被评为无锡市优秀党务工作者。

2013 年，学校开设聋哑教学班 6 个，学生 41 名；智力障碍教学班 8 个，学生 81 名。是年，学校推进博爱文化特色建设，发展校本课程，围绕博爱文化特色学校建设目标，构建博爱文化特色管理规范，创建博爱文化课程特色，优化博爱文化特色项目，扩大博爱文化特色影响，创新博爱教育学校品牌。马瑞其担任宜兴市特殊教育专委会理事长。“陶艺教育”获江苏省基础

教育优秀教学成果二等奖”。赵海强、马瑞其撰写的论文《推进博爱文化建设 打造博爱教育品牌》，获特殊教育论文评比年会优秀论文一等奖。马瑞其撰写的论文《用美浸润为残疾学生打造精神家园》获全国现代特殊教育论文大赛一等奖、江苏省中小学优秀教育论文评比一等奖。马瑞其、赵海强合作撰写的论文，获第五届全国现代特殊教育论文大赛一等奖，江苏省中小学优秀教学论文评比获一等奖。徐超、蒋云燕在江苏省首届智障教育多媒体课件大赛上获一等奖。在校园网站建设评比中，获江苏省中小学优秀校园网站建设一等奖。徐超、赵海强获江苏省中小学优秀校园网站建设先进个人。学生高娟被评为江苏省“四好”少年,学生丁美琳获“江苏省好少年”荣誉称号。学生丁寻获无锡市第四届特奥会跳远项目第一名，获江苏省第六届特奥会跳远、400 米跑步项目一枚金牌，二枚银牌。是年，学校获无锡市“健康促进学校”“敬老先进学校”“第五批行知式青年教师集体”等荣誉称号。同时被评为江苏省档案工作三星级单位。

图 4-12　特殊学校教师送教上门

图 4-13　市残联协调特殊教育学校教师为残疾学生上课

2014 年，学校开设聋哑教学班 5 个，学生 33 名；智力障碍教学班 9 个，学生 92 名。是年，学校获江苏省平安校园、无锡市依法治校示范校、无锡市 2013—2014 年度学陶先进集体、无锡市特奥工作先进单位等荣誉称号。

2015 年，学校开设聋哑教学班 5 个，学生 41 名；智力障碍教学班 10 个，学生 101 名。其中义务教学班 9 个，学习为九年制教材，增加生活适应技能和特色课程；高中教学班 1 个，学习职技教学特色教材、生活适应技能等就业型课程。学校送教上门服务残疾学生 28 名。在全国第六届现代化特殊教育论文评比中，赵海强获一等奖。马瑞其、王茜在江苏省陶行知研究会第八届行知杯论文评比中获一等奖。马瑞其撰写的论文《践行行知思想让折翅天使飞翔》获江苏省陶研会一等奖。蒋美芳撰写的论文，获江苏省陶研会小教专委会一等奖。

图 4-14　水彩画选手培训

陈素琴被评为江苏省最美特校教师。马瑞其获“四优”全国优秀陶研工作者称号（2005—2015 年）。学生余嘉、马旭超、金昱宁、陆佳被评为江苏省好少年。许玉兰获全国特殊教育美术书法作品指导二等奖、三等奖，江苏省首届特殊教育艺术作品指导二等奖、三等奖。顾春芳、许珊珊、朱行舟、谢琳娜获全国特殊教育美术书法作品指导三等奖。学生余嘉获全国特殊教育美术书法作品二等奖，学生丁美琳获江苏省首届特殊教育艺术作品二等奖。

二、宜兴市爱德培训学校

2003 年 4 月，市残联租用市农机监理所几间房屋（宜北路一号桥处 169 号），创办“宜兴市博爱培训学校”。是年，学校举办盲人按摩培训班 2 期，每期 4 个月，培训盲人康复对象 22 名。

图 4-15　爱德培训学校

2004 年初，学校举办种植、养殖培训班各 1 期，每期培训残疾人 40 名，共计 80 名。4 月，举办盲人中级按摩培训班和盲人初级按摩培训班，培训时间各为期 4 个月，共培训盲人 20 名。

2004 年 8 月，学校更名为宜兴市爱德培训学校。

2005 年 4 月，开办陶艺培训班，为期 1 年，培训残疾人 24 名，其中聋哑人 6 名，肢残人 18 名。开办第三期盲人按摩培训班，为期 4 个月，培训盲人学员 10 名。开办首期电脑培训班为期 3 个月，培训残疾学员 34 名。

2006 年，北郊中学校舍整体置换给爱德培训学校。校舍占地面积 3.2 万平方米，建筑面积 3500 平方米，学校房租由市残联承担。学校设有陶艺制作室、盲人保健按摩室、电脑培训室、缝纫车工室、企业残疾职工岗位技能室、康复室等专用教室和实践工场。学校配置陶艺制作台 40 张、陶艺制作工具 100 付、制陶模具机 1 台、电窑 1 座、盲人按摩床 16 张、足疗椅 4 张、电脑 50 台、电动缝纫机 20 台、学员单人床 80 张等基本设施，教室、宿舍均配备空调、太阳能、电视机等。学校对本市户籍残疾人实行全免费培训。学校专业教师中级职称以上达 90%，其中高级教师 1 名，高级按摩师 2 名，高级工艺师 3 名，高级农技师 2 名，同时依托无锡工艺职业技术学院、市科协、宜兴技师学院等，建立师资库，实行资源共享，长期合作。爱德培训学校实施互动式教学，集教学、食宿为一体的半封闭式管理。

图 4-16　陶艺班学员正在制壶

2006 年，学校承办无锡市残联第五期盲人初级按摩师培训班，培训无锡地区学员 17 名；开办市缝纫培训班，培训残疾学员 24 名；开办陶艺培训班，学员 14 名；开办建筑中专培训班，学员 66 名；举办岗位技能培训 16 期，培训残疾职工 610 名。

图 4-17　外国友人访问爱德培训学校

2007年2月1日，学校开办紫砂陶艺培训班，培训肢残人30名。4月1—7月30日，开办盲人中级按摩培训班，培训学员10名。9月5—12月28日，开办盲人中级按摩培训班，学员13名。举办种植养殖培训1期，残疾学员30名。同年，学校开设东南大学远程教育培训4期，专委学员25名；举办岗位技能培训17期，培训残疾职工1071名。

图4-18　爱德培训学校开办陶艺培训班

2008年3月1—7月30日，学校开办盲人初级按摩培训班，培训学员20名；开办中级盲人按摩培训班，培训残疾学员26名；开办陶艺培训班，培训残疾学员26名．举办岗位技能培训21期，培训残疾职工1365名。

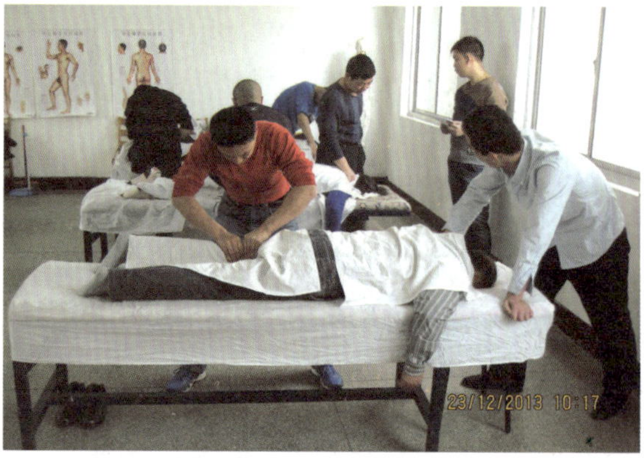
图4-19　盲人中级按摩培训班

2009年3月20—6月20日，学校开办盲人初级按摩培训班，残疾学员20名；举办种植、养殖培训2期，学员136名；举办陶艺培训2期，学员53名；举办岗位技能培训13期，学员766名。

2010年，市残疾人劳动就业服务所委托爱德培训学校开办残疾人陶艺培训班，时间1年，参加培训学员24名。同年9月，市残联委托爱德培训学校开办中级盲人按摩培训班，学员19名，培训时间4个月。学校全年开设按摩、陶艺、电脑操作等培训班，参加培训290人次。同年，在市残联

图4-20　顾治培大师教制壶

牵线下，市爱德培训学校与远东控股集团有限公司达成校企合作办学协议，公司按就业岗位数量，由学校面向全国招生，并预定培训内容。培训内容为盲人按摩推拿、电线电缆辅助工等。培训期间，公司为学员提供员工待遇：从培训之日起给学员办理各种社会保险，培训全免费，赠送学员生活用品，每月生活补助 105 元。培训结束，学员可到公司就业，亦可自由择业。是年，校企合作开办岗位技能培训班，残疾人顺利就业 20 名。

2011 年 5 月初，中央电视台等新闻单位采访报道市爱德培训学校残疾人培训工作。9 月，市爱德培训学校由市残联搭建面向全市残疾人服务职业教育平台，与宜兴市创业就业培训中心整合成“两块牌子、一套班子”综合培训机构。是年，市残联投入 200 多万元，在学校广场，建成标准化城市社区盲人定向行走模拟训练场地。是年，“市残疾人培训中心”被列为 2011 年市政府实事工程，投入 300 万元，建设改造学校。是年，爱德培训学校开办陶艺培训班，学员 13 名；盲人电脑培训班，学员 18 名；工艺美术中专培训班，学员 32 名。举办岗位技能培训 3 期，学员 169 名。

2012 年，学校开办初级盲人按摩培训，学员 8 名，中级盲人按摩培训，学员 9 名；开办计算机装配与维修班，学员 5 名；种植、养殖培训班，学员 8 名；盲人定向行走训练指导师业务培训班，学员 114 人。帮助徐舍镇残联开办业务培训班，学员 41 名。举办残疾人职业技能竞赛选手培训 6 期，学员 92 名；

图 4-21　爱德培训学校开班式合影

岗位技能培训 6 期，学员 444 名。

2013 年，学校举办初级盲人按摩培训 3 期，学员 28 名；盲人电脑培训 1 期，学员 16 名；电子商务培训 1 期，学员 16 名；电脑装配与维修培训 1 期，学员 5 名；陶艺培训 1 期，学员 22 名；工艺美术中专培训 1 期，学员 26 名；工艺美术大专培训 1 期，学员 13 名；电线电缆培训 1 期，学员 47 名；现代特色农业实用技术培训 1 期，学员 53 名；电脑汉字输入培训 1 期，学员 6 名；水彩画培训 1 期，学员 4 名；美容美发培训 1 期，学员 5 名；自行车组装培训 1 期，学员 4 名；SYB 创业培训 1 期，学员 63 名；盲人推拿培训班业务 1 期，学员 40 名。是年，市爱德学校被中残联评为国家级残疾人职业培训基地。是年，学员实现就业率 85%。

图 4-22　陈建平（右二）指导参加省级比赛选手

2014 年，学校举办陶艺制作培训 2 期，学员 48 名；初级盲人按摩培训 1 期，学员 2 名；中级盲人按摩 1 期，学员 5 名；SYB 创业培训 1 期，学员 52 名；盲人按摩机构负责人培训 1 期，学员 19 名；爱德讲堂培训 3 期，学员 168 名；残疾人社区康复知识培训 1 期，学员 112 名；盲人定向行走 2 期，学员 71 名；技能比赛选手培训 4 期，学员 84 名；消防知识培训 1 期，学员 50 名；安养

图 4-23 省级残疾人陶艺培训开班仪式

图 4-24　结业典礼

院、康复站工作人员培训1期，学员28名；创业知识培训1期，学员25名；就失业调查软件应用系统操作培训1期，学员7名；企业职工业务培训1期，学员85名；短期培训4期，学员140名。

2015年，学校举办陶艺制作培训2期，学员47名；成功申报江苏省首批残疾人就业创新（创优）项目，举办省级陶艺制作培训1期，学员20名；方壶制作培训1期，学员15名；残障陶艺人岗位培训2期，学员74名；紫砂壶制作提高培训1期，学员14名；工艺美术大专培训1期，学员7名；初级盲人按摩培训1期，学员3名；中级盲人按摩培训1期，学员3名；学历教育本科培训1期，学员10名；技能比赛培训4期，学员82名；保障金征收录入培训2期，学员27名；企业职工岗位培训1期，学员87名；残疾人工作者培训1期，学员25名；盲人定向行走培训1期，学员36名；水彩画培训1期，学员7名；鞋艺制作培训1期，学员27名；农村实用技术培训1期，学员30名；短期培训11期，学员360名。至此，学校先后组织举办各类培训共计130多期，参加培训残疾人9000多人次，同时承担残疾人学历晋升和各级各类参赛选手培训任务。

图4-25 选手正在作画

图4-26 全国政协原副主席丁光训（中）到宜兴视察残疾人工作

图 4-27 江苏省原副省长许津荣（中）在农疗中心参观学员作品

全国政协原副主席丁光训，中国残疾人联合会副主席吕世明、副理事长程凯，江苏省人民政府原副省长许津荣等曾到爱德培训学校视察。爱德培训学校先后被评为全国优秀成人教育培训机构、江苏省残疾人职业培训示范基地、江苏省社会教育培训工作先进单位、无锡市人民政府‘十五’残疾人教育先进集体、宜兴市残疾人创业就业先进单位、宜兴市社会组织先进集体、宜兴市民办非企业先进单位。

图 4-28 指导参加全国比赛的宜兴籍选手范月琴（右一）南京籍选手王凤霞（左一）

残疾人经过爱德培训学校培训后，多数学员走上自食其力或自我发展之路。如：从陶艺班走出的学员蔡春英，先后荣获江苏省、全国残疾人职业技能竞赛陶艺项目冠军，第八届国际残疾人职业技能竞赛陶艺项目第四名，被评为江苏省技术能手、全国技术能手；从陶艺班学员选出的潘雪平参加江苏省第三届残疾人职业竞赛，荣获陶艺比赛银牌，获江苏省技术能手称号；从陶艺班走出的学员张明制作并展示的紫砂壶受到全球 CEO 俱乐部会员詹姆斯·威伦青睐，表示要把紫砂壶推荐到美国、加拿大销售。从盲人保健按摩培训班走出的145名盲人学员，全部安置就业，其中有20名学员先后办起盲人推拿所。

依托爱德培训学校，积极探索残疾人“培训—实训—就业”机制，采取订单式、委托式、储备式培训，经国家、省有关部门对残疾人就业、自主创业、学历晋升、职称评定、竞赛获奖等五个方面的绩效考核，进入全国优秀成人教育机构和江苏省残疾人职业培训示范基地先进行列。

学校历任法人代表：徐惠忠（2003.4—2011.8）、洪晶（2011.9— ）；校长徐惠忠（2003.4—2011.8）、王志荣（2011.9— ）；副校长沈忠余（2014.07— ）。

三、丁山培智学校

1986年9月，宜兴县教育局与丁蜀镇政府在丁山小学（地址：丁蜀镇丁山中心广场2号）内试办智力障碍儿童辅读班，招收12名智力障碍儿童入学，初级小学四年课程八年学完。丁蜀镇学龄智力障碍儿童入学率29%。教学形式：形象直观、因人制宜、因材施教、个别辅导。

图4–29 宜兴市人民政府副市长卢敏（左三）到校考察工作

1987年8月28日，丁山智力障碍儿童辅读班改名为丁山培智班，专职教师1名，入学智力障碍儿童13名。丁蜀镇学龄智力障碍儿童入学率31%。培智班行政属丁蜀镇教科文卫办公室管理，接受县教育局、无锡市崇安区培智学校业务辅导。

1989年秋，培智班更名为丁山培智学校，设智力障碍教学班4个，招收智力障碍学生42名，配备教师12名。丁蜀镇智力障碍儿童入学率90%。行政管理和业务辅导不变。学校因地制宜，训练弱智学生制陶技能，效果显著。如：学生吴昊、包建强制作的紫砂泥塑《九龙壁》，参加省劳技展览获得好评。学生与老师合作的紫砂工艺品赠送给日本客人，受到赞许。是年，学校被省教委定位为劳动技能教学实验基地。

1991年，培智学校学生书画在无锡市庆“六一”书画比赛中获得一等奖。同年，学校对学生开展裁剪缝纫、陶瓷制作、自行车修理等劳技训练。1995年，在宜兴市小学生劳技作品竞赛中，培智学校作品获两项一等奖。

1996年，丁山培智学校教师中国教育科研所专家指导，运用“3、3、3......智能学具”，开启学生智力的学习与全面发展，开展课题实验。经中国教育科研所论证验收合格，获一等奖，在十省市智培教育研讨会上作经验交流。《现代特殊教育》杂志多次刊登学校教师朱赛莲对智力障碍儿童的施教经验文章。

2004年，丁山培智学校智力障碍学生109人。丁蜀镇智力障碍儿童入学率96.6%。智力障碍学生在校学习、生活期间，费用全免。

2007年，学校聘用特殊教育专业毕业教师2名。是年，黄梅娟、周露、朱荷芳等老师撰写的论文分别获江苏省、无锡市二、三等奖。

2008年，丁山小学搬迁至新校区（地址：丁蜀镇东坡中路），培智学校随之搬入，使用面积增加，教学设施改善。

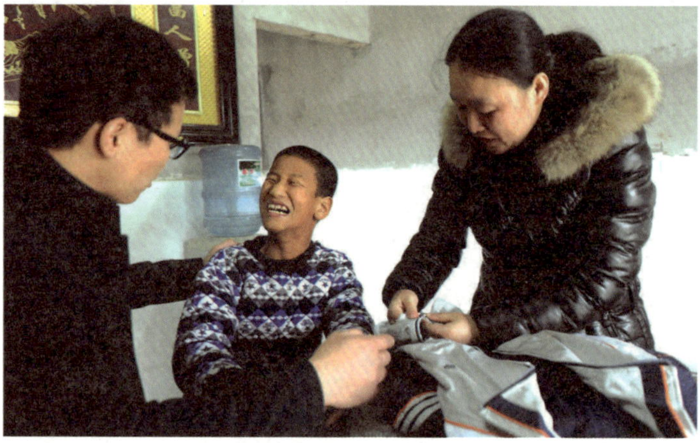

图4-30 智力障碍班老师在培养学生动手能力

2009年，学校开设陶艺、剪纸、刺绣等科目，提高学生的动手能力。史顺达等学生剪纸作品《喜鹊登梅》《戏碟花扇》等分别获江苏省、无锡市一、二、三等奖；老师周露、徐珏与学生刺绣作品获无锡市一等奖；老师徐珏利用废旧物品制作的工艺品，获无锡市一等奖。

至2012年，丁山培智学校不再招收智力障碍儿童入学，全市智力障碍儿童进入市特殊教育学校学习。

历任校长：崔盘铭、王国俊、葛以春（1989—2012年）

第三节 残疾人职业、学历培训

1988—1993 年，残疾人职业培训主要是残疾人到企业工作，接受岗位培训。1994 年，爱德基金会开展社区康复扶贫工作，其中包括对残疾人的

图 4-31 爱德基金会对残疾人职业培训合影

职业培训。是年，为残疾人建卡建档，实施培训 54 名。参加培训的残疾人，大部分成功就业。如：肢残人毛建强参加培训后，专业从事修锁、配锁；肢残人徐南翔开办钟表修理店。1995 年，为扩大残疾人就业选择，市劳动部门协调社会力量，对残疾人开展岗前、转岗培训工作。是年，伤残军人杨新平、孙春荣等到南京盲校、武汉盲校参加培训后，分别开办盲人按摩所。

1997 年 8 月，市政府出台《宜兴市人民政府关于扶助残疾人的意见》，市残联根据文件精神，添置家用缝纫机 10 台、手套机 10 台、编织机 4 台，新建生活用房 3 间，在康复中心创办宜兴市首届残疾人职业技能培训班。经培训，26 名聋哑、肢残学员掌握基本技能。是年，一等伤残军人杨新平开办按摩培训班，为学员上按摩培训课。1998 年 11 月底，爱德基金会出资与市残联联合在市残疾人康复中心举办聋哑人裁剪技术培训班，接受免费培训

聋哑人 20 名，教员亦为聋哑人担任。1999 年，爱德基金会再次出资与市残联合作举办聋哑人裁剪培训班，学期 4 个月，招收学员 10 名，聘请专业教师 2 名。至 2000 年底，培训各类残疾人 1000 余名。

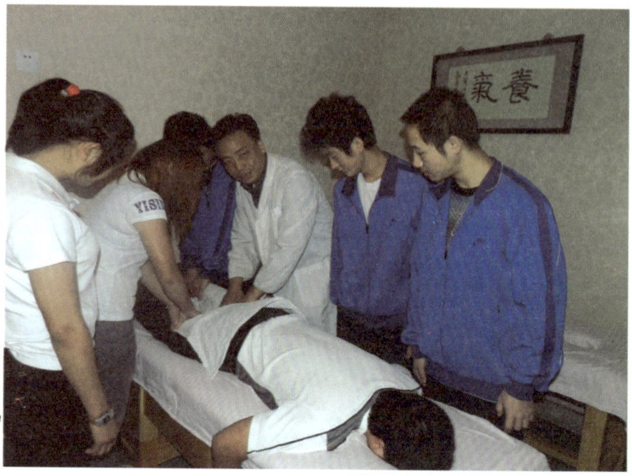

图 4-32　杨新平在指导盲人推拿按摩训练

2001 年，CBM 出资，由康复队选送 9 名盲人康复对象到南京盲校参加盲人按摩培训班，为期 2 个月。培训结束后，经市残联推荐，5 名受训者在盲人推拿所工作。是年，培训残疾人职业技能、科学文化、法制教育等，共计 275 人次。

图 4-33　培训备案残疾人

2002 年，12 月 10—15 日，由市残联、爱德基金会联合举办培训班，残疾人免费参加首期种植、养殖培训班 32 名。市农林局、草莓协会等单位挑选 6 名高级农艺师、畜牧师为残疾人专题授课，教授畜牧、养鱼，种植葡萄、草莓等技术。市爱德农村社区康复队 8 名康复员一起参加培训，并帮助、指导受培训残疾人尽快掌握运用种植、养殖技术。残疾人参加培训后，从事农副业生产，缺少资金的可向市残联及爱德基金会申请小额无息贷款。同年，市残联先后举办盲人按摩、手语等免费培训班。全年培训残疾人员，共计 268 人次，其中农村 162 名。

2003 年，市残联创办宜兴博爱培训学校，开展“造血型”扶贫工作，免费为城乡贫困残疾人提供全日制培训，共计537人次。是年，残疾人参加社会各类职业技能培训和农村实用技术培训2800多名，生产科技知识普遍提高。如：新芳镇独臂残疾人童顺清原来饲养10头猪，经种植、养殖培训后在镇政府、镇残联帮助下，发展成百头猪场；肢残人宗晓芬参加培训后，种植玉米、花木约7000多平方米，获得较好的经济收益。同年，市残疾人劳动就业服务所和宜兴市爱德培训学校签订委托培训协议，举办残疾人种植班，全年2期，每期残疾人学员35名，以农村有劳动能力的残疾人为主。培训项目有西瓜、吊瓜、草莓、玉米、蔬菜、葡萄、仙人掌等种植技术。同年，市残联与"百草堂"盲人按摩院，联合开设盲人按摩、缝纫、电脑打字、家电维修等多项技能培训班。同年，在爱德基金会资助下，市残联再次举办残疾人种植、养殖培训班，参加培训的残疾人40多名。市农林局、市草莓协会等单位6名高级农艺师，畜牧师分别作专题授课，内容包括种植养殖草莓、葡萄、香糯玉米、长毛兔、瘦肉鸭、鱼虾等10多个项目。学员们实地参观高塍葡萄园、滆湖水产养殖区等种养基地。

图 4-34　残疾人种养殖培训班

2004年，市政府出台《关于扶持城乡残疾人培训就业基地的实施意见》。盲人初级按摩第二期培训班于5月份结束，学员获得劳动部门颁发初级按摩师资格证及上岗证，落实就业10名。10月8—17日，环科园残联在园区成人学校举办种植、养殖

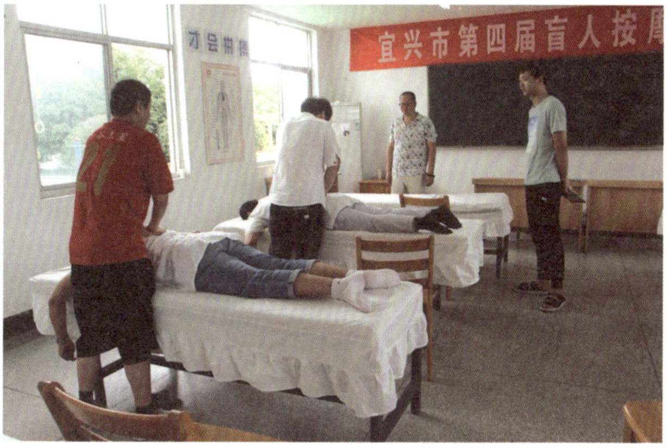

图 4-35　盲人按摩

培训班。园区各村残疾人 65 名参加培训，其中男 28 名、女 37 名。集中面授茶叶制作、油菜栽培、园林绿化、特种养殖等课程。参观种植、养殖示范基地。同年，市残联为残疾人建立农副业生产实践示范基地 2 个，让残疾人边学边干，边干边学。

2005 年 6 月，市残联、市国税局、市民政局贯彻中残联、省残联《关于加强残疾职工技能培训和文化学历培训的通知》精神，计划用5～6年时间，组织培训全市福利企业残疾职工 5700 多名，培训内容为普及安全生产知识、普法教育、职业道德、文化知识、职业技能、心理知识、等级工专业技能培训（1个月以上）、文化学历等。残疾职工在培训期间视为正常上岗，享受企业原待遇。是年，原北郊中学房屋置换给市残联爱德培训学校，用作残疾人职业技能培训基地。市残联除设立专项培训资金外，还积极与爱德基金会，上海影缘公益事业发展中心、兴途社区健康与发展中心等合作，争取培训项目资金援助。是年，爱德培训学校面向全国招生，举办电脑类、陶艺类、盲人推拿类、种植养殖类、化纤类、电线电缆类免费培训班 9 期，接受培训的残疾人共计 587 名。其中，陶艺培训班 8 名学员获得市劳动和社会保障局颁发的陶瓷手工职业资格证书，全部被市振国工艺品有限公司录用。另外，根据市场需求，爱德培训学校还先后开设按摩、计算机

图 4-37　陶艺班上课

图 4-38　陈建平（右二）培训选手

应用、家电维修、缝纫、种植业等各类专业培训班，培训残疾人 900 名。开创盲人教聋哑人按摩，肢残人教聋哑人缝纫的培训新模式。是年，市爱德培训学校举办种植、养殖、盲人按摩、陶艺等培训班 6 期，250 名残疾人接受免费培训。9 月 1 日，举办残疾人电脑培训班、盲人按摩培训班。电脑培训班残疾人学员 30 名，盲人按摩培训班学员 10 名（含外省盲人学员 1 名，外市盲人学员 3 名）。同时，陶艺培训班第二期开班，为期 6 个月，有残疾人学员 20 名。

同年，市残联举办化纤生产工艺流程及包装工艺类、安全生产类、法制教育类、初级电脑类、盲人初级按摩类、电线电缆类、猪、鸡、兔饲养类、水产养殖类、花木种植类、无公害蔬菜栽培类等职业技能培训班。同年，市残联成立市推进现代残疾农民教育培训工作班子，由残联一把手负责，结合残疾人需求，分类培训，培训农村有劳动能力的残疾人 200 名。是年，市残联决定由市爱德培训学校组织开展中长期职业技能培训，各镇残联组织开展农村残疾人短期实用技术培训。经考核合格，对开办培训班的镇、园残联或培训学校以每人 25 元合计发放；对安置残疾人就业超过在职职工 1.5% 比例的企业予以奖励；并从残疾人就业保障金中拨出资金；建立残疾人创业基金，确保残疾人得到就业技能培训和一次性自主创业扶持费。

2006 年，市残联为 39 名残疾人提供免费培训种植、养殖技术，盲人推拿 27 名，陶艺制作 44 名，福利企业残疾职工技能 450 名。其中，24 名陶艺培训班学员和 26 名盲人推拿学员，分别获得市劳动和社会保障局颁发的陶瓷手工成型职业资格证书和保健按摩职业资格证书。同年，市残联爱德培训学校举办陶艺制作、盲人推拿、电脑应用等培训班 9 期，培训 587 人次。学员通过劳动部门技能考核、获得职业技术资格证书 28 名。

图 4-39　宜兴市委书记王中苏（左三）看望陶艺制作班学员

2007 年，市残联为提高

残疾人整体素质和就业竞争能力，根据残疾人特点和市场需求，充分利用市级和基层培训基地，组织残疾人参加各类培训。全年组织 193 名残疾人参加陶艺制作、盲人推拿、盲人电脑、种植养殖、福利企业岗位技能等培训。其中，30 名陶艺培训班学员获市劳动和社会保障局颁发的陶瓷手工成型职业资格证书，16 名盲人推拿学员获职业资格证书。

图 4-39　陶艺班上课

2008 年，市残联委托爱德培训学校，积极探索残疾人“培训—实训—就业”机制，先后举办以农村残疾人为主的种植、养殖，盲人初、中级保健按摩师、陶器制作、电脑使用维修、缝纫等岗位技能培训 39 期，参加培训的各类培训班学员 2065 人次。

2009 年，市残联组织 150 名残疾人参加陶艺制作、盲人推拿、种植、养殖，福利企业岗位技能培训。同时，会同市职业中等专业学校举办残疾人陶艺美术中专班，选送残疾人马志刚、蔡春英到清华大学美术学院工艺美术系参加陶艺创作专业培训，为期 2 个月。同年，培训并选送残疾人运动员参加无锡市第十届运动会残疾人部比赛。是年，实施残疾人职业技术培训（包括陶艺制作、盲人按摩等）的有 236 名，参加市职业中等专业学校残疾人陶艺美术中专学历教育的有 32 名。是年，市残联组织 193 名残疾人参加陶艺制作、盲人推拿、盲人电脑、家庭副业、种植养殖等培训，30 人获得陶瓷手工成

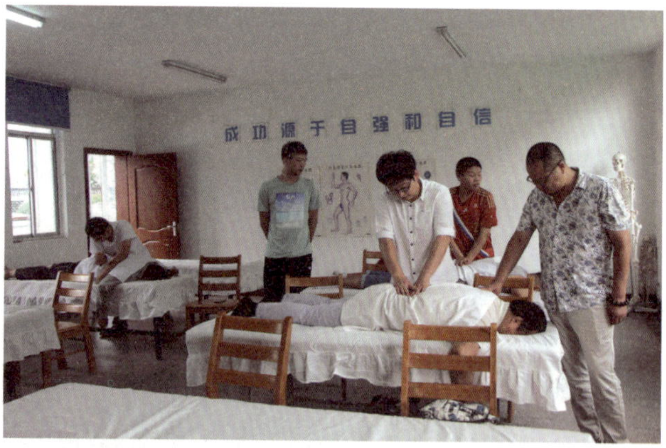

图 4-40　盲人按摩

型职业资格证书，38 人获盲人推拿职业资格证书。

2010 年，市残疾人劳动就业服务所委托爱德培训学校开办残疾人陶艺培训班，参加培训学员 24 名，培训时间 1 年。9 月，市残联委托爱德培训学校开办第一期中级盲人按摩培训班，学员 19 名，培训时间 4 个月。爱德培训学校依托地方经济特色和残疾人就业特点，开办盲人按摩、陶艺制作、电线电缆、雕塑等专业培训班，286 名残疾人参加培训。培训后，就业、再就业 237 名。同时，选送 8 名残疾人参加省残疾人男服制作、盲人保健按摩等 4 个项目的职业技能培训。同年，市残联组织 151 名残疾人参加陶艺制作、盲人推拿、电线电缆培训，会同市职业中等专业学校举办残疾人陶艺美术中专班；选送陈军等 4 名残疾人参加省残疾人职业技能男服制作和盲人保健按摩培训。

2011 年 7 月 23 日，市盲协在市委党校举办宜兴市盲人服务礼仪、专业技能培训班。邀请省中医院教授和市电大教师讲解盲人服务礼仪和专业技能。40 多名按摩业人员参加培训。培训后，陈福军获得医疗按摩医师职业资质，王俊获盲人保健高级技师资质；丁小中、牟健参加全国盲人医疗按摩学习考试。11 月，盲人协会组织部分盲人到南京参加放血疗法进修班学习。

2012 年，市残联依托爱德培训学校，为残疾人提供陶艺、盲人推拿、电脑应用等培训 450 名。市残联同时开展残疾人陶艺制作、盲人推拿、雕塑、电脑维修与应用、种植养殖实用技术服务等培训工作，参加培训共计 300 人次。同年，残疾人夏淑君、杨新平、开设名师工作室分别带徒培训；市盲协联合市爱德学校，培训盲人按摩学员 20 名。

图 4-41　市盲协走进宜兴市实验中学开展义务推拿活动

2013 年，市残联免费为残疾人举办陶艺展览，提供雕塑、电脑装配维修、自行车装配、盲人按摩、残疾人大中专学历、农村养殖实用技术等培训项目，500 名残疾人参加培训。是年，市残联开展各类职业技能、学历培训班。其中，盲人推拿 2 个班，23

名学员全部实现就业；陶艺班学员葛军被高薪聘用，担任德记壶庄设计总监。是年6月，市人社局、市残联、爱德培训学校和宜城成校共同创办宜兴市首届残疾人自主创业培训班，50多名残疾人获SYB创业培训合格证书。其中，陈卫军、董忠达等30多名残疾人经过培训后自主创业获得成功。

图4-42 陶艺老师指导参加全国比赛的选手范培君（右二）

2014年3月，市残联邀请市卫生监督所和市公安局宜城分局相关负责人组织盲人按摩机构业主开展卫生安全知识培训。同年，市残联连续做好盲人定向行走特色培训，先后为兄弟县市残联提供师资培训80多人次。连续开展残疾人就业技能培训，合

图4-43 宜兴市第一届残疾人自主创业培训班

作开展第二期残疾人 SYB 创业培训。52 位受训人员获得合格证书，11 位受训人扩大经营规模。市爱德培训学校连续将陶艺和推拿作为重点培训科目，陶艺基础和提高班学员有 24 名，盲人推拿基础和提高班学员有 37 名。横向合作开展学历培训，积极与市电大成教处、丁蜀成校合作，开展工艺美术大、中专及本科学历培训有学员 42 名。其中，大专和本科在读学员 15 名。组织残疾人职业技能竞赛培训，选送 42 名残疾人参加无锡工艺职业技术学校培训，四大类 10 个项目强化培训，共推荐优秀选手 18 名。同年，市残联受省就管中心委托，承办第五届残疾人职业技能竞赛陶艺、木雕项目比赛。组织参加全国技能竞赛选手在市爱德学校集训一个月，并邀请陶艺大师作系统性辅导。是年，市残联完成 368 名残疾人实名制就业技能培训，新安置 285 名残疾人就业；在爱德培训学校举办各类职业技能、学历培训 32 期，参加培训 614 人次，其中落实就业 207 名；依托爱德培训学校，积极探索残疾人“培训—受训—就业”机制，强化技能培训，增加师资力量，将陶艺班分成基础和提高两个班，有针对性地选择爱心企业作为实训基地，实训基地增加到 10 个（其中陶艺基地 7 个，盲人推拿基地 3 个），陶艺班学员 5 名，盲人推拿班学员 3 名。从学校培训到进入实训基地，从实训基地到选择实现就业。

图 4-44　上课图片

2015 年 4 月 20、21 日，市爱德培训学校与王俊推拿所联合举办一期盲人保健按摩技能提高培训班，邀请国内知名运动保健师苗振到宜兴授课，有 28 名盲人保健按摩师参加培训，学习全新肌肉拉伸方法。同年，市残联发挥爱德培训学校阵地作用，在办好残疾人工作岗位培训同时，重点开展残疾人陶艺、按摩推拿和学历培训。残疾人陶艺培训开设有基础、提高和省级 3 个班共计学员有 46 名（原有学员 20 名）。同年，开办“亚明”四方壶制

图 4-45　江苏省工艺美术大师顾治培（左三）带残疾徒弟

作专项技术培训班，招收残疾人学员 15 名；市残联与丁蜀镇残联合作开办紫砂方器制作提高培训班，招收残疾人学员 14 名；“清心明月”紫砂艺术馆实训，有听力残疾人学员 4 名；盲人按摩推拿培训开设有初级、中级 2 个班，学员 8 名全部就业。残疾人学历培训有工艺美术大、中专班、本科学历班，有学员 63 名。爱德培训学校与市电大成教处、丁蜀成人学校合作，加强师资力量，编写教材，优化硬件、软件。5 月份，有中专毕业学生 26 名，有大专毕业学生 8 名；至年底，大专在读学生 13 名，本科在读学生 8 名。市残联认定残疾人陶艺实训基地 4 家，盲人按摩推拿实训基地 2 家。对学习一年期满，考试、考核达标的学员，开展实际训练，促进学员陶艺作品商品化和按摩推拿技术市场化对接，实现创业、就业双向选择。是年，市爱德学校成功申报举办江苏省残疾人陶艺培训班。

第四节　残疾人工作者培训

1993 年，市残联聘请国内外专家到宜兴，培训社区康复员。内容为盲人定向行走技能、残疾人日常生活技能、肢残人功能训练、聋哑人手语交流等。

1994 年，市残联组织宜城、张渚、湖㳇、芳桥、善卷、鲸塘、徐舍等 10 个乡镇的 10 名康复员到南京盲校和南京聋哑学校接受培训，时间三周，培训内容为怎样了解、掌握残疾人生活、学习情况和残疾人心理、生理等特点，并学习简单盲文和手语。同年，市残联邀请国际克利斯朵夫防盲协会社区康复专家鲍勃·杰克尔（男）、荷兰肢残康复专家杰克琳·罗乐（女）、泰国专家柯尼卡（女）到宜兴，为康复员讲授盲人、肢残人、低视力患者的各项康复技能，并现场解决培训难题。此外，市残联还不定期邀请国内外专家

图 4-46　康复队合影

为社区康复员后续培训，不断提高他们为残疾人服务的实际工作水平。1995年12月，爱德基金会专门邀请德国CBM专家及学校老师到宜兴培训社区康复员。

1996年，市残联邀请国际克利斯朵夫防盲协会社区康复专家鲍勃·杰克尔到宜兴，培训社区康复员，为期4天。同年，市残联举办防盲、治盲培训班，聘请外国专家，南京盲、聋学校老师及特教专家培训在职社区康复员。同年，市教委举办特殊教育教师培训班，培训人数达500人次。并选送骨干教师参加全国、省举办的学历、智力教育培训班、讲习

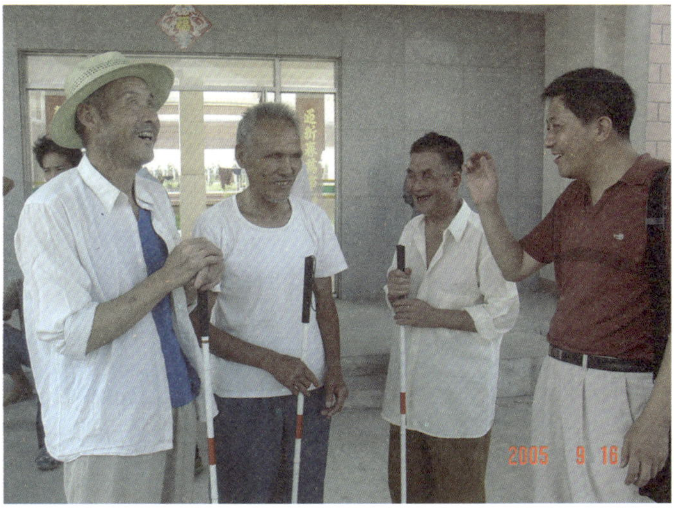

图 4-47　CBM项目办公室王茂强（右一）到宜兴指导

班。同时，鼓励青年教师参加特殊教育大专函授、大专自学考试。

1998 年，爱德基金会邀请国外专家在四川省泸州市举办肢残人康复培训班，宜兴康复员参加培训，为期 1 个月。

1999 年 7 月 26—8 月 5 日，市残联和爱德基金会联合举办肢残人康复后续培训班，特邀荷兰康复专家杰克琳·罗乐主讲运动学、解剖学、不同类型肢残锻炼疗法、肢具使用等，并参观南京假肢厂，走访宜兴脑瘫、小儿麻痹症、中风等 16 位康复对象，杰克琳·罗乐在康复锻炼现场作示范和指导。

2000 年 5 月 24 日，市残联与爱德基金会防盲特教组，组织社区康复员及市残疾人康复中心聋儿语训班教师，赴南京海军 414 医院省听力中心参观学习。听力中心主任徐廷贵介绍有关耳朵构造、如何看听力图、助听器选配保养等知识。同时，参观耳膜实验室、耳声发射室，并现场观看听力测试。6 月 8 日，南京特殊学校老师周苗德应邀到宜，为社区康复员开展低视力康复培训工作，并专程到一低视力康复对象家中，实地操作讲解，解决社区康复员在工作中遇到的问题。

图 4-48　社区康复手语培训

2001 年，市残联安排各镇、街道残联干部参加业务培训，了解政策、法规，使镇、街道残联干部增强对残疾人工作能力。同年，市社区康复扶贫队赴四川泸州，参加低视力康复培训班，开展社区低视力康复工作。

2003 年，宜兴市作为全国盲人定向行走训练服务“十五”试点城市，建立组织管理、技术辅导和训练服务网络，由市残联统一组织，采取逐级培训方式。6 月，中心镇、社区居委会工作人员、志愿者参加第一次业务培训。8 月，各镇社区康复员、社区居委会工作人员、志愿者参加第二次培训。并到中心镇实地观摩学习。同年，市残联组织全市精防工作人员到无锡接受业务培训。同年，市残联在宜兴税务培训中心，举办新老康复员爱德社区康复后续培训班，为期 2 周。培训内容包括社区康复基础知识、防盲治盲知识、盲人定向行走技能训练等。

2004 年 8 月，市残联与卫生局联合召开全市精防工作培训会议，统一部署全市精防工作内容和要求，对全市 120 名精防工作人员和医生作业务培训。11 月 22—12 月 5 日，市残联在宜兴税务培训中心对 5 名新康复员作爱德社区康复技能培训。培训内容包括社区康复基础知识、防盲治盲知识、盲人定向行走技能训练等。

图 4-49 宜兴市精神病防治业务培训班

2005 年，市残联为进一步扩大对外合作交流，相继选派工作人员 12 人次，赴香港新生康复会学习精防业务。同时，拓展与爱德基金会、国际 CMB（国际克利斯朵夫防盲协会）交流合作。是年，市残联在发展理念、管理模式、业务培训等方面与国际接轨，将社区康复和盲人定向行走技能培训经验，推广到泸州、银川和上海、杭州等地。8 月，市残联与卫生局组织开展精防业务培训，各镇、街道残联理事长、社区康复员、精防医生参加培训，共计 87 名。培训内容为精神病人免费发药工作流程、要求和精神病专家专题讲座。

图 4-50 宜兴市承办培训班

2006 年，市残联培训指导员赴南京参加江苏省视障儿童早期关怀和教育项目培训，并参加由中国国际奥比斯资助的新途培训师培训。

2007 年，市残联举办镇、街道残联理事长和专职委员康复业务培训班，为期 7 天。同时组织开展康复员盲人定向行走培训和乡镇残联理事长社区康复管理培训，参加培训的镇、街道理事长 20 名，康复员 20 名。10 月 26—27 日，举办宜兴市残联 /CBM 聋儿社区康复工作培训班，培训聋儿家长 30 名，康复员 20 名。11 月，开展肢残、脑瘫儿童康复培训工作，社区康复员参加培训。并对全市社区开展康复业务指导。12 月 18—23 日，举办宜兴市残联 /CBM 肢体康复技能培训班，培训人员 24 名。其中，康复员 20 名、培训指导员 2 名、康复队长 1 名、市残联康复科员 1 名。由无锡和宜兴康复专家，作肢体残疾康复专题讲座。

图 4-51　宜兴市承办培训班

图 4-52　宜兴市镇残联专职委员培训班

2008 年 2 月 27—29 日，CBR 办公室组织社区举办康复手语培训班，聘请宜兴市特殊教育学校手语辅导老师讲课，为期 3 天，培训各镇、街道康复员 20 名。4 月，市残联联合卫生局，开展全市精防业务培训工作，参加培训的有全市精防医生，镇、街道残联理事长，专职干事，共计 80 名。9 月上旬，开展肢体残疾康复技能培训工作，全市康复员参加培训，聘请无锡市教授作肢体残疾康复专题讲座，肢体残疾康复评估，偏瘫、截瘫、截肢、脑瘫等康复训练，为期 7 天。12 月上旬，全市康复员参加低视力康复技能培训，宜兴市第二人民医院眼科主任为康复员作低视力知识讲座。

2009 年 3 月，市残联举办宜兴市第二代残疾人换证工作业务培训班，各镇、街道理事长、专职委员参加培训，共 30 名。市残联举办全市盲人定向行走训练指导师培训班，为期 7 天，各镇、街道及部分村（居委）康复员参加培训，共 35 名。5 月 8 日，市残联会同卫生局组织全市精防医生集中培训。

6月10—12日，市残联出资聘请聋儿语班老师，举办手语培训班，20名康复员接受培训。7月13—15日，市残联举办康复技能培训班，23名康复员参加培训。7月23—26日，市残联举办社区康复手语培训班，邀请宜兴市特殊教育学校手语老师授课，培训汉语手指拼音、词组、句子，为期4天，培训各镇（街道）专职委员20名。9月，市残联开展康复技能培训工作，培训社区卫生服务中心康复站康复医生40名，从中选拔参加无锡市社区康复医生技能培训3名。10月，市残联举办康复员低视力康复业务培训班。同时，组织各镇、街道专职委员参加信息系统培训（2次）。市残联组织全市康复员参加盲人定向行走技能培训。由市残联和卫生局确定100个社区卫生服务站为示范点，成立社区康复室，开展人员培训工作。12月1—7日，举办脑瘫康复技能培训班，23名康复员接受培训，市残联邀请南京市儿童福利院医师，作小儿脑瘫早期诊断、早期预防、早期治疗专题讲座。

图 4-53　盲人定向行走指导员到村指导定向行走技能

图 4-54　宜兴市第二期社区康复医生培训班

2010年3月初，市残联联合卫生局举办业务培训班，培训精防医生、乡镇残联理事长、专职委员，共80名。7月21—23日，举办社区康复业务技能培训班，特邀省内著名康复专家到宜授课，培训各镇（街道）专职委员。开设社区康复新理念、偏瘫残疾康复家庭操作技能、残疾人辅助器具使用等专题讲座。同年，市残联组织党员干部开展残疾人康复、教育、就业、法律法规知识培训工作，组织各镇（园区、街道）理事长、专职干事集中学习《中共江苏省委、省人民政府关于加快残疾人事业发展的意见》；组织机关人员参加手语培训，组织各镇（园区、街道）理事长赴江阴、无锡滨湖区考察学习。学习无锡市精细化管理课程；组织全体工作人员参加《中华人民共和国残疾人保障法》业务培训；组织对机关人员和康复医生参加康复技能培训；邀请全国康复权威专家到宜为康复医生授课12次，从中选送优秀康复医生外出学习深造3人次。

2011年6月19—22日，市残联举办新生农疗精神康复业务培训班，市残联康复科、精防指导中心（周铁医院）医生、护士、“博爱家园”农疗中心管理人员、部分街道精防医生参加培训，共有学员25名。同时邀请新生农疗康复专家，介绍新生农场在精防康复、新生农场运作、职业训练活动、评估及个案管理等情况。11月19—23日，举办宜兴市残联/CBM脑瘫康复业务技能培训班，邀请省内著名脑瘫康复专家到宜开设脑瘫康复、操作技能等讲座，全市各镇（街道）残联专干参加培训。

图4-55　志愿者学习盲人定向行走技能

图4-56　盲人定向行走训练指导师在宜兴市培训班

2012年，市残联组织镇（街道）理事长，参加无锡综合业务培训。同时邀请专家为残疾人工作者授课5次。市残联承办无锡市首届盲人定向行走指导师技能比赛和培训班。同年，市残联邀请无锡残疾人康复中心副院长苏伟对全市康复医生进行社区康复知识和康复训练档案业务培训。

2013 年，市残联组织各镇（街道）理事长到无锡江南大学培训。同年，市残联组织 23 名康复医生参加全市康复医生培训班，为期 2 天。邀请高晶博士、上海市儿童医院脑瘫康复专家史惟及无锡市残疾人康复中心专家授课，讲授孤独症儿童和脑瘫基础知识与康复治疗、康复医学新概念等康复知识。

2014 年 7 月 4—7 日，市残联在江苏省委党校举办第二期镇、街道残联理事长培训班，市残联、镇、街道残联理事长参加培训，共计 31 名。4 天培训期间，省残联领导和省党校教授分别就《残疾人保障法解读》《残疾人就业工作浅谈》《残疾人重点康复工作及要求》《全省辅助器具项目的管理和实施》《组织建设强基育人工作解读》《国内外经济形势分析》《创新思维和创新方法》等课程作辅导，并参观南京鼓楼区馨阳光花园、凤凰街道托养中心、南京明心儿童益智教育培训中心。市残联理事长杭仁育、副理事长吴亚琴、戴菊华带队参加培训。同年，市残联引进孤独症康复专家张庆长合作成立市博爱孤独症从业人员服务中心，以孤独症儿童康复与从业人员培训相结合，提高孤独症儿童康复效果、孤独症家长及教师能力。服务中心开设亲子成长课程、早期介入丹佛模式家长学习工作坊、孤独症教师专业成长课程、亲子夏令营等，并举办江浙沪孤独症教学大会，参加教学大会机构 19 家，孤独症教师 33 名。同年，市残联康复科联合市残疾人康复中心治疗师，举办 6 个试点镇（街道）社区康复知识业务培训班，共计 10 期。同时，组织全市康复医生到市残疾人康复中心及无锡残联接受业务培训。

图 4-57　康复中心专家开设亲子成长课程

2015 年，市残疾人康复中心按照“走出去，请进来”的人才培育模式，定期邀请省人民医院和佳木斯康复医院专家为患者诊治的治疗医师作业务指导。选派康复治疗医师赴省人民医院和佳木斯康复医院作短期、长期业务培训、进修。同年，宜兴市博爱孤独症从业人员服务中心定期为机构和患者家长组织专题培训。同年，市残联与江阴市残联合作，组织市残联中层以上工作人员、各镇（街道）残联理事长，赴复旦大学接受培训，由复旦大学教授和上海市残联领导授课，并参观上海市为残服务机构。同年，市残联开展专业培训工作，依托“残疾人阅读与培训在线”平台，通过计算机网络远程授课、在线测试、证书验证，逐步实现专委持证上岗，完成对村、社区 250 名专干培训。组织康复医生开展脊柱侧凸筛查和业务技能培训 90 人次。同年，市残联与教师进修学校合作成立康教结合实习基地，并挂牌。实习基地每年定期安排幼教专业毕业生到儿童成长中心实习，为孤独症儿童定期授课。同年 9 月，市残联组织各镇（街道）安养院负责人及护理人员到无锡市残疾人托养中心培训和参观学习。

第五章 生活保障

就业是最大的民生，对残疾人来说更是如此。人民政府为使残疾人生活得到保障，于1958年由民政部门具体安排有一定劳动能力、有就业愿望的贫困残疾人进入当地福利企业工作。1996年，劳动局设立残疾人职业介绍所，专门负责为用工单位和残疾人提供信息，开展残疾人就业综合服务。1997—2015年，市残联会同有关部门贯彻执行上级关于残疾人“集中就业、自主创业、按比例就业、其他就业”等优惠政策，不断加强残疾人劳动就业服务工作。与此同时，扶贫解困、走访慰问残疾人，将残疾人纳入最低生活保障，为残疾人办理养老保险，为残疾人提供托养服务，始终成为市委、政府关爱残疾人的工作重点，成为市残联常态性工作。

第一节　劳动就业

一、就业服务

1958—1995年，各地乡镇民政办公室负责安排有一定劳动能力，有就业愿望的贫困残疾人进入所在地的福利工厂就业。

1996年，宜兴市残疾人职业介绍所成立，隶属市劳动局，业务上接受宜兴市劳动就业管理处的指导和监督。其职责是给全市城镇有劳动能力和就业要求的残疾人、企事业单位富余残疾职工，介绍就业；对全市使用残疾人劳动力的机关、团体、企事业单位进行用工调查和登记；为用工单位和有劳动能力的残疾人提供残疾人资源信息和用工信息，设立残疾人劳动力市场，为用工单位和有劳动能力的残疾人实现双向选择提供综合性服务等。1997年1月13日，宜兴市机构编制委员会正式批准成立宜兴市残疾人职业介绍所，隶属市残联，为全民制单位，核定人员编制2名。业务范围：为残疾人就业服务，为用工单位招收残疾人服务。经费上独立核算，自负赢亏，自收自支。同年，为加强残疾人劳动就业服务工作，配合实施按比例安排残疾人就业，根据上级残联要求和全市实际情况，建立、健全残疾人就业服务机构，建立宜兴市残疾人劳动服务中心。参照无锡市做法，劳动服务中心与残疾人职业介绍所实行二块牌子一个文号，其性质、编制、业务范围不变，经费仍然实行独立核算。

1998年，为了在产权制度改革中维护残疾职工的合法权益，保障他们的基本生活，市民政、税务、社保等部门对福利企业年检，解决残疾职工到岗到位、同工同酬和养老保险问题。是年，全市6712名残疾职工中参加养老保险的5288名，投保率80%。同时，市委、市政府出台多项优惠政策，鼓励广大残疾人自谋职业。工商、税务部门对从业残疾人给予场所、管理费及税收等优惠照顾。是年，全市残疾人个体从业者达2000多人。

1999年9月，宜兴市残疾人职业介绍所和劳动服务中心合一，更名为宜兴市残疾人劳动就业服务所。

2000年，除残疾人集中就业、按比例就业之外，市残联鼓励、帮助残疾人个体从业，积极与工商、税务、城管等部门联系，为残疾人选择从业项目、申办营业执照、落实经营场地等，并在税收、管理费等方面给予政策优惠。是年，宜兴市残疾人就业率由不足50%提高至60%，近4000名残疾人摆脱贫困。

2002年，市残疾人劳动就业服务所人员编制到位，发挥功能，职业介绍、就业服务等工作运作正常，落实275名残疾人就业。

2003年，市残联构筑社会对残疾人按比例就业和保障金收缴咨询平台；完成对全市所有机关、团体、企事业单位劳动用工信息微机输入。

2005年，市残联、市劳动和社会保障局、市民政局联合在《宜兴日报》刊登公告，专题报道反映残疾人就业困境，呼吁各用人单位为残疾人就业再就业创造条件。5月，成功举办市残疾人就业专场招聘洽谈会，共有27家单位提供258个就业岗位，300余名残疾人参加应聘，167位残疾人当场与招聘方达成用工意向。市残联常年做好为残疾人免费办理求职登记工作，提供求职咨询、择业指导、用人信息等服务，免费为残疾人提供技能培训，并积极向用人单位推荐残疾人就业。同时，为准确掌握就业年龄段残疾人就业、

图5-1　镇（街道）残联工作人员深入福利企业开展全国残疾人就业、失业情况调查

生活状况，市残联召集各镇残联理事长作出专门部署，由各镇对具体调查人员作业务培训，明确要求挨家挨户上门调查，不走过场、不漏查、误查，高标准完成残疾人情况调查，对全市就业年龄段内残疾人状况作系统了解，为开展相关工作提供切实依据。市委、市政府出台《关于调整综合规费征收办法的通知》，市残疾人就业保障金纳入市综合规费，统一委托地税代征。及时研究和调整市残疾人就业保障金征缴方案，分地税代征、财政结算中心统一代扣和市劳服所单独征收等。

是年，市残联首次单独举办残疾人就业招聘会，新增残疾人就业315名。市残疾人创业基金会对有需求、有技能的无业残疾人给予智力、资金支持，为32人提供创业基金16.7万元，依托培训就业基金安排残疾人就业94名。发挥福利企业安置残疾人就业的主渠道作用，共安置残疾人5827名。为使培训合格的盲人有用武之地，鼓励其从事按摩业，全市有盲人按摩所11个，从业盲人40多名。残疾人从事个体经营1085名、家庭农副业11373名，全市有劳动能力残疾人就业率基本稳定在80%左右。

2006年，根据《江苏省人民政府关于印发2006年重点任务分解落实方案的通知》，省政府确定实施“三个一万”助残实事工程，即：对全省1万名残疾人职业技能培训，帮助1万名残疾人实现就业，扶持农村1万名残疾人脱贫致富。宜兴市对照任务分解表，开展助残实事工程，按比例安排残疾人就业83名，扶持残疾人从事个体经营、自谋职业、灵活就业28名。

同年，“全国助残日”期间，市民政局、劳动和社会保障局、残联共同举办爱心招聘会，27个企业提供就业岗位258个，400多名残疾人应聘，达成就业用工意向167名。是年，市残联充分发挥社会福利企业集中就业主渠道作用，安置农村残疾人就业210名；依法推进各行各业按比例安排残疾人就业31名，并对达不到规定比例的单位依法征收残疾人就业保障金。同时，鼓励并扶持农村残疾人自主创业，对自主创业的农村残疾人给予政策倾斜和资金扶助，共培育种植、养殖扶贫基地8个，安置残疾人就业52名；无偿提供资金1.9万元，扶持残疾人自主创业7名。是年，全市有一定劳动能力的农村残疾人共计1.8万余名。其中，福利企业集中就业5100余名，从事个体经营近1000名，从事家庭农副业生产8000余名，尚有一定劳动能力、有就业愿望的无业农村残疾人4000余名。

2007 年，由市残联组织人员，对 193 名残疾人免费培训。其中，陶艺制作培训 30 名、盲人推拿培训 38 名、盲人电脑培训 6 名、种植养殖技术培训 65 名、企业残疾职工技能培训 54 名。陶艺培训班学员均获得市劳动和社会保障局颁发的陶瓷手工成型职业资格证书，盲人学员均获得初级保健按摩

图 5-2　上级残联领导调研残疾人培训就业工作

师职业资格证书。是年，市残联充分发挥福利企业作用，设法安置有一定劳动能力、有就业愿望的残疾人就业，再由各用人单位提供合适的工种，依法与残疾人职工签订一年以上劳动合同，确保同工同酬，支付工资不低于全市最低工资标准，并及时办理社会保险；依法推进各行各业按比例安排残疾人就业，动员各单位提供合适的岗位；鼓励和扶持残疾人自主创业，并尽可能提供资金、技术、场地。同时，常年做好残疾人免费办理求职登记工作，做好求职咨询、择业指导、提供用人信息等服务，对有培训需求的残疾人，免费为其提供技能培训，并积极向用人单位推荐就业。全年安置残疾人就业（创业）278 名。

2008 年，市残联会同劳动和社会保障部门做好失业残疾人登记工作。同时，以福利企业集中安置、分散安置和扶持自主创业等形式，常年为残疾

人提供求职咨询、择业指导、用人用工信息等服务，积极向用人单位推荐就业。是年，市残联举办残疾人专场招聘会，167 名残疾人与用人单位当场达成用工意向；帮助 56 名失业残疾人登记并安排上岗工作。

2009 年，市残联为失业残疾人员做好求职咨询、择业指导，用人信息等服务，办理残疾人失业登记共计 138 名。对有培训需求的残疾人，免费提供技能培训，并积极向用人单位推荐就业。是年，通过福利企业集中安置、分散安置、扶持自主创业等形式安置残疾人就业（创业）714 名，就业扶贫援助 30 名（其中就业援助 17 名、技术扶持 12 名、商业服务 1 名）。购买公益性岗位 10 个以上，超额完成市下达的重点目标任务。同年，市残联与市劳动和社会保障局在市人力资源市场联合举办 2009 年度宜兴市“阳光助残就业”残疾人专场招聘会，13 家单位为残疾人提供 127 个就业岗位，涉及后勤管理、财会、操作工、缝纫工等工种。300 余名残疾人应聘，100 多名残疾人当场与用人单位达成用工意向。同时，利用各种媒介广泛宣传残疾人就业法律法规，发放《致全市福利企业残疾职工的公开信》，并与福利企业沟通交流，切实保障残疾人稳定就业。

2010 年，市残联会同人力资源和社会保障局，开展残疾人“就业援助月”活动，帮助 56 名残疾人找到工作。另外，还举办 2010 年度宜兴市“阳光援助就业”残疾人专场招聘会，107 名残疾人当场与用人单位达成用工意向。

2011 年，市残联会同市人力资源和社会保障局开展残疾人“就业援助月”活动和专场招聘会，残疾人就业 69 名。涉及纺织、保洁、园艺、门卫、食堂、修理等工种，合同签订为期 1 年至 5 年不等的合同。市人力资源和社会保障局为提高残疾人就业能力，开展免费职业技能培训，举办初级盲人保健按摩培训班、盲人计算机培训班、盲人足浴提高班和残疾人种植养殖培训班等。

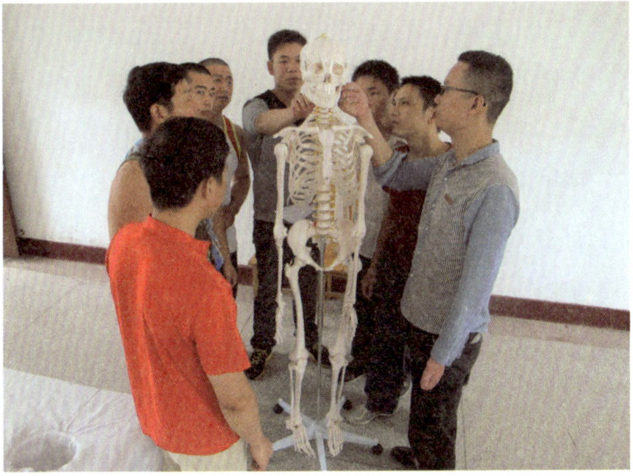

图 5-3 盲人按摩初级班上课

参加培训的残疾人通过理论考试和实际操作考核，全部取得职业资格证书。是年，通过残疾人集中就业、按比例就业、自主创业等方式安置就业 600 名。

2012 年，市残联积极应对部分福利企业退工情况，深入调研，立足实际，撰写《稳定福利企业和残疾人就业工作建议和意见》，为市委、市政府解决问题，决策部署工作提供依据。同时，按照市委、市政府的要求，认真组织各镇（街道）残联排查退工人员，做好安托工作，及时采取结对帮扶、纳入低保、扶持创业等多种方式，确保困难残疾职工的基本生活。同年，市残联本着“给一份补助，不如教会一门技术”为出发点，加大技能教育培训力度，坚持“培训与就业挂钩，项目与市场联动”，积极实施一个教育培训基地、一个成果展示厅、一个名人大师工作室、一个创业工作室、一个残联品牌、一个销售公司，即“六个一”工程模式，争创省文化创业示范基地。以规范征收残疾人就业保障金为契机和按比例安排残疾人就业规定，鼓励各类企业，尤其是外商独资企业吸纳残疾人就业。同时，发挥博爱生态农业公司、德记壶庄等省市级创业、就业基地示范作用，培育残疾人创业和吸纳就业新增长。全年安置残疾人就业、再就业 281 名。丁蜀、杨巷、官林、屺亭、西渚等镇在稳定福利企业就业和帮助残疾人再就业方面成效显著。

2013 年 5 月，市残联开展残疾人就业服务机构规范化建设，并通过省检查组验收。是年，通过福利企业集中安置、分散安置、扶持自主创业等形式，安置 281 位残疾人就业、创业。至年底，市级残疾人就业（创业）基地 36 家，自主创业 8 个。

2014 年，市残联按照省、市统一部署开展就业年龄段持证残疾人就业、失业情况调查工作。分层次组织开展业务培训，抽调 17 名工作人员定镇（街道）、定岗、定责开展调查试点，组成业务工作小组，明确定镇人员负责制，开展工作，并与统计局合作组织业务人员分组开展抽查。根据调查名录，全市调查对象为 14840 名，实际调查 14604 名，录入网络系统 14557 名。这次调查将全市就业年龄段持证残疾人的基本情况、性别结构、就业类型和文化程度，录入网络系统，为开展就业培训等各项工作提供依据。同年，市残联组织大、小型残疾人专场招聘会 11 场次，开发就业岗位 128 名，安置残疾人就业 173 名。其中，社会用人单位按比例吸纳就业 60 名。完成实名制就业技能培训 368 名，新安置残疾人就业 285 名，个性化服务安置残疾人大学生就业10名。并选择休养、托养残疾人中素质较好、有一定动手能力的进入为期一年的庇护性就业行列，使庇护就业人员踏上社会，进入企业。

2015年，市残联发挥爱德培训学校阵地作用，办好残疾人岗位培训，重点开展残疾人陶艺、盲人推拿按摩和学历三大特色培训。是年，陶艺培训开设有市级基础、提高和省级3个班，学员46名。盲人推拿按摩培训开设有初、中级培训班，学员8名，全部结业并走上就业岗位。同时，市残联与市电大成教处、丁蜀成校合作，开设有中专、本科工艺美术班，招收学员63名；开办有亚明四方壶制作专项技术培训班，招收残疾人学员15名；与丁蜀镇残联合作开办紫砂方器提高培训班，招收残疾人学员14名。同年，市残联与市人社局合作举办残疾人就业专场招聘会，157名残疾人与用人单位达成用工意向，38名进入试用期，13名实现就业。

同年，市残联联合宜兴市人力资源和社会保障局在市人力资源市场一楼大厅举办2场残疾人就业专场招聘会。参加招聘会的单位共有150个，为残疾人提供就业岗位204个，职位697个，483名残疾人参加应聘。在招聘会现场，残疾人和用工单位签订就业意向书共157人次，进入试用期残疾人38名，实现就业残疾人13名。

二、集中就业

1958年4月，宜城、丁蜀、和桥、张渚等镇开办有耐火厂、电瓷厂、砖瓦厂、陶瓷玩具厂、草制品厂、山袜生产社、养猪养兔场、积肥生产组、废品加工组、西餐冷饮店等11个福利性质的生产单位，吸收安排724名烈（军）属、残疾复员军人、城市贫民、“四残”（聋、盲、哑、残）人员参加工作。其中，烈（军）属80名、残疾复员军人39名、城市贫民574名、“四残”人员31名。

1977年8月，丁蜀镇创办社会福利纸盒厂，全厂职工66名，其中“四残”人员39名，占全厂职工总数的59%。

1980年，政府牵头，通过福利彩票销售、慈善捐募、福利企业上缴等途径，向社会筹集资金，建立福利慈善基金。全市福利企业涉及金属机电、塑料化工、轻纺耐火、纸品印刷及服务行业等。年产值1000万元以上福利企业约占1/10。

1987年，全县有福利工厂108个，其中县办3个、乡镇办98个、村办

6个、街办1个。生产项目有建筑材料、副食品加工、五金电器、化工、橡胶制品、服装加工、涤毛色织、纸品印刷等。职工总数9061名，其中“四残”人员4020名，占职工总数的44%。

1988年，宜兴市通过组织生产自救、兴办福利企业和其它企事业单位安置劳动岗位等多种形式，多渠道、多层次安置残疾人就业，在政府优惠政策推动下，全市福利企业121个，集中安置残疾人就业4816名。

1990年，全市福利企业职工11913名，其中残疾职工5283名，占一线生产人员的53.2%。1992年，全市福利企业146个，集中安置残疾人就业6000多名。1993年，全市福利企业集中安置残疾人就业7000名。1994年，全市福利企业161个，集中安置残疾人就业6825名。

1995年，全市福利企业179个，集中安置残疾人就业7000名。福利企业中，年产值1亿元以上9个。1996年，全市福利企业182个，集中安置残疾人就业6742名，占全市有劳动能力残疾人的43%。残疾职工人均月收入约1500元。有31个企业为1600名残疾职工办理养老保险。

2003年，全市福利企业集中安置5740名残疾人就业。是年，有关部门在确保残疾职工比例、上岗率及最低工资到位的同时，为残疾职工办理养老保险，参保率97.8%。

2004年，全市取消福利企业14个，保留合格企业133个。集中安置残疾人就业5827名。

2005年，全市26个福利企业在“全国助残日”（5月15日），举行残疾人专场招聘洽谈会，招收男职工166名，女职工72名。同年，市民政局开展例行年检，限期整改残疾职工工资偏低的企业，保证残疾职工工资水平不低于每月850元的企业最低工资标准。是年，全市有福利企业134个，全年应税销售162.8亿元，缴纳增值税5.38亿元，实际减免5.12亿元；福利企业中共有残疾职工5569名，残疾职工养老保险参保率100%。

2006年，根据《江苏省人民政府关于印发2006年重点任务分解落实方案的通知》，省政府确定实施“三个一万”助残实事工程，即：对全省1万名残疾人进行职业技能培训，帮助1万名残疾人实现就业，扶持农村1万名残疾人脱贫致富。宜兴市对照任务分解表，开展助残实事工程，全市福利企业新增安置残疾人就业290名。

2008年，市残联会同民政、税务等部门联合安置有劳动能力、有就业愿望残疾人就业7000多名。另外，宜兴市国窑科技有限公司于5月申办福利企业，全年安置残疾人就业30名。

2009年，全市145个福利企业吸纳8500名残疾人集中就业。其中，新办福利企业26家，新安置694名残疾人就业。残疾职工年人均收入超过1万元，养老保险参保率100%。同时，宜兴市首场残疾人就业招聘专场在无锡市工业技术学院举行，近百名残疾人员与用人单位达成用工协议。另外，宜兴市国窑科技有限公司在2009年度宜兴市“阳光助残”残疾人专场招聘会上与8名残疾人签订用工意向。

2012年，新办福利企业9个，全市福利企业共计205个，集中安置1万多名残疾人就业。

随着用工成本的逐年提高和保障水平的提升，福利企业逐渐失去政策优势，随着改革的深入和面临严峻经济形势，部分企业经营状况发生变化，再加上企业上市等因素，部分福利企业停办退工。2013至2014年，全市停办福利企业66家。

2015年，全市有福利企业139家，稳定安置7157名残疾人就业。同年，为规范市盲人按摩行业的健康发展，积极扶持新开办的盲人保健按摩机构，促进盲人创业和就业，市残联联合民政部门对全市所有涉及盲人保健按摩的机构进行上门调查。对机构的许可证、营业执照及从业人员、经营面积、床位、安全设施等都作详细登记，对持有许可证机构进行重点规范化检查年审，年审合格13家。调查结果表明全市有各类涉及盲人按摩机构37家，其中有盲人按摩许可证机构16家，有工商营业执照和民办非企19家。

三、按比例就业

1997年，市残联根据上级要求，制定《宜兴市按比例安排残疾人就业的实施办法》，明确规定全市所有机关、团体、企业（包括国有、集体、股份制、私营企业、港澳台商投资企业、外商投资企业）、事业单位，应按不低于该单位上一年度城镇从业人员（含城镇固定工、合同工、临时工、计划外用工）1.5%的比例安排残疾人就业。市、法制局于年底前审议通过并发文。1998年，在全市全面实施残疾人按比例就业。

1999年，以政府文件形式下发《宜兴市残疾人按比例就业实施办法》，补充修改有关条款，使市残疾人就业工作有了新的法规。市劳动局成立残疾人职业介绍所，民政、社保部门首先在张泽镇开展残疾人职工养老保险工作，将维护残疾人的合法权益与发展残疾人事业有机结合起来，寓权益保障于事业发展之中。

2000 年，修改出台新的按比例安排残疾人就业办法，要求市行政区域内的所有机关、团体、企业（包括国有、集体、股份制、私营企业、港、澳、台商投资企业）、事业单位，按不低于本单位上一年度城镇从业人员（含城镇固定工、合同工、临时工、计划外用工）1.5% 的比例安排残疾人就业，达不到规定比例的单位，每年度必须缴纳残疾人就业保障金（以下简称残保金）。根据市政府部署，首先在全市机关、团体、城镇企事业单位全面推开按比例安排残疾人就业。是年，残保金收缴到账率 100%，新安置残疾人就业 125 名。

2001 年，残保金到账率 100%，新安置残疾人就业 356 名。2002 年，残疾职工年报表收缴率 100%，残保金到账率 100%。全年共收残保金 36 万元，超上年征收 6 万余元。

2003 年，市残联理事长丁国强多次与地税、财政等部门协商讨论，制定计划，并会同有关人员到周边地区考察学习有关残疾人按比例就业情况，提请市领导决策。经市常委扩大会议研究决定，出台《中共宜兴市委、宜兴市人民政府关于转发市财政局、市地税局、市残联〈关于改变征缴残疾人就业保障金办法的意见〉的通知》。为构筑残疾人按比例就业工作咨询答疑平台，共向全市各机关、团体、企事业单位发放政策法规宣传资料 1 万多册；同时编印《宜兴残疾人》工作简报；将全市所有机关、团体、企事业单位劳动用工信息输入微机，实现系统化管理。至年底，全市缴纳按比例残疾人就业保障金单位有 7000 多户，征收 400 余万元；按比例安排残疾人就业共计 350 名，其中城镇 80 名、农村 270 名。大部分企业积极支持按比例就业工作。市精陶集团公司一次录用残疾人就业 20 名，并承诺今后将全面接收安置经过陶艺培训的学员；市利通电子器件厂一次安置残疾人就业 10 名，超比例安置 3 名。各录用残疾人就业企业及时做好新安置残疾职工上岗培训，并因人制宜安排合适工种和岗位。

2004 年，按照政府出台的相关文件要求，研究和调整全市残疾人就业保障金征缴的措施、办法及方案，并积极协调市有关领导和有关部门，规范减免程序、彻查征管漏洞，完善征缴方案，全面落实。经市残联与有关部门会共同协商并报市有关领导批准，市属各类企业及经营性事业单位的保障金，统一由市政府委托地税代征。征缴后，市财政按常年预算划拨市残联。市属财政、公益服务类事业单位，主要由市财政结算中心依据征缴办法统一代扣。驻宜各部、省属单位及市属所有非市财务结算中心扎口管理的单位，则由市残联劳动就业服务所单独征收。至年底，市财务结算中心已扣缴130多万元，比2003年同期增加40万元；劳动就业服务所累计完成85万元。

2005年，市残联与财政、卫生等部门联合发出征缴残疾人就业保障金的通知。全年共征收残疾人就业保障金270余万元。共有39家企业安置残疾人就业118名，全部超过1.5%比例。为调动广大企业安置残疾职工的积极性，确保残疾职工稳定就业，经市长常务会议专题讨论研究。通过了市残联《关于对超比例安置残疾人就业的企业单位给予奖励的请示》。

2007年，市残联专门会同财政、卫生等部门协商，确定通过财政局、卫生局签订代征协议，联合发放征缴通知书，及时将《单位安置残疾人就业情况表》发至有关单位。全市21家企业超比例安置残疾人就业99名。根据《残疾人就业条例》《江苏省按比例安排残疾人就业办法》等文件精神，市残联对超比例安置残疾人就业的企业实施奖励。

2008年，市残联依法推进按比例安排残疾人就业，共计1000名。是年起，市残联在征收残保金的同时，尽力为用人单位选择、培养并推荐符合用工要求的残疾人，指导用人单位为残疾人安排适宜的工作岗位。2011年，宜兴市残疾人按比例就业办法及残保金征缴范围，经市长办公会议讨论通过，首次覆盖到外商独资企业。至2013年，全市共安置残疾人按比例就业约200名。2014年，进入庇护就业行列36名，其中进入企业就业5名。2015年，市残联将残保金征收作为重点工作，收集整理各项涉及残疾人按比例就业和残保金征收的政策、法规、文件，编印《保障金法律文件汇编》和《按比例安排残疾人就业暨征收残疾人就业保障金政策问答》宣传册。在市政府实行基金、费分项征收规定文件出台的同时，积极协调市财政局、市地税局联合发文《关于征收残疾人就业保障金的工作方案》，对市范围内的各类单位和企业全面实施残疾人按比例就业政策。对地税局提供的22359个单位进行审核。根据上级对小微企业优惠政策，对 20 人以下的 19208 个单位免收残保金 2998.83 万元。有 2922 个单位在省保障金征缴系统中进行初审、复审，发送 2920 个单位金额 6656.26 万元，已经入库残保金 2043 个单位 4416.17 万元。在通过复审的单位中，有 303 个单位安置残疾职工 554 名。是年，市残联被省残工委评为残保金征收先进市，杭仁育被省残工委评为残保金征收先进个人。

四、自主创业

1992 年，全市残疾人就业中，从事个体经营的占 80%。1998 年起，市残联协调工商、税务、城管等部门，对残疾人个体经营实施场地、资金、管理、税收、技术等方面的优惠政策。

2001 年，在市残联积极支持残疾人个体创业的同时，各乡镇残联与当地有关部门协调，帮助残疾人个体创业，并解决实际问题。如：徐舍镇残联理事长刘林森为残疾人个体创业协调减免有关费用，筹调资金 3 万元，解决经费周转困难；闸口镇残联理事长董良与有关部门协调，协助北渠村伤残军人张正荣创办小型织布加工厂，并为其筹措资金；官林镇残联理事长宗伯年为残疾人联系承接缝纫业务 5000 元。市残联为使残疾人掌握一技之长，增强谋生本领，利用各种机会安排残疾人接受技术培训。如：选送盲人参加无锡市盲人按摩培训，选送肢残人、聋哑人参加缝纫、修理及经营知识培训等；利用各种技能比赛活动，展示残疾人聪明才智，激励广大残疾人参与社会，勇于创业的决心。如：选送紫砂工艺五厂工艺师夏淑君（肢残）参加第五届国际残疾人职业技能比赛，推荐张渚镇许三荣（盲人）磨豆腐特殊技能展示，被拍成影视纪录片，在无锡市电视台播出。

2004 年，市政府出台《关于扶助残疾人的意见》，鼓励、扶持残疾人个体创业。是年，残疾人从事个体经营 1085 名。

2005 年，为使更多残疾人掌握职业技能，走上工作岗位，市残联出台《关于举办残疾人职业技能培训班实施补贴的暂行办法》和《关

图 5-4　专家参加康复对象推拿所开业

于扶持城乡残疾人培训就业基地的实施意见》，分别在西渚、新街等镇扶持培育种植、养殖、小型手工业基地8个，安置残疾人就业45名，并且为残疾人提供职业培训场所。同时设立市残疾人创业基金会，对有需求、有一定工作能力的无业残疾人给予智力支持、资金扶持，积极鼓励残疾人创业、创优，体现自身价值。全年为32位残疾人提供扶持资金16.7万元。

2006年，市残联在西渚、新街等镇扶持培育的8个残疾人就业创业基地直接安置残疾人52名，辐射带动残疾人从业211名，人均年收入6000元。

2008年，市残联下设残疾人劳动就业服务所，并培育有8个残疾人培训就业基地。西渚镇残疾人钱岳龙创办的宜兴市博爱生态农业有限公司（被评为2006年度省级残疾人扶贫示范基地）先后安排30多名农村残疾人就业，辐射带动50多名残疾人种植花木。2009年，新建农村残疾人扶贫基地宜兴市怡和园艺场。2010年，远东慈善基金会创办全国首条残疾人创业街，首批100余名农村残疾人入驻创业。开业仪式当天在中央电视台新闻联播节目中播出。

图5-5 首届全国身障人“五创”高峰论坛在宜兴市举行

2011年，市残联组织省中医学院专家、教授到宜对盲人推拿、服务礼仪作具体指导和培训，使盲人推拿服务综合素质有效提升，盲人推拿规范化建设有序推进，“新平推拿”等打造成第一批精品按摩所。是年，全市开设24家盲人推拿所，吸收200多名盲人就业。

2012年，市残联培育发展残疾人就业创业基地30个，直接安置残疾人就业300多名，带动残疾人家庭脱贫致富300多户。残疾人王俊推拿养生会所开张营业，吸纳残疾人就业20名。

2013年，市残联根据福利企业政策调整后，及时研究制定扶持残疾人创业、就业基地的政策意见，以基地投入规模、残疾人用工情况、残疾人收入情况、生活保障情况、基地产出经济实效情况为依据，组织教育就业科、财务科等相关科室人员，对基地逐个、逐项核实考核。在此基础上，经市残联集体商量确定，实施政策扶持和经济补助。全市共有各类创业、就业基地36个，自主创业基地8个，安置残疾人272名，共发放扶持补助资金97.3万元。

2015年，全市有各类残疾人创业就业基地45个，稳定安置残疾人就业416名。夏淑君（肢残）、钱岳龙（肢残）、马伟忠（肢残）、蔡春英（肢残）、王晓红（肢残）、马志刚（肢残）、陈军（肢残）、裴国强（肢残）、邵亚琴（肢残）、葛知（肢残）、周金君（肢残）、谢祥新（肢残）、杨新平（盲人）、孙春荣（盲人）、许三荣（盲人）、王俊（盲人）、陈敬加（聋哑）、钱琦（聋哑）等，被市残联评为残疾人自主创业代表。

五、其他就业

至1996年，全市残疾人除集中就业、按比例就业、自主创业外，另有从事公益性岗位就业、辅助性就业、居家就业等多种就业形式。使约1300名残疾人能够取得合法收入。

2009年起，市残联为其他就业类型的残疾人扩大工作机会，培育就业（创业）基地，吸纳残疾人参加工作。当年，市残联与丁蜀镇个体业主王建德共同创办“博爱家园”残疾人就业（从事紫砂壶制作）基地，并为“丁蜀德记壶庄”挂牌，与市爱德培训学校建立订单式培训就业关系，为残疾人提供就业岗位20多个。

2010年，市残联命名宜兴市残疾人就业（创业）基地3个：宜兴市奇奇生态蔬菜种植专业合作站（屺亭街道）、宜兴市徐舍西墟明堰五金加工基地（徐舍镇）、宜兴市天蓬养殖专业合作社（万石镇）。同时，在无锡市应未广告传媒有限公司建立宜兴市残疾人大、中专毕业生就业见习实训基地。

2011年，市残联动员社会爱心企业家，投资350万元，合作建设残疾人种植业就业基地（博爱家园农疗中心）。

图5-6 残疾人蔬果种植基地

基地投入使用后，安置20多名残疾人就业，还成为精神残疾人农疗中心。至年底，博爱生态农业园创建为省级残疾人扶贫示范基地，怡和园艺场创建为无锡市扶贫基地。另外创建成市级扶贫基地10个，共安置和扶持残疾人就业创业240名。培育有"江苏省四星级盲人按摩示范机构"1个和江苏省三星级盲人按摩示范机构3个，成为残疾人就业、创业的良好平台。

2013年，宜兴市博爱生态农业有限公司被评为省二星级扶贫基地。宜兴市新平盲人按摩所、王俊盲人保健按摩院被评为五星级按摩机构。宜兴市财东盲人保健按摩院、宜兴市妙手堂盲人保健按摩所被评为三星级按摩机构。是年，市残联创办宜兴市残疾人创业就业技术培训中心。爱德学校盲人推拿2个班23名学员全部实现就业。

2015年，全市就业年龄段中有残疾人9693名，已经就业占就业年龄段残疾人总数的65.1%。其中，集中就业共7019人，占72.4%；按比例就业共1113人，占11.5%；其他就业共1561人，占16.1%。

第二节 扶贫解困

一、走访慰问

每年春节期间，走访慰问弱势群体困难户，特别是特困残疾人，倾听他们的心声，关心他们的生活，为他们送去钱物，为他们解决实际问题，成为党和政府、社会各界关爱残疾人的重要举措。1996年，爱德基金会庄艾琳、佘红玉和宜兴社区康复队、市残联工作人员走访盲、聋残疾人25户，发放救济款3000多元、衣被200多件。1997年，市领导专门走访慰问特困康复对象，发放补助款、棉被、食品。2001年，市残联领导走访慰问康复对象23户，送去补助款和慰问金5000元。2006年，市政府开展送温暖

图5-7 爱德基金会佘红玉（右三）到宜指导

活动，春节前后动员全市社会各界走访慰问、结对帮扶、临时救济残疾人家庭 2427 户，接济钱物合计 53 万元。2007 年，市财政下拨扶贫资金，对特困残疾人家庭送温暖 416 户，发放慰问金 10 万元；市“四套班子”走访慰问张渚、徐舍、官林、丁蜀等镇特困残疾人家庭 4 户，发放钱、物合计 0.43 万元；市残联单独走访慰问特困残疾人家庭 20 户，发放钱、物合计 1.67 万元；市残联联合市“个协”走访慰问特困残疾人家庭 10 户，发放慰问金 0.3 万元；市残联以“帮、包、带、扶”等多种形式，向特困残疾人家庭 2139 户，发放钱、物合计 83.61 万元；2008 年，市残联采取“帮、包、带、扶”等形式，发动社会各界走访慰问、结对帮扶、临时救济特困残疾人家庭 3165 户，共发放钱、物合计 121 万元。2010 年，全市镇（园区、街道）领导上门走访慰问残疾人，倾听心声，了解残疾人家庭的生产、生活需求，并送上慰问金、慰问品，共计 100 多万元。

图 5-8　市领导走访慰问残疾人家庭

每年“全国助残日”期间，市、镇（街道）在围绕每个不同主题开展的活动中，走访慰问残疾人始终是主要内容之一。1992 年，副市长沈根福一行走访全市 10 多个福利企业，为残疾职工送去党和政府的关怀。1994 年，宜城镇民政科、人武部领导代表镇政府看望伤残军人杨新平（盲人）一家；市领导及民政、教委、总工会等部门领导走访市聋哑学校、丁蜀镇培智学校、市通达电缆厂（福利企业），并看望丁山公安分局特约治安员聋哑人马

图 5-9　市残联领导走访慰问贫困残疾人

炳荣；张渚镇政府组织人员上门慰问特困残疾人 30 名，发放救济款 1500 元。1999 年，市领导杨亚君、钮颂坚在市卫生局、民政局、残联等部门陪同下，赴市人民医院、市聋哑学校、市残疾人康复中心看望白内障病人和聋哑学生。2000 年，市领导杨亚君带领民政、卫生、教委等部门负责人走访慰问市白内障定点医院、市残疾人康复中心、市聋哑学校等。2010 年，各级党委、政府和社会各界向残疾人发放慰问金 5 万多元。2015 年，以全国助残日为契机，全市各级各部门走访慰问贫困残疾人家庭 380 户，为他们送去慰问品、慰问金，共计 125 万元。

除在春节、“全国助残日”期间，全市开展走访慰问残疾人活动外，市残联还开展有“走千访万”活动，即：走进千户残疾人家庭，访问万名残疾人，倾听残疾人呼声，了解疾苦，找出困难症结，寻求解决办法，为制定政策文件提供依据。针对贫困残疾人住房保障的特殊诉求，积极与市房保局协调，妥善解决毛建强、唐国忠等多名双下肢重残人员住房安置问题；会同市民政局深入开展“阳光助残安居工程”，使 68 户残疾人家庭的危陋破旧住房得到修缮等。“十二五”期间，共修缮残疾人家庭的危陋破旧房屋 255 户。

二、最低生活保障

1988 年起，对家庭生活困难的残疾人实施社会救助，由市、乡（镇）财政和村（居）委对特困残疾人家庭采取定期和临时救助。至 1996 年，临时救助残疾人，共计 7130 人次，总金额 65 万元。1999 年，市政府出台《残疾人生活保障工作意见》，将残疾人列入最低生活保障范围。当年，共有 1800 名残疾人纳入最低生活保障。城市居民执行标准为：人均月收入不足 140 元的困难家庭或个人，补助到人均 140 元；农村居民执行标准为：年人均补助到 800 元 ~ 1000 元。凡是宜兴和无锡市认定的经济薄弱村可以执行 800 元的最低标准，超出 1000 元标准的资金由各行政村自行解决。2000 年 6 月，市政府出台《宜兴市城市居民最低生活保障实施办法》，城市低保执行标准提高到月人均 180 元，城市居民残疾人低保标准同步提高。2002 年 4 月，城市低保执行标准提高到月人均 220 元，城市居民残疾人低保标准同步提高。同时，市政府出台《宜兴市人民政府关于修改〈宜兴市农村最低生活保障暂行办法〉的决定》，原西渚、元上、徐舍、鲸塘、潘家坝、芳庄、堰头、新建、钮家、都山等 16 个经济欠发达乡（镇）的低保标准为年人均

800 ~ 900 元，不得低于 800 元。2003 年，全市被纳入最低生活保障“安全网”的贫困残疾人 3491 名。市委、市政府，切实做好元旦、春节工作，确保伤残军人的抚恤、补助金全额兑现。2004 年 1 月起，农村低保标准调整为年人均 1600 元。全市被纳入城乡最低生活保障的残疾人 3491 名，基本达到应保尽保要求。2005 年，市残联及时调整落实符合低保条件的残疾人，将符合条件的特困残疾人 4815 名全部纳入低保，应保尽保率 100%，将残疾人低保户提高低保标准 10%，对重度残疾人提高低保标准 20%。并向 3641 名特困残疾人发放帮扶物资及资金 125 万元。2006 年，城市低保标准为每人每月 260 元；农村低保标准为每人每年 1600 元，按季发放。同时，为进一步完善分类施保，对城乡低保中的部分特殊对象出台新的扶助政策。低保对象中一般性残疾人仍按增加 10% 保障补助标准执行，重度残疾人由原来提高 10% 调整为提高 20%。全市纳入最低生活保障的残疾人 5139 名。2007 年，全市纳入最低生活保障的残疾人 8120 名。2009 年，全市纳入最低保障的特困残疾人家庭 5641 户，应保尽保率 100%。将低保边缘户中没有收入来源的重度残疾人单独纳入低保，按最低生活保障标准全额享受低保。同时，农村残疾人予以五保供养 735 名。2010 年，市民政局按照市委、市政府出台的《关于进一步做好民生工作的意见》，全面启动城乡低保“提标扩面”工作。“提标扩面”后，城市最低生活保障标准为每人每月 360 元，农村为每人每月 280 元。城乡低保“提标扩面”工作严格把好申报、公示、审核、审批关，切实做到动态管理下的应保尽保、应退即退。城市低保实行按月发放，农村低保实行按季度发放。同时，继续完善“分类施保”制度，低保户中的孤儿、孤老（60 周岁以上无亲属者）、70 周岁以上的老年人、残疾人和少数民族人员，其本人在执行当地最低生活保障标准的基础上，还可增加 20%；归侨家庭月人均收入低于最低生活保障标准的，归侨本人在执行当地最低生活保障标准的基础上，还可增加 20%；低保户中的重度残疾人，按当地最低生活保障标准 120% 全额享受低保；低保边缘户中没有收入来源的重度残疾人（视力一级、二级，智力残疾一级、二级，肢体残疾一级、二级，精神残疾一级、二级）按当地最低生活保障标准全额享受低保。是年，7 月 1 日开始，城乡低保一体化政策实施，低保标准统一提高到每人每月 360 元。2012 年提高到每人每月 420 元，2013 年提高到每人每月 490 元，2014 年，提高到每人每月 560 元，2015 年，提高到每人每月 600 元。至 2015 年，全市纳入最低生活保障的残疾人，应保尽保率 100%。

三、养老保险

1993 年，市政府出台《关于企业职工养老保险制度改革的实施意见》在企业中实施养老保险。至 1996 年，全市有 20 家企业为 600 名残疾职工办理养老保险。

2000 年，继续扩大企业职工基本养老保险覆盖面，不分企业性质、户口性质、本地、外地均参加企业职工养老保险。当年，在确保福利企业残疾职工稳定就业、到岗到位、同工同酬的同时，为残疾职工办理养老保险共计 4836 名，参保率 95.2%。

2007 年，在福利企业就业残疾人 6761 名，参加企业养老保险率 100%；在企事业单位就业或自谋职业的残疾人近 2000 名，参加企业养老保险；农村残疾人参加农民基本养老保险 9132 名。至 2015 年，全市在职残疾人养老保险参保率 100%。

四、生活救助金

1. 低保重残补贴

2008 年，市政府办公室下发《关于市低保重度残疾人发放生活救助金的意见的通知》为具有宜兴户口并持有残疾人证一级、二级重度残疾人发放生活救助金。低保重残人员救助金标准为每人每月 50 元，1 月 1 日起执行。2010 年，低保重残人员的生活救助金由原来的每人每月 50 元，提高到每人每月 65 元。是年，享受低保生活救助金的重度残疾人员共计 1213 人。2011 年，提高到每人每月 100 元，为 1185 人发放 134.68 万元。2012 年，为 1174 人发放 135.88 万元。2013 年，为 1184 人发放 134.16 万元。2014 年，为 1146 人发放 125.28 万元。2015 年，为 971 人发放 95.76 万元。

2. 重度残疾人护理补贴

2011 年，省财政厅省残疾人联合会下发《江苏省残疾人护理补贴发放管理办法》的通知，对全市生活不能自理的 16—60 岁一级视力、肢体、智力、精神重度残疾人按每人每月 100 元的标准发放护理补贴，为 333 人发放 38.45 万元。2012 年，为 376 人发放 42.66 万元。2013 年，重度残疾人护理补贴扩面到精神和智力二级，为 1307 人发放 117 万元。2014 年，为 1391

人发放 155.97 万元。2015 年，重度残疾人护理补贴由每月 100 元提高到 120 元，为 1336 人发放 186.924 万元。

3. 特殊困难残疾人生活补贴

2008 年，市政府办公室下发《关于无固定收入重残人员给予生活救助的通知》，为具有宜兴户口并持有残疾人证一级、二级重度残疾人享受与低保金一致的补贴。2010 年，执行省有关规定，增加一户多残、依老养残补贴。标准为 60% 的低保标准补贴。2014 年 7 月，一户多残、依老养残补贴金由民政移交残联发放。是年，共发放 2127.48 万元。2015 年，共发放 2351.3 万元。

五、托养服务

2008 年，周铁镇工疗站、张渚镇残疾人安养院等“博爱家园”系列机构建成，并进入实质运行。

2010 年，创建有太华、徐舍、屺亭等 3 个镇级残疾人托养中心，为 30 名残疾人提供生存和生活技能训练等服务。

2011 年 10 月，被列入政府实事工程的市重度残疾人托养中心（以下简称托养中心）开工建设，总投资约 2000 万元。中心可为 100 名符合条件的残疾人集中托养，为他们提供生活照料、技能培训、康复训练、精神慰藉、劳动参与等服务，并做好全市托养工作示范。同年，和桥、新建、屺亭、杨巷、周铁等地，相继建成镇级安养院。至 2012 年，全市所有镇（街道）相继建成安养院，按就近原则，重度残疾人由其所在地提供托养服务。

2013 年 3 月，市托养中心试运行，第一批入托残疾人 33 人次。5 月 13 日，市政府、无锡市残联领导到场参加入托仪式并作重要讲话。是年，全年入托残疾人 156 人次。

2014 年，市托养中心全年入托残疾人 217 人次。市托养中心积极探索“福利型托养—休养型、庇护型托养—就业创业型”相结合的托养服务之路。在搞好休养型、日托型的同时，按照“进来是为了更好的出去”的要求，从休养型中选择身体素质较好，有一定劳动能力的残疾人 28 名，实行为期一年的庇护性就业，形成庇护型托养。是年，庇护性就业人群中，踏入社会实现真正就业 5 名。同年，宜城街道试点居家养残模式，残疾人享受人数 38 名。是年，市政府专门出台《宜兴市残疾人“博爱家园”双基工程规范化建设实施意见》，把残疾人“博爱家园”双基工程作为政府实事工程。着力推进宜林、丁蜀、芳桥等 10 个镇（街道）的 6 个社区卫生服务中心康复站和 6 个残疾人安养院的规范化建设运行和管理，共验收合格 5 个。5 个安养院入托残疾人共 73 名。

2015 年，市托养中心全年入托残疾人 243 人次。其中庇护型托养 29 名，回归社会实现就业 16 名。大部分托养人员的生活习惯、自理能力、自信心态、自立意识、身体机能和感恩意识得到明显改善。在“博爱家园”双基工程顺利实施的基础上，共有 15 个镇（街道）安养院规范化运行，入托残疾人 205 名。

第六章 康复服务

让广大残疾人尽快康复，提高和增强他们的学习、生活、工作能力，早日回归社会，是残疾人事业中最重要的工作。

1989年起，由副市长牵头，市民政局、卫生局负责的“三项康复”白内障复明手术、小儿麻痹后遗症矫治、聋哑儿童语言康复工作正式启动。1993年，宜兴市委、市政府根据中残联、江苏省、无锡市残联文件要求，成立由主管残联工作的副市长为组长，各有关部门领导为成员的阶段性工作领导小组，负责领导全市开展专项残疾人康复工作。

1994年起，中国爱德基金会和克里斯朵夫国际防盲协会（CBM）在宜兴市开展全国第一个农村社区康复示范项目。市政府相应成立宜兴市CBM/爱德农村康复项目（CBR）办公室和宜兴市爱德农村社区康复队，作为康复项目全国试点在宜兴市逐步展开。

至2015年，设立有宜兴市残疾人康复中心、宜兴市残疾人托养中心等为残服务机构，为全市残疾人提供多项康复服务，低视力、肢残、智障康复，精神病防治与康复、辅具适配、0—6岁残疾儿童抢救性康复训练、培训、预防、脊柱侧凸等康复工作规范有序展开，成效显著。

第一节 康复机构

一、领导小组

1. 宜兴市爱德基金会帮残助残领导小组

1993年，宜兴市爱德基金会帮残助残领导小组成立。组长由副市长、残联主席担任，副组长由爱德基金会副秘书长、市统战部副部长、残联副主席兼理事长担任，成员有爱德基金会在华项目协调人、市卫生局副局长、市统战部民族宗教事务科科长、宜兴市基督教“三自”爱国运动委员会主席、市残联工作人员。

市残联与爱德基金会协商，开展部分乡镇残疾人康复扶贫试点工作，逐步帮助残疾人解决生产、生活、就业和医疗康复问题。选择试点乡镇有宜城镇、丁蜀镇、和桥镇、张渚镇、善卷镇、徐舍镇、芳桥镇、湖㳇镇、新庄镇、十里牌乡。乡、镇残联选出帮残助残康复员各1名，配合做好残疾人调查摸底工作，汇总上报领导小组。对试点乡镇工作取得成效后，向全市推开。

1994年，宜兴市残联与中国爱德基金会，利用国际克里斯朵夫防盲协会（简称CBM）捐助资金，开展全国第一个农村社区康复项目，为农村残疾人提供康复训练及服务，帮助残疾人发展生产，创造平等参与社会生活的条件，使他们回归主流社会，成为自食其力的劳动者。宜兴市各级领导始终把残疾人社区康复工作列为重点工作之一，各乡镇相应成立社区康复工作小组。有关部门进行职责分工，卫生局将残疾人康复及残疾预防纳入医疗预防工作之中，统筹安排；民政局将残疾人康复工作纳入社区服务之中；教育部门负责聋儿、智残儿童康复训练，并组织有关康复知识培训；市残联具体负责组织全市残疾人情况的调查摸底工作，掌握康复需求并对康复对象建档立卡，协调组织技术资源力量，指导残疾人康复训练及服务，并提供“转介”服务。领导小组每年定期召开专门会议一次，听取社区康复工作情况，协调解决工作中存在困难和问题。并有计划、有组织安排检查，制定相应奖惩措施，鼓励各部门为残疾人康复提供方便及优惠措施。同时，建立康复队（队长1名，队员10名）在宜城、张渚等乡镇开展社区康复试点工作，为残疾人提供切实有效的康复训练和服务。

宜兴市康复社区领导小组以康复促扶贫，提高生活贫困康复对象参与社会的能力，为残疾人脱贫谋新路。专门设立“生产自救基金”，给予一定数额的无息贷款，扶持发展种植业、养殖业，使大多数康复对象及其家庭生活有了较大改观。2001年起，社区康复项目向边远地区及山区推进。

2008年7月，由爱德基金会提议，经市残联、宜兴市爱德社区康复领导小组研究，报市民政局备案，同意将宜兴市爱德农村社区康复队注销登记，并收回民办非企业单位登记证书及印章，市爱德社区康复领导小组停止工作。至2015年，不变。

2. 宜兴市爱德社区康复领导小组

1994年，宜兴市爱德社区康复领导小组成立。组长由副市长担任，成员由市民政局、市残联、市卫生局及教委等部门领导组成。各乡镇相应成立社区康复工作小组。1996年9月，宜兴市人民政府残疾人工作协调委员会发文《关于调整宜兴市爱德社区康复工作领导小组的通知》决定调整领导小组成员。调整后，市政府副市长任组长，爱德基金会副秘书长任副组长、市民政局局长、市残联理事长、市统战部副部长、市卫生局副局长、爱德基金会项目主任等为成员。领导小组下设办公室，具体负责社区康复项目的组织实施，由市残联理事长兼任办公室主任，办公室设在市残联。

市残联与中国爱德基金会合作，利用国际克里斯朵夫防盲协会捐助资金，建立全国第一个农村社区康复项目，为农村残疾人提供康复训练及服务，帮助残疾人发展生产，创造平等参与社会生活的条件，使他们回归主流社会，成为自食其力的劳动者。各有关部门职责明确，统筹安排具体工作。领导小组制定实施方案，定期召开专门会议，听取社区康复工作情况汇报，协调解决工作中存在困难。1996 年 11 月 29 日，爱德宜兴社区康复工作座谈会召开，国际 CBM 组织驻亚洲总代表玛丽安·泰利一行出席会议。1998 年 3 月，宜兴市召开爱德社区康复项目介绍会，中国盲协主席，江苏、四川省及无锡市残联领导出席会议。CBM 在华项目协调主任庄艾琳作工作报告，充分肯定试点工作所取得的经济效益和社会效益。2000 年，爱德宜兴市社区康复工作向纵深发展，康复对象由盲、聋哑残疾人扩大到肢体残疾人。实施项目通过中外康复专家组成的专家评估团调查评估。2002—2004 年，爱德宜兴市社区康复工作将残疾人康复与就业、教育、扶贫融为一体，为残疾人提供多方位服务，顺利完成实施方案 5 期。至 2015 年，宜兴市爱德社区康复领导小组具体工作由市残联实施。

3. 宜兴市精神病防治康复工作领导小组

2003 年 2 月 10 日，宜兴市政府发文《关于成立宜兴市精神病防治康复工作领导小组的通知》，明确市委常委、常务副市长为组长，市政府办公室副主任、市卫生局副局长、市发展计划局副局长、市财政局副局长、市公安局副局长、市人力资源社会保障局副局长、市民政局纪委书记、市总工会副主席等为成员。领导小组下设办公室，由市残联副理事长任办公室主任。办公室设在市残联。至 2015 年，工作领导小组一直是全市精神病防治专项机构。

4. 宜兴市残疾人康复和盲人定向行走训练服务试点工作领导小组

2004 年 4 月 12 日，宜兴市政府办公室发出《关于成立宜兴市残疾人康复和盲人定向行走训练服务试点工作领导小组的通知》，决定成立工作领导小组，由市委常委、常务副市长任组长，市政府办公室副主任、市残联理事长、市卫生局局长任副组长，市卫生局副局长、市财政局副局长、市民政局纪委书记、市教育局副局长、市妇联副主席等为成员。试点工作领导小组下

图 6-1　盲人定向行走基地

图 6-2　高标准建设的盲人定向行走训练场地

设办公室，由市残联副理事长任办公室主任。办公室设在市残联。至2015年，残疾人康复和盲人定向行走训练服务工作在全市全面展开。

5. 宜兴市创建“白内障无障碍市”领导小组

1990年1月10日，经省“三康办”（是指重点做好、小儿麻痹矫治手术、白内障复明手术和聋儿听力语言康复训练而组成的办公室）、省卫生厅、省残联批准，宜兴市人民医院被定为白内障复明手术医疗点和小儿麻痹后遗症矫治手术医疗点。

2007年，根据江苏省、无锡市残联关于创建“白内障无障碍市（县）区”实施方案要求，宜兴市成立领导小组。由市政府副市长任组长，市政府办公室主任、市残联理事长、市卫生局副局长任副组长，市卫生局医政科科长、市残联康复科科长等为成员。下设办公室，市残联理事长任主任，卫生局医政科、财政局社保科、民政局社会事务和民间组织管理科、市劳动和社会保障局就业与事业保险科、市残联康复科等部门负责人为成员。办公室设在市残联。由卫生局副局长任“创建白内障无障碍市”专家技术指导组组长，人民医院副院长、第二人民医院副院长、卫生局医政科科长任副组长，人民医院眼科主任、第二人民医院眼科主任为成员。至2015年，领导小组是市“白内障无障碍”专项创建工作机构。

6. 宜兴市残疾人“人人享有康复”服务审评领导小组和专家指导组

2012年，为实现全市残疾人“人人享有康复”服务目标，宜兴市残疾人工作委员会按照上级残联要求，进一步规范残疾人“人人享有康复”服务审评达标验收工作，决定成立市残疾人“人人享有康复”服务审评工作领导小组。由市政府副市长任组长，市政府办公室副主任、市残联理事长、市卫生局局长任副组长，市卫生局副局长、市发改委副主任、市民政局党委副书记、市教育局副局长、市财政局党组书记、市人口和计划生育委员会副主任、市人力资源和社会保障局副局长、市公安局副局长等为成员。专家指导组由卫生局副局长任组长，市人民医院副院长、市第二人民医院副院长任副组长，周铁医院副院长（兼精神科主任）、红塔医院副院长、市人民医院眼科主任、市人民医院骨科副主任、市第二人民医院眼科主任、市特殊教育学校副校长、市卫生局医政科科长、市残联康复科科长等为成员。领导小组下设办公室。办公室主任由市残联理事长兼任。至2015年，“人人享有康复”服务审评

图6-3“博爱家园”双基工程康复站规范化建设考核验收

结果表明，残疾人康复工作全面达标。

7.“博爱家园双基工程”实施领导小组

2014年6月，市政府办公室转发市残联等部门关于《宜兴市残疾人“博爱家园”双基工程规范化建设实施意见》，成立宜兴市残疾人“博爱家园”双基工程实施领导小组，由市政府副市长任组长，残联理事长、市政府办公室副主任任副组长，市发改委、民政局、卫生局、财政局以及市残联有关人员为领导小组成员。下设2个工作小组：宜兴市社区卫生服务中心康复站推进工作小组，由市残联副理事长任组长，市卫生局副局长任副组长，市残联

康复科、市残疾人康复中心和市卫生局相关科室人员为成员；宜兴市残疾人安养院工作推进工作小组，由市残联副理事长任组长，市民政局副局长任副组长，市残联教育就业科、市残疾人托养中心和市民政局相关科室人员为成员。“博爱家园”双基工程紧紧围绕“健全残疾人保障体系和服务体系，切实保障残疾人权益”工作重点，扎实推进官林镇、丁蜀镇、新建镇、湖㳇镇、周铁镇、徐舍镇、万石镇、屺亭街道、芳桥街道、宜城街道10个残疾人“博爱家园”双基工程实施。

2014年7月，宜兴市残疾人“博爱家园双基工程”推进会召开，市残联理事长杭仁育就“双基工程”实施作工作部署，官林镇、屺亭街道、芳桥街道代表作会议发言，市政府副市长吴青峰作讲话。

2015年7月，市政府召开“双基工程”推进现场会，组织各镇、街道有关人员到湖㳇镇、张渚镇社区卫生服务中心康复站现场参观。同时，市残联按照工作重点，积极推进“双基工程”社区卫生服务中心康复站规范化建设，对9个创建镇、街道分别上门实地查看推进情况，并帮助他们筛选合适的康复对象，作现场康复技术指导；安排人员定点到各镇、街道督促指导、开展业务培训、普及康复知识，并制定康复训练计划。

二、服务机构

1. 宜兴市残疾人康复中心

1994年5月3日，位于宜城镇华兴路的宜兴市残疾人康复中心一期工程康复楼奠基仪式举行。

1994年底，宜兴市残疾人康复中心一期工程顺利竣工，占地面积约1300平方米，建筑面积637平方米。运转后，为全市4.8万名残疾人提供医疗、康复、培训服务。1995年，根据宜编〔1995〕第26号文件精神，宜兴市残疾人康复中心，定为全民事业单位，核定人员编制5名。康复中心隶属市残联管理，归口民政局，人员结构以专业技术人员为主。服务项目有医疗门诊、康复按摩（包括盲人按摩）、教育培训（包括弱智康复、小儿麻痹后遗症矫治手术后康复、聋儿语言训练等）。康复中心是上级残联业务定点单位，业务技术指导隶属市卫局。开办之初，经费向上争取一点，向社会筹集一点，自筹一部分。正常运转后，完全实行自收自支。

1996年5月，市残疾人康复中心全部落成开业，有中医门诊、社区康复和残疾人用品用具供应等服务项目。同月，经宜兴市卫生局批准，宜兴市残疾人康复中心康复站设立中药房，并按《中华人民共和国药品管理法》和《医院药剂管理办法》，加强中药管理。是年，市残联选派人员赴省聋儿听力语言康复研究中心学习后，在康复中心增加开办0—7岁聋儿语训班，至年底，

图 6-4　市残疾人康复中心

有学生8名，老师3名，语训效果显著。1997年，市残联利用康复中心现有场地，经多方筹资，新建生活用房3间。

2011年6月，市残联与红塔医院合作残疾人康复中心落成。地址：宜城街道红塔路78号（红塔医院新大楼7楼），使用面积约3000平方米，设有残疾儿童康复区、成年康复区、康复医学病区（床位50张）、儿童生活区等。残疾人康复中心整合医疗卫生资源和残疾人康复资源，由红塔医院提供人员、技术和房屋，市残联提供部分康复设备和器材，集康复指导、健康教育、康复训练等职能于一身，现代医学康复融合传统康复，以个性化、人性化服务理念为先导，为全市残疾人康复治疗提供全程优质服务。拥有宜兴市内最强的技术团队，并聘请省内一流专家教授3名，长期不间断到中心指导工作，配备有康复治疗师12名、康复医生4名。康复训练器材有进口智能肢体康复训练系统（MOTOMED含儿童情景互动）、智能康复训练器、平衡测试训练系统、脑循环系统治疗仪、吞咽功能障碍治疗仪等先进康复训练

器材50多台。是年，宜兴市康复中心获“江苏省残疾人工作先进集体”荣誉称号。

至2015年，残疾人康复中心是宜兴市为残服务的重要窗口之一，为实现全市“人人享有康复服务”目标，不断健全机制，使残疾人康复工作系统化、规范化，不断提高康复服务水平，尤其是为残疾儿童提供更优质服务。

2. 宜兴市“博爱家园”奇奇农疗中心

图6-5 市博爱家园农疗中心

宜兴市“博爱家园”奇奇农疗中心由宜兴爱心企业家周顺奇投资500多万元筹建，于2012年10月建立，投入使用，占地面积约2万平方米。地址：屺亭街道文庄村。中心设有康复训练区、作品展示区、蔬菜大棚区、文体娱乐区、作业培训区、亲友资源中心等功能区，配套男女宿舍、食堂等辅助用房。单位性质属于市残联与爱德基金会、香港新生精神康复会合办的非企业机构，旨在为精神病康复者打造一个人性化、日托模式的康复家园。服务对象为精神病人及弱智人，主要为即将出院的精神病康复者提供过渡期服务，包括独立生活技能训练、职业康复、康复训练、田间劳动、社交培训等。2013年，在周铁医院治疗、病情稳定的精神病康复者每周2次到农疗中心接受工作人员和无锡工艺职业技术学院志愿者指导的康复训练、手工制作、田间劳动等，如做丝网花、种植蔬菜花卉、跳五行健康操、打太极拳、回话、做心理小游戏等。农疗中心还与安特鲁烘焙、市老年大学、欢乐义工站等单位合作，开设有针对性的系列康复课程和社

图6-7 康复员在田间劳动

会融合活动。如举办做月饼迎中秋联欢会、圣诞烘焙大赛、有机蔬菜义卖等活动。全年参加农疗的精神病康复者230人次。另外，开设有音乐治疗课程，邀请专业音乐治疗师为精神病康复者提供音乐康复服务，让他们在音乐声中释放紧张情绪；与市“博爱家园”儿童成长中心合作开辟“开心农场”基地，为孤独症儿童提供农疗服务；开展部分镇、街道日托式农疗试点活动。2014年，农疗中心设立残疾人公益岗位，专门聘请田间劳作经验丰富的肢体残疾人担任“田间管理指导员”，使农疗康复项目更具专业性。

图6-8 市博爱家园农疗中心精神康复者表演太极拳

至2015年，宜兴市“博爱家园”奇奇农疗中心制定有个性化康复计划，帮助精神病康复者重建独立生活信心，使之更好融入社会，效果显著。

3. 宜兴市残疾人托养中心

2011年10月，宜兴市残疾人托养中心开工建设，于2013年运行。地址：屺亭街道文庄村。占地面积6700平方米，建筑面积4451平方米，以五层主体建筑为托养护理区，配套建设有行政办公区和后勤服务区，内设有医务室、护理室、心理咨询室、康复训练室、文体活动室、图书阅览室、棋牌活动室

图6-8 宜兴市残疾人托养中心

和工技室等，设置床位 100 张。为宜兴市户籍、16 ~ 60 周岁、有一定生活自理能力、符合入托条件的残疾人（精神残疾除外）提供生活照料、技能培训、康复训练、精神慰藉、劳动参与等服务。全体工作人员在运行管理、入托方式、托养服务、托养成效上探索实践，以“服务周到热情、护理细致到位、生活安排有序、托养内容丰富”的工作要求，关爱入托人员，使他们的生活习惯、自理能力、自信心态、自立意识、身体机能和感恩意识得到改变和增强，成为入托人员的“温馨家园”和“健康之家”。

宜兴市残疾人托养中心是一所民办非企业性质的公益性残疾人托养机构，是市委、市政府为残服务的一项民生实事工程，也是残疾人服务体系建设的重要窗口之一。至 2015 年，得到残疾人、残疾人家属和社会各界人士的认可。

4. 宜兴市“博爱家园”孤独症从业人员服务中心

2013 年 11 月，宜兴市“博爱家园”孤独症从业人员服务中心成立。地址：屺亭街道文庄村。创办人张庆长从事孤独症儿童的早期干预工作，曾在北京、福州、上海、常州等多家机构就职，从事机构教学、教师培训、家庭教育督导（亲自成长课程）等工作。他从一线教师做起，直接面对孩子和家长，广泛深入研习与孤独症儿童早期干预相关的各门学科和理论，逐步形成一套全面、系统、综合的知识与技能体系。服务中心开设有“明道堂”“致和堂”以及“亲子成长室”。其中，亲子成长室功能各有不同，可以实现生活化、自然情景化，还可以一对一教学式小组教学。

图 6-9　市”博爱家园“孤独症从业人员服务中心

图 6-10　市”博爱家园“孤独症儿童服务中心亲子活动

服务对象为孤独症儿童的父母、教师。核心服务为“综合培训”，并逐步推出中心认证的资格证书，作为一线教师从业的准入证明。

至2015年，宜兴市“博爱家园”孤独症从业人员服务中心是非营利性民办非企业机构，为孤独症从业人员提供心理咨询、心态建设、职业素养、专业知识与技能培训，为国内孤独症服务机构提供知识与技术支持。同年，孤独症从业人民服务中心举办第五届江浙沪孤独症教学大会。

5. 宜兴市“博爱家园”儿童成长中心

2012年，宜兴市“博爱家园”儿童成长中心成立。地址：宜城街道红塔路78号（红塔医院新大楼9楼）主要从事孤独症、发育迟缓、听障等特殊儿童早期干预及康复训练。教学采用“香港彩虹教学模式”，力求教育理念和管理模式与国际接轨。教学方法上与应用行为分析结构化教学、图片交换交流系统相结合，逐步加入打字沟通、游戏疗法、沙盘疗法、音乐疗法，形成教育风格。同时，结合孤独症儿童康复特点、整合社会资源，丰富教育内容，开设有音乐兴趣班和农疗课程，为特殊儿童打开心扉、倾听世界的美妙之窗。2013年，其教学模式被评为无锡市残联创新工作奖，被评为全国孤独症服务机构自强自律创建活动社会倡导达标单位，成为无锡地区为残服务基地之一，成功申请《“共享蓝天”特殊儿童健康成长预警网络》公益创投项目，获得成功。同时，和地方街道幼儿园合作，

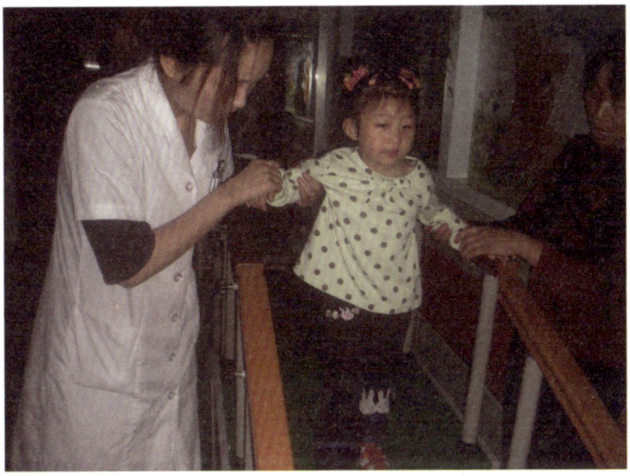

图6-11 行走训练

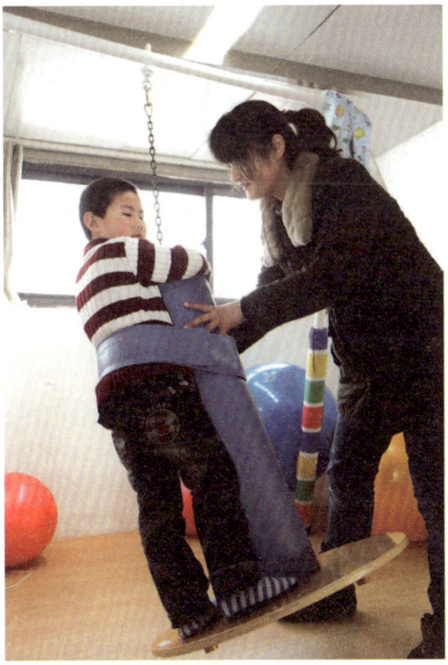

图6-12 本体平衡觉转筒训练

对7岁以下学龄前儿童建立成长预警网络。2014年，以成功申请《“星光大道”孤独症儿童艺术培训》公益创投项目为契机，开设艺术培训班，积极探索孤独症孩子运用合理方式融入社会的新途径、新方法。同年11月，《孤独症儿童团体音乐治疗模式的建立及推广》课题，入围宜兴市科技局民生科技项目。2015年，拥有教职人员12名，早期干预及康复训练特殊儿童30名。

第二节 康复治疗

一、“三项”康复

1、白内障复明手术

1988年，根据国家卫生部《关于开展防盲工作的通知》精神，宜兴市成立防盲领导小组，由副市长担任组长，民政局、卫生局局长为成员，制定防盲工作规划和防盲工作重点。1989年，宜兴市成立“三项”康复工作领导小组，由副市长担任组长，民政局、卫生局局长为成员，开展白内障复明手术、小儿麻痹后遗症矫治和聋哑儿童语言康复工作。其中，白内障复明手术为首要工作。是年起，宜兴市人民医院开设白内障复明手术门诊。至1992年，完成白内障手术144例。1993年，宜兴市人民医院完成白内障复明手术66例、市中医院完成白内障复明手术20例、徐舍医院完成白内障复明手术3例。1994年，宜兴市人民医院完成白内障复明手术19例。1995年，宜兴市人民医院完成白内障复明手术58例、官林医院完成白内障复明手术36例、第二人民医院完成白内障复明手术98例。1996年4月，市残联邀请江苏省人民医院眼科专家对8个试点乡镇的眼病患者和盲人作眼科检查。是年，宜兴市人民医院完成白内障复明手术25例、第二人民医院完成白内障复明手术16例、官林医院完成白内障复明手术12例。1997年，全市完成白内障复明手术累计188例。1998年，全市完成白内障复明手术累计180例。1999年，全市完成白内障复明手术累计180例。

2000年，市第二人民医院成为白内障复明手术定点医院以及江苏省“视觉第一·中国行动”白内障复明手术扶贫定点医院。同年，市人民医院成为白内障复明手术定点医院。是年，全市完成白内障复明手术累计375例，其中为特困白内障患者免费施行手术5例。

2001—2006 年，全市完成白内障复明手术累计 2674 例，其中为特困白内障患者免费手术 173 例。

2007 年，市残联按照省和无锡市白内障无障碍市创建要求，与有关部门联合印发宜兴市白内障无障碍市创建工作具体实施方案，成立创建工作领导小组和专家技术指导组，并召开相关部门专题协调会，确定市人民医院、第二人民医院为白内障扶贫定点医院，并联合签订定点医院工作协议。市残联组织定点医院眼科医生下乡集中筛查和确诊白内障患者 493 名，全年免费手术 250 例。

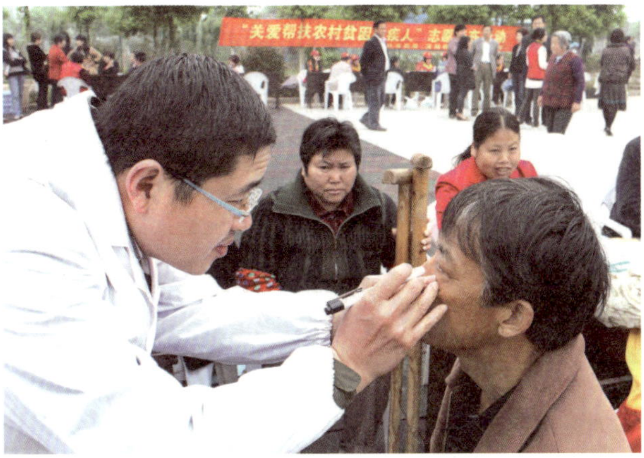

图 6-13　对农村贫困残疾人白内障筛查

2008 年，白内障复明手术费用列入城乡居民医疗保险和新型农村合作医疗报销目录，全面建立针对白内障患者复明手术社会保障制度和经常运转长效机制。市残联组织眼科医生分片下乡筛查白内障手术适应症患者 648 名，确诊手术对象 188 名。全市全年完成白内障复明手术 1031 例，其中为特困患者免费手术 256 例。是年，宜兴市白内障无障碍市创建工作被省残联特予免检通过。

2009 年，完成白内障手术累计 1070 例，其中为特困患者免费白内障复明手术 209 例。2010 年，为特困白内障患者实施免费复明手术 300 例。2011 年，累计完成白内障复明手术 882 例，其中为特困患者免费手术 480 例。

2012 年，市残联会同市卫生局召开定点医院工作会议，按照“农村居民保险”新政策调整支付标准，部署安排全市白内障疑似患者免费筛查工作，组织市人民医院和市第二人民医院眼科医生到各镇为疑似白内障患者免费眼科义诊和筛查，为期 5 天，筛查出白内障疑似患者共计 843 例。将可以手术的 540 例全部完成复明手术，其中为特困患者免费手术 312 例。

2013 年 3 月，新增红塔医院为白内障扶贫定点医院。同年，市残联连续2次会同市卫生局召开定点医院工作会议，确定在市残联救助每例1500元手术费用的基础上，再由人民医院减免1050元、第二人民医院减免672.5元、红塔医院减免30元，使白内障患者可以享受除人工晶体以外的免费复明手术。同年4月，市残联组织定点医院眼科医生，到各镇为疑似白内障患者进行免费眼科义诊和筛查，为期5天。筛查出白内障疑似患者共计1047例，其中可以手术551例，免费手术400例。是年，贫困残疾人白内障免费手术补助460例，医疗补贴资金73.6万元。

图6-14　贫困白内障患者喜领免费手术卡

2014年3月，市残联会同卫生局及定点医院眼科主任，召开工作会议，组织定点医院分3组，下乡为疑似白内障患者进行免费眼科义诊和筛查，为期6天，共筛查出白内障疑似患者1144例，其中可以手术714例。5月，市残联会同卫生局召开联席会议，重新调整白内障救助审批表格，分别填入定点医院人工晶体类别及金额，由患者自主选择手术机构。至11月底，下发手术通知单共计642例，实施手术563例。

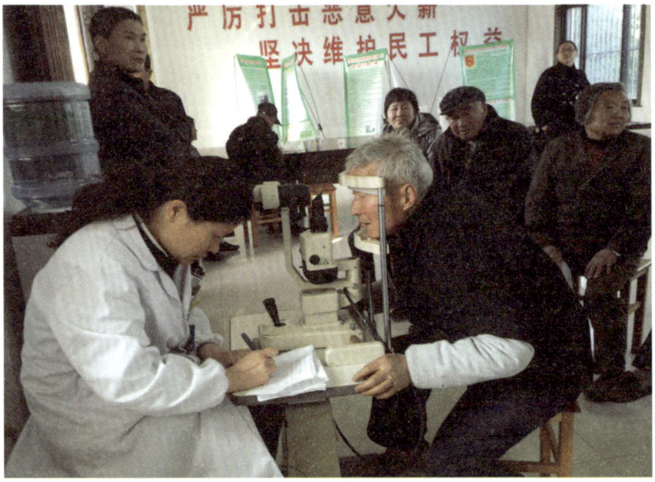
图6-15　白内障筛查义诊

2015年，市残联会同卫生局及定点医院眼科主任，召开工作会议，会议决定组织定点医院分3组下乡，为疑似白内障患者免费眼科义诊和筛查，为期3天。筛查出疑似白内障患者1376例，其中可以手术955例。全部手术 955 例，其中免费手术 535 例。

2. 小儿麻痹后遗症矫治

1990 年，经省“三康办”、省卫生厅、省残联批准，宜兴市人民医院被定为小儿麻痹（以下简称“儿麻”）后遗症矫治手术定点医院。1992 年 9 月，无锡市残联邀请解放军 101 医院和无锡市第一人民医院骨科专家，组成医疗团队到宜兴市开展“儿麻”患者查治工作。同年 11 月，医疗团队赴徐舍医院拍摄“儿麻”后遗症矫治手术专题片，在宜兴电视台播出。1993 年，徐舍医院被定为小儿麻痹后遗症矫治手术医疗点。至 1996 年，全市累计完成“儿麻”后遗症矫治手术 671 例。1997—2015 年，全市小儿麻痹后遗症无新增病例，无新增矫治手术。

3. 聋哑儿童语言康复训练

1989 年，宜兴市成立“三项”康复领导小组，在开展白内障复明手术、“儿麻”后遗症矫治手术工作的同时，组织有关部门人员对聋哑儿童听力语言康复训练（以下简称聋儿语训）。1994 年底，宜兴市残疾人康复中心成立，服务项目包括聋儿语训。至 1995 年，全市共计完成聋儿语训 76 人次。1996 年，市残疾人康复中心开办聋哑儿童及家长听力语言培训班。市残联选拔人员赴省聋儿听力语言康复研究中心学习后，在康复中心开办 0—7 岁聋儿语训班，有老师 3 名、学生 8 名，语训效果显著。2008 年起，聋儿语训纳入 0—6 岁残疾儿童免费抢救性康复训练项目，训练率 95% 以上。2011 年，0—7 岁聋儿语训班共计完成聋儿语训 63 人次、聋儿家长培训 86 名。是年，宜兴市残疾人康复中心（红塔医院新大楼）设有残疾儿童康复区。至 2015 年，先后接纳 0—14 岁残疾儿童 50 多名，其中包括聋哑儿童抢救性康复训练。

图 6-16　聋儿语训

二、爱德社区康复项目

1994 年，中国爱德基金会和克里斯朵夫国际防盲协会（CBM）开展全国第一个农村社区康复示范项目，成立宜兴市 CBM/ 爱德农村社区康复项目（CBR）办公室和宜兴市爱德农村社区康复队（简称爱德社区），确定湖汶、宜城、和桥、十里牌、张渚、芳桥、新庄、丁蜀、善卷、新芳为试点乡镇。每个乡镇确定 5 名残疾人为首期康复对象。8 月 18 日，市残联邀请康复专家对农村社区康复队康复员业务培训，为期 15 天。9 月 23 日—28 日，江苏省听力康复中心一行 5 人到宜兴对全市试点乡镇 248 名聋哑人进行听力检测。10 月，康复队为部分康复对象申请康复贷款，累计 1.45 万元。全年完成初评，转入随访康复对象 45 名；正在实施康复 40 名；帮助安排就业就读 5 名；向 22 户残疾人特困户发放生活困难补助金 2690 元；为 7 户有生产能力而缺乏资金的康复对象发放贷款 6200 元。

1995 年，确定张渚、湖汶、善卷、新庄、十里牌、芳桥、和桥、宜城为社区康复试点乡镇。市政府成立由分管工作的副市长担任组长，市民政、残联、统战、卫生、基督教会等有关部门领导组成的社区康复领导小组，负责社区康复试点工作。经初评，康复对象中转入随访康复阶段 68 名，正在康复对象 38 名，共计 106 名。其中，盲人 73 名、聋人 33 名。聋哑人基本学会手语交流，转入随访康复阶段 25 名；为 13 名康复对象发放生产贷款 1.87 万元；为特困残疾人家庭 22 户发放生活补助 2690 元。是年，残疾人全年康复总数 107 名，转入康复随访阶段 76 名，正在康复 31 名。

1995 年，国际 CBM 组织亚洲总代表玛莉安·泰利和防盲特教组项目主任庄艾琳出席爱德宜兴社区康复座谈会，会议结束后在市民政局、市残联等领导陪同下，到湖汶镇、十里牌乡，对康复对象作事务性检查指导。

1996 年 4 月，爱德基金会、市卫生局、市残联邀请江苏省防盲治盲指导组在 8 个试点乡镇，开展眼病筛查工作，累计完成 298 名。8 月，特殊教育专家鲍勃到宜兴组织康复员业务培训，为期 4 天。至年底，残疾人先后接受康复训练 225 名。其中完成训练进入随访阶段盲人 122 名，聋哑人 63 名。康复队先后向 24 名康复对象提供无息贷款 3.52 万元，为 66 户特困康复对象家庭发放补助金 9000 余元。1997 年，康复对象累计 105 名。其中，转入随访阶段盲人 49 名、聋哑人 26 名。

1998 年，大部分乡镇盲、哑人已接受康复训练。爱德基金会邀请国外专家在四川省泸州市举办肢残人康复培训班，为期 1 个月。11 月—12 月，康复队为肢残人康复训练 36 名。是年，为 29 名康复对象提供生产自救基金，累计 4.62 万元。全年接受康复训练 107 名，其中盲人 38 名、聋哑人 33 名、肢残人 36 名。进入随访阶段 69 名。

1999 年，在继续完成盲、聋哑人康复训练基础上，开展脑瘫、儿麻、截瘫、中风等肢残人康复训练。5 月下旬，邀请中国人民解放军 359 医院骨科专家为部分肢残康复对象作全面检查；由爱德基金会资助，为 20 名脑瘫、截瘫、儿麻康复对象，装配轮椅、学步车、矫形器等支具。7 月，市残联和爱德基金会在宜兴市政府招待所翠竹楼举办肢残人康复后续培训班，特邀荷兰康复专家杰克琳·罗乐担任主讲。培训内容为运动学、解剖学、不同类型肢残锻炼疗法，支具使用等，并参观南京假肢厂，走访部分脑瘫、儿麻、中风康复对象 16 名，杰克琳（女）就如何进行康复锻炼作现场示范和指导。同年，市残联与爱德基金会邀请国际克里斯朵夫防盲协会康复顾问鲍勃·杰克尔，美国帕金斯盲校国际项目亚洲地区代表柯克·霍顿、泰国基督教盲人协会康复顾问柯尼卡·萨瑞苏琬和中国盲人协会副主席滕伟民、中国残疾人社会服务中心主任宋庆光、中国盲人按摩院副院长成为品，组成专家评估团，于 11 月份到宜兴，经随机抽样专家评估团走访试点乡镇的盲、聋哑、肢残康复对象 80 名，就康复效果、社区融合、职业技能、家庭创收等方面作检查评估。同月，由评估小组向市政府作评估总结汇报。同年，在爱德基金会资助下，市残联举办聋哑人裁剪培训班，聘请 2 名专业教师执教，学员 10 名，学期 4 个月。至年底，对残疾人提供康复训练及服务共计 59 名，其中盲人 6 名、

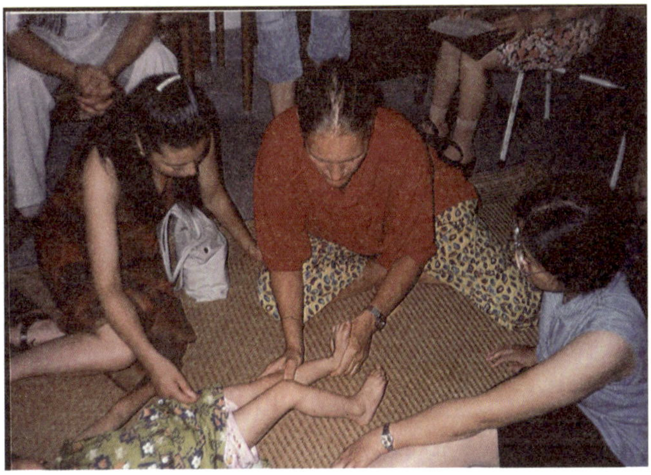

图 6-17 荷兰康复专家杰克琳·罗乐（女士）为脑瘫儿做康复训练

脑瘫 13 名、中风 16 名、肢残 17 名、儿麻 6 名、智力障碍 1 名。

2000 年，新增红塔、徐舍、新街、太华等镇社区康复项目，为盲、聋哑、低视力、肢残康复对象提供康复训练及服务，并建档立卡 86 名。其中，肢残 39 名、聋哑人 6 名、低视力 24 名、盲人 15 名、智力残疾 2 名。同时，转诊白内障患者 15 名，其中实施白内障复明手术 9 名。5 月，康复队组织康复员到海军 414 医院省听力康复中心参观学习，了解有关耳朵构造、耳聋原因、助听器选配，如何看听力示意图等基础知识。6 月 8 日，爱德基金会邀请南京市特殊师范学校老师周苗德到宜兴为康复员在职低视力康复培训，并走访低视力康复对象家庭，为他们解决日常生活中低视力人群遇到的问题和困难。同年，市残联邀请中国人民解放军三五九医院医生陈义亮 2 次到宜兴为康复对象装配肢具，同时为康复员进行肢具穿戴、维护等有关知识讲座。同年，由爱德基金会出资，为 10 名脑瘫、截肢、儿麻康复对象免费装配义肢、增高鞋、矫形器等支具；14 名康复对象获赠轮椅、助行器。2001 年 1 月，市残联开展向贫困康复对象捐赠辅助器具活动，副市长及爱德基金会防盲特教部人员为 33 名康复对象颁赠辅助器具，其中有轮椅 24 辆、助行器 1 个、支具 8 个。同年 9 月，邀请康复专家鲍勃・杰克尔先生到宜兴为泸州、宜兴两地的社区康复项目培训员老师进行培训。同年，由 CBM 出资，选送 9 名盲人康复对象到南京盲校，参加盲人按摩培训班，为期 2 个月。学成之后，由市残联推荐就业，其中 5 人在盲人推拿所工作。是年，康复队共发放无息贷款 7600 元。是年，为残疾人康复对象提供社区康复服务 106 名，其中肢残人 52 名、聋哑人 3 名、盲人 23 名、低视力 26 名、智力障碍 2 名。是年，康复队拓展业务，并得到 CBM 支持。业务包括盲人按摩培训、康复员低视力技能培训、社区康复培训员培训、生产贷款、新康复员培训、转诊白内障病人、扩大社区康复项目等。是年，转诊白内障患者手术 14 名，帮助残疾儿童入学 5 名，安置残疾人进福利厂工作 40 名，为 3 名特困聋儿提供助听器补助 3000 元，春节走访慰问残疾人家庭 23 户、补助特困康复对象 18 名。

2002 年 5 月，6 名新康复员与 2 名培训员参加四川泸州爱德社区康复培训，系统学习盲人心理康复、生活技能、定向行走技能、社区融合等知识，为期 6 周。11 月，全国盲人定向行走培训在无锡举行，学员到宜兴实地观摩宜兴盲人定向行走，生活、生产技能。12 月，无锡日报社记者到宜兴采访康复对象10多名，于同月25日在头版头条刊登题为《特殊的生命之光——全国第一个农村社区康复基础上引出的故事》文章，引起社会广泛关注。是年，为残疾人提供社区康复服务共计268名。其中，盲人72名、低视力28名、肢残人11名。发放盲杖135根。转诊白内障患者手术39名，帮助残疾儿童入学4名。是年，宜兴市被评为全国残疾人康复工作先进市。

2003年4月、9月，爱德社区举办盲人按摩培训班2期，每期4个月，培训盲人康复对象22名。同年8月，全市新老康复员接受爱德社区康复后续培训，为期2周。培训内容包括社区康复基础知识、防盲治盲知识、盲人定向行走技能训练等。是年，提供心理康复、生活技能、定向行走、社区融合、等康复训练，累计149名，其中盲人107名、低视力23名、肢残人17名、聋哑人2名。为残服务433名，其中转诊白内障患者并手术35名，发放贫困白内障患者手术补助1.05万元，帮助残疾儿童入学18名、安置残疾人进福利厂工作257名、帮助解决残疾人进入最低生活保障线123名。

2004年4月，举办盲人中级按摩培训班和盲人初级按摩培训班，培训学员20名。11—12月，爱德社区康复技能培训新康复员5名，为期2周，培训内容包括社区康复基础知识、防盲治盲知识、盲人定向行走技能训练等。同年，爱德社区联合市残联，分别举办种植培训班和养殖培训班，每期40名，共培训残疾人80名。同年，爱德社区联合市残联、中国联通举行“光明行动”，帮助白内障患者施行复明手术48名。同年，为盲人赠送收录机211台。同年，《中国残疾人》和《无锡日报》到宜采访社区康复项目，并在头版专题报道——《特殊的乡间天使—宜兴社区康复员的故事》。同年，扶持残疾人家庭发展养殖和个体开店3户，贷款1.6万元。同年，开展精神病防治康复培训，调查摸底建档工作。是年，鲸塘、西渚、新建、杨巷为新增社区康复乡镇。是年，为残疾人提供康复

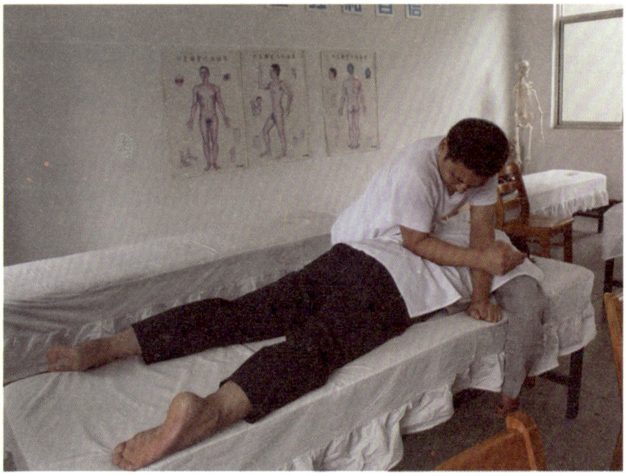

图6-18　盲人按摩培训

训练共计 110 名，其中盲人 51 名、低视力 16 名、肢残人 36 名、聋哑人 6 名、智力残疾 1 名。康复训练内容包括心理康复、生活技能、定向行走、社区融合、发展生产等；服务对象 455 名，其中有转诊白内障患者并手术 48 名，发放贫困白内障患者手术补助 1 万元；安置进福利厂工作 90 名。

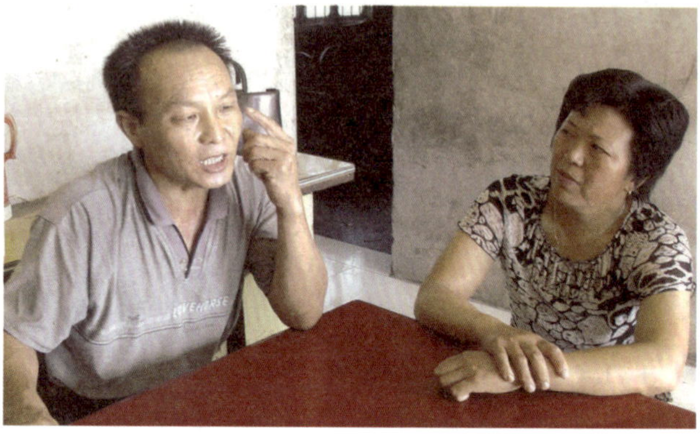

图 6-19　康复员（右）上门为康复对象心理康复

2005 年 4 月，爱德社区开办第二期陶艺培训班，培训残疾人 24 名，其中聋哑人 6 名，肢残人 18 名，为期 1 年。8 月，市残联与卫生局组织开展精防工作业务培训，培训各镇残联理事长、康复员、精防医生共计 87 名。9 月，开办首期电脑培训班，为期 3 个月，培训残疾人学员 34 名。同月，市残联组织开展全市贫困精神病人免费服药暨贫困肢残人免费假肢装配行动启动仪式，市委书记为精神病人颁发免费服药卡。9 月，开办第三期盲人按摩培训班，为期 4 个月，培训盲人学员 10 名。12 月，连云港盲校、南通盲校老师到宜看望部分康复对象，并开展社区康复项目交流活动。同年，培训指导员赴南京参加江苏省视障儿童早期关怀和教育项目培训，为期 7 天，并赴兰州参加中国国际奥比斯新途培训师培训。是年，宜兴社区康复工作模式在上海松江区等地区推广，由培训指导员为上海康复员作盲人定向行走技能培训，受训人员 80 人次。是年，爱德社区康复项目新增覆盖丁蜀、太华等 13 个乡镇，有康复训练对象 587 名，提供重点康复训练对象 157 名，其中盲人 83 名、低视力 13 名、肢残人 47 名、聋哑人 4 名、精神病人 9 名、智力残疾人 1 名。为残服务对象 430 名，其中有转诊白内障患者并手术 28 名。扶持残疾家庭发展养殖和个体开店 3 户。低保精神病人享受免费服药 300 名。为贫困肢残人配装假肢 28 条。为低保盲人赠送语音报时手表 300 只。

2006 年 6 月，市残联负责组织承办无锡市残联第五期盲人初级按摩师培训班，培训无锡地区学员 17 名。7 月，中残联康复部副主任曹跃进到宜兴对社区康复工作考察指导，并走访部分盲康复对象。同年，中残联在湖北宜昌召开“十一五”视力残疾康复工作专家研讨会，借鉴宜兴市盲人定向行走训练的工作经验和方法。同年，宜兴培训指导员受邀为杭州市下城区、萧山区、余杭区残联新康复员培训盲人定向行走技能。10月，对杭州市下城区康复员后续培训盲人定向行走技能。11月，市残联对全市康复员作社区康复技能培训，培训内容包括社区康复基础知识、防盲治盲知识讲座、盲人定向行走技能、实地考察。同年，培训指导员为中国残联/香港康复会全国县级技术指导人员(视力康复)作项目交流和定向行走培训；为南京白下区残联和玄武区残联、常州市残联、天宁区残联新康复员作盲人定向行走技能培训，受训人员280多人次。同年，培训指导员赴上海参加志愿者管理培训，为期3天；赴南京参加江苏省视障儿童早期关怀和教育项目培训，为期1个星期；赴香港参加第十二届国际盲人定向行走会议。同年，市残联举行“光明行动”。是年，施行白内障免费复明手术共计66例。同年，建立精神病人工疗站，第一期招收精神病患者7名，实行日托制管理，开展手工训练、娱乐活动和身体锻炼活动，同时对全市575例贫困及低保精神病人实行免费服药。是年，社区康复训练对象764名。重点康复对象143名，其中，盲人86名、低视力4名、肢残人24名、精神病人24名、智力残疾5名。免费发放盲杖96根。扶持残疾家庭发展养殖和个体开店2户，贷款3.3万元。

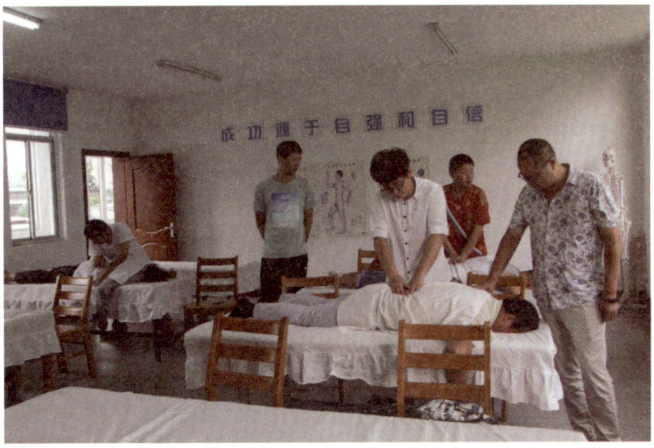

图6-20 按摩培训

2007年2月1日，市残联出资举办紫砂陶艺培训班，培训肢残人30名。4月15—30日，开展康复员盲人定向行走培训和乡镇残联理事长社区康复管理培训，为期半个月，20名理事长、20名康复员参加培训。4月1—7月30日，举办盲人中级按摩培训班，培训学员10名。5月19日“全国助残日”当天，组织10名盲人按摩师在广场义务推拿按摩。同时，邀请眼科专家和精神科专家在广场作心理咨询和防盲治盲知识宣传。9月5—12月28日，举办盲人中级按摩培训班，培训学员 13 名。10 月 15 日，组织康复员、盲人康复对象及亲友在张渚镇西街社区开展国际盲人节活动。10 月 26—27 日，在宜兴市特殊教育学校举办宜兴市残联 /CBM 聋儿社区康复工作培训班，培训聋儿家长 30 名、康复员 20 名。11 月 14—12 月 5 日，宜兴市 CBR 项目办公室组织康复员对康复对象走访评估。宜兴撤乡并镇，CBM 中国项目办官员王茂强提议加强基层村一级康复员队伍建设，新设基层康复站 14 个。同年，二级培训村级康复员 119 人次。12 月 18—23 日，举办宜兴市残联 /CBM 肢体康复技能培训班，培训人员 24 名。其中，康复员 20 名、培训指导员 2 名、康复队长 1 名、残联康复科员 1 名。同时，邀请无锡市惠山区人民医院院长刘祥法和宜兴中医院脑瘫康复专家为康复员作肢体残疾康复专题知识讲座。同年，宜兴市 CBR 办公室组织培训员为无锡、杭州、义乌、南通市残联新康复员作盲人定向行走技能培训和后续培训，接受培训人员 330 人次。是年，肢体残疾康复训练 17 名、聋儿语训 8 名、智力残疾康复训练 2 名、精神病人免费服药 696 例、重度精神病人住院救助 33 名、白内障患者免费复明手术 250 例、盲人定向行走训练 78 名（发放盲杖 78 根）。同年，电脑培训低视力残疾人 3 名；按摩培训盲人 23 名；陶艺培训残疾人 30 名；安排残疾人进福利企业就业 278 名；扶持残疾家庭发展养殖和个体开店 2 户，贷款 6000 元；为残疾人办理残疾证 600 名。

2008 年 2 月 27—29 日，CBR 办公室组织社区康复手语培训，培训各镇康复员 20 名，聘请宜兴市特殊教育学校手语辅导老师讲课，为期 3 天。3 月 1—7 月 30 日，举办盲人初级按摩培训班，培训学员 20 名。3 月 24—31 日，组织眼科医生分片区下乡，集中为 648 名白内障患者手术作适应症的筛查和确诊，施行白内障免费复明手术 250 例。5 月初，市残联联合卫生局举办业务培训班，参加人员为精防医生、乡镇残联理事长、康复员，共计

图 6-21　社区康复手语培训

80 人。5 月 23 日，无锡市滨湖区残联组织 20 多名社区康复员到宜兴参观社区康复项目。5 月 12—23 日，组织精防专家下乡为全市精神病免费服药患者免费复诊，签订免费服药协议及监护承诺书，并为每一位服药患者进行免费血常规检查，确保服药安全。全市有 692 人享受免费服药，其中有 62 名符合条件的贫困重度精神病人得到住院医疗救助。6 月 6 日，宜兴市卫生局、市残联联合开展“义诊”活动，广泛宣传眼保健和防盲治盲知识。7 月 1—3 日，克里斯朵夫国际防盲协会（CBM）社区康复专家利兹·克劳斯女士 (Dr Liz Cross) 在 CBM 中国项目办公室主任蔡迎红陪同下到宜兴访问残疾人社区康复工作，考察市聋儿语训班、周铁新生工疗站工作开展情况，并下乡走访张渚、丁蜀镇等 6 名康复对象，对宜兴市合作项目工作表示满意。9 月上旬，举办全体康复员肢体残疾康复技能培训班，为期 7 天，聘请无锡市仁德医院骨科主任、教授谭文榜和无锡市康复医院王海霞，为康复员作肢体残疾康复专题知识讲座，内容包括肢体残疾康复评估，偏瘫、截瘫、截肢、脑瘫等康复训练，残疾人辅助器具理论知识与应用。同时参观无锡康复医院现场学习。11 月中旬，派送 2 名脑瘫医生及低视力医生到无锡康复医院学习相关业务知识。12 月上旬，举办康复员低视力康复技能培训班，邀请宜兴市第二人民医院眼

图 6-22　CBM 中国项目办公室成员到宜指导工作

图 6-23　中国项目办公室主任蔡迎红（右）到宜看望盲人康复对象

科主任肖建江为康复员作低视力知识讲座。同年，为杭州、无锡市惠山区残联提供盲人定向行走师资培训，培训康复员200人次。同年，宜兴市争创“省级残疾人社区康复先进市”，市残联联合卫生局，组织召开全市卫生服务中心负责人会议，协调财政、卫生等部门到先进地区实地观摩学习，召开创建工作动员大会暨培训会议，邀请省人民医院康复医学硕士生导师、教授王彤等专家作相关业务培训。全市100个创建示范点1800件（套）康复器材配发到位。12月9日，宜兴市顺利通过“省级残疾人社区康复先进市”验收。是年，盲人定向行走训练70名（发放盲杖70根）、低视力康复2名、肢体残疾功能训练肢残人28名、聋儿语训8名、康复训练精神残疾23名、智力残疾康复6名；扶持残疾家庭发展养殖和个体开店2户，贷款3.5万元；提供精神病人免费服药、白内障转诊、办理残疾证共计1915名。

2009年3月中旬，爱德社区举办全市盲人定向行走训练指导师培训班。3月20日，举办盲人初级按摩培训班，学员20名。4月8日，举办精防康复业务培训班，由20名镇（街道）残联理事长、20名康复员及40名精防医生参加培训。6月10—12日，市残联举办康复员手语培训班，培训康复员20名、聋儿语班老师1名。7月13—15日，组织各镇（街道）康复员举办低视力康复技能培训班，培训康复员23名。7月23—26日，宜兴市残联举办社区康复手语培训班，培训各镇（街道）专职委员20名，为期4天，邀请宜兴市特殊教育学校手语老师授课，培训内容为汉语手指拼音、词组、句子。同年9月，40名社区卫生服务中心康复站康复医生参加康复技能培训，并选拔3名医生参加无锡市社区康复医生技能培训，获得组织奖和个人二等奖。10月13—15日，宜兴市残联举办低视力康复业务培训，培训各镇（街道）专职委员23名，邀请宜兴市第二人民医院眼科主任肖建江授课，培训内容为了解什么是低视力、低视力康复训练方法、如何正确使用合适的助视器及儿童低视力患者早期发现、早期干预。10月15日，市残联组织志愿者和20多位盲人朋友共同庆祝“国际盲人节”。11月11日，在市博爱康复医院二楼会议室，举行脑瘫儿童家长培训交流会，9名脑瘫儿童及其家长参加，南京中大医院康复专家为家长开设康复知识讲座并现场接受家长咨询。医护人员组织受训脑瘫儿童开展趣味互动小游戏。12月1—7日，组织康复员参加脑瘫康复技能培训，培训康复员23名、康复科工作人员2名，邀请南京市儿童福利院副主任医师李晓玲作专题知识讲座，主要内容为小儿脑瘫早期诊断、早期预防、早期治疗。12月12日，在宜兴市爱德培训学校，为20多位盲人朋友提供盲人定向行走技能培训，通过培训使他们能够独立行走。同年，杭州市残联的新康复员参加盲人定向行走技能培训和后续培训，受训人员200多人次。12月18—19日，CBM中国办公室和市残联联合在竹海国际会议中心举办社区康复研讨会，研讨会采用讨论式、参与式，围绕残疾人全纳发展、环境无障碍、社区康复等主题开展研讨。是年，重点康复对象共计156名。其中，盲人80名（发放盲杖80根）、肢残25名、脑瘫15名、精神病26名、智力残疾2名、聋儿8名。服务对象1910名，为他们提供办理残疾证、法律咨询、白内障转诊和手术救助、就业培训、贫困精神病人免费服药等。扶持个体开店1户，贷款5000元。

图6-24　CBM宜兴社区康复研讨会参加人员合影

2010年1月19日，爱德基金会秘书长助理佘红玉、南京市民政局及残联领导，“萤火虫”助残社工作人员一行10人到宜，学习和交流社区康复及助残工作，并走访宜城街道城北社区康复室、盲人张云明家庭等处。1月22日上午，市残联聋儿语训部（市特殊教育学校内）开展家长半日开放活动。活动内容有舌操训练、看图识拼音、新年贺卡制作等。3月初，市残联联合卫生局举办业务培训班，培训精防医生、乡镇残联理事长、专职委员共80名。5月24日上午，培训老师刘小燕、于雅萍在宜兴市爱德培训学校，培训盲人按摩培训班20多名学员定向行走技能。7月2日，为全市0—6岁贫困残疾儿童免费确诊，邀请无锡市康复专家康复评定，共有38名贫困残疾儿童参加确诊活动。对初次确诊儿童制定康复计划建立康复档案。7月21—23日，举办宜兴市残联/CBM社区康复业务技能培训班，特邀省内著名康复专家王彤等人到宜授课，为各镇（街道）专干开设社区康复新理念、偏瘫残疾康复家庭操作技能、残疾人辅助器具介绍及使用等专题知识讲座。8月12日，市残联联合杨巷镇残联举办“共享阳光”残疾人家属座谈会，周铁医院精神科专家杨家良和13名精神病患者及家属参加此次座谈会，会议发放精神病康复宣传手册。10月14日，市残联、宜兴市特殊教育学校联合举办聋儿家长交流研究会，共有32名家长参加，学校老师许兰作“在家庭中怎样培养孩子”专题讲座。10月15日，市残联与无锡工艺职业技术学院共同举办“追逐太阳”第二十七个国际盲人节庆祝活动，盲人代表和学院师生代表欢聚一堂，共庆国际盲人节。10月20日，联合宜城街道残联举办“我在你的身旁”联谊活动。部分智力残疾人、精神残疾人亲友、志愿者参加活动。10月29日上午，市残联刘小燕、于雅萍在宜兴市爱德培训学校，为盲人按摩培训班20多名学员提供第二期盲人定向行走技能培训。是年，实施免费白内障复明手术300例；调查统计上报康复器材进家庭需求349户；重点康复训练对象156名。其中，盲人95名（发放盲杖95根）、肢残23名、脑瘫10名、精神病18名、智力残疾2名、聋儿8名。为残服务1910名，提供办理残疾证、法律咨询、白内障转诊和手术救助、就业培训、贫困精神病人免费服药等。

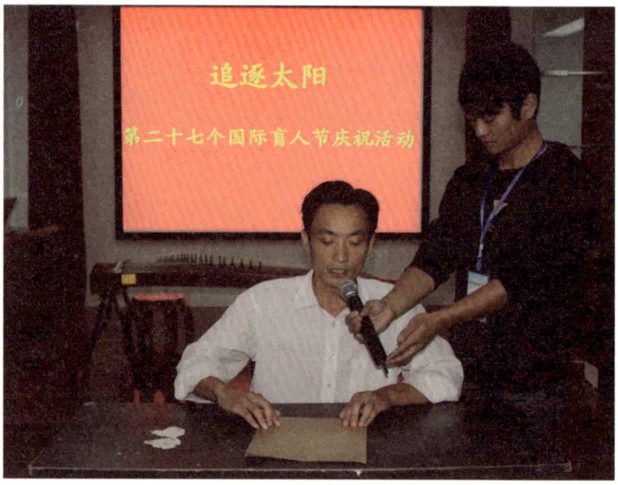

图6-25　市盲协组织开展第27个国际盲人节庆祝活动

2011年5月31日，市残联刘小燕、于雅萍为江阴市残联28名康复指导员提供盲人定向行走技能培训。同年，为杭州地区残联新专职委员举办三期盲人定向行走技能培训和后续培训，受训人员150多人次。6月19—22日，举办新生农疗精神康复业务培训，邀请新生农疗康复专家游秀慧授课，介绍新生精神康复会下属新生农场在精防康复方面的先进理念、具体运作、职业训练活动、评估及个案管理等情况，市残联相关领导及康复科、精防指导中心（周铁医院）医生、护士、“博家家园”农疗中心管理人员及部分街道精防医生共25人参加培训。8月5日，市残联在市残疾人康复中心召开脑瘫儿童家长座谈会，20名脑瘫儿童及其家长参加会议。11月19日至23日，举办宜兴市残联/CBM脑瘫康复业务技能培训班，邀请省内著名脑瘫康复专家高晶博士到宜授课，开设脑瘫康复新理念、操作技能等专题知识讲座，全市各镇（街道）残联专干参加培训。12月1日，市残联举办宜兴市盲人按摩技能比赛操作辅导班培训，培训盲人30多名。12月8日，市残联联合杨巷镇残联举办精神病患者家属座谈会，15名精神病患者及家属参加。同年，市残联投资30万元建造盲人定向行走室外盲人模拟训练场地，建有符合无障碍标准公交站台、电话亭、木桥、凉亭等，为康复员培训提供实训基地。同年，市残联与丁蜀镇残联联合举办中华慈善总会100辆轮椅捐赠活动仪式。同年，为43名0—6岁和7—14岁残疾儿童提供康复训练和救助，其中有2名聋儿接受各5万元的人工耳蜗手术救助。同年，完成贫困肢残人轮椅、助听器、康复器材进家庭需求及假肢装配需求调查摸底工作，组织中标厂家为33名贫困残疾人安装假肢。同年，为983名精神病人提供免费服药，为66名贫困精神病人提供住院医疗救助。是年，重点康复训练对象167名，其中盲人95名（发放盲杖95根、盲表95只）、肢残25名、脑瘫20名、精神病18名、孤独症2名、聋儿7名。为残服务对象1976名，为他们提供办理残疾证、法律咨询、白内障转诊和手术救助、就业培训，贫困精神病人免费服药等。是年，宜兴市成功创建江苏省“社区康复示范市”。12月，CBR项目终止，由市政府出资，市残联组织继续开展农村社区康复项目。

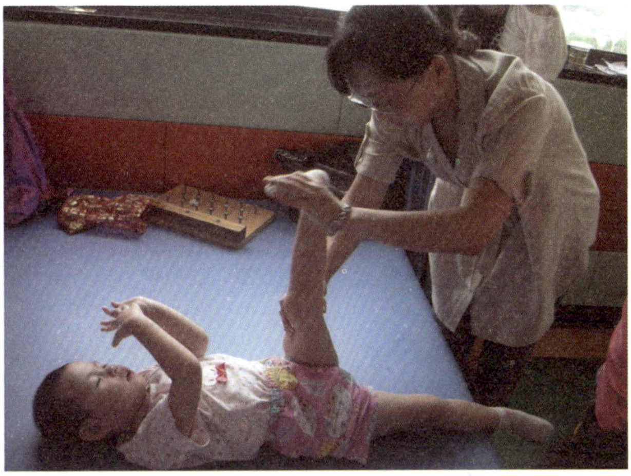
图6-26 高晶博士为中心儿童康复训练评估

三、低视力、肢残及智障康复

1. 低视力康复

1988年，宜兴市成立防盲领导小组，开展低视力康复工作。1991年，防盲领导小组要求市人民医院为低视力残疾患者配用助视器，并培训低视力儿童及家长，开展视力功能训练和家庭康复训练。同时，市残联选择适配定点眼镜店，为低视力患者服务。1994 年，市残联邀请国际克里斯朵夫防盲协会社区康复专家鲍勃·杰克尔、荷兰肢残康复专家杰克琳·罗乐、泰国专家柯尼卡到宜兴讲授低视力，包括盲人、肢残人康复技能培训，并现场解决工作中的难题。1996 年始，市残联根据省有关规定，由宜兴市人民医院负责免费治疗低视力残疾患者。是年，治疗和配镜低视力康复 43 例。1997—1999 年，低视力康复 56 例。2000 年 6 月 8 日，市残联邀请南京市特殊师范学校老师周苗德到宜兴为康复员在职低视力康复培训，并走访一些低视力康复对象家庭，为他们解决日常生活中低视力患者常遇到的问题和困难。是年，低视力康复 24 例。2001 年，市残联组织各镇康复员赴四川泸州参加低视力康复培训班。是年，低视力康复 31 例。2002—2006 年，低视力康复 252 例。2007 年，电脑培训低视力残疾人 3 名。是年，中国残疾人联合会与香港康复会联合举办全国视力康复技能指导会议，宜兴市残联的报告《社区康复十年发展成果与经验》在大会上作交流。2008 年，低视力康复 2 名。2009 年 7 月，市残联组织各镇（街道）康复员低视力康复技能培训，培训康复员 23 名。同年 10 月，市残联再次举办低视力康复业务培训班，培训各镇（街道）专职委员 23 名。同时邀请宜兴市第二人民医院眼科主任肖建江授课。培训内容：了解什么是低视力、低视力康复训练办法、如何正确使用助视器及儿童低视力患者早期发现、早期干预。2010—2015 年，低视力康复工作纳入宜兴市视力康复技术指导中心（市第二人民医院）。

2、肢残康复

1998 年，市残联与爱德基金会专门组织试点乡镇康复员到四川泸州肢体残疾康复培训一个月，系统学习运动学、解剖学、肢残康复治疗、辅助机械制作等有关知识和技能。同年 11—12 月，为肢残人康复训练 36 名。1999 年，为肢残人康复训练 17 例。5 月下旬，市残联邀请中国人民解放军 359 医院骨科专家为部分肢残康复对象作全面检查，由爱德基金会资助为脑瘫、截瘫、儿麻康复对象装配轮椅、学步车、矫形器等支具 20 名。7—8 月，市残联和爱德基金会在市招翠竹楼举办肢残人康复后续培训班，特邀荷兰康复专家杰克琳·罗乐担任主讲，培训内容为运动学、解剖学、不同类型肢残锻炼疗法，支具使用等，参观南京假肢厂，并走访部分脑瘫、儿麻、中风康复对象 16 名，杰克琳女士就如何康复锻炼作现场示范和指导。2000 年，市人民医院被定为肢残康复手术定点医院。同年市残联与爱德基金会联合开展肢残人康复培训班，3 次邀请解放军 359 医院骨科专家对肢残人检查和装配支具。由爱德基金会出资，为脑瘫、截肢、儿麻康复对象免费装配义肢、增高鞋、矫形器等支具 10 名，14 名康复对象获赠轮椅、助行器。是年，完成肢体残疾康复训练 39 名。2001 年 1 月，市残联开展向贫困康复对象捐赠辅助器具活动，市政府领导及爱德基金会防盲特教部人员为 33 名康复对象颁赠辅助器具，其中轮椅 24 辆，助行器 1 个，支具 8 个。是年，肢体残疾康复训练 52 名。2002—2006 年，肢残康复训练 135 名。2007 年，肢残康复训练 17 名。同年 12 月，举办宜兴市残联 /CBM 肢体康复技能培训，邀请无锡市惠山区人民医院院长刘祥法和宜兴中医院脑瘫康复专家为康复员作肢体残疾康复专题知识讲座，培训康复员 20 名、培训指导员 2 名、康复队长 1 名、残联康复科员 1 名。2008 年 9 月，市残联举办全市康复员肢体残疾康复技能培训班，为期 7 天，并聘请无锡市仁德医院骨科主任、教授谭文榜和无锡市康复医院王海霞为康复员作肢体残疾康复专题知识讲座，内容包括肢体残疾康复评估，偏瘫、截瘫、截肢、脑瘫等康复训练；残疾人辅助器具理论知识与应用。同时参观无锡康复医院，作现场学习。是年，肢残康复训练 28 名。2009 年，肢体残疾康复训练 25 名。2010 年，肢体残疾康复训练 23 名。同年 4 月，市残联组织开展对全市 2010 年度贫困肢残人轮椅需求及免费假肢装配需求核查及确定工作。全市各镇（街道）上报轮椅需求人员共计 394 名，装配假肢需求 24 名。经核实有 315 名残疾人符合轮椅免费发放条件，24 名残疾人符合免费装配假肢条件。2011 年，肢体残疾康复训练 25 名。2011—2015 年，肢残康复纳入宜兴市肢体残疾康复技术指导中心（市残疾人康复中心）。

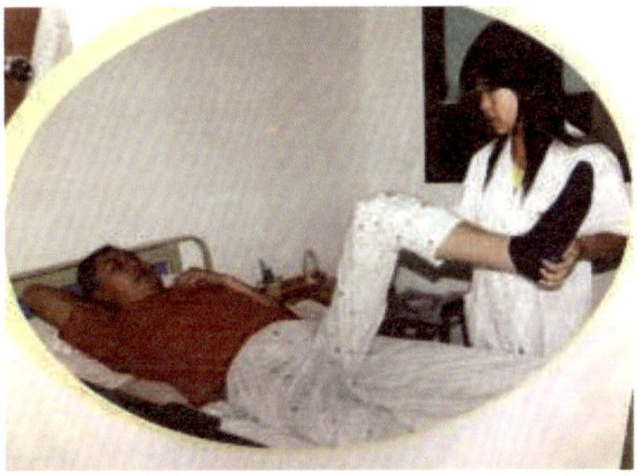

图 6-27　康复治疗

3. 智力障碍康复

1995 年，市残联举办智力障碍儿童家长培训班。1996 年，市残联组织专业人员对智力障碍儿童作学前智力测定 498 例，为智力障碍儿童康复训练 20 名。1997 年，为智力障碍儿童及家长训练 20 人。1998 年，为智力障碍儿童及家长训练 18 名。1999 年，为智力障碍儿童康复训练 18 名。2000 年，为智残儿童康复训练 30 名、家长培训 30 名。2001 年，为脑瘫儿童康复训练 15 名、智残儿童康复训练 40 名、智残儿童家长训练 20 名。2002 年，为智力障碍儿童康复训练 50 名、 脑瘫儿童康复训练 10 名。2003 年，为脑瘫儿童康复训练 10 名、智残儿童康复训练 35 名。2004 年，为脑瘫儿童康复训练 5 名、智残儿童康复训练 30 名。2005 年，为脑瘫儿童康复训练 10 名、智残儿童康复训练 30 名。2006 年 ，为脑瘫儿童康复训练 6 名。2007 年，为脑瘫儿童康复训练 6 名、智残儿童康复训练 16 名、孤独症儿童康复训练 1 名。2008 年，为脑瘫儿童康复训练 16 名、智残儿童康复训练 15 名（在市特殊教育学校智力残疾儿童康复班学习和训练）。至 2015 年，智障儿童康复纳入残疾儿童抢救性康复训练。

四、精神病防治与康复

2001 年，精神病防治康复试点工作开始启动运作，并以周铁医院精神科为技术指导中心开展工作。

2002 年，宜兴市被确定为无锡地区“十五”期间精神病防治康复工作新增市，当年落实精神病康复专项资金 33 万元。

2003 年，成立宜兴市精神病防治工作领导小组、市精神疾病防治办公室及市精神病康复技术指导组，下发《宜兴市精神病防治康复“十五”实施方案》。同年 9 月，全市召开精神病防治（简称精防）工作会议。各镇（园）区残联、卫生院精防工作人员接受业务培训 120 多名。至 12 月底，全面完成调查摸底和登记建档工作，为 750 名低保精神病患者提供住院、服药、经济救助等，共计 10 万余元。

2004 年 8 月，市残联与市卫生局联合召开全市精防工作培训会议，统一部署全市精防工作内容和要求，对全市 120 多名精防工作人员和医生作相关业务培训。对未达标乡镇作重点业务指导，在做好宣传解释工作的基础上组织二次普查，确保完成 6‰的检出率的工作要求。为做好登记建档工作，将新街镇作为建档立卡试点，并推广规范使用全国精神病防治康复工作统一表卡。同年10月，对全市低保精神病人调查摸底，根据全市贫困精神病患者实际情况，为750名精神病患者提供住院、吃药、经济救助共计10万余元。并进一步建立健全精神病防治康复的长效工作机制，使精神病患者实实在在受益。

图6–28 精防工作协调会

2005年8月，市残联协同卫生局，邀请精神科专家对全市各镇精防医生、残联理事长及康复员共计87人作实务培训。市残联组织全市精防工作人员到无锡培训。同时确定宜城、鲸塘、张渚、官林作为市精防工作试点镇。9月，市残联启动为全市贫困精神病患者免费服药工程，免费服药精神病患者352名。同月，市政府组织试点乡镇、市卫生局等有关部门人员赴香港新生精神康复会参观学习，为期3天。11月中旬，市残联对全市各镇精防工作建档立卡，同时集中检查验收工作进度。

2006年，开展精神病患者调查与统计，核定低保精神病人785名，制定《宜兴市贫困精神病人免费给药制度》，明确市、镇、村三级精神病防治医生职责任务，完善免费发药工作流程。为352名低保精神病患者提供常年免费给药服务。享受免费服药精神病人575名，医疗救助和康复服务贫困精神病患者26名。其中，为5名特困精神病患者提供免费住院治疗。为14名贫困精神病患者提供医疗救助，为进入工疗站的精神、智力残疾人员提供手工技能和社会融合康复训练。

2007年，市残联制定精神病防治年度工作计划，印制新表卡，同时提高免费服药标准，根据实际要求增加一些疗效较好而毒副作用较轻的精神类药品。全年692名贫困精神病人免费服药，住院救助精神病患者5名，为重度精神病人提供住院医疗救助33名。确定官林镇、周铁镇为精神病人日间照料工疗站试点。官林镇以工厂为依托设立工疗车间模式；周铁镇以医院为依托设立社区工疗站模式。

2008 年，全市 692 名享受免费服药精神病患者，免费给药标准提高至 1300 元 / 人，救助贫困重度精神病人 62 名。4 月，市残联联合卫生局，开展对全市精防医生、乡镇理事长、专职干事精防业务培训工作，接受培训共计 80 人。5 月中、下旬，市残联组织精防医生对全市免费服药患者免费复诊和血常规检查，重申监护责任，规范安全服药。12 月，市精防办在市委党校召开精防工作年度会议，各镇（街道）残联理事长、专职委员、精防医生共 85 人参加会议，会后组织与会人员参观市精防技术指导中心及“博爱家园”——周铁工疗站。

2009 年 4 月，市残联联合卫生局，组织精防医生按片区送诊下乡，并对全市享受免费服药的患者检查复诊。5 月，组织全市精防医生集中培训。同年，对宜兴市流浪乞讨人员中符合条件的精神病患者送周铁医院救治，经鉴定为智力障碍人员的送救助管理站救助。同年，建立以专业医院(周铁医院)为中心，镇、街道（园）卫生院为阵地，村（社区）康复员为骨干的三级精防康复技术指导体系，确定以周铁医院为全市精防康复指导中心，负责全市精防工作的技术指导，各镇、街道卫生院由指定精防医生负责各辖区；具体指导精神病患者服药和康复治疗。是年，精神病免费服药 819 名，救助贫困重症精神病人住院治疗 72 名。

2010 年，精神病人免费服药 887 名，救助贫困重症精神病人住院治疗 84 名。市残联组织完成全市精神病筛查工作，实现精神病人档案电子化管理。市残联康复科洪晶、宜城街道理事长陈朗然取得国家二级心理咨询师资质，多次受邀为市交通职校、新华社区等开办心理健康知识讲座。陈朗然还为精神病人亲友开办“我在你的身边”讲座。

2011 年 3—4 月，市精防办会同精神病防治康复技术指导中心专家、医生按片区送诊下乡，对全市享受免费服药的患者免费复诊，复诊活动包括为患者血常规检查，根据病情变化调整用药，加强监护人责任意识，与精防医生、监护人签订相关协议和精防责任书等。参加复诊患者 914 名，复诊率 99%。另对 10 名因故未能到场参加复诊的患者，组织医生护士上门复诊，确保需要复诊患者无遗漏。4 月，市残联会同卫生局召开 2011 年度精防工作会议，总结 2010 年工作和部署 2011 年工作，表彰 2010 年评选出的优秀精防医生。同时下发《精防医生工作考核细则》，对精防医生工作加强考核，明确职责，确保精神病患者得到及时、准确的康复治疗。是年，市有关部门根据上级《关于印发市区居民基本医疗保险门诊特殊病种诊断标准、用药范围及病种鉴定确认办法的通知》要求，将对贫困精神病人的救助项目管理转为制度安排，纳入全市的医疗保障，做到无缝对接。同时，全力推动残疾人康复项目进入医保工作，建立残疾人康复“绿色通道”。市残联和香港新生精神康复会合作开展精神病农疗康复项目，筹建“江苏省宜兴博爱家园农疗服务中心”。是年，享受免费服药精神病患者 984 名，为重度精神病人提供住院医疗救助 72 人，为三、四级精神病人发放特惠生活救助 38 万元。

2012 年 3 月，市残联会同卫生局召开年度精防工作会议，总结 2011 年工作和部署 2012 年工作，表彰 2011 年评选出的 8 名优秀精防医生。同年 3 月、4 月，市精防办公室会同精神病防治康复技术指导中心专家、医生按片区送诊下乡，为全市享受免费服药患者免费复诊，共计 1003 名。复诊包括为患者血常规检查、根据病情变化调整用药、加强监护人责任意识、与精防医生和监护人签订 2012 年度相关协议和精防责任书等。至 8 月底，共为精神病人提供免费服药 1013 名，为贫困精神病人住院医疗救助 38 名。自 9 月份开始，医保病人享受门诊特殊病种报销，市残联停止组织免费发药工作。同时，起草《对我市贫困精神病人进行医疗救助的实施意见》，市残联和卫生局、公安局联合下发《关于进一步加强精神病人管理和随访工作的通知》文件，在中心镇医院设立每月一次精神科专家门诊，方便患者配药。同时印发《宜兴市参保精神病人医保配药及救助有关政策解答》。年底，市残联对 215 名服药的贫困精神病人在门诊医保报销后的自费部分实行二次救助，救助资金共计 5 万余元。

2013 年，精神病人服药纳入医保，市残联重点加强每月中旬下乡门诊的服务督查，并组织召开部分镇、街道精神病人家属座谈会。是年，救助精神病人门诊服药 150 名，住院医疗 29 名，发放三、四级精神病人年度特别救助标准提高到每人 800 元，共救助 827 名，共计 66.16 万元。

2014 年 5 月，精神病人门诊服药改为实时结报，精神病人只需持农保卡在定点医院门诊配药，就可立即享受 50% 的优惠。针对贫困精神病人配药报销后个人自负部分金额较大、支付有困难的，市残联对其二次救助。至 9 月底，享受二次救助 408 名，救助金额 16.3 万元。三、四级精神病人生活救助 987 名，救助金额 78.96 万元。救助精神病人住院治疗 23 名，救助金额 6 万元。

2015 年，全市门诊服药救助 760 名，贫困精神病人住院救助 35 名，共计 8.69 万元。

五、抢救性康复

2007 年，市残联根据《无锡市 0—6 岁残疾儿童免费抢救性康复训练工作实施方案》要求，统一组织各镇残联对 0—6 岁儿童入户摸底调查，筛查出残疾儿童 80 名。

2008 年，宜兴市教育局、卫生局、民政局、税务局、人口和计划生育局、慈善会、市残联根据省、无锡市残联下发文件，联合发文《关于印发〈宜兴市 0—6 岁残疾儿童免费抢救性康复训练工作实施方案〉的通知》，由各镇（街道）文卫办、民政办、计生办、财政办、残联、各医院、地税分局，按照文件要求，切实抓好 0—6 岁残疾儿童免费抢救性康复训练工作的落实。并成立“宜兴市 0—6 岁残疾儿童免费抢救性康复训练工作领导小组，下设办公室，由市残联理事长闵曲成任组长，市残联副理事长薛慧芳任办公室主任；市人民医院赵彦平、市第二人民医院蒋国兴、市精防康复技术指导中心施炜、市博爱康复医院孟庆周组成抢救性康复训练工作技术指导组。经调查，全市有 0—6 岁残疾儿童 81 名，专家确诊为 79 名，其中有视力、听力、言语、肢体、智力及精神等六类残疾，由定点医院对白内障患儿实施复明手术；对低视力儿童检查诊断，验配助视器、训练指导，市残联将设立定点眼镜店列入低视力儿童康复规划，对贫困低视力患者安排到医院眼科和定点眼镜店验配助视器，并提供救助。对盲童提供定向行走训练。对听力残疾儿童筛查、诊断、治疗，以自愿、就近、就便为原则，开展康复训练，并为受助聋儿验配助听器。对人工耳蜗植入适应症的贫困残疾儿童由市残联提供人工耳蜗植入手术救助。对言语残疾儿童以自愿、就近、就便为原则，开展康复训练，重点实施科学发音训练、构音训练、语音训练和言语训练。对智力残疾儿童实施康复训练，同时开展智力残疾儿童家长培训工作，依托残疾人康复中心、康复医院、特殊教育学校等，为有训练需求的智残儿童作出能力评估，并制定康复目标和训练计划，实施运动、感知、认知、语言交往、生活自理和社会适应等方面的能力训练，作出效果评估。对需要手术治疗的肢体残疾儿童，由省、市残疾儿童康复工作办公室统一组织实施矫治手术，市卫生部门选择具备手术和术后处理及训练指导能力的二级甲等以上医院作为定点医院，协助对病员筛查和复查。对需要康复训练的肢体残疾儿童，依托残疾人康复机构、残疾人康复站（点）、卫生医疗机构作出功能评估，并制定康复训练计划，实施运动功能、姿势矫正、日常生活、语言交往等训练。同时，开展在训儿童家长培训工作。对中、重度急性期精神残疾儿童，且需在专科医院或综合医院内接受治疗与康复，无条件住院的精神残疾儿童由镇（街道）或市精防医生承担治疗任务，并负责书写病历，制定治疗和康复训练计划，定期巡访，调整治疗方案；对重点监护的精神残疾儿童，由患者家庭成员或看护小组成员负责护理，定期到专科医院门诊治疗。

2009 年 11 月，市残联康复科与市博爱康复医院共同组织脑瘫儿童家长培训会，对脑瘫儿童康复训练情况作总结汇报，并请南京中大医院康复专家现场咨询答疑。是年，对 6 岁以下残疾儿童实施抢救性康复 30 名，其中，接受市聋儿语训部免费康复训练 5 名，得到无锡市特需儿童早期干预中心康复训练费用补助 7 名，得到张家港市馨声听力语言康复中心全额救助 1 名。是年，市残联会同有关部门，调查全市 0 ~ 6 周岁残疾儿童，同时邀请无锡市康复医院专家为筛查出的 35 名残疾儿童制订康复计划。

2010 年，为 0 ~ 6 岁残疾儿童实施抢救性康复 58 名，为 7 ~ 14 岁贫困家庭残疾儿童提供康复救助 36 名。

2011 年 5 月，市残联邀请无锡康复医院 5 名专家到宜兴免费为 0 ~ 6 岁残疾儿童确诊，参加确诊儿童 81 人，其中 0 ~ 6 岁残疾儿童 35 人。8 月，市残联邀请国内著名脑瘫康复专家、中国康复医学会儿童康复专业委员会委员、医学博士、淮安市妇女儿童医院主任高晶到宜兴，为市残疾人康复中心培训康复治疗师，并为受训脑瘫儿童诊疗和评估。同时，市残联聘请高晶作为宜兴市残疾人康复中心专家顾问，定期到宜兴指导工作。是年，为 0 ~ 6 岁和 7 ~ 14 岁残疾儿童实施康复训练和提供救助 49 名。2012 年，完成 0–6 岁残疾儿童免费康复训练 26 名，0 ~ 4 岁残疾儿童实施抢救性康复与救助 43 名。

2013 年 2 月，市残联会同宜兴市残疾人康复中心召开在训儿童家长座谈会。会上，市残联邀请脑瘫康复专家高晶每月到宜兴，为市残疾人康复中心康复治疗师作业务培训，为正在受训的脑瘫儿童诊疗和评估。8 月 15 日，市残联会同有关部门联合下发《关于将部分康复项目纳入我市基本医疗保障范围的实施办法》，落实 0 ~ 6 岁残疾儿童救助进医保农保。是年，完成抢救性康复 0 ~ 6 岁残疾儿童 70 名，补贴资金 180 万元。

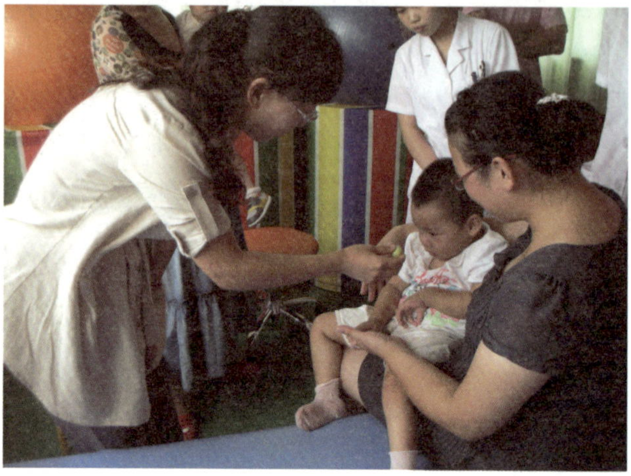

图 6-29　脑瘫康复专家高晶博士到中心为儿童治疗指导

2014 年 3 月，市残联与市财政局制定出台《关于对我市 7 ~ 14 岁残疾儿童康复训练实施救助办法》，进一步开展残疾儿童抢救性治疗和康复工作，并结合实际情况，对 0 ~ 6 岁残疾儿童实施免费康复训练，对 7 ~ 14 岁残疾儿童实施康复救助，并结合无锡市政府《残疾人工作目标任务书》，为 0 ~ 14 岁残疾儿童提供免费康复救助，达到覆盖率 100%。明确补助范围：年龄在 7 ~ 14 周岁，持有宜兴市常住户口，享受低保的贫困家庭中的残疾儿童。其补助标准：参照 0 ~ 6 岁残疾儿童分类康复救助的标准，按照残疾儿童的实际年龄逐年递减 10%。补助办法：补助经费在残疾人就业保障金中列支，由市残联纳入年付专项经费预算，市财政按年度划拨。管理要求：康复经费是开展 7 ~ 14 岁贫困残疾儿童康复训练的专项资金，单独核算专账管理、专款专用，任何组织、机构、个人不得以任何形式平调、挤占、挪用；各镇、街道残联根据要求组织好 7 ~ 14 岁残疾儿童相关登记、时差、建档、申报等工作，市残联根据残疾儿童康复训练任务人数和经费，制定补助办法，各定点康复机构确保康复训练效果和质量，做到让残疾儿童家庭满意；市财政根据残疾儿童康复训练任务完成情况，按市残联专项预算及时划拨康复训练经费。4 月，市残联邀请全国知名脑瘫康复专家高晶及无锡市康复专家，在市残疾人康复中心（红塔医院），为全市有康复需求的 0 ~ 6 岁、7 ~ 14 岁残疾儿童免费筛查、康复评定、建立数据库，共计 150 多名。

2015 年，全市抢救性康复 0 ~ 6 岁残疾儿童 78 名，7 ~ 14 岁残疾儿童 26 名。同年，市残联与教师进修学校、特殊教育学校、祥和幼儿园合作开展孤独症、脑瘫、智力残疾儿童社会融合、适应性教育项目：教师进修学校每年安排毕业实习生到儿童成长中心和康复中心实习，了解掌握残疾儿童教育需求，促进机构师资力量的提升；选择部分幼儿园接受经评估后有自理能力康复效果较好的残疾儿童入学随班就读，提高其社会适应能力促进社会融合；对经过康复训练后仍不能达到进入普通小学就读能力的 7 ~ 14 岁大龄儿童，转介进入特殊教育学校就读。至年底，有 2 名已满 7 周岁的儿童进入宜兴特殊学校继续学习，有 6 名儿童进入普通幼儿园，有 3 名儿童进入普通小学开始全新的学习生活。市残疾人康复中心有 1 名儿童转介进入特殊教育学校就读，4 名儿童进入普通幼儿园半天学习，半天康复模式。

六、孤独症儿童康复

2012 年 4 月，宜兴市“博爱家园”儿童成长中心（以下简称中心）注册成立，地址：宜兴市宜城街道红塔路 78 号（红塔医院 9 楼）。中心主要从事孤独症、发育迟缓、听障等特殊儿童早期干预及康复训练和教育工作，中心教学为“香港彩虹模式”，并与应用行为分析（ABA）、结构化教学（TEACCH）、图片交换交流系统（PECS）等多种方法相结合，中心的建成运行填补了宜兴市孤独症儿童康复教育的空白。是年，中心在训儿童 15 名。

2013 年 4 月 2 日（世界自闭症日），中心组织开展“让爱绽放”爱心义卖主题活动。10 月，中心对所有在训儿童作年度家访，通过家访与家长进一步沟通，并观察了解孩子在家庭中的生活情况，针对孩子的家庭训练，给予指导。同年，中心组织老师参加台湾特殊教育专家黄雅芬的“打字沟通”培训 2 次；听取南京特教学院教授何侃的 “孤独症儿童康复理论与技术新进展”知识讲座；接受美国宗武瑛的“语言与行为矫正”培训、香港刘希彦的言语训练、台湾林老师的“社交技能”培训、张庆长的“ABA 基础培训”等集体培训 7 次。同年，中心派老师参加深圳第十届二岸四地自闭症研讨会，听取深圳自闭症研究会海洋天堂项目能力建设知识讲座，参加香港协康会主讲的“自闭症以及发育迟缓儿童的康复”专业技术培训，参加杨宗仁游戏疗法培训，参加江苏残联组织的残障儿童心理康复与技术新进展培训，参加中华人民共和国民政部、国务院国有资产监督管理委员会、中国慈善总会等联合主办的第二届中国公益慈善项目交流展示会，参加上海市残联主办的上海公益伙伴日等学习共计 8 次。同年，中心邀请台湾黄雅芬老师和香港刘希彦到宜兴，为家长开设“低口语者打字沟通”及“自闭症儿童言语治疗”讲座各 1 次。同年，张庆长为家长开设“自闭儿行为治疗”等讲座，并现场作案例分析讨论。同年，中心积极开展户外体验活动，到宜兴龙背山森林公园、宜园、宜兴竹海公园等地开展亲子活动 5 次。同年，中心开设有音乐兴趣班及绘画兴趣班。是年，中心在训儿童 29 名。

2014 年 3 月，中心 2 名老师参加香港协康会在无锡组织的孤独症服务机构从业人员关于小肌肉技能和评估的教学培训。6 月，中心周雨凝参加北京“星星雨”组织的第九届 NGO 基础管理知识培训。7 月底至 8 月初，周雨凝和杜春景参加寂静法师在山东曲阜组织开展的第四届“醒狮教育论坛”，为中心开设国学班打好基础。9 月份起，根据儿童学员发展水平分为星星、宝宝、贝贝、成成、慧慧共 5 个班。中心日常课程由 7 节课增至 8 节，星星、宝宝班增加视听课，贝贝、慧慧班增加小组课，成成班增加社交课。10 月份，中心对所有在训儿童作年度家访，与家长进一步沟通，观察了解孩子在家庭中的生活情况，针对孩子的家庭训练给予指导。同年，中心王雪皎参加省残联组织的听障孩子康复知识培训。同年，邀请台湾林凌佩讲解关于孤独症儿童社交技能课程。同年，根据家长需求，分别开设语言训练、家长智慧课堂、在家如何上好个训课、专注力训练、台湾学前孤独症儿童家长康复陪伴历程分享、台湾孤独症人士成年后的生活案例、感知与运动等，家长接受培训 8 次。同年，中心开展亲子户外体验活动，组织农疗亲子活动，以及森林公园、无锡冰雪节、宜兴大觉寺等活动。同年，市残联引进孤独症康复专家张庆长合作成立市博爱孤独症从业人员服务中心，以孤独症儿童康复与从业人员培训相结合，提升孤独症儿童康复效果、孤独症家长及教师能力。服务中心开设亲子成长课程、早期介入丹佛模式家长学习工作坊、孤独症教师专业成长课程、亲子夏令营等，并举办江浙沪孤独症教学大会，参加教学大会机构 19 家，孤独症教师 33 名。是年，中心在训儿童 34 名。

2014 年 11 月，“孤独症儿童团体音乐治疗模式的建立及推广”课题，入围宜兴市科技局民生科技项目。

2015 年 2 月，中心全体老师参加美化人生心灵飨宴音乐会。3 月，周雨凝参加宁波“希望之声‘弟子规’”公益讲师发愿交流会，参观芜湖童乐幼儿园及拜访芜湖学习传统文化的前辈老师。4月，中心邀请张庆长为“‘照亮星空’孤独症家庭个别化专业支持项目”给中心老师做入户指导培训。同月中旬，秦连红、杜春景参加第十二届全国音乐治疗交流大会。同月下旬，姜雪参加 “王凤仪善人思想”走进洛社公益讲座。5月，李梦凡、姜雪、秦连红参加“圆知教育天地学习法”公益课。同月下旬，王雪皎、周雨凝参加无锡市刘彤云语训工作室的听障儿童语言训练康复技巧。7月，邀请南京市雨花台区婷婷儿童潜能开发中心佘维芳、仇红君来中心作“听障儿童评估及训练技能”培训。同月，姜雪参加由江苏省残疾人联合会主办的2015年度全省康复技术（智障儿童）培训班，为期4天。8月底，秦连红、蒋云姣、邵夕芬等六位老师到苏州宝寿寺学习“天使七”康复训练法7天。9月，中心邀请台湾林凌佩讲解大龄心智障碍人员目前所处的社会大环境。同月，周雨凝到张家港童学馆参观学习。10月起，邀请张庆长老师每月来中心看课一天，并利用午间、晚间分享看课感受，并做指导。同月，王中平参加全中国自闭症儿童家庭关怀行动之“十百千万”计划的国家继续医学教育项目“儿童自闭症及其相关障碍早期诊断与早期干预”江苏省培训班。同月，中心开设架子鼓、美工两个兴趣班。11月，中心将对所有在训儿童作年度家访。同月，王中平、郭新华参加“IMFAR亚太孤独症论坛——上海2015”会议。同年，中心联合无锡灵山慈善基金会，邀请国内知名的国学老师曹翔，莅临无锡，开展“传统文化解读幸福人生国学”学习，为期三天。同年，中心根据家长需求，分别开设“如何使用交流语言”“如何在日常生活中教孩子学习”“照亮大龄心智障碍者的未来之路”等课程，并且分别在每周组织陪读家长培训，内容主要为技能培训、心灵成长、课程体验。同年，组织联谊亲子活动13次。是年，中心拥有教职人员12名，在训儿童30名。

第三节 训练预防

一、训练

2002年，宜兴被列为全国盲人定向行走训练试点城市。11月，全国盲人定向行走培训在无锡举办，培训学员到宜兴实地观摩宜兴盲人定向行走、生活、生产技能训练。

2003 年 8 月，市残联在宜兴税务培训中心举办爱德社区康复后续培训班，培训对象为全市新老康复员，为期 2 周。培训内容包括社区康复基础知识、防盲治盲知识、盲人定向行走技能训练等。

图 6-30　康复员指导盲人定向行走训练

2004 年 11 月至 12 月，市残联在宜兴税务培训中心举办爱德社区康复技能培训班，培训对象为 5 名新康复员，为期 2 周。培训内容包括社区康复基础知识、防盲治盲知识、盲人定向行走技能训练等。同年，成立宜兴市残疾人康复和盲人定向行走训练服务试点工作领导小组。张渚镇被定为无锡市残疾人康复服务与训练试点镇。是年，《中国残疾人》杂志和《无锡日报》《宜兴日报》对宜兴市社区康复工作成效作专题报道。

2005 年 11 月，宜兴社区康复工作模式在上海松江区等地区推广，市残联 2 名培训指导员为上海市残联，开展盲人定向行走服务工作专业培训工作，受训人员 80 人次。

2006 年，市残联培训指导员赴上海参加志愿者管理培训，为期 3 天；赴南京参加江苏省视障儿童早期关怀和教育项目培训，为期 1 周；赴香港参加第十二届国际盲人定向行走会议。同年，培训指导员受邀为杭州市下城区、萧山区、余杭区残联新康复员作盲人定向行走技能培训；为杭州市下城区康复员作盲人定向行走技能后续培训；与中国残联 / 香港康复会全国县级技术指导人员（视力康复）开展培训项目交流，并为他们作盲人定向行走培训；为南京白下区残联和玄武区残联、常州市残联、天宁区残联新康复员作盲人定向行走技能培训，受训人员 280 多人次；11 月，在市残联会议中心对全市康复员作社区康复技能培训，培训内容包括社区康复基础知识、防盲治盲知识讲座、盲人定向行走技能、实地考察。是年，市残联培训指导员为杭州、南京、常州等地残联，培训盲人定向行走训练指导员280名。

2007年4月，市残联开展盲人定向行走培训工作，培训对象为各社区康复员；开展社区康复管理培训工作，培训对象为各乡镇残联理事长，为期半个月。参加培训理事长20名，康复员20名。5月，市残联2名培训指导员参加江苏省视障儿童早期干预和教育培训，为期5天。同年，市残联培训指导员为无锡、杭州、义乌、南通市残联新康复员作盲人定向行走技能培训和后续培训，培训人员330人次。是年，全市定向行走康复训练盲人78名。

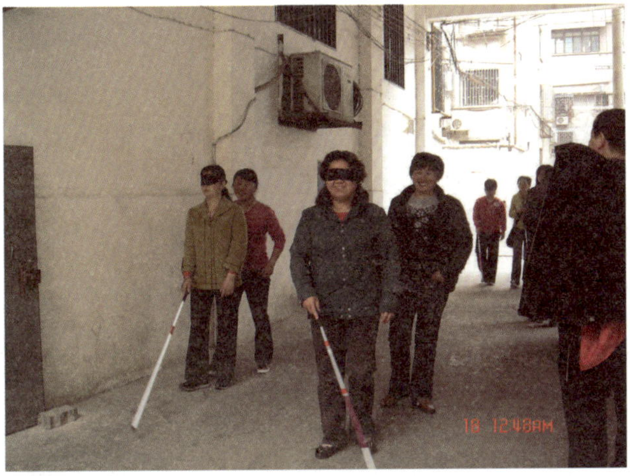

图6-31 盲人定向行走模拟训练

2008年，教育部门将盲童定向行走训练工作纳入幼儿园教学课程，培养盲童定向行走技能；卫生部门为参加定向行走训练的盲童做好视力检测、功能评定、服务转介和宣传工作；各镇（街道）盲人定向行走训练指导员，深入社区和家庭，面对面个性训练盲人定向行走；社区或村委会主任、社区康复协调员、残协专职委员协助镇（街道）训练指导员选择训练场所和路线，组织、督促盲童在社区接受集中训练；盲童及亲友积极配合，参与制定训练计划并训练。是年，全市盲人定向行走康复训练650名。宜兴市“盲人定向行走”被中残联列入推广技术，为各地开展盲人社区康复工作提供借鉴。中国残联康复部盲人定向行走调研组到宜兴调研，充分肯定宜兴模式，并将宜兴盲人社区康复做法列入《视力残疾康复“十一五”实施方案》，同时邀请宜兴市相关人员参与中残联《盲人定向行走训练效果评估标准》《盲人定向行走训练指导师培训教材》的编写。市残联将宜兴残疾人社区康复模式向周边地区辐射和推广，为上海、无锡、杭州、南京等地残联培训康复员及志愿者500多人次，并为中国残联、香港康复第二期全国区、县康复技术指导人员作定向行走技术培训指导。

2009年3月，市残联组织各镇（街道）残联村（居委）康复员开展全市盲人定向行走训练指导师培训工作，为期1周。10月，市残联培训指导员受邀为江苏省残联盲人定向行走训练师作培训讲课。12月，市残联培训指导员在宜兴市爱德培训学校，为20多名盲人提供盲人定向行走技能培训。同年，为杭州市残联的新康复员作盲人定向行走技能培训和后续培训，受训人员200多人次。

2010年5月，市残联培训员刘小燕、于雅萍在宜兴市爱德培训学校，为盲人按摩培训班20多名学员培训盲人定向行走技能。10月，培训员刘小燕、于雅萍在宜兴市爱德培训学校，为盲人按摩培训班20多名学员培训第二期盲人定向行走技能。是年，市残联康复人员为盲人培训定向行走技能50名，为杭州市残联开设盲人定向行走师资培训课程，为杭州地区新专职委员开设盲人定向行走培训班3期及后续培训，受训人员150人次。

2011年5月，市残联培训员刘小燕、于雅萍为江阴市残联盲人定向行走培训班28名康复指导员培训盲人定向行走技能，帮助学员掌握盲杖使用技巧。同年，市残联投资30万元建造盲人定向行走室外盲人模拟训练场地。建有符合无障碍标准的公交站台、电话亭、拱桥、凉亭等。市残联为杭州地区残联新专职委员举办三期盲人定向行走技能培训和后续培训，受训人员150多名。是年，全市盲人定向行走训练90名。2012年，全市盲人定向行走训练50名。

2013年6月，苏州市、徐州市、淮安市残联到宜兴观摩学习，并现场参观盲人定向行走培训基地。10月，市残联承办无锡滨湖区残联盲人定向行走指导师培训班和技能比赛，参训人员40人。同年，市残联培训盲人定向行走技能66名，并为和桥镇、屺亭街道、新建镇、新街街

图6-32 组织各村社区专干进行盲人定向行走训练

道等8个镇（街道）残联的村、社区康复协调员在盲人训练基地作现场指导与培训，学习盲杖使用技巧。同年，市残联盲人定向行走康复训练培训员刘小燕、于雅萍受邀到杭州、淮安市残联和无锡市锡山区残联培训盲人定向行走技能，受训人员180多人次。市残联副理事长戴菊华受邀为省残联盲人定向行走培训班授课，并介绍宜兴市开展盲人定向行走工作经验。2014年，市残联受邀为无锡滨湖区残联、崇安区残联、惠山区残联、新区残联新专职委员作盲人定向行走师资培训，接受培训人员80多名。2015年，市残联受邀为无锡新区、南长区，淮安市涟水县残联新专职委员作盲人定向行走师资培训，接受培训人员160多名。

附：宜兴市盲人定向行走模拟实训基地简介

1994年，宜兴市残联与爱德基金会、克里斯朵夫国际防盲协会（CBM）合作，开展盲人定向行走康复项目，在业务培训、管理模式、发展理念上与国际接轨。宜兴市残联树立“帮助他人、快乐自己”的工作理念，建立有一支稳定实干的康复队伍。康复员深入残疾人家庭、提供面对面、个性化的训练服务，帮助盲人逐步回归主流社会。宜兴市以康复、教育、就业、扶贫集于一体的全面康复模式，成为全国第一个农村社区康复示范点，被中国残联吸收进《全国视力残疾康复“十一五”实施方案》加以推广。同时，盲人定向行走作为宜兴市残联的特色品牌项目，与CBM国际组织开创了全国第一个盲人定向行走农村社区康复示范项目合作，在业务培训、管理模式、发展理念上与国际接轨。市残联将宜兴社区康复示范项目向周边地区辐射和推广，为上海、无锡、浙江、南京、淮安等地残联培训盲人定向行走康复训练指导师1500多人次。市残联按有关规定自主设计建设，总投资30万元。设有无障碍公交站台、电话亭、木桥、凉亭等，作为盲人定向行走项目的窗口，2011年11月正式启用。至2015年，全市有962名盲人通过康复训练，掌握了基本技能，走出家门。

二、预防

1. 补碘

1993年10月，宜兴市被定为全国12个特需人群补碘试点县（市）之一，宜兴市成立补碘工作协调小组，由副市长沈根福任组长，市政府办公室、民政局、计生办、防疫站、盐业公司负责人为成员。由财政拨款2万元，用作补碘工作专项经费。是年，工作协调小组布置全市开展对新婚育龄妇女、孕妇、0 ~ 2 岁婴幼儿补服碘油工作。

1994 年 1 月，中残联王勇、叶琦在省残联康复部主任段立新陪同下，到宜兴检查补碘工作。市残联理事长杨德新等陪同到丁蜀南新镇实地调查，察看民政、计生、防保所等部门工作现场。2 月，市政府办公室召开第二次补碘工作会议，对工作作出明确分工，由市政府牵头，残联协调，防疫部门负责药物发放，民政、计生部门积极配合。同月，市政府召开全市补服碘油工作会议。官林、新街等乡镇成立乡镇补碘试点工作领导小组，由分管领导和各有关部门负责人组成，并制定工作实施方案，明确各部门职责分工。4 月，全市 42 个乡镇到卫生防疫部门领取碘油丸。5 月，全市已累计完成特需人群补碘任务 37550 名。其中，新婚育龄妇女 5370 名、孕妇 13250 名、婴幼儿 18930 名（包括以乳代服）。至年底，全市新婚育龄妇女、孕妇及 0 ~ 2 岁婴幼儿补用碘油 8 ~ 10 万人次。1995 年底，宜兴市补碘先进乡镇有丁蜀镇、和桥镇、张渚镇、新庄镇、新街镇等。1996 年，特需人群服用碘油丸 98122 名。同时，组织中小学学生普服碘油丸 10 余万人次。1997 年，特需人群补碘 33750 人次，其中新婚育龄妇女 8360 名、孕妇 8050 名、0 ~ 2 岁婴幼儿 17340 名。1999 年，特需人群补碘 125377 名，宜兴市被评为全国特需人群补碘工作先进县（市）。

2000 年，市残联被评为江苏省“九五”特需人群补碘工作先进集体，金志仙、储志娟、杭南生被评为江苏省“九五”特需人群补碘工作先进个人。

2001—2005 年，特需人群补碘 112609 人次。其间，举办特需人群补碘宣传活动 6 次，发放宣传资料 3500 份。全市补碘工作基本结束。

2. 筛查

1996 年，市残联组织举办防盲、治盲技术培训班。4 月，爱德基金会、江苏省防盲治盲指导组在爱德宜兴农村社区康复项目试点单位张渚、善卷、和桥、芳桥、新庄、湖㳇、宜城、十里牌等乡镇开展眼疾筛查工作。1998—2005 年，全面筛查防治新生儿流行性脊髓灰质炎（又称小儿麻痹症）。

2008 年，在《宜兴市 0 ~ 6 岁残疾儿童免费抢救性康复训练工作实施方案》的通知中，明确卫生部门要广泛宣传优生优育科学知识，提高全社会预防出生残疾儿童的意识；大力发展婚前医学检查和产前筛查，降低先天性

图 6-33　0 ~ 6 岁残疾儿童家长培训班

残疾儿童出生率；依法实施新生儿童疾病筛查和早期干预，提高残疾儿童康复水平；做好儿童计划免疫、缺碘地区重点人群补碘、预防药物致聋致残等残疾预防工作。

2014 年 11 月，为保障全市儿童身心健康，促进所有苯丙酮尿症和先天性甲状腺功能减低症患儿得到有效救治，宜兴市卫生局、宜兴市残联联合发出《关于调整宜兴市新生儿疾病筛查相关工作的通知》。12 月，宜兴市设立新生儿疾病筛查中心，负责全市新生儿苯丙酮尿症和先天性甲状腺功能减低症筛查服务工作。工作要求新生儿疾病筛查率 96% 以上，采血合格率 100%；配备专人负责，规范阳性病例管理，建立专门档案，阳性病例追踪复查率 90% 以上，确诊病例规范治疗率达 100%。是年，市政府办公室向各镇人民政府、各街道办事处、各委办局、市直属单位及环科园、经济技术开发区管委会转发市残联等 9 部门联合制定的《宜兴市推进残疾预防工作实施方案》，实施一、二、三级预防。一级预防：积极开展社会宣传和健康教育普及及防残知识；落实各项安全用药措施，预防药物致残；强化各项安全生产措施，预防事故致残；加强母婴保健工作，将出生缺陷预防工作关口前移至孕前，开展孕前风险评估和孕前优生健康检查，有效实施妇女免费增补叶酸预防神经管缺陷项目，预防出生缺陷和残疾；积极开展全民健康生活方式行动，促进居民形成良好的健康意识和生活方式，控制和减少易致残慢性病的发生。二级预防：加强药物临床使用的监测，特别关注致聋性药物临床使用后监测，及时发现可疑症状，及早采取干预措施，防止危害加重；实施《产前诊断管理方法》，进一步健全全市产前诊断网络，实现产前筛查和产前诊断的有机结合；对产前诊断的关键技术进行培训，建立健全全市产前诊断质量控制体系，减少出生缺陷和残疾胎儿的出生；完善高血压、糖尿病等慢性病监测和治疗管理体系，加强慢性病患者社区治疗管理，推广脑卒中筛查防治项目和慢性病患者自我管理项目，进一步提高慢性病患者健康管理率、规范管理率和控制率，控制病情发展，预防因病致残；加强培训演练，普及自救知识，规范现场救治程序，提高事故灾难现场应急医疗救援水平，对受伤患者及时采取有效救治措施，防治伤情恶化；动员家庭、社会和专业机构共同努力，对轻症心理疾病患者实施早期干预措施，控制病情进展。三级预防：大力普及残疾康复知识，建立健全家庭康复、社会康复和专业康复一体化的康复服务体系；规范实施新生儿先天性甲状腺功能低下、苯丙酮尿症、先天性听力障碍等疾病筛查和0—6岁儿童系统管理。开展新生儿和婴幼儿系统体检，开展先天性甲状腺功能低下、苯丙酮尿症、先天性听力障碍等筛查诊断和治疗。做好病残儿医学鉴定工作及再生育优生指导；积极发展医疗康复事业，研究制订医疗康复发展规划。二级以上综合性医院按规范化要求建设康复医学科。发展医疗康复专业机构，鼓励社会力量积极参与。大力发展社区康复事业，完善社区卫生服务机构综合性康复医疗服务能力，全面落实残疾人康复政策措施。由市残疾人工作委员会统筹协调全市残疾预防工作，负责具体协调残疾预防工作，并通过开展的重点康复机构在市残疾人康复中心、市博爱家园儿童成长中心等康复机构为残疾人康复训练提供便利、优惠的服务。市残疾人康复中心重点围绕脑卒中、儿童脑瘫两类致残疾病，做好筛查和防治工作，形成具有鲜明特色的残疾预防网络。同年，市卫生局、市残联成立“宜兴市残疾预防专家指导组”，负责健康教育策划和相关检测工作，对预防措施的实施进行咨询、指导、评价。加强跨区域、跨行业合作，围绕重点致残问题，积极开展残疾预防科学研究。探索制定相关地方性法规、规章，为“实施方案”提供法律保障。将“实施方案”要求重点推广的一级预防措施纳入各部门、各行业日常工作指导项目。至2014年底，全市新婚家庭出生缺陷预防知识知晓率达100%；孕前风险评估率达到90%以上；免费孕前优生健康检查率达到90%以上，并形成具有宜兴特色的出生缺陷高风险人群转诊和干预体系；新生儿疾病筛查率90%；出生缺陷发生率小于等于5‰；孕产妇系统管理率95%；儿童系统管理率85%；产妇叶酸补服率90%；高血压、糖尿病患者健康管理率60%；规范管理率80%，控制率50%；重度精神病患者检出率3‰；交通事故和工伤致残率降低20%以上。

2015年，市残联会同市卫生局、教育局等相关部门负责人召开专项会议，联合下发《宜兴市儿童、青少年脊柱侧凸残疾预防和康复干预项目的试点方案》，明确各部门项目具体实施工作安排。市残疾人康复中心成立专项筛查组，负责筛查工作，为全市约2万名五、六年级学生和约1.9万名初中二、三年级学生作脊柱筛查，共筛查出阳性病例3190名。根据筛查结果，对测量角度超过4度的学生发放脊柱侧凸阳性告知单，再行复查、评估和康复治疗。

第四节 辅具适配

一、装配假肢

2004年，市残联为低保线内及贫困肢残人免费安装假肢42条。2005年，为贫困肢残人免费装配假肢28条。2006年，为贫困肢残人免费安装假肢28条。2008年，为贫困肢残人免费安装假肢和矫形器90例。2009年，为贫困肢残人免费安装假肢90条。2010年，为贫困肢残人装配假肢及矫形器24例。2011年，为贫困肢残人免费安装假肢33条。2012年，为贫困肢残人免费安装假肢56

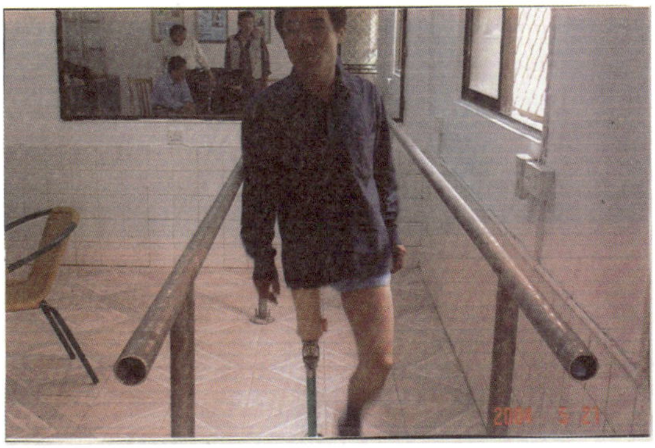

图6-34 免费装配假肢残疾人训练

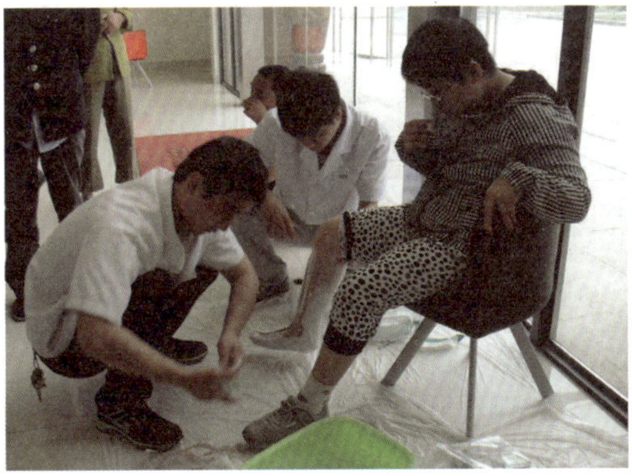

图6-35 为贫困肢残人制定矫形器现场取模

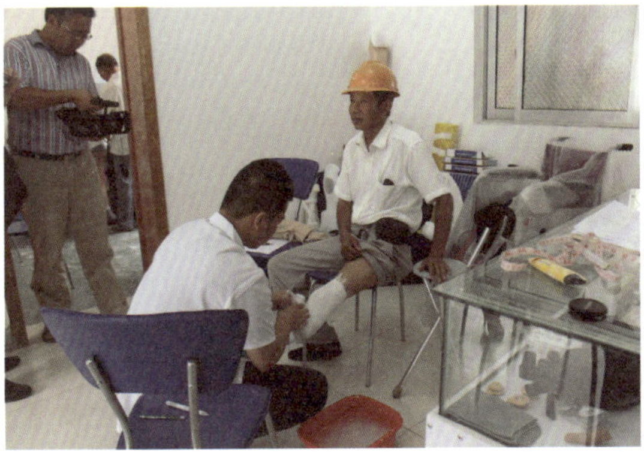

图6-36 辅具适配师为贫困残疾人免费安装假肢

条。2013 年，为贫困肢残人安装假肢 25 条，补贴资金 5 万元。2014—2015 年，“十二五”专项彩票公益康复项目为肢残人免费提供假肢 25 条。

二、装配助听器

图 6-37 辅具中心工作人员在为老人量身适配助听器

2008 年，市残联为贫困听力残疾人免费安装助听器 250 名。其中，为 0 ~ 12 岁聋儿装配原装进口全数字超大功率耳背式助听器 60 只。2011 年，为贫困听力残疾人装配助听器，补助 250 名。2012 年，为贫困听力残疾人装配助听器 122 只。2013 年，为贫困听力残疾人装配助听器，补助 155 名，补贴资金 15.5 万元。2014 年 8 月，为贫困听力残疾人提供助听器适配补助 175 名，补助金额 17.4976 万元。同年，“十二五”专项彩票公益康复项目提供助听器 234 只。2015 年，为贫困听力残疾人提供助听器适配补助 215 名，补贴 32.7 万元。

三、装配人工耳蜗

2005 年，救助施行聋儿人工耳蜗植入手术 1 例。2006 年，救助施行聋儿人工耳蜗植入手术 1 例。2007 年，救助施行聋儿人工耳蜗植入手术 1 例。2008 年，救助施行聋儿人工耳蜗植入手术 2 例。2009 年，施行聋儿人工耳蜗植入手术 2 例，各救助 5 万元。2011 年，施行聋儿人工耳蜗植入手术 2 例，各救助 5 万元。2012 年，施行聋儿人工耳蜗植入手术 2 例。2013 年，施行聋儿人工耳蜗植入手术 7 例，救助 31 万元。2014—2015 年，救助施行聋儿人工耳蜗植入手术 2 例。

四、其他辅具适配

1991 年，台北曹氏基金会捐赠残疾人轮椅 50 辆。1992 年，台北曹氏基金会捐赠残疾人轮椅 50 辆。至 1996 年，市残联为残疾人提供特殊用品 1710 件，为盲人配备盲杖 123 支。为低视力患者康复治疗配镜 43 例。

1999 年 5 月下旬，市残联邀请中国人民解放军 359 医院骨科专家为部分肢残康复对象作全面检查，爱德基金会资助，为 20 名脑瘫、截瘫、儿麻康复对象装配轮椅、学步车、矫形器等支具。

2000年，市残联邀请中国人民解放军359医院骨科专家两次到宜为部分康复对象作全面检查，由爱德基金会出资，为10名脑瘫、截肢、儿麻康复对象免费装配义肢、增高鞋、矫形器等支具，14名康复对象获赠轮椅、助行器。同年，市残联为47名康复对象免费装配轮椅、助行器、矫形器和配备盲杖等。低视力康复配戴助视器35例。

2001年1月15日，市残联举行向贫困康复对象捐赠辅助器具仪式，副市长及爱德基金会防盲特教部人员为33名康复对象颁赠辅助器具。其中，轮椅24辆、助行器1个、支具8个。同年，发放盲杖35根。2003年5月，市残联捐赠轮椅35辆。

2004年“全国助残日”前后，市残联为300名双下肢重度残疾人发放轮椅，每人1辆。2005年，市残联为康复对象按需颁赠轮椅50多辆，赠送语言报时手表300只，发放盲杖312根。2006年，发放盲杖96根，颁赠轮椅250辆，赠送盲人语音报时手表300只。2007年，颁赠轮椅250辆，发放盲杖78根。2008年，市残联向100个社区(村)免费发放康复器材800多套（件）。为重度下肢残疾人赠送轮椅320辆，发放盲表300只、盲杖300根。2009年，发放轮椅400辆，发放盲杖80根、盲表80只。2010年，发放盲杖95根；发放轮椅400辆，其中市残联与美国轮椅基金会合作发放轮椅357辆。为残疾人家庭免费发放康复器材349户。2011年，市残联为全市86个社区（村）免费发放康复器材86套，发放盲杖95根、盲表95只；为198名残疾人发放洗澡椅、助视器等辅具484件，发放轮椅502辆。同年，市残联与丁蜀镇残联联合，开展中华慈善总会活动，捐赠轮椅100辆。是年，小型康复器材进残疾人家庭361户，无障碍设施进残疾人家庭407户。2012年，发放轮椅488辆，康复器材进家庭609件。2013年，市残联落实辅具适配进医保农保残疾人家庭，为贫困残疾人捐赠轮椅200辆，补贴资金10万元；为残疾人辅助器具个性化适配300名，补贴资金15万元；为残疾人无障碍设施进家庭300户，补贴资金20万元。2014年，市残联为无障碍环境改造残疾人家庭500户，为残疾人发放辅助器具适配970多件。

2015年4月—5月，市残联全面开展残疾人辅具适配个性化服务工作，会同宜兴市残疾人辅助器具服务中心技术人员分2组，走村入户深入残疾人家庭，了解每个残疾人的身体状况、功能障碍、生活等存在的个体差异，现场讲解有关康复方面的专业知识。为残疾人家庭辅具适配及无障碍家庭项目改造 1140 户、1573 件，投入 43 万余元；为贫困听力障碍患者助听器适配 215 名，补贴 32.7 万元。

图 6-38　为残疾人辅具适配及指导

附：宜兴市残疾人辅助器具服务中心简介

宜兴市残疾人辅助器具服务中心属民办非企业单位，是宜兴市残联定点为残服务机构。地址：宜兴市宜城街道常红南路（红塔医院东门）中心面向全市开展残疾人辅助器具服务工作，提供假肢安装、矫形器装配、助听器验配及一系列辅助器具适配服务。并配合宜兴市残联开展辅助器具适配及无障碍改造进家庭上门筛查和适配工作。中心遵循“以人为本，诚信务实，以产品和服务质量为生命”的原则，帮助有需要的残疾人提高生活自理能力，增强康复信心，有效融入社会。

图 6-39　市辅具服务中心外观

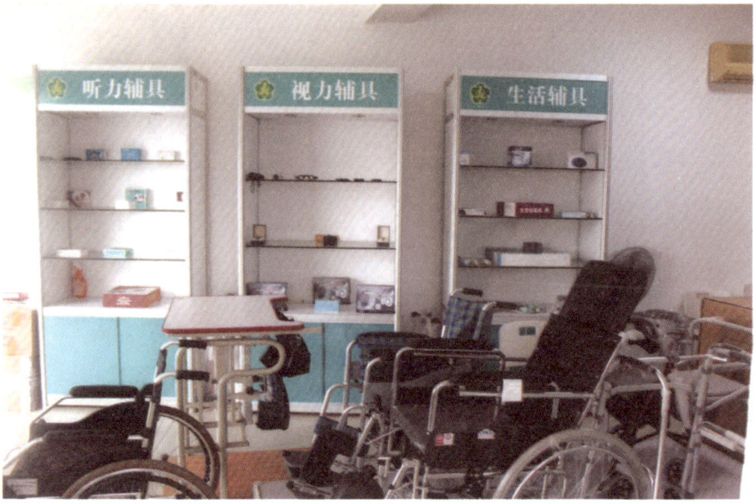

图 6-40　市辅具适配中心内景

第七章 助　残

助残扶残是以人为本，弘扬人道主义的具体体现；是建设美好社会的重要内容之一。党和政府历来关注残疾人的生存状况，采取有效的行政措施，给予切实的帮助。1991 年起，市残联在每年春节前后，会同全市各级政府领导和相关行政部门负责人走访慰问残疾人家庭，为他们发放生活补助款、救助金。1999 年起，市政府将残疾人列入最低生活保障范围。以后，不断提高保障金额度。与此同时，由生活助残延伸至医疗助残、文化助残、教育助残、就业创业助残、托养安养助残、公共设施基础助残、住房修缮助残、增配辅助器材（具）助残及其他行政助残，其工作力度不断增强，助残范围、项目不断扩大和增加。随着社会进步，文明程度的提高，向残疾人献出友爱之心、伸出援助之手、送出关怀之情，成为社会各界包括海外爱心人士的共识，历年来对残疾人扶危解困的善举、义举不断，特别是“全国助残日”活动开展后，形成的助残氛围越来越浓，渐成时代风尚。

第一节 行政助残

一、救助、补助、帮扶助残

民国期间，社会救济事务多数属民间主办，经费来源仰社会募捐，残疾人难得有极少救助，且只限双目失明、老幼孤残，政府无专项开支。新中国成立后，人民政府对无生活来源残疾人给予适当救助。1955 年起，对城镇孤残实行定期补助，由每人每月 3 元 ~ 5 元，增至 7 元 ~ 9 元。1980 年，每人每月补助标准为城镇 17 元，乡村小集镇 14 元。1987 年，每人每月均为 25 元。1988 年起，对生活困难的残疾人，由市、乡（镇）财政和村（居）采取定期和临时救助办法。1991 年起，市残联在每年春节前后，会同全市各级、各界领导和相关单位，走访慰问贫困残疾人家庭，发放生活救助金；结对帮扶贫困残疾人家庭，发放生活补助款。

1997 年，市残联制定《宜兴市扶助残疾的意见》，由市政府残疾人工作协调委员会审议后，交法制局修改，并报市长常务会议审议通过，由市政府颁布实施。主旨：为残疾人康复、教育、就业、生活、文化娱乐，提供扶持和帮助。

1999 年，市政府出台《残疾人生活保障意见》，将残疾人列入最低生活保障范围。

2002 年，宜兴市广播电视局贯彻落实《切实加强残疾人生活保障工作意见的通知》，对有残疾人的低保家庭，减半收取有线电视收视费。同年，全市先行减免农村残疾人农业税，凡满 18 周岁以上，持有中华人民共和国残疾人证、在所在村常住，基本丧失劳动能力，残疾程度为极重度、重度（一、二级肢残、盲残、智力残，精神残）残疾人，免征农业税及附加；对部分丧失劳动能力，残疾程度为中度（三级肢残、智力残、精神残，一级低视力）残疾人免征农业税及附加；对丧失部分劳动能力，残疾程度为轻度（肢残、二级低视力、一二级听力言语残、四级智力精神残疾）残疾人减征 70% 的农业税及附加；对部分丧失劳动能力，残疾程度为轻度（三、四级听力言语残）残疾人减除 50% 的农业税及附加。至 2003 年，全部减免农村残疾人农业税及附加。

2005 年，对全市享受城市和农村居民最低生活保障的残疾人，在原有保障标准（城镇每人每月 220 元，农村每人每年 1200 元）基础上提高 10% 发放，即城镇每人每月 242 元，农村每人每年 1320 元。

2008 年，根据上级有关文件规定，对是本市户口、持宜兴市民政局发放的城镇或农村最低生活保障金领取证的重度残疾人；对持宜兴市残疾人联合会签发的《中华人民共和国残疾人证》，且登记为一级、二级肢体残疾，一级、二级智力残疾、二级精神残疾和一级盲、二级盲视力残疾的残疾人，生活救助金每半年发放一次，低保重度残疾人生活救助金不计入家庭收入。

2010 年，根据上级《关于对特殊困难残疾人实施生活救助的通知》，宜兴市实施特殊困难残疾人生活救助政策，对无固定收入重度残疾人，残疾类级别为一级、二级的肢体、视力、智力、精神重度残疾人，残疾人本人无业，无固定薪金收入，无经营性、财产性收入，对符合规定的重残人员，参照低保标准 100% 发放生活救助金；对有固定收入，但低于低保标准的重度残疾人，参照低保标准差额补足生活救助金。一户多残、依老养残家庭中的残疾人，家庭成员间具有法定的赡（抚、扶）养关系且共同生活，其家庭人均收入在当地低保标准以上、200% 以内，有 2 名（含）以上残疾人，或残疾人由父母供养且父母有一方达到法定退休年龄，或依法由祖父母、外祖父母、其他亲属供养且供养人有一方达到法定退休年龄的，对其家庭中的残疾人参照不

图 7-1 为肢残人员安装假腿

低于当地低保标准的 60% 发放生活救助金。享受生活救助的特殊困难残疾人，同时符合以上两项条件的，按照就高的原则实施救助，不重复享受。已纳入低保，或农村五保供养和城市“三无人员”（指由民政部门收养的无生活来源、无劳动能力、无法定抚养义务或法定抚养义务人丧失劳动能力而无力抚养的公民）供养的残疾人不再享受以上生活救助。

同年，根据上级《关于向低保家庭中重度残疾人发放重残补贴金的通知》，宜兴市实施低保重残补贴政策，对具有宜兴市户籍，持市残联核发的第二代中华人民共和国残疾人证，残疾等级为一级、二级且残疾类别为视力、肢体、智力、精神的低保家庭中的重度残疾人每人每月发放 100 元重残补贴金。

同年，在《宜兴市城乡居民养老保险暂行办法》中，列入居民最低生活保障范围或重度残疾的残疾人员，其个人缴费按最低档次缴费标准由政府给与全额补贴。不在城乡居民最低生活保障范围重度残疾对象由市残联根据相关规定确定。同年，省财政厅、省残联下拨 2010 年度即对全省 1 万名残疾人进行职业技能培训，帮助 1 万名残疾人实现就业，扶持农村 1 万名残疾人脱贫致富，经费补助 5 万元。其中，残疾人职业技能培训补贴 0.9 万元、帮助残疾人实现就业补贴 3.1 万元，扶持残疾人脱贫补贴 1 万元。同年，实施全市持三级、四级精神残疾证残疾人年度特别救助。

2011 年，根据《关于印发“十二五”期间全市残疾人重点康复项目实施方案的通知》，宜兴市残联发文，具有宜兴市户籍，低保（五保）或家庭人均收入低于当地低保标准 2 倍的贫困听力障碍患者可以享受不超过 1000 元的助听器安装补助，不满 1000 元的按照实际产生费用补助。具有宜兴市户籍，持宜兴市残联核发的第二代中华人民共和国残疾人证的肢体残疾人，低保（五保）或家庭人均收入低于当地低保标准2倍的贫困肢体残疾人可以免费享受装配大腿、小腿、矫形器救助。假肢、矫形器由统一进行招标采购。同年，市残联和民政部门积极做好精神残疾人保障和救助工作，对低保户中重度精神残疾人按低保标准120%发放低保金。对无固定收入精神一级、二级重度残疾人按照低保标准发放生活救助金，对因病造成生活困难的残疾人按照程序给予必要的慈善费和临时生活救助。同年，市残联贯彻执行《宜兴市关于对生活不能自理残疾人发放护理补贴的暂行办法》，对具有宜兴市常住户籍，年龄在16～60周岁，持有中华人民共和国残疾人证，且残疾等级为一级，残疾类别为视力、肢体、智力、精神的重度残疾人；长期卧床或日常生活适应行为能力严重障碍，确需他人长期照料的残疾人；无业、无固定收入贫困的残疾人每人每月发放100元护理补贴。

2012年，市委组织部、市残联联合部署开展农村基层党组织助残扶贫工程，确定帮扶对象10户。同时，开展对特困残疾人送温暖活动，为3897户特困残疾人家庭送给慰问金、慰问品，合计239万元；为52户低保或低保边缘户的一户多残、依老养残、重残人员家庭提供住房修缮补助，共26万元。

2013年，根据上级政策，宜兴市实施新开办盲人保健按摩机构扶持补贴政策。对新开办的保健按摩机构盲人，符合规范设立要求的，给予一次性创业扶持补贴8000元。该补贴由省残疾人就业管理中心盲人按摩管理科审核、发放）。

2014年，根据《无锡市市区无业三、四级精神、智力残疾人生活救助实施办法》的通知，宜兴市实行就业年龄段无业三、四级精神、智力残疾人救助，对持宜兴市残联核发的第二代中华人民共和国残疾人证男16～60周岁、女16～55周岁无业三、四级精神、智力残疾人给予每人每月80元的救助。对已纳入最低生活保障及特殊困难残疾人救助的人员，不予重复享受。

同年，根据上级政策，宜兴市残联实施0～14周岁残疾儿童康复训练救助政策。6周岁以前（含6周岁）每年训练救助标准：肢体4.03万元、视力2.21万元、智力3.77万元、听力言语2.55万元、孤独症3.77万元、多重残疾4.56万元；超出标准部分自理。7～14周岁儿童训练救助标准：在6周岁标准基础上逐年递减10%；标准之内个人承担10%，超出标准部分自理。

自行外出不在文件规定的定点康复服务机构进行康复训练的，费用减半。

2015 年，重度残疾人护理补贴发放由每月 100 元，提高到 120 元。

二、医疗助残

1990 年，宜兴市人民医院被定为小儿麻痹（ 以下简称“儿麻” ）后遗症矫治手术定点医院。

图 7-2

1991 年起，市残联创建全国白内障无障碍市,加大“阳光助残光明行动”力度，会同市卫生局等部门召开定点医院工作会议，做到“需求发现一例，手术复明一例”。

1993 年，市徐舍医院被定为小儿麻痹后遗症矫治手术定点医院。同年 10 月初，市残联成立市补碘工作协调小组，分管副市长任组长，市政府办公室、市民政局、市卫生局、市计划生育委员会、市财政局、市残联、市防疫站、市盐业公司负责人为成员，同时召开小组成员会议，将补碘工作列入政府为民办实事之一，纳入市政府目标管理，并对各乡镇工作考核。11 月底，市残联根据上级要求下发《关于在全市开展对特需人群补碘油试点工作的意见》落实补碘试点工作。是年，宜兴市被全国康复办确定为特需人群补碘工作 15 个试点县（市）之一。

图 7-3

1994 年 2 月，市补碘工作协调小组召开第二次补碘工作会议。会议决定由市残联协调，市卫生防疫站负责药物发放，市民政局、市计划生育委员会配合，市财政局承担所需经费。同年年底，全市新婚育龄妇女、孕妇及 0 ~ 2 岁婴幼儿补碘人次达 8 ~ 10 万名，全市新婚育龄妇女（包括孕妇）补碘率达 90%，0 ~ 2 岁婴幼儿补碘率达 95%。

1996 年，市残联根据省级规定，开展低视力康复行动，宜兴市人民医院负责免费治疗患者。

1997 年，根据《中华人民共和国残疾人保障法》《江苏省实施〈残疾人保障法〉办法》和《无锡市残疾人保护条例》，宜兴市人民政府作出决定，要求市、乡镇医院、卫生院、门诊部等医疗卫生机构应对残疾人挂号、就诊、化验、取药实行优先。医疗卫生和妇幼保健部门加强婚前和产前检查，夫妻双方或一方经县（市）以上医疗卫生单位检查，确诊患有医学上认为不宜生育遗传疾病和其他危及下一代健康疾病的，应终止妊娠或者绝育手术。同年，市残联根据《中国残疾人事业“九五”计划纲要》规定，精神病防治经费由各级政府按辖区人口总数，经费投入每人每年不少于 0.1 元，专款专用。

1999 年 4 月，宜兴市第二人民医院被省残联、省卫生厅确定为防盲治盲定点医院，被无锡市残联、无锡市卫生局确定为“视觉第一中国行动”扶贫定点医院。医院设立眼科独立病床 20 张，眼科门诊诊室 2 间，专家门诊室 1 间，门诊眼科专用检查室 2 间，小治疗室、小手术室、病区暗室、换药室各 1 间，添置视觉电生理仪，眼科专用 A/B 超，成功开展白内障超乳摘除、人工晶体植入术、角膜移植术等，每周二下午开设专家门诊。是年，住院收治白内障患者 200 余例。

2002 年，市卫生局贯彻落实上级《切实加强残疾人生活保障工作意见的通知》作出规定，凡低保家庭中残疾人，在宜兴市镇、街道所有医院就诊时，检查费享受八折优惠。

2006 年起，宜兴市实现为贫困精神病人提供免费服药服务全覆盖，每月由各镇精防医生为贫困精神病患者送药上门。

2008 年，根据《关于印发〈0 ~ 6 周岁残疾儿童免费抢救性康复训练工作实施方案〉的通知》，宜兴市实行对宜兴市户籍人工耳蜗植入手术的 0—6 周岁残疾儿童享受 5 万元手术救助资金（打入手术医院账户）。

2011 年，根据《关于印发“十二五”期间全市残疾人重点康复项目实施方案的通知》，宜兴市残联发文，具有宜兴市户籍，低保（五保）或家庭人均收入低于当地低保 2 倍，由市残联及卫生局联合三家定点医院进行统一筛查后，符合白内障手术要求的患者可以享受1500元手术救助（人工晶体自费）。同年，根据上级残联有关文件精神，宜兴市按照全市人口每人2.35元的比例安排财政预算，并在残疾人保障金中安排救助资金，提高精神病人住院补偿标准，解决贫困精神病人服药和住院治疗困难。同年，市政府办公室加强社区卫生服务，实施“家庭健康医生责任制工程”，对精神疾病患者提供入户健康访视、医疗康复等服务。

图7–4 为聋儿免费赠送助听器

2012年，根据《江苏省关于将部分康复项目纳入基本医疗保障范围的实施办法》的通知，宜兴市发文，将部分康复项目纳入市基本医疗保障范围。残疾人可以享受装配大腿、小腿、矫形器、助听器、电子耳蜗、眼镜式助视器，按照城镇医保50%、新农合30%的比例报销。对装配小腿的，城镇医保最高支付限额不超过1500元、新农合最高支付限额不超过900元，四年可重新适配一次。对装配大腿的，城镇医保最高支付限额不超过3000元、新农合最高支付限额不超过1800元，四年可重新适配一次。对装配矫形器的，新农合最高支付限额不超过300元，限6周岁及以下儿童，每年适配一次。对装配儿童助听器（双耳佩戴）的，新农合最高支付限额不超过1000×2元，限6周岁及以下儿童，三年可重新适配一次。对装配电子耳蜗的，城镇医保最高支付限额不超过1.5万元、新农合最高支付限额不超过1万元。对装配眼镜式助视器的城镇医保最高支付限额不超过60元，两年可重新适配一次。

同年，宜兴市政府发文，对慈善金助残作出规定：白内障患者复明手术治疗每例给予一次性救助2000元/例；失聪儿童需做人工耳蜗植入术及听力培训的，每人给予一次性救助50000元/人；重症精神病患者需住院治疗的，住院期间视实际情况每人给予救助2000 ~ 5000元。同年9月，精神病人免费服药救助转为政策保障，即宜兴市籍低保户或低保边缘户持有中华人民共和国精神残疾人证（或持有多重证的，其中一项是精神类）并参保（含宜兴市职工基本医疗保险、宜兴市城乡居民医疗保险）的精神病人纳入门诊慢性病（特殊）病种，享受更多医疗优惠和保障，长期服用精神类药物个人自负部分金额较大，支付确有困难的精神残疾人，经申请批准提供每年不超过500元限额补助。宜兴市职工医疗保险服药治疗救助的医疗用药须符合《宜兴市基本医疗保险药品目录》中精神类药品。将精神残疾住院纳入医疗救助范畴，对除医保和医疗救助外，个人自负部分金额较大、支付确有困难的精神残疾人，经申请批准提供不超过3000元限额补助。是年，周铁医院被定为精神病住院救助定点医院。

2014年，市人民医院、市第二人民医院、市红塔医院被定为白内障手术定点医院。为减轻贫困白内障患者经济负担，在市残联救助每例1500元手术费用的基础上，医院减免患者农保报销后需自行承担的部分手术费用，使患者享受除人工晶体以外的免费复明手术。同年，市残联根据精神病人门诊配药费用结报时需往返城中办理的情况，协调市卫生局出台《宜兴市城乡居民医保住院医疗康复实施办法(试行)》，简化精神病人报销程序，持农村社会保障公民卡门诊配药即享受优惠50%，实时结报。至2015年，继续完善落实有关医疗救助政策。

三、教育助残

1991—1994年，市财政局、市民政局、市残联相继投入360万元，创办市聋哑学校。

1996年12月，市残联发出《关于调查7 ~ 15周岁贫困失学残疾儿童、少年和7周岁以下聋儿的通知》，要求各乡镇残联、环科园、开发区管委会做好统计，配合“希望工程”开展帮扶贫困失学儿童入校就读工作。

1997年，市教育局贯彻落实上级文件精神，对接受九年制义务教育的残疾学生，根据实际情况减免杂费。教育部门积极帮助达到符合录取条件的残疾考生，进入中专、技校和高等院校学习。

2000年，市残联与教育部门协调，对贫困残疾人子女及残疾学生就读予以减免有关费用。西渚、湖汊、屺亭等镇对就读残疾人子女和残疾学生减免学杂费、校舍建设费等。

2001年，市残联、市民政局、市教委、张渚镇政府、张渚中心小学共同协调，由张渚镇政府财政下拨特殊教育经费，帮助在镇贫困家庭脑瘫儿童郭慧，进入张渚镇中心小学就读。

2002年，根据《中华人民共和国残疾人保障法》和无锡市关于《切实加强残疾人生活保障工作意见的通知》，对低保残疾人家庭子女，在所在地区域内学校接受九年制义务教育期间，5月1日起，实施免交学杂费、由学校提供一定补助金。进入全日制高校的残疾学生，每学年补助600元；属于低保对象残疾学生，每学年补助1200元。

2004年，宜兴市出台《关于贯彻执行〈江苏省特殊学校义务教育阶段学生免费教育试行办法〉的通知》，实行残疾儿童义务教育阶段学杂费等全免制，残疾学生书簿费、杂费、住宿费、伙食费、校服费等费用一律免除，所需经费全部由市财政全额统包。同年，市残联帮扶10名贫困失学残疾少年儿童进入市聋哑学校就读。

2004年帮扶贫困失学残疾少年儿童入学一览表

表7-1

姓 名	性别	出生年月	所在学校年级	家庭住址
王紫涛	男	1994.06	二年级	官林镇黄楼村
张旭明	男	1993.11	三年级	周铁镇洋溪村
徐明亮	男	1989.12	五年级	张渚镇百家村
宗玉玲	女	1992.05	五年级	官林镇下笠渎村
管 娇	女	1997.12	一年级	丁蜀镇前周墅村
梁春燕	女	1995.03	一年级	丁蜀镇施荡村
周旭其	男	1989.11	六年级	万石镇南新村
吴云马	男	1990.10	六年级	新庄镇卞渎村
蒋 飞	男	1988.06	八年级	宜城街道阳泉新村
薛 凯	男	1988.06	八年级	宜城街道阳泉新村

2005年，市残联协调教育部门开展义务教育阶段残疾学生和残疾人子女入学情况检查，确保114名特教学校学生“全免制”教育和986名特教班、随班就读残疾学生及经济困难残疾家庭子女优惠政策全面落实。

2008 年，根据上级文件有关规定，宜兴市实施高中和高等教育阶段残疾学生教育专项补贴政策，高中残疾学生每人每学年补贴 1000 元，大、中专残疾学生每人每学年补贴 1500 元。

2009 年，市残联会同教育部门督促检查义务教育阶段特教学校残疾学生免费教育，普通学校附设特教班和残疾学生随班就读落实情况，以及对残疾人子女寄宿生补助、生活费和高中阶段特困残疾家庭学生发放政府助学金等落实情况，有效保障对残疾学生及残疾人子女学生优惠政策的全面落实。

2010 年，根据上级有关文件规定，宜兴市实施残疾学生奖学金政策。具有本市户籍，持宜兴市残联核发的第二代中华人民共和国残疾人证，自学考试和成人高校取得合格证和毕业证书的残疾学生、取得硕士（博士）学位、学历证书的残疾学生进行奖励。对参加省自学考试的残疾学生，每合格一门奖励 100 元，取得毕业证书后再一次性奖励 500 元；对各类成人高校就读的残疾学生取得毕业证书后一次性奖励 2000 元；对取得硕士学位和学历证书的残疾学生给予一次性奖励 8000 元，对取得博士学位和学历证书的残疾学生给予一次性奖励 10000 元。

同年，根据省残联《关于印发对高中和高等教育阶段残疾学生发放教育专项补贴实施方案通知》《市政府办公室关于印发无锡市残疾人保障办法的通知》，市残联执行残疾学生教育补贴政策。对就读全日制高中（包括普通高中、中专、职业高中、技校）阶段的残疾学生，标准为每人每学年 2000 元，最高补助年限为三年。对就读全日制大专及以上的残疾学生，标准为每人每学年 3000 元，补助年限与就读年限一致。对在外地就读的义务教育及高中阶段的盲校学生，交通、伙食补贴每人每学年 2000 元，补助年限与正常就读年限一致。对江浙沪以外列入国家招生计划内的全日制本科高等院校录取的残疾新生，给以一次性入学补助 5000 元。是年，市残联对 72 名高中以上阶段残疾学生发放教育专项补贴 8.35 万元。

2011 年，对 81 名高中以上残疾学生发放教育专项补贴 18.9 万元。

2012 年，对 82 名高中以上残疾学生发放教育专项补贴 19.1 万元。

2013 年，市残联依托市特殊教育学校，为各类残疾儿童提供优质专业教育服务，并全面落实义务教育阶段特教学校中残疾学生免费享受教育、普通学校随班就读残疾学生和贫困残疾人子女寄宿生享受补助生活费等政策。

同年，市残联对全市 76 名高中以上残疾学生发放教育专项补贴 18.8 万元。

2014 年，在原有残疾高中及以上阶段学生发放补贴金基础上，增加发放义务教育阶段及高中阶段外地就读盲生交通补贴及江、浙、沪以外就读全日制高校新生一次性补贴和成人教育补贴奖励。同年，市残联对 88 名残疾学生发放教育专项补贴 22.2 万元，对江、浙、沪以外就读的 5 名新生一次性发放补贴 2.5 万元。

2015 年，继续完善落实高中及高中以上的残疾学生教育专项补贴政策，发放 71 人，共计 19.3 万元；对新增江、浙、沪以外就读的全日制高校残疾新生一次性发放交通补贴 5000 元；对在外地就读盲校的学生每年发放交通补贴 2000 元。

四、文化助残

2004 年，市残联推荐盲人杨新平代表江苏省残疾人参加第七届世界盲人联盟亚太地区按摩研讨会学术交流活动。杨新平撰写的论文《谈神经根型劲椎病的治疗》在大会上作交流发言，获全国视障教育优秀论文二等奖。

图 7-5 宜兴市残疾学生教育专项补贴发放仪式

2007 年，市残联成立宜兴市残疾人艺术协会，挖掘有艺术特长的残疾人，组织开展残疾人书画、陶艺制作等文化交流活动，并聘请专家结对辅导。同年，市残联会同陶艺协会共同策划出版残疾人艺术作品集《心灵之光》，并选送优秀陶艺作品，参加中华慈善总会拍卖。

2009 年 6 月，市残联推荐残疾制陶艺人马志刚、夏淑君、蔡春英参加上海世博会举办的“生命阳光世博展示”江苏展示周活动，传播宜兴残疾人紫砂陶艺文化。同年，市残联推荐肢残人魏平、余虹云参与上海世博会英国馆向导选拔，经面试，2 人均被录取，开展讲解、引导工作。同年，市残联选送小品《抬驴记》参加江苏省残联残疾人艺术汇演，获一等奖。

2010 年，市残联推荐残疾人题材新闻 10 篇，参与“江苏省残疾人事业好新闻”评选活动。其中，韩良华撰写的《远东集团建设“身障人士创业一条街”》获文字类一等奖；丁焕新拍摄的《宜兴残疾人喜看世博》获摄影类一等奖、《残疾人献艺世博》获摄影类二等奖、《自强不息的浅水芦苇》获摄影类三等奖。

2011 年 6 月，市残联会同市文联共同策划，举办肢残人夏正平的作品集《大地丰润》（40 万字）首发式。

图 7-6 夏正平文集首发式

图 7-7 肢残人夏正平（左一）在作品集《大地丰润》首发式上为读者签名赠书

2013 年 10 月 20 日，市残联会同宜兴日报社组织学生小记者采访爱心机构红塔医院儿童成长中心、奇奇农疗中心、爱德培训学校、残疾人康复中心、残疾人托养中心。学生小记者撰写的作文《同在蓝天下、关爱残疾人》《携手共助残疾人》《大家都来关心残疾儿童》等作文，在《宜兴日报》刊登 10 多篇，被宜兴网录用 20 多篇。

2014 年，残疾人员凭有效证件，参观各爱国主义教育基地一律免费。同年，市残联重视残疾人文化创业基地培育建设，特聘陶艺大师为顾问，成立由 32 名残疾陶艺人员（工艺美术师职称以上）组成的爱德陶艺社，由爱心残疾企业家、江苏好人、无锡市五一劳动奖章获得者，肢体残疾人马伟忠任社长。同时聘请省级以上陶艺大师与爱德陶艺社 7 名残疾社员结对，传授技艺。其中，1 名残疾陶艺人员晋升为国家工艺美术师；2 名社员在全国残疾人精英职业技能竞赛中获陶艺项目组第 1 名和第 8 名，第 1 名获得者同时荣获“全国技术能手”称号。同年，爱德陶艺社得到中国紫砂博物馆、中国残联、江苏省残联、市残联、市民政局创业孵化项目和公益创投项目支持，赴无锡、台湾、福州国际博览会举办陶艺作品艺术展，参与青岛国际园艺博览会“世外陶园”艺术展、徐悲鸿艺术节、南京残疾人就业成果展示交流的

图 7-8　陶艺大师汪寅仙（中）与残疾人结对帮扶仪式

活动，全方位宣传宜兴残疾人陶艺文化发展，打响爱德陶艺品牌。是年，成立爱德陶艺艺术文化有限公司，注册“怡德”商标，创建成江苏省第三批文化创业基地。

2015 年，市残联以爱德陶艺社获评江苏省第三批残疾人文化创业基地为契机，在宜兴陶瓷博物馆开展第二批与大师结对活动。汪寅仙、顾绍培等知名陶艺家与爱德陶艺社 8 名残疾社员结对，帮扶期限 1 年。同时，爱德陶

图 7-9　宜兴市书画家协会助残笔会

图 7-10　盲人走进图书馆体验视障阅览室

艺社得到多个部门支持，赴郑州、广州、马来西亚等地举办紫砂制作艺术展。同年，市残联、市文联、市美术家协会，在市爱德培训学校，共同举办书画家义务助残笔会。中国美术家协会会员蒋焕余、承强、陈建平，中国书法家协会会员何勇、魏敏等 16 名知名书画家，创作书画作品 36 件，全部赠予市爱德培训学校。同年，市图书馆视障阅览室对外开放，视障阅览室内有各类盲文图书以及有声读物，配备盲文触摸机、图书资料助视器等高科技盲人阅读设备。视障人士通过盲文转换及语音软件，实现图书文献电子化盲文阅读、语音阅读、网上交流信息、读写文件等功能。

五、就业、创业助残

1995 年，根据中国残联、无锡市残联《要求推行各类企事业单位按比例安排残疾人就业》文件精神，宜兴市结合实际情况，制定《宜兴市实施按比例安排残疾人就业办法》，规定有宜兴市常住户口，符合国务院或国务院有关部门制定残疾标准和法定就业年龄，且生活能自理并具有一定劳动能力，有就业要求残疾人为分散按比例就业对象；宜兴市行政区域内国家机关、社会团体、企业（包括私营企业、港澳台商投资企业、外商投资企业，下同）、事业单位和城乡集体经济组织（以下统称各单位），应按不低于该单位上一年度在职职工年平均人数（含固定工、合同工，临时工、计划外用工）1.5% 的比例安排残疾人就业（不足 0.5% 人可免予接收，但需按比例交纳残疾人就业金）。安排残疾人就业达不到规定比例单位，按年度交纳残疾人就业金。每少安排一名残疾人，按当地统计部门公布的上一年底当地职工年人均收入标准交纳残疾人就业金，计算办法为该单位职工总人数 1.5% 职工年人均收入，凡宜兴市行政辖区内所有企事业单位均向市残疾人联合会交纳。

1996年，市残疾人联合会设立残疾人劳动就业服务机构，职责为：负责残疾人待业调查、就业登记、能力评估、职业培训和就业介绍；组织残疾人开办集体企业，从事个体经营；为农村残疾人生产劳动提供服务。同年，宜兴市社会保险管理局、民政局、残疾人联合会发文，要求宜兴市180个福利企业全部参加农村社会养老保险。解决6000余名福利企业职工（特别是残疾职工）的“老有所养”问题。福利企业开展农村社会养老保险基本原则：保费缴纳坚持国家、集体、个人三者合理负担，逐步实现以“个人缴纳为主、集体补助为辅、国家予以政策扶持”的收缴保费。投保标准：职工个人按不低于计税工资收入5%标准缴纳，集体给予相当标准补助。福利企业职工养老保险业务必须由具有政府职能行为的市社会保险管理局及其下属各乡镇（园、区）社保办统一办理和管理。原已在商业保险部门参加养老保险福利企业应停止办理，并立即与市社会保险机构接轨。

1997年12月，宜兴市颁发《宜兴市按比例安排残疾人就业办法》。市残联即制定实施方案，与各有关部门联系协调推开工作。市物价局、财政局周密论证后，对残疾人就业保障金征收范围、标准作出明确规定。市残联会同市统计局、劳动局、人事局、计经委，调查全市各单位城镇从业人员情况，并制定各类统计报表。同时，通过新闻媒介大力宣传《中华人民共和国残疾人保障法》《中华人民共和国劳动法》，为残疾人按比例就业营造良好氛围。同年，市民政局、社保局按照无锡市民政局《关于乡镇村办福利企业职工参加农村社会养老保险的意见》政策，将福利企业职工参加农村社会养老保险工作作为福利企业年检考核和各镇（园、区）民政、社保工作年终考评重要内容，帮助对原来参加商业保险部门基本养老保险福利企业，已缴养老金转为农村社会养老保险基金接轨工作。残疾职工参加农村社会养老保险3000多名。

1999年起，实施征收残疾人就业保障金。

2001年，市残联设立生产自投基金，根据康复对象实际需要和掌握的技能，为他们制定生产计划和贷款、还贷计划，给予一定数额无息贷款，扶持康复对象创业，发展种植业、养殖业。

2002年，市劳动和社会保障局贯彻落实《切实加强残疾人生活保障工作意见的通知》，安置在福利企业就业智力残疾人，计入该单位残疾职工比例。非福利性企业录用弱劳动能力残疾人，其工资、保险待遇参照上级文件执行。要求有关部门和单位对残疾职工给予照顾，除停产、实施兼并和宣布破产外，其他有生产任务企业，对残疾职工应妥善安置，不得推向社会。关闭、破产、注销企业和福利企业中正常退休年龄不足5年的残疾职工、经本人申请、市劳动鉴定委员会鉴定完全丧失劳动能力的、可办理提前退休手续。

2006年，根据《省人民政府关于印发2006年重点任务分解落实方案的通知》，省政府确定实施“三个一万”助残实事工程，即对全省1万名残疾人进行职业技能培训，帮助1万名残疾人实现就业，扶持农村1万名残疾人脱贫致富。宜兴市残联对照任务分解表，启动助残实事工程：职业培训城镇残疾人11名，转移农村残疾劳动力71名，对农村残疾人实用技术培训478名；按比例安排残疾人就业83名，全市福利企业新增安置残疾人就业290名，扶持残疾人从事个体经营、自谋职业、灵活就业28名；建立残疾人扶贫基地，以直接安置、辐射、带动等方式扶持残疾人8名。

2007年，根据《残疾人就业条例》《江苏省按比例安排残疾人就业办法》等文件精神，市残联对全市超比例安置残疾人就业21家单位奖励19.3万元。

2009年，市政府制定实施《关于促进以创业带动就业工作的意见》残疾人从事个体经营，自首次注册登记之日起，3年内按规定免收属于登记类、证照类各项行政事业性收费，将无法律、法规依据收费项目一律取消，对行政事业性收费有上限下限规定的，一律按下限收取，对中介服务费按照不超过原收费标准下限一半执行；宜兴市户籍残疾人员个人提供营业税应税劳务的，自领取税务登记之日起，按规定免征营业税、城市维护建设税、减征个人所得税；宜兴市户籍盲人开办盲人按摩机构（院、所、有限公司），符合残疾人就业优惠条件的，可按规定享受现行增值税、营业税、企业所得税、个人所得税等税收优惠政策；残疾人从事个体经营可申请小额担保贷款，贷款额度一般掌握在5万元以内，对经营规模较大的将按规定适当放宽贷款规模，最高不超过10万元；无业残疾人员领取工商营业执照、从事个体经营，经市残联审核，在残疾人就业保障金中给予一次性开业补贴1000 ~ 3000元。

2010年，《宜兴市城乡居民养老保险暂行办法》中，对于列入居民最低生活保障范围内或重度残疾的参保人员，其个人缴费按最低档次，缴费标准由政府给予全额补贴。不在城乡居民最低生活保障范围的重度残疾对象由市残联确定。

2012 年，宜兴市残联遵照江苏省残联《关于开展省级残疾人创业示范基地建设工作的通知》，启动省级残疾人文化创业示范基地建设工作。

2013 年，市残联出台《残疾人就业、创业基地考核细则》，明确标准条件和扶持补助办法、严格审批程序，进一步规范基地管理，促进吸纳更多残疾人就业。同年，根据《宜兴市残疾人就业（创业）基地管理办法》，宜兴市残联根据考核情况对全市残疾人就业创业基地经费作适当补贴。补贴标准：经考核通过，基地成立给予 2 ~ 3 万元基地建设经费补贴，并根据安置残疾人数给予 5000 元补贴（合计最多补助不超过 10 万元）。以后每年根据基地新增残疾人就业情况（每年最少新增 1 名残疾人就业）及产业发展情况进行年度考核，对合格基地按就业残疾人数给与补助（最多补助 5 万元），同时对新增残疾人按照每人 2000 元实施奖励。对生产经营过程中购买大型机器、设备，市残联作适当经济补贴。是年，宜兴市残联根据考核情况对全市残疾人创业基地经费作适当经济补贴，共计 44 个。2014 年，适当经济补贴创业基地 39 个。2015 年，适当经济补贴创业基地 35 个。

2013 年残疾人就业（创业）基地补贴一览表

表 7-2

乡镇、街道	基地名称	负责人	补贴金额（万元）
张渚	宜兴市张渚镇醇香山鸡养殖场	裴国强	3
西渚	宜兴市神山春家庭农场	谢祥新	2
	宜兴市博爱生态农业有限公司	钱岳龙	7
	宜兴市博爱牧业养殖场	陈士海	3
太华	宜兴市嘉锦农业专业合作社	王　云	2
	江苏省三州山农生态观光文化有限公司	沈俊民	4

续表 7-2

乡镇、街道	基地名称	负责人	补贴金额（万元）
徐舍	徐舍镇堰头养殖场	仲建君	2
	宜兴市奇奇生态农业有限公司	周顺奇	2
	宜兴市华翔生态葡萄园	陆志明	1
	宜兴市徐舍镇伟华服装店	沈伟华	3
	宜兴市徐舍镇明堰五金店	周建明	2
官林	无锡市弘盛畜禽养殖有限公司	汤国南	2
	宜兴意悦水产养殖专业合作社	蒋伯群	2
杨巷	宜兴市远望蔬果专业合作社	杨　杰	2
	志平花卉苗木有限公司	潘志平	2.5
	江苏省宜兴唐氏野鸭驯养繁殖场	唐志军	3
和桥	和桥镇大生村残疾人种养殖基地	郭洪权	2
	和桥镇王母桥村敏方养殖基地	裴敏芳	2
	和桥镇顺良养殖基地	倪顺良	2
屺亭	宜兴市屺亭君依服饰厂	吴永君	3
	无锡市天蓬生态科技有限公司	屠小芬	2
	宜兴市马庄生态种养专业合作社	刘　鑫	3.5
周铁	江苏省宜兴市周铁镇珍禽养殖协会	陆　敏	
芳桥	宜兴市芳桥镇义菊蔬果种养殖基地	罗义菊	4
新庄	宜兴市新庄街道勤丰鞋业加工店	邵亚勤	2
丁蜀	琦品斋	钱　琦	2
	宜兴市金君生态杨梅园	周金君	3

续表 7–2

乡镇、街道	基地名称	负责人	补贴金额（万元）
丁蜀	宜兴市丁蜀镇潜洛养猪技术专业合作社	芦仕华	2
	马志刚紫砂艺术工作室	马志刚	0.8
湖 㳇	阳岭生态种养殖专业合作社	邵梅仙	2
	宜兴市大地春农产品加工有限公司	王凤珠	1.5
	宜兴市大圣苗木盆景园艺场	王顺根	2
宜城	宜兴市王俊盲人按摩保健院	王　俊	2
	宜兴市新平盲人推拿所	杨新平	2
新街	宜兴市怡和园艺场	马俊锋	3
	宜兴市浩峰生态农业有限公司	马伟忠	7
	宜兴市新街茗苑茶林场	张新鹏	3
	蛋糕店	陈卫军	0.3
宜城	服装店	蒋文新	0.3
杨巷	副食超市	李　杰	0.5
西渚	建中草绳	王建中	0.3
万石	草莓种植	胡建君	0.3
官林	电脑打字、复印、刻章	唐小燕	0.3
高塍	立成紫砂工作室	卢立成	0.5

2014 年残疾人就业（创业）基地补贴一览表

表 7-3

乡镇、街道	基地名称	负责人	补贴金额（万元）
张渚	宜兴市张渚镇醇香山鸡养殖场	裴国强	2
西渚	宜兴市博爱生态农业有限公司	钱岳龙	3
	宜兴市詹氏茶叶农场	詹守安	4
	宜兴市博爱牧业养殖场	陈士海	1
太华	宜兴市嘉锦农业专业合作社	王　云	2
	江苏省三州山农生态观光文化有限公司	沈俊民	4
徐舍	宜兴市奇奇生态农业有限公司	周顺奇	2
	宜兴市华翔生态葡萄园	陆志明	1
	宜兴市徐舍伟华服装店	沈伟华	1
	老王饭店	王军强	1.5
官林	无锡市弘盛畜禽养殖有限公司	汤国南	3
杨巷	志平花卉苗木有限公司	潘志平	2
	江苏省宜兴唐氏野鸭驯养繁殖场	唐志军	2
和桥	和桥镇大生村残疾人种养殖基地	郭洪权	2
	和桥镇王母桥村敏方养殖基地	裴敏芳	11
	和桥镇顺良养殖基地	倪顺良	2
开发区	江苏宇星工贸有限公司	雷正君	5
屺亭	宜兴市屺亭君依服饰厂	吴永君	1
万石	无锡市天蓬生态科技有限公司	屠小芬	3
	宜兴市马庄生态种养专业合作社	刘　鑫	4
芳桥	宜兴市芳桥镇义菊蔬果种养殖基地	罗义菊	2.5

续表 7-3

乡镇、街道	基地名称	负责人	补贴金额（万元）
丁蜀	琦品斋	钱 琦	2.5
	宜兴市金君生态杨梅园	周金君	2
	宜兴市丁蜀镇潜洛养猪技术专业合作社	芦仕华	3
湖汶	宜兴市阳岭生态种养殖专业合作社	邵梅仙	2
	宜兴市大圣苗木盆景园艺场	王顺根	2
宜城	宜兴市王俊盲人按摩保健院	王 俊	2
	宜兴市新平盲人推拿所	杨新平	2
新街	宜兴市怡和园艺场	马俊锋	2
	宜兴市浩峰生态农业有限公司	马伟忠	3
	宜兴市新街茗苑茶林场	张新鹏	3
	种养殖多种经营公司	彭全春	0.4
西渚	手机维修	张 超	0.3
徐舍	徐舍镇保华日用品店	谢保华	0.3
官林	官林镇小东擦鞋服务部	柳小东	0.3
杨巷	家禽养殖	蒋笋德	0.3
万石	万石镇李建清五金经营部	李建清	0.3
宜城	油漆辅料销售	冯亚峰	0.3
周铁	美发	许培君	0.3

2015 年残疾人就业（创业）基地补贴一览表

表 7-4

乡镇、街道	基地名称	负责人	补贴金额（万元）
张渚	宜兴市张渚镇醇香山鸡养殖场	裴国强	3
西渚	宜兴市博爱生态农业有限公司	钱岳龙	3
	宜兴市神山春家庭农场	谢祥新	3
	宜兴市詹氏茶叶农场	詹守安	3
太华	宜兴市三州堂残疾人就业基地	沈俊民	2
	宜兴市嘉锦茶叶农业专业合作社	王　云	2
徐舍	徐舍镇伟华服饰	沈伟华	2
	徐舍镇老王饭店	王军强	2
	宜兴市华翔生态葡萄园	陆立飞	1
官林	无锡市弘盛畜牧养殖有限公司	汤国南	3
杨巷	宜兴市唐氏野鸭驯养繁殖场	唐志军	3
和桥	和桥王母桥村敏方养殖场	裴敏芳	2
	和桥镇大生村种养基地	郭洪权	2
万石	无锡市天蓬生态科技有限公司	屠小芬	3
	宜兴市马庄生态种养专业合作社	徐焕斌	5
芳桥	芳桥镇义菊蔬果种养殖基地	罗义菊	3
丁蜀	宜兴市金君生态杨梅园	周金君	2
湖 汶	宜兴市阳岭生态种养殖专业合作社	邵梅仙	2
新街	宜兴市浩峰生态农业有限公司	马伟忠	3
	新街茗苑茶林场	董秀娟	2
	宜兴市新街怡和园艺场	宗夕娟	3

续表 7-4

乡镇、街道	基地名称	负责人	补贴金额（万元）
屺亭	残疾人就业性庇护所	张阿明	45
	宜兴市爱德培训学校省级陶艺班	王志荣	9.2
	轸村生态园	吴正芳	5
宜城	宜兴市潜洛种养殖场	芦仕华	2
西渚	港区小吃店	束银龙	0.5
	宜兴市西渚伯元交通器材店	张柏元	0.5
	溪西村文彬养殖场	杨文彬	0.5
徐舍	水产养殖 45 亩	骆全初	0.5
	稻麦种植 250 亩	施国林	0.5
屺亭	宜兴经济开发区奇异副食店	徐卫刚	0.5
	万石镇双龙理发店	陆双龙	0.5
宜城	环科园食字街口酒店	吴永君	0.5
	宜城街道乐悠悠副食店	庞建伟	0.5
	宜城小欧擦鞋店	欧红霞	0.5

六、托养、安养助残

2008 年，张渚镇残疾人安养院“博爱家园”建成开业，首批入院安养残疾人 20 名。“博爱家园”成为宜兴市首家残疾人庇护机构。其全部康复器材由市残联提供。

2009 年，市残联筹资 90 万元，改造“博爱家园”残疾人综合服务中心，设残疾人服务大厅、志愿者服务园地、益智棋牌室、丹青书画室、舒心音乐苑、陶艺制作室、阳光活动区、生活训练站等。中心配备特教老师、康复治疗师和管理人员，为残疾人提供康复、托养、休闲娱乐一站式服务。

2011 年，宜兴市委市政府将建造市残疾人重度托养中心列入为民办实事项目，市财政投入建造资金 2000 万元。

2012 年，市重度残疾人托养中心在宜兴市屺亭街道文庄村骏马路建造完工，设置床位 200 张，占地面积 4680 平方米，建筑面积 4451 平方米，以 5 层托养护理楼为主体建筑，中心设托养护理区、行政办公区和后勤服务区，内设医务室、护理室、心理咨询室、康复训练室、文体活动室、图书阅览室、棋牌活动室和工技室等各类功能室。购买红塔医院医疗护理服务，为残疾人提供生活照料、技能培养、康复养护、精神慰藉等服务。

2013 年，宜兴市博爱家园残疾人托养中心（简称托养中心），由福利型托养向庇护型托养延伸拓展，打破“吃吃睡睡”传统型养老模式，让残疾人“进来是为了更好出去”，积极实施“药疗”“器械”“工疗”“农疗”“心疗”“娱乐疗”等有效办法。全年入托残疾人 143 名（日托型 5 名、修养型 138 名，其中重残 41 名），托养期满回归社会后，走上就业岗位 6 名，其余托养人员身体机能得以恢复、生活质量有所提升。各项务实性工作和操作性做法，受到社会各界好评。

2014 年，根据宜城街道残疾人相对集中，部分重度残疾人无人照料的情况，市残联会同宜城街道残联开展居家助残工作。同年，市残联、市财政局联合出台《宜兴市残疾人“博爱家园”双基工程规范化建设实施意见》，成立宜兴市残疾人安养院工程推进工作小组，由市残联副理事长吴亚琴任组长，市民政局副局长邱顺英任副组长，市残联教就科、市残联托养中心和市民政局相关科室人员为成员。推进工作小组对照规范内容，严格标准要求，在服务人员、软硬件建设、机构运行管理方面，定点定人负责，开展业务指导工作，确保残疾人安养院建设按时、保质保量实施到位。同年，市政府决定对安养院实行补贴政策，同时规定对安养院工作人员配置及服务对象人数未达到最低标准要求的，不予验收。根据考核分值（阶段性抽查考核成绩 30%，年终考核成绩占 70%），90 分及以上的给予全额补贴，90 分以下的补贴 50%，按照考核组提出的整改意见，在规定期限内完成整改任务的可提出复验申请，经考核组复验后达到 90 分及以上的补足差额部分。每个安养院基础硬件设施及无障碍设施改造一次性补贴 10 万元，运行经费年终根据实际安养残疾人人数结算，补贴标准为每人每月全托 600 元、日托 200 元，市镇两级各半负担。是年，扎实推进官林镇、丁蜀镇、新建镇、湖㳇镇、周铁镇、徐舍镇、万石镇、屺亭街道、芳桥街道、宜城街道10个残疾人“博爱家园”双基工程的实施。

2015年，市政府召开“双基工程”推进现场会，市残联按照工作重点，积极推进“双基工程”社区卫生服务中心康复站规范化建设。是年，建成乡镇、街道残疾人安养院9个：张渚镇、西渚镇、太华镇、杨巷镇、新建镇、和桥镇、高塍镇、新庄街道、新街街道。

图7-11 博爱家园双基工程推进会

七、基础设施建设助残

1995年，市残疾人康复中心、华地广场设立残疾人通道，方便残疾人出入。

1998年，市常务会议通过决议，规定在新建、改建城市道路、公共建筑物和住宅小区时，将无障碍设施列入规划设计中。同年，市区内人民路、太滆西路、氿滨路、氿滨公园、文化广场等完成无障碍建设，新增无障碍坡道300条。

1999年，市委、市政府将宜城茶局巷、太滆东路、东虹路、任昉公园，列入无障碍设施整改计划，增设无障碍坡道。

2000年，按市政府《方便残疾人使用的城市道路和建筑物设计规范的意见》，制定城市主要道路，公共建筑物无障碍改造计划。年内共完成城市主要道路、广场、公共场所无障碍通道80个、盲道450米、残疾人厕位12处。2002年，市汽车站建成市无障碍建设示范点。

2008年，市残联对爱德培训学校校园环境提出整改方案：教育楼及宿舍楼外墙翻新，重建学校大门，新建绿化带240米，校内鱼池边设置扶手150米，道路铺设480平方米，下水道延伸240米。整改方案于2009年2月实施，12月竣工。

2011年，按上级要求，市残联再次对市爱德培训学校校园环境改造，将教室门窗、内墙、室外阳台、楼层扶梯、卫生间、水电、消防设施等列入改造工程项目并实施。

2012 年，宜兴市将无障碍设施纳入市政兴建、政建项目中，并逐步形成规范化、制度化，全市共建设无障碍坡道 200 多条、盲道 2.2 千米、残疾人公厕 12 只、专用电梯 10 部。建成市汽车站、氿滨大道、水浮地公园、国际饭店、氿南风光带、大溪河公园等无障碍设施示范点。同年，创建全省首个标准化城市社区盲人定向行走模拟训练场地。

图 7-12　无障碍通道盲道示范点

2013 年，市残联对市爱德培训学校和市托养中心进行环境改造，将学校和托养中心添加工程项目和绿化带延伸，将市爱德培训学校宿舍楼屋顶重新翻建。延伸绿化带 500 多米。

2014 年，市残联与芳桥小学合作，建设盲人门球训练场地。

2014—2015 年，全市新增盲道 78 千米、坡道 350 只、无障碍公厕 22 个、残疾人专用电梯 10 部，设立无障碍标志牌 100 块，有效改善残疾人参与社会生活环境。

八、住房助残

1993 年，市残联、民政局、财政局、徐舍镇政府、宜城镇政府、人武部、安置办、宜城商品房开发公司共同协调，安排双目失明的一等伤残军人杨新平及妻子住进面积 71 平方米新房。

2008 年起，市残联开展农村贫困残疾人住房修缮、危房改造工作。

2009 年，宜兴市人民政府第 78 号令《市政府关于修改〈宜兴市城镇廉租住房管理暂行办法〉的决定》规定：（一）满 60 周岁的无子女老人（已由社会福利院收养的除外）社会福利院已成年的孤残儿家庭。（二）家庭成员中有持有中华人民共和国残疾人证的无业重度残疾人（包括视力残疾一级盲、二级盲、肢体残疾一级、智力残疾一级、二级）或一户中有多个残疾人的，可申请实物配租。

2010 年，市残联在全省率先推行启动“阳光助残安居工程”。会同市民政局出台《关于开展全市农村贫困残疾人住房修缮工作的意见》，计划通过 3 年时间，彻底解决农村低保或低保边缘户、一户多残、依老养残、重残人员家庭为重点户，对住房危、漏、破损修缮，出新，合理改善卫生环境和无障碍设施。每户农村贫困残疾人住房修缮由市级补助金 5000 元以内。

2011 年，市残联会同民政局、财政局、宜城街道民政科、宜城商品房开发公司，解决双下肢残疾人毛建强、唐国忠住房安置问题。

2013 年，市残联继续开展“阳光助残安居工程”，解决更多贫困残疾人家庭住房危漏破损、缺乏基本卫生设施等问题。

图 7-13 “阳光助残安居工程”住房修缮前（左）后（右）对比

图 7-14 “阳光助残安居工程”住房外观修缮前（左）后（右）对比

2014—2015 年，继续开展“阳光助残安居工程”，投入资金 30 万元，修缮贫困残疾人家庭住房 48 户。

九、增配辅助器材（具）助残

1994 年，市残联贯彻落实《中华人民共和国残疾人保障法》，创办残疾人用品用具经销部。开展残疾人用品用具供需调查、信息咨询、销售供应和维修服务工作。经营各种残疾人特殊用品，拐杖、轮椅车等。

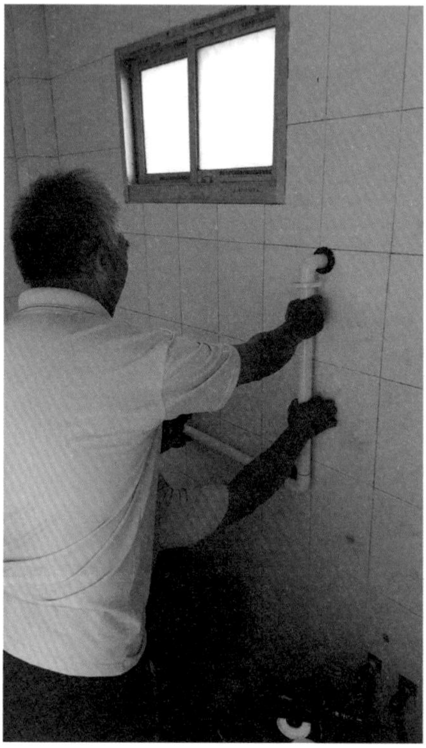

图 7-15　市残联派专人深入残疾人家庭安装无障碍扶手

2009 年，根据江苏省残联《关于开展残疾人辅助器具适配和家庭无障碍环境改造工作的意见》。市残联为符合改造条件的贫困残疾人家庭提供一次性基本无障碍改造，最高限额不超过 1500 元。同年，市残联为市残疾人康复中心引进国外康复训练器材：智能肢体康复训练系统、智能康复训练器、平衡测试训练系统、脑循环系统治疗仪等康复训练器材 50 多台。

2013 年，江苏省财政厅、残联《关于下达 2013 年贫困残疾人辅助器具适配和家庭无障碍环境改造经费的通知》，将 2013 年贫困残疾人辅助器具适配和家庭无障碍环境改造省补专项经费 1 万元下达宜兴市，半额补助每户 300 元。

2014 年，市残联继续开展对贫困残疾人辅助器具适配和家庭无障碍环境改造，补助全市残疾人家庭辅助器具适配和家庭无障碍改造 500 户，投入资金 26 万元，辅助器具适配 970 件。

2015 年，市残联全面开展残疾人辅具个性化服务，康复科会同残疾人辅助器具服务中心技术人员分成 2 组，深入各村（社区）每户残疾人家庭，全市残疾人家庭辅具适配 1573 件，投入资金 43 万余元。

十、其他行政助残

2011 年，根据无锡市残联《关于印发“十二五”期间全市残疾人重点康复项目实施方案的通知》精神，宜兴市残联对宜兴市户籍持宜兴市残联核发的第二代中华人民共和国残疾人证的低保（五保）或家庭收入均低于当地低保标准 2 倍的贫困残疾人实施 200 元免费体检。

2012 年，宜兴市人民政府办公室下发《宜兴市残疾人免费乘坐城区公交车实施办法的通知》，于 12 月 1 日起正式实施，残疾人和残疾军人免费乘坐市内公交车。同月，开通残疾人市民卡免费乘车功能。同年，江苏省残联《关于确保残疾人机动轮椅车燃油补贴尽快发放到位并将相关情况录入数据的通知》，要求确保尽快将残疾人机动轮椅车燃油补贴发放到应发人群，避免因发放不到位、不及时而侵犯有关人员权益，诱发上访等不稳定问题的发生，确保在 10 月 18 日前将 2009 年至 2012 年 4 个年度的经费全部发放完毕，并按要求录入数据。

2013 年，市残联落实残疾人免费乘车政策，规范程序、严格审核、公开公示，共办理残疾人乘车爱心卡 10162 张，全市全年残疾人共计刷爱心卡 31.43 万人次，为残疾人节省车费 58.84 万元。

2014 年，市残联发放 364 名残疾人机动车燃油补贴 9.4 万元。同年，继续切实落实“残疾人免费乘坐公交车”政策，严格办卡程序，简化办卡流程。全市符合办理爱心卡残疾人 11865 名，刷卡 114.6 万人次，其中：城乡公交刷卡 45.8 万次，城区公交刷卡 68.8 万次，减免乘车费用 249.25 万元。

图 7-16 残疾人凭爱心卡免费乘坐城区和城乡公交车

2015 年，市残联继续落实残疾人免费乘坐城区、城乡公交车政策，办理残疾人乘车爱心卡 770 张，全年刷卡 112.46 万次，减免乘车费用 250 万元。

第二节 社会助残

一、企、事业单位助残

1993年，台北曹仲植基金会向宜兴市捐赠残疾人轮椅200辆。此举持续15年，累计捐赠轮椅1400多辆。

图7-17 轮椅捐赠仪式现场

1994年，台南企业捐款10万元，兴建市残疾人康复中心。

1995—1996年，社会福利院收养残疾婴儿75名。

1998年，市太湖保健饮品有限公司、人民大厦向市残疾人康复中心聋儿语训班捐赠饮料、童装等。

2000年，张渚镇犊山村、金牛有限公司，造纸一厂、二厂向全镇特困残疾人家庭捐款2.1万元，捐物折合人民币3万多元。

2001年，宜兴市慈善会、常州童泰发展有限公司、常州国泰建设发展有限公司，捐赠残疾人轮椅880辆。

2003年，振太酒业有限公司、善卷风景区订阅2004年度《无锡日报》和《宜兴日报》，赠送给758名残疾人。

2004年，宜城镇政府、市烟草专卖局、市协联热电有限公司等捐款4万元，用于市聋哑学校九年制义务教育。中国联通宜兴分公司参加市残联举办的“百人光明行动”，捐赠5万元，作为白内障手术费用。

图7-18 市假肢装配行动、百人光明行动捐赠仪式现场

2007年，远东控股集团出资8296万元，成立中国首

家资助残疾人就业培训慈善基金会。

2008年，市消防大队为全市60多位聋哑人代表举办消防知识讲座，并邀请手语老师指导翻译，并请他们观摩消防实战演练，以弥补安全知识空白，增强残疾群体遇灾防护自救能力。市广电局、高塍净水设备有限公司开展“牵手盲人、走进奥运”活动，赠送贫困盲人调频收音机400只。同年，28家市企业单位结对帮扶贫困家庭残疾学生27名，直至完成学业。

2009年，远东控股集团捐资50万元用于市爱德培训学校校区改造。虎皇漆业、神马集团、振球集团等捐赠物品折合人民币8万元，用于残疾人综合服务中心改造。

2010年，远东控股集团出资550万元成立全国民间首个大学生综合发展基金会，资助残疾人大学生创业就业。并在宜兴市高塍镇范道集市开辟残疾人自主创业一条街，无偿提

图7-19 调频收缩机捐赠仪式

图7-20 轮椅捐赠仪式

图7-21 慈善拍卖会

供商铺赞助残疾人创业。创业街开设有盲人牵引按摩店、服装店、家纺店、灯具店、紫砂工艺店、电脑维修店、饭店等，首批残疾人从业100余位。中央电视台新闻联播节目全程报道创业街开业仪式。同年，无锡市应未广告传媒有限公司出资建造残疾人大中专学生技能实训基地。同时，公司在环科园太平洋大厦举行“共享阳光 援助就业”助残活动，8名职工与8名残疾学生签订一年结对帮扶协议，发放帮扶资金0.72万元。

2011年，江苏利通电子有限公司出资100万元，设立“利通扶贫助残慈善基金”。无锡市达虹线缆有限公司出资100万元，设立“达虹脱贫助残慈善基金”。无锡江丰资源再生有限公司创立江丰助残慈善基金，发放残疾人救助金10万元。中华慈善总会副会长邓铜山（宜兴人）牵线“美国LDS慈善协会”，向宜兴市残疾人捐赠轮椅100辆和衣服1000套。市残联、市文联主办“唯爱唯美”爱心助残，书、画、陶艺作品拍卖会在宜兴美术馆举行。副市长、市文联主席、市残联理事长以及企业负责人50名出席拍卖会。市书画、陶艺界捐助作品近百件，拍卖筹得资金50万元，用于购买电脑、彩电和盲人专用手机等，赠送贫困残疾人。

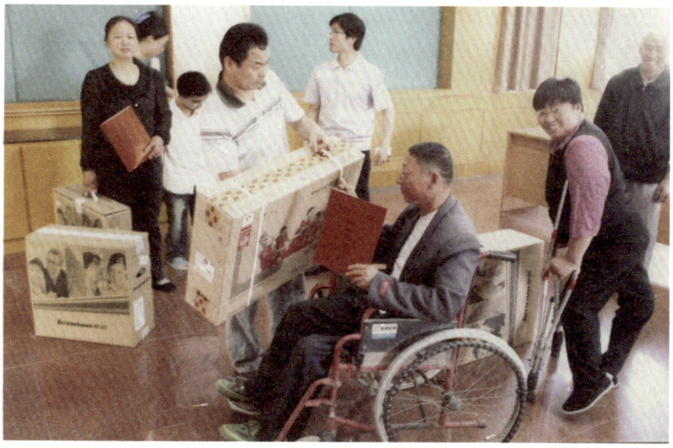

图7-22 中华慈善总会在宜兴举办开展轮椅捐赠活动

2012年，徐舍镇残联和无锡达虹线缆有限公司联合举办达虹脱贫助残基金集中发放仪式，总额10万元。江苏金山环保有限公司、宜兴竹海国际会议中心、无锡市达虹线缆有限公司、无锡市瑞源普济医疗器械有限公司，合计捐款20万元，用于贫困残疾人就医、创业项目。是年起，徐悲鸿基金会每年资助绘画专业听力残疾大学生谢超助学金3000元，直至大学毕业。市盲人协会协调盲人推拿所15家，为70名推拿师购买意外伤害险。市消防大队消防安全检查盲人推拿所22家，赠送灭火器60只。

2014 年起，宜兴市残联发动各科科长、党员，结对帮扶贫困残疾人家庭 26 户。

2015 年，奇奇农疗中心在万达广场、文化广场组织开展“关注精神健康，共享和谐阳光”“心理健康，社会和谐”为主题的爱心义卖活动，同时宣传精神卫生知识和提供心理咨询服务。

图 7-23 农疗中心走进万达广场开展爱心义卖活动

2008 年宜兴市企业单位扶残助学结对贫困残疾学生一览表

表 7-5

单位名称	负责人	学生姓名	就读学校
宜兴市方正漆业	沈冠伦	卢海波	张渚高级中学
宜兴市益诚制冷设备有限公司	尹　诚	卢　杰	张渚高级中学
宜兴市建筑设计研究院	裴　忠	蒋加毅	铜峰中学
无锡市当纳利广告有限公司	许洪联	周　亮	铜峰中学
宜兴市昆杰科技有限公司	缪宇峰	周云鹏	省宜兴中学
无锡市禹泰电器有限公司	王永良	蒋思远	宜兴第一中学
宜兴市正太现代化办公设备有限公司	蒋德彬	孙宁聪	宜兴中学

续表 7-5

单位名称	负责人	学生姓名	就读学校
宜兴市中糖酒业有限公司	杨焕之	叶博艺	宜兴第一中学
宜兴市丁蜀镇盛世潮昌鞋业	章作定	赵　静	丁蜀高级中学
无锡市久源床上用品有限公司	谢洪强	瞿祖花	和桥中学
上海青远超市湖汶菜场店	汪德兴	沈爱锟	汇文中学
宜兴市顶峰酒店	陈志鸿	沈　聪	省宜兴中学
宜兴市风云造型美发连锁机构	鲍晓峰	余　笑	省宜兴中学
江苏光阳动力环保设备有限公司	顾洪华	杜梦姣	和桥中学
宜兴市嘉盛汽车销售服务有限公司（海马汽车 4S 店）	盛　俊	李　侠	盐城工业学院
宜兴市今日家园酒店	郭荣华	谢　旭	南京大学金陵学院
宜兴市强盛汽车服务有限公司	夏永强	王　贤	苏州大学宿迁学院
宜兴市华丽来装饰工程有限公司	郭　宾	漆婷婷	南京信息工程大学
宜兴市强盛电脑数码港市场有限公司	邵锡生	刘　姣	张渚高级中学
宜兴市圣地亚婚纱摄影馆	金崇田	唐燕靓	南京工业技术学院
分水华联超市	曹启洪	朱文洁	南京财经大学
江苏博盛科技有限公司	刘全民	吴凤仙	苏州科技大学天平学院
上海青远超市官林店	徐贤伍	冯　红	官林中学
宜兴市老康百货电器有限公司	康平忠	张　益	铜峰中学
宜兴绵鑫商贸有限公司	王华龙	杨　强	无锡聋哑学校
无锡壹线网络传媒有限公司	王　亚	谢　超	无锡聋哑学校
宜兴市春尚美国际美容连锁（宜兴分公司）	马克奇	钱秋霞	南京财经大学

2014—2015年宜兴市残联结对帮扶贫困残疾人家庭一览表

表7-6

姓名	残疾类级别	家庭住址	帮扶内容
杨帆	听力三级	张渚镇祝陵村	劳动就业
徐长法	肢体二级	西渚镇横山村	经济帮扶
李林生	肢体二级	太华镇太华村	经济帮扶
陆普生	肢体三级	徐舍镇翔圩村	经济帮扶
胡佳宇	智力三级	官林镇滆湖村	劳动就业
金梅芳	肢体三级	杨巷镇安乐村	经济帮扶
许旭平	肢体三级	杨巷镇黄家村	经济帮扶
蒋文亮	精神二级	新建镇新建村	经济帮扶
张娜芳	肢体三级	和桥镇永兴村	就业培训
吉建勤	听力一级	和桥镇王母桥	劳动就业
曹秋新	肢体三级	高塍镇肖张墅村	劳动就业
裴　瑄	肢体四级	屺亭街道文庄村	学习帮扶
陈宇亮	肢体四级	万石镇万善社区	劳动就业
黄凤超	肢体三级	周铁镇洋溪村	劳动就业
黄雪琦	听力二级	周铁镇彭干村	劳动就业
谈云仙	—	芳桥街道	资金帮扶
王振林	—	芳桥街道	资金帮扶
陈　涛	肢体三级	芳桥街道夏芳村	资金帮扶
卢超漪	视力一级	芳桥街道芳桥村	资金帮扶
沈盘荣	肢体三级	新庄街道苏阳村	经济帮扶
高　颖	智力二级	丁蜀镇湖滨社区	经济帮扶
吕红月	肢体三级	丁蜀镇丁山社区	劳动就业

续表 7-6

姓名	残疾类级别	家庭住址	帮扶内容
潘　亮	智力三级	宜城街道土城社区	劳动就业
朱奇芬	肢体三级	宜城街道城南社区	经济帮扶
沈国兴	肢体三级	湖 㳇镇洑西村	经济帮扶
吴清平	肢体三级	新街街道潼渚村	劳动就业

二、爱心助残

1988 年，全市开展爱心扶贫帮困、助学助残、关爱弱势群体等慈善活动，募集助学款 560 万元。

1990 年，张渚预防保健所医师贾林康赠送修鞋机，帮助肢残人程顺发开办鞋子修理铺。同时，在每年春节前赠予手摇轮椅车一辆，此举持续 3 年。

1991 年，肢残人夏淑君将第三节国际残疾人技能比赛中获得的奖金 1 万元全部捐出，作为残疾人事业基金。

1992 年，社会各界爱心人士捐款 32 万元，支持特殊教育事业。

1994 年，台南企业董事长杨青峰、副董事长吴道晶，捐款 10 万元，用于市残联兴建宜兴市残疾人康复中心一期工程大楼。同年，宜兴市中学师生捐款 4100 元，用于市聋哑学校九年制义务教育。

1996 年，社会各届捐款 30.1 万元，用于市残疾人康复中心基础建设。

1997 年，市卫生局团委组织青年医务者，义务为市聋哑学校、城北小学培智班、市残联培智班师生作常规体检。

1998 年，全市各界深入贫困残疾人家庭开展扶持助残活动，捐资、捐物折合人民币 10 万余元。

2000 年，成立市慈善会，规范全市慈善活动，向各界募集善款，建立慈善基金会。同年，团市委、司法局、市残联在市青年志愿者广场开展志愿者助残和残疾人回报社会活动，组织在城 27 个团委青年志愿者、市法律援助中心律师及部分残疾人 120 多名，提供修理、理发、医疗、家教、法律咨询、盲人按摩等服务。市残联、市妇联、团市委主办，市文化馆、华地广场协办的“社会妈妈”与孤残儿童助学签约仪式暨助残义演活动在华地广场前

图 7-24 市残联、市妇联、团市委联合举办“社会妈妈”结对助学街头宣传活动

图 7-25 市慈善会捐赠轮椅

举行。市计经委、卫生局、张渚公安分局等单位女职工分别与市聋儿语训班的聋儿周枫、闵悦，张渚中心小学脑瘫儿童郭慧等 10 名孤残儿童结对协助签约，捐给每位孤残儿童现金 300 元、书包和文具用品等。

2001 年，爱心老人姜达敖走访慰问高塍镇高位截瘫残疾人杜水华，捐助爱心款 3600 元，并帮助他开办烟酒商店，出资 5000 元作为启动资金。

2002 年，宜兴市慈善会捐赠残疾人轮椅 200 辆。

2003 年，市慈善会举行助残捐赠仪式，向 21 位二等乙级以上抗日战争时期负伤的伤残军人捐赠关节炎治疗仪，向 13 名聋哑学生捐赠助听器和语言训练机，总价值 6 万多元。

2004年，市教育局团委动员各学校举行为残疾儿童献爱心活动。宜兴中学、宜兴第一中学、市实验中学、宜城中学、丁蜀高级中学、市实验小学、市外国语学校、市陶都小学等30余所学校师生捐款近5万元，所得爱心款全部用于市聋哑学校九年制义务教育。同年，市残联组织开展“陶都真爱、慈善之光”收藏品义拍活动，197位宜兴艺术家及陶艺工作者义捐作品275件，拍得善款75万元。所拍善款用于资助最低生活保障对象和特困家庭子女入学1900名，用于为二等乙级以上抗日战争时期负伤的伤残军人购置骨关节治疗仪，用于为聋哑学校购置助听器、语言训练机等。

2005年，市慈善会发动社会各界走访慰问，临时救济贫困残疾人2427名，发放救济钱、物，折合人民币53万元。

2008年，市成立义工联合会，分为市、镇（街道、部、委、办、局）、社区三级服务网络。开设镇、街道、部门义工站，义工站下辖义工队。义工队服务内容：面向特殊群体的常务服务，特殊群体大型活动服务，特殊群体应急情况服务。在残疾人中，为孤残儿童、残疾人、康复病人、伤残军人等对象服务。为应对突发事件发生，义工队开展特殊应急救助服务。同年，中国公益事业十大慈善大使姜达敖，向残奥会坐地式排球卫冕冠军谈燕华捐赠电脑及学习用品。同年，市残联在市青年志愿者活动广场举办“关注心理健康、共建和谐生活”咨询服务活动。全市各大医院眼科专家、精神专家、心理咨询师、助听器验配师、盲人按摩师等，免费提供残疾人白内障手术、心理治疗及各

图7-26 美国慈善协会捐赠仪式

图7-27 美术大师顾绍培收徒仪式

类咨询服务100多人次。同年，中国工艺美术大师顾绍培与失去左手的陶艺人蔡春英结为师徒，传授紫砂制壶技艺。

图 7-28 2009 年著名演员金巧巧（左三）为宜兴残疾人就业培训捐赠电脑

2009年，中华慈善总会副会长邓铜山牵线影视演员金巧巧到宜兴，出资15万元，购置电脑50台，捐赠市爱德培训学校，并开设“巧巧电脑培训班”。同年起，市机关党工委、市残联联合组织党员义工，每年以走访慰问、结对帮扶、临时救助、慈善救助等形式，开展结对贫困残疾人家庭活动。

图 7-29 扶残助学结对仪式景（一）

图 7-30 扶残助学结对仪式景（二）

（一）

（二）

图 7-31 中华慈善总会副会长邓铜山（少将）陪同美国慈善协会人员考察景（一）、（二）

2010 年，卫岗乳之宝宜兴服务中心成立宜兴卫岗乳之宝义工站，首批义工扶持特困残疾人家庭 10 户。同年，社会爱心人士结对助学贫困残疾人家庭学生 28 名。

图 7-32

图 7-33 2011 年，马伟忠（左一）向残疾人捐资

2011 年，肢残人马伟忠捐资 8 万元，帮助生活贫困残疾人。

图 7-34

图 7-35

2012 年，江苏省工艺美术大师桑黎兵与听力残疾青年张郸结为师徒，传授制陶技艺。市义工联合会设立志愿者服务站，开展志愿服务，30 多名义工到市福利中心为残服务，开展理发、按摩等活动。盲人王俊出资 2 万元为市特殊教育学校购买体育器材，并结对帮扶贫困聋哑学生 2 名。肢残人马伟忠为残疾人余虹云（曾任世博会英国馆向导）支付医疗费 1 万元。中国爱心老人姜达敖看望贫困残疾人陈岩，赠送爱心款 8000 元和皮衣 2 件。市文联主席徐风将著作《花非花——蒋蓉传》所得书款 1.28 万元，全部用于贫困残疾人创业就业。“勤丰鞋业”负责人、残疾人邵亚勤赠给敬老院优质布

鞋 42 双，为市残疾人康复中心正在接受培训的每个孩子送上棉鞋 1 双。张渚镇“中国好人”贾林康，帮助高位截瘫并患有肾积水、急性阑尾炎等病的高危待产妇朱建华，转院无锡市妇幼保健院抢救治疗，并捐助医疗款 1100 元。同年，贾林康建立全省首个残疾人角膜遗体捐献志愿站，首批报名参与角膜捐献志愿者 60 多名。

图 7-36 2012 年，宜兴市文联主席徐风（右三）签名售书义捐活动现场

2013 年，社会各界爱心捐款 7 万多元，支付肢残人余虹云医疗费。

2014 年，江苏省高级工艺美术师曹婉芬先后与肢残人葛知、唐国忠结为师徒，传授制壶技艺。“清心明月”紫砂艺术馆馆长桑盛，为残疾人士捐赠康复护理方面的书籍 300 册，捐款 1 万元用于残疾人职业技能培训。市建材家居商场联盟 11 位总经理结对残疾人家庭贫困优秀大学生 11 名，每人捐助助学金 5000 元。

图 7-37 江苏省工艺美术大师曹婉芬（左一）指导肢残青年葛知制壶

2015 年，市地税局党员赠送市托养中心重度残疾人 T 恤衫 130 件。同年 3 月，江西省九江三圣寺与宜兴慈善会共创公益慈善事业，三圣寺主持光储法师与宜兴市慈善会签约，连续 5 年捐赠助残善款，每年捐款 2 万元帮助残疾儿童。同年 5 月，市美术馆组织市美术家协会赴爱德培训学校举办义务助残笔会。

图 7-38

图 7-39

图 7-40

2010 年宜兴市贫困残疾人家庭学生结对受助一览表

表 7-7

姓名	性别	出生年月	就读学校、年级	家庭住址
卢海波	男	1992.01	张渚高级中学高三	张渚镇岭下村
卢　杰	男	1991.06	张渚高级中学高三	西渚镇溪东村
谢　旭	女	1989.01	南京大学金陵学院三年级	西渚镇五圣村
刘　娇	女	1992.09	张渚高级中学高三	太华镇胥锦村

续表 7-7

姓名	性别	出生年月	就读学校、年级	家庭住址
蒋加毅	男	1993.02	铜峰中学高三	徐舍镇芳庄村
余　笑	女	1992.01	省宜兴中学高三	徐舍镇芳庄村
冯　红	女	1993.11	官林中学高三	官林镇桂芳村
张　益	女	1992.03	铜峰中学高二	杨巷镇镇龙村
吴凤仙	女	1989.03	苏州科技大学天平学院四年级	新建镇北义庄村
周　亮	男	1992.12	铜峰中学高三	和桥王母桥村
杜梦姣	女	1990.09	苏州师范学校大二	高塍镇塍西村
钱秋霞	女	1988.02	南京财经大学四年级	屺亭街道文庄村
谢　超	男	1990.07	长春特殊教育学院大一	万石镇黄土寺村
瞿祖花	女	1992.10	和桥中学高三	周铁镇中新村
漆婷婷	女	1988.02	南京信息工程大学三年级	芳桥镇夏芳村
周云鹏	男	1993.01	省宜兴中学高三	新庄街道苏阳村
朱文浩	女	1990.11	南京财经大学三年级	丁蜀公园路居委
蒋思远	男	1993.01	宜兴第一中学高三	宜城街道阳羡新村
孙宁聪	男	1994.11	宜兴中学高三	宜城街道龙泽苑
叶博艺	女	1993.01	宜兴第一中学高三	宜城街道阳羡新村
唐燕靓	女	1990.05	南京工业技术学院三年级	宜城街道紫竹苑
杨　强	男	1992.08	无锡聋哑学校高三	宜城街道巷头居委
赵　静	女	1989.07	丁蜀高级中学高三	湖 汊镇伏西村
沈爱锟	男	1989.04	汇文中学高三	湖 汊镇张阳村

续表 7-7

姓名	性别	出生年月	就读学校、年级	家庭住址
沈　聪	男	1991.03	上海交通大学二年级	湖汊镇伏西村
林俊鑫	男	1989.08	西南交通大学二年级	湖汊镇张阳村
李　侠	男	1990.12	盐城工业学院三年级	湖汊镇银湖村
王　贤	男	1989.10	苏州大学宿迁学院三年级	新街街道堂前村

第三节 “全国助残日”活动

一、第一个“全国助残日”活动

根据《中华人民共和国残疾人保障法》第四十八条规定：每年 5 月第三个星期日，为全国助残日。1991 年 5 月 19 日是实施以来第一个法定“全国助残日”，主题为宣传残疾人保障法。

宣传教育活动由市残联人事业领导小组领导，民政局、市残联协调人员负责实施。

市委宣传部、司法局、民政局、市残联编写《中华人民共和国残疾人保障法》《保护条例》宣传提纲及编印学习材料，发行各机关、团体、企事业单位、学校，并组织学习。

市人大法工委召集市纪委、民政局、卫生局、教委、劳动局、文化局、体委、工商局、税务局，以及商业团体负责人，总工会、共青团、妇联、新闻单位、残疾人代表，召开座谈会，讨论贯彻落实工作。

同时，市委宣传部、司法局、教委、民政局，以及总工会、共青团、妇联团体联合开展宣传周活动。期间，广泛发动机关、企事业单位、街道居委、以及基层残疾人组织，上街宣传；报社增加宣传残疾人工作报纸版面，电视台播放残疾人“三项康复”工作专题片，组织 1 ~ 2 辆宣传车在城主要街道巡回宣传；在《中华人民共和国残疾人保障法》正式施行前一天，市政府领导就施行《中华人民共和国残疾人保障法》和深入贯彻《保护条例》发表广播电视讲话。

市残疾人事业领导小组召开先进“残疾人之家”“残疾人之友”和先进残疾人表彰会，进一步动员社会各界人士关心、帮助残疾人，激励广大残疾人在各自工作岗位上，发扬自尊、自信、自强、自立精神。表彰会上向所有为残疾人福利基金会募捐单位和个人表示感谢。

卫生部门组织医务人员为残疾人义务门诊和提供医疗咨询，计生委提供优生优育咨询，文化、体育等部门为残疾人义演、义赛，民政部门组织残疾人上街为居民服务，以此回报社会。

各有关部门结合开展岗位学雷锋、行业树新风活动为残疾人办实事、好事。

二、第二个“全国助残日”活动

1992 年 5 月 17 日是第二个法定“全国助残日”，主题“帮助残疾人自立自强”。

市残联与教委、民政局、市共青团、妇联等部门联合举行帮残助残、自立自强演讲活动。共有 40 名代表参加，其中助残代表 10 名，自强代表 30 名。评选演讲表现突出、事迹先进前 10 名，由市残联给予通报表彰和物质奖励，并设组织奖。而后，获前 10 名演讲者再在市政府、民政局、教委、市共青团、市妇联、市残联领导出席的演讲会上演讲。市委副书记戚顺元、副市长沈根福向 10 位帮残助残、自强自立先进颁发奖品、证书。戚顺元还代表市委、市政府向在 1991 年 8 月参加香港第三届国际残疾人技能比赛中获制陶金牌的肢残女青年夏淑君颁发奖金、证书。夏淑君当即将 1 万元奖金全部捐出，作为残疾人事业基金。演讲会得到电视台、报社、市实验小学等单位的支持。

副市长沈根福在民政局、市残联领导陪同下，走访官林无锡电工厂、市江南电缆厂、市紫砂工艺五厂等福利厂，并与部分残疾人座谈。市残联给各乡镇分发《中华人民共和国残疾人保障法》单行本、助残日宣传口号标语、残疾人保障法挂图和宣传画。各乡镇利用画廊、黑板报，张贴标语口号等，宣传保障法和帮残助残和自立自强新闻。

市残联组织残疾人参加无锡市残联举行的《中华人民共和国残疾人保障法》知识竞赛活动。

民政局、税务局有关人员走访福利厂，检查残疾人优惠政策落实情况。

三、第三个“全国助残日”活动

1993 年 5 月 16 日是第三个法定“全国助残日”，主题为扶助与共进，扶助：继续贯彻落实《中华人民共和国残疾人保障法》及《中国残疾人事业“八五”计划纲要》，制订和完善优惠残疾人的专项政策和措施，为残疾人办实事。共进：广泛开展残疾人单位与健全人单位的共建、联谊活动，倡导健全人与残疾人交朋友，鼓励残疾人自觉参与社会生活。

各级党委宣传部门、新闻单位和法制宣传教育部门利用广播、电视、报刊等新闻媒介和宣传阵地，集中宣传报导《中华人民共和国残疾人保障法》、残疾人事业以及扶助残疾人先进集体和个人的典型事迹，宣传残疾人中优秀人物，颂扬残疾人和健全人携手共进先进典型。

市委副书记、市残联名誉主席戚顺元，市政府副市长、市残联主席沈根福和市残联副主席邹劭卿等，在民政局、市残联领导陪同下慰问福利厂残疾职工、残疾人家庭和在校残疾人学生。副市长沈根福还专门发表电视讲话，市残联理事长杨德新通过宜兴电台“961 访谈室”节目，宣传介绍残疾人工作，以提高残疾人工作的社会共识。

宜城、丁蜀、张渚、和桥镇组织开展“助残一条街”活动，卫生、交通、商业等部门采取多种形式为残疾人提供方便。

市民政局、市残联会同宜城镇政府，组织残疾人为社会服务，展示残疾人能力和精神风貌，同时增强残疾人参与社会意识。

市残联举办残疾人书画、工艺制作小型展览会，向社会展示残疾人聪明才智。

总工会、共青团、妇联组织，驻军、武警和市残联联合开展各种形式的扶残助残活动；少先队组织广泛开展“红领巾助残”活动、“为筹建市聋校奉献爱心”活动。

市残联举行台北曹氏基金会再次向宜兴市残疾人捐赠轮椅仪式。

副市长兼残联主席沈根福、残联副主席兼理事长杨德新等一行冒雨走访社会福利企业：市玻璃纤维厂、市石油化工助剂厂，看望厂内残疾职工。

市教委、市民政局、市残联、市关工委等单位领导，受市政府委托，专程前往鲸塘小学聋哑班、丁山培智学校看望在校就读的 50 多位智力障碍儿童。教委主任周良才、民政局局长石锁才等，在丁山培智学校观看智力障碍儿童制作的陶瓷玩具、陶瓷九龙壁、艺术剪纸等。市关工委主任邹劭卿对学习在前三名的学生发放奖金。

市残联在民政大楼举办残疾人展能汇报会。展示作品有书法、绘画、剪纸、花篮等，其中以陶瓷和刺绣类最为引人注目。副市长沈根福，以及人大、政协领导到会讲话，并为12位优胜者及25名“残疾人之友”颁奖。

四、第四个“全国助残日”活动

1994年5月15日是第四个法定“全国助残日”，主题为我们同行—为残疾人和“远南”残疾人运动会献爱心。第六届远东及南太平洋地区残疾人运动会(简称“远南”残疾人运动会)将于9月4—10日在北京召开，是我国首次承办国际残疾人运动会。为配合举办第六届“远南”运动会，中宣部等11个部门联合下发关于开展第四个“全国助残日”活动的通知，中共无锡市宣传部等11个部门在联合下发通知中要求在坚持以往助残日传统做法的同时，积极宣传“远南”残疾人运动会，动员全社会关心和支持“远南”残疾人运动会。

宜兴市各乡镇主要街道和主要公共场所悬挂张贴有关“远南”残疾人运动会横幅标语、旗帜、宣传画，出刊各种板报；报社、电台、刊播活动信息20余篇；电视台播出信息3条；影剧院放映幻灯片300余场次。

副市长沈根福就助残日活动专门发表电视讲话，残联理事长杨德新在宜兴市电台“96.1”访谈室节目中就全市残疾人工作和助残日活动情况作现场直播。

副市长沈根福在市民政局、市教工委、市残联及新闻等部门领导陪同下，冒雨走访市聋哑学校、丁蜀镇培智学校、市通达电缆厂慰问残疾学生、残疾职工和丁山公安分局特约治安员聋哑人马炳荣，详细询问残疾人生活、学习和工作情况，鼓励他们发扬“四自”（自尊、自信、自强、自立）精神，争取为社会多做贡献，以充分体现自身价值。残疾人工作者和残疾人深受鼓舞。

市残联和宜城镇“个协”组织残疾人和健全人在市人大门口人民路摆摊设点，开展义务为民服务活动。服务项目有：修理自行车、钟表、裁剪、理发等，服务215人次。

市残联、市教委协同华联商厦，开展为残疾学生献爱心活动。华联商厦捐赠吊扇、足球、羽毛球拍等。

宜城镇民政科、人武部，代表镇政府看望伤残军人杨新平一家。张渚镇政府组织人员上门访问30名特困残疾人，发放救济款1500元。丁蜀镇残联会同镇团委、妇联、个体协会、居民委员会，组织助残服务队，在公园路群乐高商场附近，义务为残疾人修理家电、用具。其他乡镇福利企业召开座谈会、开设卡拉ok，庆祝助残日。

5月5日下午，宜兴市残疾人康复中心在东山新区举行奠基仪式。市政协副主席周锡明对台南企业和社会各界关心残疾人事业人士表示感谢。

五、第五个“全国助残日”活动

1995年5月21日是第五个法定“全国助残日”，主题为一助一，送温暖。

市政协办公室专门召集残疾人工作协调会议，安排部署全国第五个助残日活动内容。

全市各交通要道、政府机关所在地、福利厂内外等，张贴标语有5000多张；悬挂横幅有100余条；打印分发各种宣传材料2000多份；刊播各类残疾人工作信息100余件次，造成宣传声势，扩大影响。

市委常委、副市长杨亚君专门发表电视讲话，回顾总结全市残疾人工作情况，反映残疾人工作新情况、新问题，呼吁各级党委和政府及社会各界，给予残疾人事业更多关注和支持；要求广大残疾人工作者树立“奉献、服务”意识，进一步弘扬社会主义人道主义，使残疾人享受更多现代文明成果。

市民政局、市残联、市总工会、市教委等部门走访慰问部分特困残疾人家庭、特殊学校和福利企业残疾人职工。

宜城、丁蜀、和桥镇领导，分别到特困残疾人家庭，送给慰问金，每个家庭100元；发给每位残疾人盲表1只。丁蜀、张渚等镇福利企业领导，挨家挨户为残疾人职工送上礼品。

在城残疾人与宜城民政部门、个体协会联合，开展义务为民双向服务活动，残疾人与健全人在华地广场前，合处为过往群众理发、裁剪、修理自行车、钟表等。其中，残疾人毛建强、徐南翔一大早赶到现场，义务为群众修理自行车、手表。丁蜀镇民政、残联组织工会、共青团、妇联、街道办事处、个体协会、港区开展助残活动，为残疾人量血压、义诊、裁剪、缝纫、修理电器等。

市税务、民政部门结合年检，前往各福利企业检查、督促，落实残疾职工就业安置、福利待遇，切实维护残疾职工合法权益。

市教委专门发文给全市各学校，开展“红领巾助残活动”。宜兴市中学领导将师生捐款4100元送到市聋哑学校。市社保局领导专门走访慰问十里牌乡新杏对11户特困残疾人家庭，送上慰问金，共计2000元。

六、第六个“全国助残日”活动

1996年5月19日是第六个法定“全国助残日”，主题为残疾预防，增进健康。

中宣部、中残联等16个单位联合下发《关于开展第六次全国助残日活动》，副市长杨亚君立即安排时间听取残联理事长就开展助残日活动的专题汇报，并根据全市实际情况部署助残日活动，召开市政府残疾人工作协调委员会暨市残联二届主席团二次会议，协商讨论残疾人事业“九五”计划纲要，部署助残日活动安排，明确各部门职责和分工，确定5月14日至19日为宣传周。

副市长杨亚君在《宜兴日报》上发表《预防残疾，增进健康》专题文章，市电视台就残疾人康复、教育、就业等方面制作播出热线节目，市广播电台“96.1”访谈室直播市残联理事长杨德新介绍残疾人工作，卫生局、计生委、司法局、劳动局、民政局、市残联、妇幼保健所、防疫站、宜城镇等，在人大院门口联合组织第六个“全国助残日”咨询活动，向群众广泛宣传预防残疾，增进健康科学知识。市新闻部门对助残日期间的各项活动作广泛宣传。

各乡镇、各福利企业利用宣传专栏、板报、标语、横幅、宣传单、开展咨询活动等形式，宣传残疾预防知识，宣传残疾人优秀事迹及助残活动中的新人新事。全市共拉出横幅50条、张贴标语2000张、出专栏300块、散发宣传单3000份；开展咨询活动，接待5000人次；刊播各类文章80多篇。

副市长杨亚君率市残联、民政、教委、宜城镇等单位领导，走访慰问部分残疾人家庭、福利企业残疾人职工和市聋哑学校学生，分别向聋哑学校和残疾人赠送慰问金，为残疾人杨亚英的智残女儿办理定补证。

张泽、张渚、和桥、丁蜀等乡镇，有关部门、福利企业，分别走访慰问残疾人家庭及特教（班）学生，为他们送去慰问品、慰问金。和桥、徐舍等镇发动社会爱心人士认购残疾人书画、工艺作品。高塍镇专门组织人员走访残疾人王小凤，捐赠手推轮椅车1辆。

税务、民政部门结合年检，到各福利企业检查残疾职工的福利待遇、工资收入、劳保用品发放、同工同酬等落实情况。

民政局局长、市残联理事长及有关领导参加市残疾人自强自立交流会。会上，残疾人夏淑君、张杰等，分别介绍自强自立的经验；领导与残疾人先进典型，共同畅谈全市残疾人事业发展情况。

5 月 18 日，宜兴市残疾人康复中心落成，市政府副市长杨亚君、宜兴县原县长袁俊为康复中心揭牌。参加揭牌仪式的有市政府残疾人工作协调委员会成员、市残联二届主席团成员，各乡镇民政助理（科长）及有关福利企业负责人、部分残疾人代表。

七、第七个“全国助残日”活动

1997 年 5 月 18 日是第七个法定“全国助残日”，主题为助残与自强。

市政府残疾人工作协调委员会专门召开会议，部署助残日活动安排，明确职责分工。

市政府专门召开助残工作与自强经验交流会。市政府残疾人工作协调委员会成员、各乡镇分管残疾人工作领导和民政助理、部分助残与自强残疾人先进代表出席会议。8 名助残与自强代表在会上发言。自强残疾人代表受到表彰。常务副市长李志浩作会议总结。

各新闻部门围绕助残日主题，突出宣传残疾人自强模范和社会各界助残先进典型，及时报道党政领导及有关部门负责人走访慰问残疾人的重点活动情况。

市残联专门制定《宜兴市扶助残疾的意见》，由市政府残疾人工作协调委员会审议后，交法制局修改，并报市长常务会议审议通过，由市政府颁布实施。主旨是为残疾人康复、教育、就业、生活、文化娱乐，提供扶持和帮助。

市委书记戴解平、常务副市长李志浩带领市残联、民政、教委、卫生、总工会、共青团、妇联等部门负责人，走访慰问市聋哑学校、市残联康复中心聋儿语训班、丁蜀培智学校和残疾人家庭，并赠送慰问金。

市长史祖能、常务副市长李志浩及市残联、市民政局、市劳动局、市总工会、市共青团、市妇联等有关部门负责人在市委会堂为自强模范夏淑君（肢残）出席全国表彰大会，举行欢送会。

市残联专门邀请省听力康复中心主任徐廷贵主任一行到宜兴为 43 名聋

儿义务检测听力。项目有听力测听、中耳分析、助听器分析、耳膜取样、助听器修理等。同时，及时治疗中耳炎患者，负责修理故障助听器。此举受到聋儿家长好评。

市卫生局组织市人民医院医务人员，为市聋哑学校、市聋儿语训班和市城北小学培智班 147 名师生作体检。

市残联、总工会、团市委、体委联合，邀请沈阳“希贵残疾人杂技团”到宜演出，各部门积极组织人员观看。同时，联合开展“自强不息、顽强拼搏”征文活动。

各乡镇党、政领导及有关部门、福利企业负责人纷纷走访慰问残疾人。各乡镇还以片为单位举行助残与自强经验交流会，树立助残与自强典型。有关福利企业召开残疾人座谈会、开展小型文体活动，庆祝“全国助残日”。

八、第八个“全国助残日”活动

1998 年 5 月 17 日是第八个法定“全国助残日”，主题为扶贫解困。

市政府召集扶贫办、银行、财政、税务、工商等部门收听全国残疾人扶贫攻坚电视电话会议。

市政府残疾人工作协调委员会召开专题会议，研究部署残疾人扶贫解困工作，将扶贫解困工作纳入各级政府残疾人扶贫攻坚实施计划和社会保障工作全局之内。同时，检查《中华人民共和国残疾人保障法》实施情况，提出为残疾人办实事新目标。

各乡镇出台扶助残疾人优惠政策，在残疾人就业、康复、教育、生活保障、文化娱乐等方面，予以扶持和帮助，真正为残疾人办实事做好事。

机关、企事业单位组织党员、干部，对贫困残疾人“帮、包、带、扶”落实到人到户。

各级工、青、妇、少先队组织，开展“送温暖”“青年志愿者助残”“巾帼建功”“手拉手红领巾助残”活动。

市残联会同市人大法工会、司法局、法制局等，检查《中华人民共和国残疾人保障法》执行情况。

劳动部门积极协助做好残疾人职业技能培训工作，为残疾人提供就业服务，配合有关部门推动按比例就业工作。

民政部门进一步了解福利工厂、城乡社区贫困残疾人状况，依据有关规定，予以特别扶助。

各新闻单位广泛宣传报道残疾人扶贫工作先进经验和典型事迹；制作工艺广告、开设专栏；深入跟踪采访扶贫先进人物。

市、乡镇党政领导和有关部门负责人在助残日期间，慰问残疾人家庭，为他们送钱送物，帮助解决实际困难。

各乡镇在主要街道和路段，设立宣传咨询台，利用板报、宣传栏、图片宣传扶贫解困工作意义。同时，举行文艺演出，举办报告会、书画展等，召开座谈会，动员全社会扶残助残。

九、第九个“全国助残日”活动

1999 年 5 月 16 日是第九个法定“全国助残日”，主题为无障碍与视觉第一。

市残疾人工作协调委员会在助残日到来之际召开专题会议，根据上级有关建设无障碍环境与“视觉第一中国行动”的文件精神，研究部署全市贯彻执行无障碍设计规范、完成“视觉第一”年度工作任务；检查《中华人民共和国残疾人保障法》《残疾人事业“九九”计划纲要》《残疾人保护条例》实施情况；提出为残疾人办实事的工作新目标，把推行无障碍措施与做好“视觉第一·中国行动”作为工作重点。

市计委、建委、规划局、市政公用事业局、公安局、交通局、广电局等部门对无障碍环境相应作出系统规划，为残疾人、老年人提供出行方便，逐步完善无障碍改造。

广播电视台、新闻出版部门注重信息无障碍传送，在影视新闻节目中增加手语。同时，普及防盲、治盲知识，推动白内障复明工作。

民政部门、工会、共青团、妇联、镇、街道残联、少先队组织开展“送温暖”“青年志愿者中助残”“双学双比”“巾帼建功”“手拉手红领巾助残”等助残活动。

市领导杨亚君、钮颂坚在市民政局、市残联、卫生局领导陪同下，走进病房为白内障患者献上花篮，希望他们好好配合医生治病。随后，又到市聋哑学校看望学生，仔细查看学校设施，观看孩子们的文艺表演；再到市康复中心聋哑语训班看望接受语音训练的 6 位儿童，同时感谢老师的辛勤劳动。

十、第十个“全国助残日”活动

2000 年 5 月 21 日是第十个法定“全国助残日”，主题为志愿者助残。

宜兴市助残先进表彰会在市政府会议中心多功能厅召开，参加会议的有：市政府残疾人工作协调委员会委员、各乡镇残联理事长及分管领导、残疾人自强代表。市领导有杨亚君、张国华、熊志安等。会上助残先进集体宜城镇、市爱德农村社区康复队及残疾人自强代表裴国强作交流发言。大会表彰扶残助残先进集体 14 个、先进个人 56 名。

副市长钱忠道与市残联、卫生、教委等部门负责人走访市青年志愿者服务点，慰问助残青年志愿者和部分残疾人；到市聋哑语训班观看聋儿们文艺表演。并亲切慰问老师们；到时第二人民医院看望眼科病人和医务人员，并为“视觉第一——中国行动”白内障复明手术省扶贫定点医院揭牌。

图 7-41　志愿者助残

市府办、市残联、民政、司法、妇联及红塔乡有关领导一行，看望市宇星颜料厂残疾职工，以及残疾人陈顺龙创办的红塔时装厂残疾职工、部分特困残疾人。宇星颜料厂厂长雷正君当场向残联捐款 2000 元，支持残疾人事业。而后，市府办王旻明一行慰问由市残联、市妇联、团市委主办，市文化馆、华地广场协办，正在华地广场门前举行“社会妈妈”与孤残儿童结对助学签约仪式上的成员、演员及残疾人歌手，并向“社会妈妈”颁发荣誉证书。同时，举行《中华人民共和国残疾人保障法》知识竞赛公开抽奖活动。

团市委、司法局、市残联联合开展志愿者助残和残疾人回报社会活动。在城 27 个团委 120 多名青年志愿者、市法律援助中心律师及部分残疾人，头顶烈日，为过往群众义务修理家用电器、理发、医疗、家教、法律咨询、盲人按摩等。市计经委、卫生局、张渚公安分局等单位女职工委员会分别与市聋儿语训班聋儿周枫、闵悦，张渚中心小学脑瘫儿童郭慧等 10 个孤残儿童结对助学签约，当场捐给每位孤残儿童人民币 300 元和文具用品。团市委、市文化馆、教师进修学校、蓓蕾幼儿园、张渚镇戏曲票友社及残疾人裴国强、魏平等在“社会妈妈”与孤残儿童助学签约仪式暨助残义演活动中表演独唱、合唱，黄梅戏、锡剧、京剧唱段，以及舞蹈等文艺节目，吸引许多市民观看，都说以残疾人为主题的演出活动在宜兴是第一次。

张渚镇召开助残与自强代表座谈会。镇残联、民政、工会、共青团、妇联、红十字会、福利企业、私营企业等单位负责人及残疾人自强代表 30 多人参加座谈。张渚喜临门大酒店残疾人代表裴国强及东下村宕口承包人梁建其，当场捐款支持残疾人事业；犊山村、金牛有限公司，镇造纸一厂、二厂，捐款 2.1 万元和物品，共计 3 万多元。镇残联及时将捐赠的钱物送到全镇特困残疾人家庭。

图 7-42 陶艺培训班学员的部分作品展览

丁蜀镇残联举办第一届残疾人工艺美术作品展览。展览作品有雕塑、茶壶、书法等。

受爱德基金会邀请，菲律宾飞鸿发展中心考察团到宜访问市残联与爱德基金会合作的社区康复项目。10 名菲律宾社会工作者走访湖㳇、张渚镇康复对象。其中，有在市残联和爱德基金会帮助下，成为按摩师的湖㳇镇伤残军人孙春荣、开豆腐坊的张渚盲人许三荣。

十一、第十一个“全国助残日”的活动

2001 年 5 月 20 日是第十一个法定“全国助残日”，主题为向部分特困肢残人赠送轮椅。

市残联在市文化广场举办向部分特困肢残人赠送轮椅仪式。由省、无锡市残联领导，宜兴市政府有关领导及有关部门

图 7-43

（宣传、民政、卫生、团市委、妇联等），各镇残联理事长和受赠残疾人或亲属（约 300 人）参加。省、无锡市残联及市政府领导在仪式上讲话。受赠对象 120 人。

十二、第十二个“全国助残日”活动

2002 年 5 月 19 日是第十二个法定“全国助残日”，主题为关注基层残疾人工作，保障残疾人基本生活。

市残疾人工作协调委员会召开会议，研究部署助残日活动安排。

市政府主管领导及市残疾人工作协调委员会负责人牵头、组织有关部门对基层残联综合调查，了解基础设施、人员编制、办公条件、组织网络、经费各方面情况。现场解决基层残联遇到的困难和问题，或责成有关部门共同提出方案，尽快予以落实。

民政、劳动和社会保障、残联等部门，联合对社会保障政策（措施）落实情况，作综合检查。

各级党政机关、企事业单位继续广泛开展“一助一”“多助一”与残疾人或残疾人家庭帮扶结对活动。

各镇、街道工会、共青团、妇联、少先队组织，开展送温暖、青年志愿者助残、巾帼建功、“手拉手”红领巾助残等多种形式，帮助残疾人。

宣传部门开辟报刊专版、专栏，制作播出有关新闻、专题、走访节目，宣传基层残疾人工作。充分利用网站、工艺广告、公共橱窗、标语口号等形式宣传残疾人工作重要意义。

十三、第十三个“全国助残日”活动

2003 年 5 月 18 日是第十三个“全国助残日”，主题为发展残疾人事业，共同奔小康。

图 7-44　免费发放轮椅

各镇党委、政府领导会同残联负责人，走访残疾人贫困户，发放慰问品。

市聋哑学校为募集聋教资金，开展聋童劳技作品社会认购活动。劳技作品有陶艺、手工、书画等三大类 250 多件。

十四、第十四个“全国助残日”活动

2004 年 5 月 16 日是第十四个法定“全国助残日”，主题为情系我的兄弟姐妹，帮扶贫困残疾人。

市残联与联通宜兴分公司、市卫生局共同出资，帮助生活在最低生活保障线以下的白内障患者治疗共计 100 名；为肢残人免费发放轮椅 300 辆。市委常委、常务副市长杨亚君出席颁赠仪式。

市聋哑学校举行庆祝第十四个全国助残日活动，聋哑学生身着盛装，向家长、来宾表演舞蹈《春游》；展示聋哑学生艺术作品，包括陶艺、手工、烙铁画、电子手抄板、书法、绘画等，17 块展板一字排开，赢得赞誉。活动共收到宜城镇政府、市烟草专卖局、市协联热电有限公司等社会各界捐赠款 4 万多元。副市长洪雅、市教育局、市残联、市妇联领导以及学生家长参加活动。

十五、第十五个“全国助残日”活动

2005 年 5 月 15 日是第十五个法定“全国助残日”，主题为平等共存，促进残疾人就业。

市政府残疾人工作协调委员会会同有关部门，围绕主题，认真研究，安排助残日活动。

《宜兴日报》发表助残日评论员文章，宜兴电视台开办手语新闻。同时，宣传残疾人自强模范、助残先进集体。

开通残疾人维权服务热线电话，为残疾人提供各类法规咨询。同时，建立优秀人才库。

市残联、民政局、劳动和社会保障局联合开设特殊招聘会，为残疾人搭建就业平台。招聘单位对残疾人没有学历要求，没有严格而挑剔的提问，“只要有就业愿望，并且身体能够胜任工作，我们免费培训技术，招聘人数不作限制。”近 300 名残疾人和 27 个招聘单位参加招聘会。150 多名残疾人当场与招聘方达成用工意向。

十六、第十六个“全国助残日”活动

2006 年 5 月 20 日是第十七个“全国助残日”，主题为：真爱的了解，真挚的关爱。

市政府残疾人工作协调委员会召开全市残疾人工作会议，总结“十五”成绩，动员部署“十一五”残疾人工作任务，召开“全市持证残疾人普查登记动员大会。”

市各新闻单位多层次，全方位宣传助残日活动。市级机关干部走访残疾人家庭。

市民政局、劳动和社会保障局共同举办爱心招聘会，共有31家企业提供400个职位，143位残疾人与企业签订劳动协议。

宜城王俊推拿所组织5位盲人推拿师，到社会福利中心，义务为老人推拿、按摩。

十七、第十七个“全国助残日”活动

2007年5月20日市第十七个法定“全国助残日”，主题为：保障残疾人权益，共建和谐社会。

市残联组织发动全市各镇，开展庆祝助残日活动。其中，丁蜀镇残联会同司法所、律师事务所、工商行、妇联及各村（居）残联专职委员在丁蜀镇文化广场，为残疾人法律援助服务、咨询服务，现场宣传残疾人如何申请法律援助知识和优惠政策。同时，组织人员在街头为残疾人免费提供视力检查、理发、家电修理等服务；在镇文化广场和主要街道口挂起横幅、树起宣传牌；利用有线电视台，宣传残疾人优秀事迹。镇残联还会同丁蜀镇慈善会走访10多个残疾人困难家庭，并送去慰问金。

《宜兴日报》专题报道残疾人优秀事迹多篇。

十八、第十八个“全国助残日”活动

2008年5月18日是第十八个法定“全国助残日”，主题为牵手残疾人，走进残奥会。市残联组织发动各镇、街道残联分别开展助残日活动。宜城街道残联以“走进新农村迎接奥运会”为主题，组织残疾人参观南园村、山林村等新农村示范点；组织部分基层社区残疾人工作专职委员赴苏州、镇江，学习先进社区残疾人服务管理经验，做好本职工作；发动城区残疾人“真心回报社会”，以一技之长沿街为居民服务；举办“趣味运动会”，发动残疾人参与比赛，享受快乐。

官林镇残联以“走进福利企业，共享美好生活”为主题，组织人员了解福利企业残疾职工的生产、生活情况，激励残疾人自强、自立，体现人生价值。

和桥镇残联以“爱铃声声唱和谐”为主题，组织青年志愿者按响残疾人家庭门铃，帮助克服困难，解决实际问题。

张渚镇残联以“我参与，我快乐”为主题，发动残疾人，开展“残奥会”知识竞赛活动。

丁蜀镇残联以“帮残帮到家”为主题，陪同领导走访慰问老城区重残人员。

周铁镇残联以“规范康复服务，提高训练效能。”为主题，举办“残疾人康复训练现场”交流会。

图 7-45　镇、街道残联关爱残疾人

市肢残协会、张渚镇残联组织残疾人，开展“迎奥运联谊”活动。

十九、第十九个“全国助残日”活动

2009 年 5 月 17 日是第十九个法定“全国助残日”，主题为关爱残疾孩子，发展特殊教育。

市残联领导陪同市领导走访慰问部分残疾儿童，为他们送去关爱和祝福；与机关党工委共同组织“结对帮扶百户贫困残疾人家庭”活动；向百户残疾人家庭发放帮扶联系卡；安排 30 多名优秀残疾人作健康体检。

副市长张听宝一行，到市特殊教育学校，看望慰问教职员工；到市博爱康复医院看望残疾儿童，为他们送去玩具和慰问品。

宜城街道开展系列助残活动。新华社区领导及工作人员与残联康复医生上门走访慰问重度残疾人，为他们测量血压、提供医疗咨询；与“大统华”联合，开展“粽情社区”包粽子比赛，将粽子送给社区残疾人贫困户，并深入到贫困残疾人家庭，了解需求，尽力帮助解决上学、就业困难。茶东社区利用小黑板、专栏、出刊“助残日”宣传口号，为残疾人打扫家庭卫生，磨刀、量血压等。土城社区将儿童书籍送给智障儿童家庭。阳羡社区组织社区义工上门为残疾人家庭打扫卫生。碓坊社区带领“永琪”美容美发店理发师，到残疾人家中免费服务。东虹社区组织志愿者上门为残疾人免费理发，邀请残疾儿童参加社区幼儿园庆“六一”活动。

二十、第二十个“全国助残日”活动

2010 年 5 月 16 日是第二十个“全国助残日”，主题为关爱、帮扶农村贫困残疾人。

市残联组织全市优秀残疾人、各乡镇专职干事参观上海“世博会”生命阳光馆。

图 7-46　宜兴优秀残疾人参观世博会生命阳光馆

无锡工艺职业技术学院经济管理系分团委主办、市残联协办，在蛟桥步行街参加“让世界充满爱”文艺晚会，200 多名群众观看演出。

图 7-47　无锡工艺职业技术学院主办的“让世界充满爱”文艺晚会现场

市残联发动全市各镇、园区、街道，开展助残日宣传活动，悬挂过街横幅 55 条，张贴助残标语 500 张，发放书籍、杂志和宣传资料 2200 份。

全国首条残疾人创业街在宜兴范道开业，100 余位残疾人走上自主创业路。

市残联组织帮残助残志愿服务者 80 多人，到宜城街道南园村，为贫困残疾人提供帮扶服务。

宜城街道宝东社区开展广场服务活动，与残疾人签订结对帮扶协议，并赠送应急手电筒；新华社区组织 20 多位残疾人到宜兴博爱康复医院体检和康复评定。

二十一、第二十一个“全国助残日”活动

2011 年 5 月 15 日是第二十一个“全国助残日”，主题为改善残疾人民生，保障残疾人权益。

图 7-48

市“四套班子”主要领导、各镇、园区、街道、分管领导、残联理事长、专职干事，市残工委成员，部分参与助残捐赠和拍卖的爱心人士和企业代表，以及受赠残疾人代表，参加“共拥蓝天、同享幸福”向贫困残疾人赠送彩电、电脑、手机仪式。捐赠和拍卖作品有陶艺、书画类。300 名贫困残疾人喜获爱心礼物。

二十二、第二十二个“全国助残日”活动

2012 年 5 月 20 日是第二十二个“全国助残日”，主题为加强残疾人文化服务，保障残疾人文化权益。市残联组织举办首届宜兴市残疾人职业技能竞赛。竞赛项目有电焊、女服制作和服装裁剪、计算机组装、陶艺制作、电脑打字和保健推拿。

图 7-49

图 7-50

无锡工艺学院大学生志愿者和康复中心脑瘫儿童联欢。

徐舍镇残联和无锡达虹线缆有限公司，联合举办达虹脱贫助残基金集中发放仪式，为30户从事种植、养殖的困难残疾人家庭发放创业扶持款，总额10万元。

图 7-51

市残联康复科工作人员奔走于残疾人家庭，根据实际需求，为残疾人免费量身定做无障碍设施和康复器材。

高塍镇17名“80后”大学生村官组成服务队，走访慰问残疾人家庭，为他们送上大米、食油、慰问金、苗鸡。

《宜兴日报》登载有关助残日活动报道13篇。

二十三、第二十三个“全国助残日”活动

2013年5月19日是第二十三个法定“全国助残日”，主题为帮助贫困残疾人。

市残疾人托养中心正式投入使用。无锡市残联副理事长朱永彬、市政府副市长吴青峰，各镇（街道）残疾人工作分管领导、残联理事长和专职干事，市残联机关全体工作人员，托养中心全体入托人员出席启动仪式。副市长吴青峰作重要讲话。

图 7-52 市盲协开展免费推拿义务诊疗活动

市盲协12位盲人推拿师在宜城街道文化广场东北角，为市民提供免费推拿服务。

宜兴市“陶乐人生”残疾人陶艺展在宜兴陶瓷博物馆举行。市政府副市长吴青峰、市文广新局局长许夕华、纪委书记吴春祥、市文联主席徐风、市残工委成员单位领导、各镇、街道残联理事长及专职干事、市残联机关全体工作人员、参展作品残疾人作者及亲友，共计 300 余人出席。副市长吴青峰作重要讲话。

图 7-53　“陶乐人生”宜兴市残疾人陶艺展开幕式现场

“共享蓝天”特殊儿童健康成长预警网络公益穿透项目启动仪式在红塔医院举行。来自宜兴市 50 多位幼儿园园长，接受“手拉手，我们共爱孩子”第一期培训，学习如何初步掌握辨别孤独症（自闭症）等特殊孩子的能力。活动由宜兴市民政局主持，宜兴市博爱儿童成长中心承办。

图 7-54

图 7-55

市残联辅助器具适配进残疾人家庭，个性化服务工作拉开序幕。由镇、街道残联专职委员、社区康复协调员和定点康复机构组成辅助器具适配工作组，走村入户上门筛选评估，为残疾人制定个性适配方案，最大限度满足残疾人的康复需求。确定年内为 400 名残疾人量身定做相关器具。

《宜兴日报》刊登《助残日，记者上街踏盲道》，报道内容盲道利用情况、盲人“声音”、社会倡导。

二十四、第二十四个“全国助残日”活动

2014 年 5 月 18 日是第二十四个法定“全国助残日”，主题为：关心帮助残疾人，实现美好中国梦。

市残联在宜兴市政府会议中心第一会议室举行爱德陶艺社揭牌暨大师结对仪式。仪式由市残联理事长杭仁育主持，无锡市残联副理事长朱永彬、宜兴市政府副市长吴青峰作重要讲话。各镇、街道残疾人工作分管领导、理事长、专职干事、市残工委成员单位分管领导，陶艺大师代表、各专门协会副主席、市残联全体工作人员、爱德陶艺社成员以及部分热心残疾人事业的社会各界人士参加仪式。

市残联在无锡工艺职业技术学院举办残疾人职业技能培训班，为期5天。

市聋人协会在爱德培训学校举办首届聋人摄影培训班。特邀江苏省摄影协会夏锡平授课辅导，宜兴市摄影协会杨冬明、市聋协主席周文豪和聋人摄影爱好者、残联机关工作人员，共 17 人参加。

市残联在爱德培训学校举办第三届盲人保健按摩比赛选拔赛。

市残联党支部班子成员走进贫困残疾人家庭走访慰问。

各镇（街道）残联根据市残联“助残日”活动具体方案和工作要求围绕主题开展各项活动。

二十五、第二十五个“全国助残日”活动

2015 年 5 月 17 日是第二十五个法定“全国助残日”，主题为关注孤独儿童，走向美好未来。

4 月 22 日，市残联下发《关于第二十五次“全国助残日”活动的通知》，部署助残日活动的相关工作，明确工作任务，落实工作措施。

助残日期间，全市合计悬挂过街横幅 50 条，张贴助残标语 460 张，发放书籍、杂志和宣传资料 800 册（份），播放电视游动字幕 200 条，市残联网站及时更新助残日活动最新消息，宜兴电视台宣传优秀残疾人事迹及举行康教结合基地揭牌仪式，《宜兴日报》用 2 个专版宣传近年来全市残疾人工作亮点、成效，介绍优秀残疾陶艺人周小华。

各镇（街道）分管领导、理事长和专职委员，走访慰问贫困残疾人家庭，共计 380 户，为他们送去慰问金、慰问品，折合 25 万元。

杨巷镇残联前往市残疾人康复中心看望孤独症及脑瘫儿童，丁蜀镇残联免费为残疾人开设紫砂壶制作班、陶刻班；新庄、芳桥、西渚、徐舍、新街、和桥等镇、街道组织志愿者共计 200 多名，为残疾人提供健康咨询、就业帮扶、修理家电、推拿按摩等多项服务。

图 7-56

市残联举行首个孤独症儿童康教结合实习基地揭牌仪式；举办第二届残疾人职业技能竞赛，设置有陶艺、服装裁剪、盲人按摩等6个项目，有18个镇、街道75名残疾人参加；举行爱德陶艺社第二批大师结对仪式，8位陶艺名家结对残疾陶艺人，帮助提高技能水平；开展“博爱家园”奇奇农疗中心走进万达广场义卖活动，展现残疾人劳动成果；救助贫困残疾人，发放助听器200台，为残疾人免费体检300名；开展0～3周岁儿童下肢关节畸形筛查工作。

图 7-57

图 7-58

第八章 权益维护·管理

1991年，市残联将接待、受理残疾人来信、来电、来访列为重要工作内容之一。至2015年，平均每年接待受理来信、来电、来访约400人次，全部做到“件件有答复、事事有落实”，对市“人大”“政协”会议有关残疾人事业的建议或提案全部落到实处。对残疾人的法律援助工作，全面推进，未发生一起群访和越级上访事件。

1993年起，市残联逐年加大管理力度，不断规范残疾人评定、发证、发卡工作。至2015年，市、镇、街道、村、社区三级残疾人组织服务管理网络形成“横向到边，纵向到底”信息传递和近距离实施便捷服务绿色通道，为残服务质量不断提升。

第一节 维 权

一、来电、来访、来信受理

1991年起，宜兴市实施《中华人民共和国残疾人保障法》，残疾人工作纳入法制轨道。市残联将接待受理残疾人来信、来电、来访列为重要工作内容之一。1992年，接待受理残疾人来信、来电、来访428件（次），主要诉求为申请康复救助、残疾学生和残疾人子女教育救助（以下简称教育救助）、就业安置、生活救助、捐赠轮椅等问题。1993年，接待受理残疾人来信、来电、来访421件（次），主要诉求为申请康复救助、教育救助、就业安置、生活救助、评定残疾证、捐赠轮椅、残疾人机动车营运等问题。

1994年、1995年、1996年，接待受理残疾人来信、来电、来访分别为418件（次）、422件（次）、417件（次），主要诉求不变，增加残疾人权益受到侵害问题。1997年、1998年，接待受理残疾人来信、来电、来访分别为408件（次）、411件（次）。主要诉求略同。其中，反映在福利企业转制中，残疾职工与企业产生的矛盾为多数。市残联积极与相关部门协调，基本解决残疾人的诉求。1999年，接待受理残疾人来信、来电、来访421件（次）主要反映有：残疾人子女无钱读书、个体从业享受政策不到位、残疾人职工被企业辞退后失去生活来源、对残疾人交通事故处理不当、合法权益受到侵害等问题。市残联积极与相关部门协调，妥善解决来信、来电、来访事项。

2000～2006年，接待受理残疾人来信、来电、来访，共计2753件（次），平均每年约为400件（次）。市残联将具有典型个案，通过公众传媒追踪，公开处理，借以引导正确的舆论导向，弘扬社会主义人道精神和以人为本意识。2007年，接待受理381件（次）。其中教育救助来信、来电、来访减少。

2008年起，市残联将信访工作纳入规范化、法制化轨道，坚持维稳优先决策理念，将保障和改善残疾人民生作为预防和化解矛盾的基础性工作，注重落实好各项惠残政策，着力从源头上预防和减少信访问题的发生。至2010年，共计接待受理1141件（次），平均每年约为380件（次），较往年有所减少。

2011年，接待受理残疾人来信、来电、来访386(件)次。主要诉求为申请康复救助、就业安置、创业扶持、残疾人补贴、评残、社保补贴、医疗救助等问题。市残联切实加强残疾人信访维权保障工作，成立信访工作领导小组，由理事长任组长，落实第一责任人制度，切实做好各重要节点时期的信访化解工作，妥善处理"12345"市民热线和网上信访反映的各类问题，未发生一起残疾人群访和越访事件。

2012年，接待受理残疾人来信、来电、来访371件（次）。主要诉求与上年略同。

2013年，接待受理残疾人来信、来电、来访381件（次）。主要诉求为申请康复救助、就业安置、创业扶持、残疾人补贴、评残、社保补贴、医疗救助、申领爱心卡、法律援助等问题。同年，市残联针对残疾人各类诉求不断增多的情况，成立信访维权办公室，专门抽调2名工作人员负责残疾人信访维权工作。在工作机制上，建立市、镇（街道）、村（社区）三级残疾人维权工作网络，确立定期联系反馈制度，及时跟进解决相关问题。切实做好各重要节点时期的信访化解工作，做到"矛盾不上交，解决在萌芽，化解在基层"。是年，未发生一起残疾人群访和越访事件，"12345"政府服务热线残联工作满意率100%。

2014年，接待受理残疾人来信、来电、来访387件（次）。主要诉求与上年略同。市残联发挥市、镇、街道、村、社区三级残疾人维权工作网络机制作用，确立定期联系反馈制度，及时跟进解决相关问题，未发生一起残疾人群访和越访事件，"12345"政府服务热线残联工作满意率100%。

2015年，接待受理残疾人来信、来电、来访398件（次）。主要诉求增加电信诈骗事项问题。市残联继续发挥市、镇、街道、村、社区三级残疾人维权工作网络机制作用，确立定期联系反馈制度，及时跟进解决相关问题；切实做好各重要节点时期的信访化解工作，未发生一起残疾人群访和越访事件。是年，“12345”政府服务热线残联工作满意率100%。

附案例：

（一）1994年，宜兴贝斯特大酒店保安无故殴打残疾人蒋新国、蒋群和市油品化工销售公司职工蒋新松等。受害人向市残联反映：多次与贝斯特大酒店交涉没有结果。市残联接信后，即派工作人员核实并协调市公安局处理。最终由贝斯特大酒店依法对有关肇事保安作出处理意见，并由贝斯特大酒店和市保安公司承担伤者全部医疗费用。残疾人受害者蒋新国和蒋群表示满意，并对市残联表示感激。

（二）1996年1月2日，残疾人宗美霞反映自己被省车队职工王某某无故殴打。市残联接信后，即会同宜城镇民政办公室、司法所、居委，经协调妥善解决。

（三）1998年，宜兴市电磁电线厂残疾职工郭建伟到雷蒙矿山机械有限公司催收欠款1461元，20多次没有结果，却遭数人殴打。他去有关部门反映情况，要求处理，被推诿，再到市残联请求帮助。市残联立即派人调查核实，并专门向公安局领导反映。经协调，雷蒙矿山机械有限公司付清欠款，同时赔付郭建伟医疗费用。

（四）2001年，张渚造纸二厂肖国荣等3名聋哑人因厂改制下岗，失去生活来源，几次到市残联上访。市残联和张渚镇民政科联系，经协调，3名聋哑人实现再就业。

（五）2003年，宜兴市首位聋哑大学生邵旭俊毕业后面临就业难，致信市残联。市残联及时向市有关领导汇报，并联系教育局等多个相关部门，最终让他如愿以偿。

（六）2013年1月，家在高塍镇胥锦村的上海大学在读三年级学生王亚致信市委书记，诉父、兄皆残障，母罹重症，生命垂危，请求帮助。市委书记批示高塍镇委书记，协调民政、残联、卫生等部门，尽可能予以关心。王亚残疾人家庭得到多方照顾。

（七）2013年2月，宜兴市徐舍镇堰头村村民周东致信市委书记，诉自己小时候因交通事故致残，没有得到肇事者的赔偿，现考取艺术学院，却因家中贫困，无经济能力提供上学，希望得到帮助。市委书记批示徐舍镇委书记，协调民政、残联等部门，尽可能给予援助。周东大学梦圆。

（八）2013年，智力残疾人许某及家属到市残疾人维权服务站求助，诉2011年，丈夫购买住房一套，俩人共同生活。2012年2月，丈夫因疾病去世后，丈夫胞弟夏某提出哥哥生前已将住房卖给自己，已向哥哥支付购房款28万，令许某搬出住房。法律援助服务站律师在庭审中，根据事实、争议焦点，最终双方达成和解协议。

（九）2013年，市东宏实业有限公司职工郜某等12名残疾人向法律援助中心反映公司停产，拖欠员工工资。法律援助中心代理律师会同镇政府、司法所、人社所工作人员，多次与企业法人协商，最终由东宏实业有限公司变卖资产，支付所欠12名残疾人工资。

二、建议、提案办理

2009年，市第十五届人大二次会议代表朱洪芬等5人所提“关于提高残疾人的基本生活待遇并逐步扩大覆盖面的建议”，由市残联会同民政局办理，并将意见和结果告知5位代表。同年，市政协十三届二次会议裴国强委员所提“关于加强残疾人社会保障体系建设的建议”和“关于进一步拓展残疾人就业的建议”，由市残联会同劳动、民政、卫生、教育、国税等单位，会商办理意见，并完成提案复函工作。

2011年，市第十五届人大四次会议代表单旭、陈法初所提“关于调整重残补助对象结构的建议”，由市残联会同民政局、财政局办理，并将办理结果告知2位代表。

2012年，市第十六届人大一次会议代表骆伟栋等6人所提“关于重视福利企业退工问题的建议”和陆乾等9人所提“调整福利企业税收优惠政策的建议”，由市残联会同民政、财政、劳动、国税等单位办理，并将意见和结果告知各位代表。同年，市政协十四届一次会议储瑞琴委员所提“关于保障残疾职工权益、维护社会稳定”和郑旭峰委员所提“关于切实推进残疾人保障事业发展的意见”，由市残联会同民政、劳动、财政等单位办理，并答复各位代表。

2014 年，市政协十四届三次会议徐星炎委员所提“关于助残经费纳入财政预算的建议”、贾伟征委员所提“关于进一步关爱失业残疾职工”、储瑞琴委员所提“关于提高认识，增加收入，加快基层残疾人服务机构建设”，由市残联会同民政、劳动、财政等单位协商办理意见，并完成建议提案复函工作。

市人大、政协会议关于残疾人事业建议、提案的办理情况一览表

表 9-1

人大、政协	建议、提案	建议、提案人	主办单位复函	协办单位复函
政协十三届二次会议第 273 号	关于加强残疾人社会保障体系建设的建议	裴国强（肢残）	宜残函字〔2009〕1 号	宜劳社函字〔2009〕3 号 宜卫函字〔2009〕012 号 宜教函字〔2009〕41 号
政协十三届二次会议第 274 号	关于进一步拓展残疾人就业的建议	裴国强（肢残）	宜残函字〔2009〕2 号	宜劳社函字〔2009〕7 号 宜国税函字〔2009〕2 号
第十五届人大二次会议第 143 号	关于提高残疾人的基本生活待遇并逐步扩大覆盖面的建议	朱洪芬等 6 名代表	宜残函字〔2009〕3 号	宜残函字〔2009〕3 号
第十五届人大四次会议	关于调整重残补助对象结构的建议	单旭 陈法初	—	—

续表 9-1

人大、政协	建议、提案	建议、提案人	主办单位复函	协办单位复函
第十六届人大一次会议	关于重视福利企业退工问题的建议	骆伟栋等 6 名代表	—	宜残函字〔2012〕2 号
第十六届人大一次会议	关于调整福利企业税收优惠政策的建议	陆乾等 9 名代表	—	宜残函字〔2012〕3 号
政协十四届一次会议	保障残疾职工权益、维护社会稳定	储瑞琴	—	宜残函字〔2012〕4 号
	关于切实推进残疾人保障事业发展的意见	郑旭峰	—	宜残函字〔2012〕5 号
政协十四届三次会议第 277 号	关于进一步关爱失业残疾职工	贾伟征	宜残函字〔2014〕1 号	
政协十四届三次会议第 279 号	关于提高认识，增加收入，加快基层残疾人服务机构建设	储瑞琴	宜残函字〔2014〕2 号	
政协十四届三次会议第 51 号	关于助残经费纳入财政预算的建议	徐星炎	宜残函字〔2014〕3 号	

三、法律援助

1988 年，无锡市十届人大常委会第二次会议制订《无锡市残疾人保护条例》，发至宜兴执行。

1991年5月15日起，宜兴市实施《中华人民共和国残疾人保障法》，残疾人工作纳入法制轨道。

1998年，残疾人法律服务纳入各级法律中心业务范围。宜兴市阳羡律师事务所、市公证处被吸收为无锡市残疾人法律援助促进会团体会员。

1999年11月，宜兴市残疾人法律援助站成立。全市各律师事务所、公证处、乡镇法律服务所对残疾人实行优质、优先、优惠法律服务。宣传媒体宣传《中华人民共和国残疾人保障法》，开设栏目有专题报道讲座、知识竞赛、法律咨询等。

2000年，市残联、市司法局联合发文《关于开展残疾人法律援助中心工作》，加强残疾人事业法制建设，健全残疾人法律援助站规章制度。全市大部分乡镇成立残疾人法律援助站，同时健全法律援助组织网络，将残疾人有关法律援助事宜纳入各单位法律援助工作站一并办理。

2002年，市残联贯彻执行《中华人民共和国残疾人保障法》及上级有关法律法规，较好完成全年各项目标任务。

2003年，市残联在原残疾人法律服务体系基础上，为残疾人提供“优质、优先、优惠”法律服务，专门聘请常年法律顾问；同时与市司法局协调，专设残疾人法律咨询服务窗口—市残疾人法律援助站，配备专职、专业法律援助服务人员；开通法律服务无障碍渠道。市残联全年接待、受理和提供政策法律咨询、法律援助、转介服务等，共计652人次。

图8-1 市残疾人法律救助工作座谈会

2004年4月，无锡市人大专项检查宜兴市贯彻落实《中华人民共和国残疾人保障法》《无锡市残疾人保护条例》执行情况，听取专项汇报，实地视察宜兴市残疾人培训、社区康复和盲人按摩等工作，给予充分肯定。同年，副市长在市残联工作总结表彰会上强调，维权工作要坚持以人为本，依法办事，防止发生侵害残疾人切身利益的观象。要加强残疾人信访和矛盾排查调处工作，妥善处理各种矛盾和纠纷，积极开展法律宣传、法律咨询活动，为残疾人提供全方位法律援助服务，切实维护残疾人合法权益。

2005年，无锡市人大对宜兴市执行《中华人民共和国残疾人保障法》《无锡市残疾人保护条例》情况作专项检查，实地观察残疾人工作后，予以充分肯定。

2007年5月16日，丁蜀镇残联、司法所、律师事务所、工商所、妇联、各村、居残协专职委员在丁蜀镇文化广场以法律援助形式服务残疾朋友，现场解答残疾人如何申请法律援助以及优惠政策，参加活动的残疾人有100多名。

2008年，为残疾人提供政策法律咨询、法律援助、转介服务等，共计656人次。

2009年，转发无锡市委宣传部《关于深入开展“法律六进”活动的意见》，积极倡导公益律师进社区，为社区居民，特别是残疾人、生活困难职工等弱势群体，提供免费法律咨询和法律援助。

2010年，市残联为创建“公平、公正、和谐、共享”的社会环境，健全残疾人法律援助网络，市残联成立法律援助中心，组织专业律师免费提供残疾人优质法律服务，接受法律援助服务残疾人600多名。邀请市人大、政协和有关部门，检查和专题调研在《中华人民共和国残疾人保障法》实施执行中存在的难点问题，促使问题的解决。

2011年，市残联、市司法局研究决定，成立宜兴市残疾人维权服务中心，负责残疾人来访接待、法律援助和法制宣传等工作。

2013年1月，《关于加强残疾人法律救助工作的实施意见》出台，首次明确整合法院、检察院、公安等9个部门资源，协调法律服务、法律援助和司法救助等残疾人法律救助工作，让残疾人享受门槛更低、内容更多、范围更广的法律服务，为全市残疾人士打造法律救助“无障碍”通道。并全面落实“一组一站制度”，成立市残疾人法律救助工作协调组（以下简称协调组）、市残疾人法律维权服务站（以下简称服务站）。协调组成员单位为市残联、市人民法院、市人民检察院、市公安局、市司法局、市民政局、市人力资源和社会保障局、市教育局、市卫生局。各成员单位设联络员服务站设在市法律援助中心接待大厅，主要为经济困难的残疾人，尤其是重度残疾、一户多残、依老养残及遇到突发事故、意外伤害的特困残疾人给予法律服务；

对涉及低保和低保边缘残疾人及重度残疾人、侵犯残疾人群体利益，以及案情复杂、涉及面广、影响大的残疾人案件，服务站将直接提供法律救助服务。指派9名律师分工负责全市18个镇（街道）的残疾人维权工作，提供咨询、代书、调解、协调和代理等服务。同年，经司法局推荐，市委组织部考察，市残疾人第五次代表大会选举，江苏谋盛律师事务所主任储云南（宜兴市人民政府法律顾问、无锡市仲裁委员会仲裁员）兼任宜兴市残联副理事长，负责信访维权工作。谋盛律师事务所将残疾人法律维权工作作为常规工作，并设立宜兴市残联公益法律服务试点基地。

同年，各相关部门贯彻落实《中共中央国务院关于促进残疾人事业发展的意见》《中共江苏省委江苏省人民政府关于加快残疾人事业发展的意见》和《中共无锡市委无锡市人民政府关于加快推进残疾人事业发展的实施意见》，进一步建立完善残疾人法律救助体系，做好残疾人法律服务、法律援助、司法救助工作并明确相关部门维护残疾人权益的工作职责，加大查处侵害残疾人合法权益案件力度；将残疾人法律救助经费纳入政府财政预算；吸纳社会资源，争取相关项目经费，多渠道筹集资金用于残疾人法律救助工作。至年底，服务站共为残疾人提供法律援助43名。

2014—2015年，针对残疾人抵御风险能力相对较差，保障自身权益的能力和途径有限，在经济社会变革中比常人面临更多的困难和障碍，残疾人涉法涉诉案件日益增多，越来越多的残疾人面临请律师难、打官司难等问题，服务站指派专职律师，定点各镇、街道，提供基层残疾人各类法律服务，引导残疾人依法维权。定点基层专职律师共10名，法律援助残疾人36名。

附一：残疾人法律援助工作主要职责范围

1. 贯彻执行有关法律法规、规章和规定，学习《中华人民共和国疾人保障法》和《宜兴市人民政府关于扶助残疾人的意见》研究制定本地法律援助实施计划；

2. 接待解答法律咨询、代拟和修改法律文书；

3. 根据市法律援助中心授权，直接决定受理、办理或指派法律中心工作者办理一般残疾人民事法律援助案件；

4. 接受市法律援助中心指派办理残疾人民事法律援助案例或事项；

5. 向市法律援助中心、市残联法律援助站报告重大、复杂残疾人法律援助申请；

6. 承担法律援助统计、台账登记和信息等其他工作。

附二：残疾人法律援助条例

1. 有充分理由证明为保障自己合法权益需要法律帮助；

2. 有经济困难，无能力或无完全能力支付法律服务费（指家庭人均收入低于当地最低生活保障线以下，或因遭受自然灾害、突发事故等其他原因确实无能力交纳费用的）；

3. 成为刑事被告人或犯罪嫌疑人，没有委托律师或经济困难、没有能力聘请律师的。

附三：残疾人“十一五”（2006—2010年）事业发展纲要

（法律方面）

（一）积极营造扶残助残法制舆论环境

加大宣传法制力度，健全残疾人事业法制宣传网络，在网络媒体开辟残疾人事业法制宣传阵地，树立法制自强和助残法制先进典型，宣传、表彰先进事迹。

（二）不断完善残疾人事业发展法制环境

加强残疾人事业法制建设，推动保障残疾人权益法规、规章制度修订，加大执法和法制宣传力度，建立健全残疾人法律援助机制。主要措施：制定完善残疾人权益保障地方性法律规章，把残疾人事业发展纳入法制化轨道，依法维护残疾人合法权益。根据全国人大常委会修订的《中华人民共和国残疾人保障法》，完成地方性法规修订，加强有关残疾人法律法规宣传，提高全社会和残疾人法律意识，增强残疾人法律工作者维权能力。加大残疾人保障法律法规执法力度，积极开展行政执法检查。认真做好残疾人信访工作，促进依法维护残疾人权益。各级政府残疾人工作委员会充分发挥职能作用，增进全社会对残疾人权益保障的关注和重视。在制定出台相关政策时，应充分考虑残疾人需求，维护残疾人合法权益。深入贯彻国务院《法律援助条例》和江苏省《法律援助条例》。设立残疾人法律援助专项基金，全面推进法律援助机构规范化建设，面向所有残疾人提供无偿法律咨询，向符合条件残疾人提供代理辩护等法律援助。支持和鼓励服务机构参与残疾人法律援助活动，切实维护残疾人合法权益。

第二节 管 理

一、残疾人评定、发证、发卡

残疾证是国家认定残疾人和残疾类别的证件，是维护残疾人自身合法权益及享受国家优惠扶持政策的凭据。1993 年，市残疾人评定委员会成立。相关成员单位成员为丁连云、张爱娣、杨德新、邵瑞琴、周益明、张尧民。丁连云任主任，张爱娣、杨德新任副主任。委员会下设办公室，负责残疾评定日常工作。办公室设在市残联，杨德新兼任办公室主任。是年，核发残疾人证 560 本。

1994年,全市24个乡镇评残发证664本。1995年,参与评定残疾人810名，核发残疾证 720 本。

1996 年，市残联组织评残检测医生召开业务培训会议，明确残疾人评定程序及评残标准，为全市核发全国统一残疾人证奠定基础。是年，鉴定发放残疾人证 1190 本。

1997 年，市残联、民政、卫生、教委、劳动、国税、地税、交通等部门联合发出通知，要求在全市做好残疾人证的换发和管理工作，各乡镇已发残疾人证年内全部更换成全国统一印制残疾人证。同年，换发残疾人证 5600 本，张泽、分水、太华、丁蜀、张渚、和桥等乡镇完成较好。是年，鉴定发放残疾人证 2404 本。

1998 年，鉴定发放残疾人证 438 本。

1999—2002 年，鉴定发放残疾人证 2000 本。

2003 年，根据《无锡市残疾评定程序》通知精神，市残联会同市卫生局制定印发《宜兴市残疾评定程序、方法及时间安排》，将残疾人评定、发证工作结合，实行“一站式”服务，减少残疾人往返劳顿，提高残疾评定工作效能。是年，鉴定发放残疾人证 1306 本。

2004 年，市残联评残工作严把残疾评定标准关、人情关，残疾评定 2660 人次，核定发放残疾人证 1680 本。

2005 年，市残联方便残疾人办理残疾证，将评残时间改为每月一次，并定期组织评残委员会医生召开工作会议。同时，印发《关于补办残疾人证意见的通知》，进一步规范评残制度，完成对残疾人证发放、管理网络化操作，使乡镇准确掌握残疾人状况。是年，鉴定发放残疾人证1757本。

2006年，残疾人检测2110人次，鉴定发放残疾人证1653本。

2007年，随着残疾人事业不断发展，残疾评定工作要求越来越规范。为适应残疾人工作新要求，经宜兴市人民政府残疾人工作委员会研究，决定调整残疾评定委员会组成人员，建立一支以专业技术人员为主，行政人员为辅的专家队伍。残疾评定委员会下设评残办公室，办公室设在市残联，由曹全松兼任评残办公室主任。是年，残疾人检测1890人次，鉴定发证1368本。

2008年，残疾检测评定服务到家，“残疾人证”申领实现网络化管理，减少残疾人往返劳顿。全年残疾评定检测2935人次，残疾鉴定发证1979本。为解决部分重度残疾人出行不便，不能到定点机构检测等实际困难，市残联专门组织相关主检医生专程下乡上门开展残疾评定。

2009年，无锡市残联印发《关于制发第二代中华人民共和国残疾人证的通知》，自2009年3月1日起，在全市统一换发第二代残疾人证。市残联制定《宜兴市第二代残疾人证换发工作方案》，举办第二代残疾人换证工作业务培训班，各镇（园区、街道）理事长和残疾人工作专职干事参加培训，进一步明确工作职责和工作程序。4月份，换证工作全面启动。是年，换发残疾人证17821本；残疾检测2935人次，鉴定发放残疾人证1979本。

2010年1月1日起，第一代残疾人证全部作废，全面启用第二代残疾人证。同年，残疾检测2876人次，鉴定发放残疾人证2114本。

2011年12月1日起，实施残疾人和残疾军人免费乘坐市内公交车政策。同年，残疾检测1970人次，鉴定发放残疾证1673本。

2012年，宜兴市人民政府办公室印发《宜兴市残疾人免费乘坐城区公交车实施办法的通知》，经市政府第5次常务会议通过、执行。是年，残疾人检测1860人次，鉴定发证1587本。

2013年，市残联办理发放残疾人免费乘车爱心卡10162张；残疾人检测1924人次，鉴定发证1358本。

2014年，残疾人证评定实行初审、复审制度，使评残程序更加规范化，做到公平、公正。同年，办理发放残疾人免费乘车爱心卡11865张；残疾人检测1449人次，鉴定发证1002本。

2015年，办理发放残疾人免费乘车爱心卡770张。残疾人检测1561人次，鉴定发证1340本。

至2015年12月，全市有持证残疾人24062人，其中重度残疾人5677人。各类残疾的分类人数为视力残疾3144人，听力言语残疾2313人，肢体残疾12611人，智力残疾3792人，精神残疾290人，多重残疾8人，军残4人。

二、管理

1993年7月，市残联印发《关于加强残疾人机动轮椅车管理的通知》，规定残疾人机动轮椅车必须经市残联批转，市公安局车辆管理所检验合格，领取牌证后，方准行驶。对未办理手续或手续不符合使用规定的一律按交通法规处罚。使用对象年龄在18～55周岁残疾人，限于下肢残疾而身体其他部位正常，其他残疾人和健全人禁止使用。

同年9月，市政府出台《宜兴市残疾人专用车管理暂行规定》，明确残疾人专用车是专供下肢二至四级残疾者使用的代步工具，一律不得运营。同时委派市公安、民政、交通。工商、残联等部门对全市残疾车集中整治。对非残疾人使用残疾车、符合驾车规定残疾人营运载客、市交通或工商部门将予以查处，没收非法所得，并处非法所得额一至三倍罚款。

1999年，完成全市残疾人状况普查工作，并建立残疾人信息数据库。

2000年，宜兴市被无锡市评为工作目标管理先进市。市聋儿语训班被评为国家注册的专业聋儿康复管理机构。按上级要求，摸清“三残”（肢残、智残、体残）儿童、少年和未入学及就学能力情况底数，并建档立卡登记；救助就学能力适龄失学儿童上学，完成调查建档工作。并通过团市委、市妇联及各镇有关部门积极救助就学能力的适龄少年儿童上学。

2006年，市残联落实无锡市残联《关于开展全市持证残疾人普查登记工作的实施意见》，开展持证残疾人普查登记工作。市、镇两级成立机构，组建队伍，落实经费，配置必要办公设备，明确职责分工与考查办法。按时、全面、高质量完成残疾人普查登记任务，获无锡市普查工作一等奖。对残疾人基本状况全面调查、信息化处理、动态性监测，为全面发展残疾人事业建立准确详实资料，为增强助残针对性、实效性创造条件。相关信息输入电脑后，各级政府管理残疾人信息水平得到提升，除了可以方便快捷查阅残疾人资料外，更可实现残疾人信息资源共享，对残疾人信息实施动态管理、长效管理提供通道。同时使各级残联、残协组织机构得到健全充实。

2007 年，市残联根据上级要求，完成残疾证申领网络化管理，并向社会公开，接受全社会监督和上级残联检查。同时，组织人员配合福利企业税收政策调整工作，全面检查、登记残疾人证。

2008 年，进一步规范残疾人康复台账管理，对照标准，做好各类台账资料整理归档和残疾人康复需求调查工作，确保残疾人康复服务档案、康复训练档案的各项内容真实、准确，残疾人康复需求筛出率 61%，残疾人康复服务档案建档率 92.5%。实现残疾证申领网络化、残疾人档案管理信息化。

2009 年，市残联组织各镇、园区、街道信息员培训。4 月，发出《关于加强残疾人信息系统更新维护的通知》，进一步明确职责，并纳入年终考核。建立残疾人信息管理系统需求、服务信息更新、维护督查机构。社区持证残疾人各类服务需求建档率 100%，动态维护准确率 100%。

2010 年，市、镇、街道成立残疾人保障和服务工作领导小组，并设立办公室，负责具体日常工作。全市全面建立覆盖市、镇、村三级残疾人组织服务管理网络，初步形成“横向到边，纵向到底”信息传递和近距离实施便捷服务绿色通道。全市各涉智能部门各尽其责、密切配合，形成以“政府主导、部门负责、社会参与、残联协调”工作机制。

2011 年，市残联建立残疾人信息管理系统需求、服务信息更新，维护监督机制，使残疾人上网即可查询信息，能及时把开展各项活动、新出台各类政策、措施上传到上级残联网站和市残联网站，残疾人足不出户就能第一时间了解信息，残疾人还可以将意见通过网络反馈到理事长信箱。

2012 年，市残联针对基层残联工作实际，印发更具针对性、务实性、导向性和可操作性考核意见，对各级残联和残疾人工作者提出更细更高更实的要求。按照精细化管理办法，进一步完善残联机关每周工作例会、基层片会、重点工作推进会，市，镇、村三级工作联系制度。以省“人人享有康复服务”评审验收为契机，市、镇、街道两级认真核查台账，规范工作流程，更新维护残疾人电子档案 3 万多份，并实行系统信息准确率科室负责制，加强动态信息维护督查工作，将评审验收作为基础工作再提升、工作规范再跨越，推动工作有效开展。

2014 年，市残联根据、省残联关于《实施全省青年志愿者助残阳光行动的通知》精神，对全市14～35周岁的1781名残疾青年调查摸底，及时与团市委衔接，完成2506名助残志愿者登记注册工作，并对志愿者后续管理。同年，落实《全省就业年龄段持证残疾人就失业情况调查通知》，全市调查残疾人对象（男16～59周岁，女16～54周岁）14840名，实际调查14604名，录入江苏省残疾人就业系统14557名。同年，无锡市残疾人信息系统由信息专职人员对基层残联信息进行录入、更新、维护，并随时抽查和检查，发现问题，及时通知基层残联修改。门户网站建设由专人负责，与网站技术团队保持密切联系，发现问题，及时解决。并且时刻关注江苏省和无锡市残联网站的动态，把精华内容吸收到市残联网站中，充实市残联网站内容。同时落实网站建设责任制，针对各个板块的要求，及时更新内容，是年，网站共计更新各类记录502条，其中动态信息刊登残疾人信息198条，使门户网站成为良好的对外展示窗口。是年，持证残疾人康复服务建档率和更新率100%；合格率在90%以上，并为有训练需求的残疾人建立训练档案，规范率92%以上。社区持证残疾人年度各类需求建档率100%。基础数据动态维护正确率100%。残疾人保障和服务记录确认及时有效。社区事务受理和残疾人满意度不断提高。

2015年，市残联为保质保量完成全国残疾人专项调查工作，成立专项调查工作领导小组和办公室，并建立市、镇、村三级业务队伍，通过抓培训、抓试点、抓质量，落实分片负责制定期通报制和工作考核制，高质量完成专项调查任务。全市调查持证残疾人22543名，填写调查表22299份，入户残疾人21887名，入户率达98.15%。经省、无锡市对随机抽取的31个村，2246份调查表复录，抽样比例为10%，正确率100%。

第九章

新闻·文艺·体育·技能

残疾人事业发展中的热点、亮点，始终为新闻媒体所关注，有报纸专题报道、电视台现场访谈直播、刊物录用等。此外，市残联另创办《宜兴残联》工作简报，及时报道市、镇（街道）残联工作最新动态。

市残联成立后，注重全面提高残疾人自身素质，组织开展各项文体、技能活动。涌现出众多文学、艺术、体育、技能人才，他们以不畏艰难、奋发进取，以残缺创造完美，用坚强驱走脆弱，取得令人赞叹的成绩。

第一节 新闻

1988 年 12 月，丁山公安分局特约治安员聋哑人马炳荣投身治安工作多年，不顾个人安危抓小偷，被无锡市政府授予“见义勇为先进分子”，先进事迹刊登在《无锡日报》上。

1992 年，市残联成立不久即创办《宜兴残联》工作简报，及时报道全市残联工作最新动态。

1993 年 3 月，爱德基金会驻港办事处欧国海专程到宜兴市访问。回港后，在《爱德简讯》海外版上专题报道宜兴社区康复项目以及盲人周财东、董乐平、丁龙娣，聋哑人陈敬加、周正华康复事例。

1994 年，宜兴市副市长沈根福就助残活动发表电视讲话，市残联理事长杨德新在宜兴电台“961 访谈室”节目中，就残疾人工作和助残日活动情况作现场直播。3 月 28—4 月 20 日，省、市多家媒体报道德国克里斯朵夫 CBM 组织高级顾问鲍勃·杰克尔到宜兴，对 11 名康复员作业务知识及实地培训。6 月 23—29 日，省、市多家媒体报道全国智力残疾预防与康复工作培训班在宜兴举办，培训班学员 44 名，来自全国 22 个省、市。天津医科大学内分泌研究所教授陈祖培到宜授课。中残联康复处副处长宋光等领导出席工作会议。是年，宣传报道全市残疾人工作新闻 60 多条。

1995 年 2 月，肢残人杨扣根采写的长篇人物通讯发表在《代表与人民》杂志，并获当年无锡地区征文二等奖；消息《宜兴黄家村千余农民沪上安家立业》发表在《新华日报》和《人民日报》上，并于 1996 年 1 月转载《中国乡镇企业》杂志。杨扣根被评为《无锡日报》《宜兴日报》优秀通讯员（1995—1996 年），被市残联、市计生委聘为特约通讯员（1993—1996 年）。

1996年，“全国助残日”期间，分管副市长在《宜兴日报》头版发表《残疾预防，增进健康》专题文章。宜兴电视台《热线7996655》节目跟踪报道全市助残日活动和残疾女诗人王小凤事迹。宜兴电台961访谈节目2次专题直播市残联理事长介绍残疾人工作。

1998年，宜兴电视台昌鸿伟以残疾人王小凤为歌颂对象，拍摄制作电视片《轮椅上的歌》，获无锡市第二届残疾人好新闻一等奖。

2000年，宜兴市残疾人工作专稿被省、无锡市《残疾人工作动态》采用12篇，被市级以上新闻媒体采用6篇。市广播电台吴耀中、孙晓红采编的通讯《湖边火凤凰》，获江苏省第四届残疾人好新闻评比广播类三等奖。同年4月26日，《宜兴日报》刊登由市残联、市司法局、《宜兴日报》社联合举办的《中华人民共和国残疾人保障法》知识竞赛试题。

2001年，市残联选送作品参加无锡市第三届残疾人事业好新闻评选，获二等奖1件、三等奖3件。是年，市残联选送的新闻稿件被市级新闻媒介录用4篇，被省市级《残疾人工作动态》录用10篇，被中残联录用2篇。

2002年，在第三届“无锡市残疾人事业好新闻”评选中，宜兴市获二等奖1件、三等奖3件。12月，《无锡日报》社记者到宜兴采访康复对象10多名，于同月25日在头版头条刊登题为《特殊的生命之光——全国第一个农村社区康复基础上引出的故事》文章，引起社会极大反响。是年，被市级以上新闻媒体录用稿件5篇，被《残疾人工作动态》录用稿件10篇。

2003年，在市级以上媒体发表残疾人工作新闻报道，共计50余篇。其中2篇获第四届“无锡市残疾人事业好新闻”三等奖。无锡市残联召开“四代会”及“全国助残日”期间，在《江南晚报》《宜兴日报》以及宜兴电视台等各大媒体上，发表宜兴市残疾人工作稿件，共计15篇。

2004年，宜兴市残疾人社区康复、教育培训、文化体育等多项工作，受到市内外社会各界、各大媒体的关注，不断涌现有影响力、有深度的报道。如：《残疾人的“乡间天使”》先后被《人民日报》《中国残疾人》《无锡日报》《人民网》转载。其中，《给一份补助不如教会一门技术》被报道后，引起社会各界对残疾人职业培训的重视和支持。《中国残疾人》杂志在综述文章中对宜兴市残疾人工作给予高度评价。宜兴电视台、《宜兴日报》经常报道残疾人自强自立、顽强拼搏的事迹和社会各界扶残助残、情系残疾人的行动。

2006年，“全国助残日”期间，市级以上媒体播发残疾人事业信息16篇。

2007年，有关残疾人康复、教育、就业等方面的报道，被江苏省残联录用8篇、无锡市残联录用10篇、《无锡日报》录用9篇、《宜兴日报》录用20篇、宜兴广播电台录用8篇、宜兴电视台录用13篇。同年，开办电视手语新闻。

2008年，“全国助残日”当天，市长王中苏在《无锡日报》发表《全面深入推动残疾人事业又快又好发展》专题文章。由市残联主办，出刊印制《残疾人工作动态》两期及《共享蓝天创和谐》画册。宜兴市残疾人工作被无锡市级以上报刊、电台录用稿件30篇。其中，被《新华日报》录用1篇、《人民日报》社杂志录用1篇、《中国和谐社区》录用4篇、江苏电视台录用1篇、《无锡日报》录用12篇、江苏残联内刊录用8篇。另外，被《宜兴日报》录用35篇、宜兴电视台录用40篇、电台录用22篇、《无锡残疾人工作动态》录用15篇。

2009年5月26日，在市美术馆举办“同在蓝天下”宜兴市残疾人艺术节活动开幕式暨残疾人才艺作品展，展示26位残疾人创作的书法、摄影、编织、陶艺等76件作品，被媒体报道。新华网利用图片记录艺术节系列活动——盲人推拿比赛，《京江晚报》《江苏工人报》《现代快报》《无锡日报》等报刊跟踪报道宜兴市首届残疾人艺术节实况。2010年5月15日，远东慈善基金会创办全国首条残疾人创业街，首批100余名农村残疾人入驻创业。开业仪式当天，在中央电视台新闻联播节目中播出。8月9日，市残联理事长闵曲成、康复科科长戴菊华、教就科科长储智娟，作客宜兴广播电视台《政风行风热线》直播间，为听众、网友介绍残联的工作计划、扶残助残项目、普及涉残政策。同年，著名影视演员金巧巧电脑捐赠仪式被“新浪网”、《新华日报》等近20家国内知名媒体报道或转载，引起社会广泛关注。是年，全市有关残疾人工作报道，在《中国残疾人》录用1篇、《新华日报》录用2篇、《无锡日报》录用10篇、《宜兴日报》录用50篇、宜兴广播电台录用60篇、宜兴电视台录用45篇，同时《阳羡茶馆》《关注》栏目多次专题报道残疾人事业和优秀残疾人事迹。市残联全年出刊《残疾人工作动态》5期。

2010年，市残联推荐残疾人题材新闻10篇，参与“江苏省残疾人事业好新闻”评选活动。其中，韩良华撰写的《远东集团建设“身障人士创业一条街”》获文字类一等奖；丁焕新拍摄的《宜兴残疾人喜看世博》获摄影类一等奖、《残疾人献艺世博》获摄影类二等奖、《自强不息的浅水芦苇》获摄影类三等奖。

2011年，市残联主动接洽国内报纸、电视台、网络等媒体，借助平台广泛宣传宜兴市残疾人事业发展新成就、新典型。5月初，由中残联推荐，中央电视台、《劳动保障报》等国家级七大媒体到宜兴现场采访报道，宣传宜兴市扶残助残和就业培训的新亮点，以及残疾人自强自立的新面貌。中央媒体记者团采访宜兴市残疾人紫砂工艺培训学校及就业基地，同时，采访残疾人自主创业明星蔡春英。《中国残疾人》《新华日报》《人民日报》等报刊杂志，刊登宜兴市有关残疾人工作情况的文章。8月3日，市残联副理事长薛慧芳、康复科科长戴菊华、教就科科长储智娟作客宜兴广播电视台《政风行风热线》直播间，为听众、网友介绍市残联工作计划、扶残助残项目，宣传涉残政策。市残联全年出刊《残疾人工作动态》16期，广泛宣传发展残疾人事业。

图9-1 《中国残疾人》杂志记者采访紫砂文化助残工作

图9-2 中央媒体记者团采访残疾紫砂艺人蔡春英

2012年，“全国助残日”期间，全市悬挂横幅80条，张贴助残标语510张，播放游动字幕200条；宜兴电视台除专题宣传残疾人工作重点外，还报道首届残疾人职业技能竞赛开展活动情况；《宜兴日报》用两个专版宣传近年来残疾人事业发展新动向。市残联在《工作动态》中，开辟优秀残疾人事迹专栏，向省、无锡市残联网站报送优秀残疾人事迹20篇；同时加强与《宜兴日报》、宜兴网等主流媒体衔接，深入报道优秀残疾人典型12人次；组织召开“全国创业之星”座谈会和残奥冠军谈燕华庆功会。宜兴电视台专题报道优秀残疾艺人8名。各镇、街道残联利用网络平台每月报送残疾人工作动态信息。张渚、太华镇发动残疾人工作专职委员深入残疾人家庭采写信息。是年，宜兴残联更新动态信息140条，被无锡残联网录用信息102条、省残联网录用信息42条，位列无锡市录用信息量第一。

2013年，“全国助残日”期间，全市悬挂横幅90条，张贴助残标语120条，发放宣传资料1200本，各类宣传媒体良性互动，每周都有残疾人事业新闻出现在电视荧屏。《宜兴新闻》《阳羡茶馆》《今日关注》《陶行天下》等栏目，全方位多角度报道残疾人事业发展及优秀残疾人自强不息的风貌，共计20次。宜兴电视台《陶行天下》栏目，专题报道优秀残疾紫砂艺人6名。是年，市残联更新动态信息243条。年底制作彩色报纸《博爱家园》，内容更全面，信息更丰富。

2014年11月22—12月15日，无锡市残疾人数字图书馆平台开展“爱读书，爱生活”为主题的残疾人读书专题征文活动。丁蜀、官林、万石、屺亭、和桥、徐舍、周铁镇、宜城街道残联，报送残疾人撰写的文章12篇。中国残疾人杂志社来宜兴采访紫砂文化助残工作。无锡市残联与《现代快报》合作，由《现代快报》遴选资深评委评奖，市残联报送的数量和获得奖项位列无锡市第三。其中，丁蜀镇陈张琦的《人在行云里》获二等奖，和桥镇夏正平的《轮椅，承载生命行走的另一种方式》、万石镇赵友君的《抱怨是最消耗能量的无益举动》、周铁镇魏平的《女儿，老妈愿当不老的女生贾梅》获三等奖，宜城街道张健

图9-3 夏正平在工作室

的《绝望中绽放的坚强之花》获优秀奖。同年，宜兴市各媒体全方位、多角度，及时报道残疾人事业的发展和优秀残疾人事迹。其中，市残联网刊登有关残疾人工作信息 270 条，无锡残联网录用信息 100 条，《宜兴日报》刊登稿件 30 篇，宜兴电视台《宜兴新闻》《阳羡茶馆》《今日关注》《陶行天下》4 个品牌栏目播出新闻 71 条，出刊《博爱家园》工作动态 7 期，并开辟优秀残疾人事迹专栏，向省、无锡市残联网站报送优秀残疾人事迹 20 多篇。市残联联系《无锡日报》、宜兴新闻频道等媒体对残疾人范小龙、范培君、马伟忠作栏目专访。其中，范小龙成功获得“陶都好人”称号；协调落实残疾人竞选“宜兴市青年创业明星”，马伟忠成功当选，登上宜兴电视台创业论坛，与专家学者一起探讨创业之路。同时先后编印有《爱德陶艺社紫砂精品集》《市残联惠残政策实用手册》《市残联为残服务机构简介》，制作有反映残联工作专题片《共享蓝天下的幸福》和党建专题片《擎起关爱的天空》，均在市电视台播出。在 2014 年度“江苏省残疾人事业好新闻奖”评选活动中，由《宜兴日报》社选送，杨鋆、蒋敏撰写的消息《全省首家残疾人陶艺合作社在宜成立》获报刊类三等奖；由宜兴电视台选送，吴逸之拍摄的消息《紫砂艺术传递爱心》获得电视类二等奖；由《宜兴日报》社选送，丁焕新新闻摄影《7 名残疾紫砂艺人拜得名师》和《宜兴残疾人士省城展示风采》分获摄影类二等奖、三等奖。宜兴市获奖数量在全省县级市中排名第一。

2015 年，拓展宣传渠道，开设“宜兴市残联”微信公众号。全年出刊《博爱家园》工作动态 8 期，宜兴和无锡残联网站刊登信息分别为 100 条和 48 条，宜兴电视台播出新闻 50 篇，宜兴日报刊登残疾人事业新闻 30 篇，无锡工作动态刊登信息 12 条，省残联网站刊登新闻 8 条，形成平面宣传与电子媒体互动的宣传模式。在 2015 年度“江苏省残疾人事业好新闻奖”评选活动中，无锡市获奖的“好新闻”共 10 件。其中，由宜兴日报社选送，张云芳撰写的通讯《陪伴是最美的承诺》获报刊类三等奖；由宜兴电视台选送，高笑天拍摄的新闻《建设镇级康复场所，让农村残疾人就近享受康复服务》以及吴逸之拍摄的新闻《爱德陶艺社获评“省残疾人文化创业示范基地”》分获电视类二等奖、三等奖；由《宜兴日报》社选送，丁焕新拍摄的《助残促就业》获摄影类二等奖。

第二节　文　艺

一、征文演讲

1992年初，市残联、教委、民政局、团市委、市妇联，联合举办“帮残助残、自强自立”演讲比赛，经区、市二级选拔，惠荣奇（茗岭乡）、冯纪生（鲸塘乡）等10位残疾人获优胜奖。2009年6月5日、11日，市残联分别举办残疾人演讲、事迹报告会，来自各镇、园区、街道以及特殊教育学校的13名残疾人，讲述自己积极融入社会、自强自立、奋力拼搏、回报社会的经历，事迹感人，特别是肢残人夏淑君、钱岳龙、夏正平，盲人杨新平的演讲，赢得阵阵掌声。2010年，市残联在宜兴市第二届机关艺术节系列活动中，获“锦绣宜兴”征文比赛集体优秀奖，“理论武装”知识竞赛集体三等奖。2012年，罗玉龙获江苏省盲人朗诵比赛二等奖。2013年，市残联组织开展“迎国庆”读书征文、演讲比赛，37名残疾人工作者参加，共评出一等奖1名、二等奖2名、三等奖3名和优秀奖6名。2015年，市残联选送节目参加无锡市残疾人文化艺术精品展演，肢残人魏平的演讲《请忽略我的腿》获一等奖。

图 9–4　罗玉龙参加江苏省盲人诗歌散文朗诵大赛

二、文艺演出

2001年，市残联推荐文艺节目参加全市汇演；选拔后，参加江苏省汇演，获一等奖1个、三等奖2个；参加全国汇演，获二等奖1个。2002年，由无锡市残联和宜兴市残联组织，邹海云等编导，市聋哑学校学生表演的《狮灯舞》，获江苏省第五届残疾人文艺汇演一等奖和全国第五届残疾人文艺汇演山东赛区舞蹈二等奖，并应邀参加山东卫视《星光56》节目现场直播演出。肢残人裴国强、魏平分别获省文艺汇演戏曲、声乐类三等奖。2003年，由朱抗美、刘云飞、周静芬编导，市聋哑学校学生表演的小品《三个和尚新传》，在第四届“江苏省盲、聋、培智学校学生艺术汇演”中，获小品类一等奖，并被选送参加全国残疾人文艺汇演。2004 年，在无锡市肢残人卡拉 OK 比赛中，肢残人裴国强、刘锡芬分别获得戏曲类二、三等奖，肢残人魏平获民族类三等奖，市残联获优秀组织奖。2005 年，市聋哑学校排演的舞蹈《心与心不再遥远》，参加全国第六届残疾人文艺汇演，获武汉赛区二等奖。2007 年，2 名残疾少儿艺术作品参加国际红十字会组织的比赛。2008 年 9 月，市盲人协会组织“金秋放歌”卡拉 OK 大奖赛。同年，宜兴市 2 名盲人自创自诵作品，分别获得省盲人诗歌散文朗读比赛三等奖和优秀奖。聋哑人谢超参加无锡市动画作品比赛，获二等奖。2009 年 6 月 16 日，宜兴市首届残疾人艺术节闭幕式暨残疾人文艺演出在市广播电视台演播大厅举行，宜兴市领导、无锡残联领导、无锡地区兄弟市（区）残联领导观看演出。60 多名残疾人文艺骨干演出舞蹈、锡剧、小品等节目，市残工委领导分别向张俊仙等 10 名“扶残助残之星”、夏淑君（肢残）等 10 名“自强创业之星”以及残疾人艺术节优秀组织单位颁奖。2010 年，市残联会同无锡工艺职业技术学院在蛟桥步行街举办“让世界充满爱”文艺晚会，700 多名群众观看演出。同时，会同无锡工艺职业技术学院开展“追逐太阳”庆祝第二十七个国际盲人节活动。市残联在宜兴市第二届机关文化节系列活动中，获“巧手绘春”才艺作品比赛三等奖 2 名。2011 年，丁梦娇入选省聋哑模特表演队。市盲人协会组织 30 多位盲人举行庆祝第 28 个国际盲人节飙歌联欢会。10 名肢残人合唱《党啊，亲爱的妈妈》在宜城街道第七届社区文艺演出中获特别奖。在第七届全省残疾人艺术汇演中，市残联推荐的小品《抬驴记》获江苏省残疾人艺术汇演一等奖，同时获华东地区艺术汇演优秀奖。2012 年，在第二十二次“全国助残日”活动期间，

图 9-5　“爱满金秋”盲人好声音选拔赛现场

各镇（街道）残联精心编排37个节目参加市残疾人文艺汇演，市残联从获奖节目中遴选12个优秀节目，组成“传递真情、放飞梦想”残疾人文艺汇演，在电视台演播厅演出，市“四套班子”主要领导到现场观看演出。2015年，市残联组织宜兴市特殊教育学校学生参加无锡市首届特教学生文艺汇演，《鼓舞心声》获器乐类节目第一名，《雏鹰展翅》获小品第三名，1名学生获“优秀演员奖”。同年，市残联组织开展国际盲人节“盲人好声音”选拔活动、“共享幸福，让爱快乐绽放”国际残疾人日专项演出活动、联合欢乐义工组织盲人开展“你是我的眼”工艺助残观影活动。

三、工艺美术

2000年5月，丁蜀镇残联举办第一届残疾人工艺美术作品展览。展示的作品有雕塑、茶壶、书法等30多件。2007年7月，市残联创办残疾人艺术协会，协会定期开展书画、陶艺等作品交流，并聘请相关专业人士辅导培训，开展“一帮一”“一带一”活动。如研究员级高级工艺美术师曹婉芬、高级工艺美术师汪成琮分别接收肢残人葛知、聋哑人徐明为徒，帮助他们提高工艺水平。2010年，市残联选派紫砂艺人夏淑君（肢残）、马志刚（肢残）、

图9-6　首届残疾人职业技能赛陶艺制作比赛

蔡春英（肢残），参加上海残疾人艺术博览会。同时遴选20位残疾人的100多件陶艺作品参展。2012年，市残联会同市人社局、文联等单位举办残疾人职业技能竞赛，开展盲人推拿、陶艺制作、雕塑、绘画等8个项目的比赛，为残疾人就业创业、才艺展示、职称评定创造条件。3月，作赛前选拔与培训。5月，在“全国助残日”期间正式开赛。2013年，市残联举办“陶乐人生”残疾人陶艺展。37位残疾人精心制作的96件陶艺作品，经7位陶艺大师对

做工、创造力、器形等方面的认真评定，评出陶艺类、陶刻类一、二、三等奖14个，佳作奖10个。12位获奖者被宜兴陶博馆授予馆聘职称，6位获奖者的事迹被宜兴电视台《陶行天下》栏目制作成专题片在全市播出。同时，市残联精心制作的《陶艺展优秀作品集》和《陶艺展专题片》作对外宣传。2014年，市残联组织举办第二届残疾人紫砂精品展，41位残疾紫砂艺人选送41件作品，经5名陶艺家评定，有13件陶艺类和陶刻类作品分获一、二、三等奖。其中，一、二等奖6件作品选送青岛世界园艺博览会"世外陶园"紫砂作品展。2015年，市残联组织爱德陶艺社和残疾人参加第五届中国（无锡）国际文化艺术产业博览交易会，并开展全手工陶艺制作比赛。

四、书法、绘画、摄影

1998年，市残联组织选送作品参加江苏省和无锡市残疾人美术、书法、摄影作品展，获省展三等奖1件，无锡市二等奖1件、三等奖2件。其中，川埠文化站肢残人黄国达书法作品获省展三等奖和无锡市展二等奖、三等奖各1件。2003年，市残联选送作品参加第二届无锡市残疾人工艺美术书法摄影作品展，分别获美术类二等奖1件和紫砂类一、二等奖各1件及三等奖2件。2009年5月26日，市残联在市美术馆举办"同在蓝天下"宜兴市残疾人艺术节活动开幕式暨残疾人才艺作品展，展示26位残疾人创作书法、摄影、编织、陶艺等

演讲比赛现场

作品 76 件。2015 年，在宜兴市第二届残疾人职业技能竞赛中，吴展鸿、谢超、陈生富分别获水彩绘画第一、第二、第三名。在无锡市残疾人职业技能选拔赛中，谢超、吴展鸿分别获水彩绘画第二、第四名。

五、文学作品

2011 年，市残联与市文联合作，为肢残人作家夏正平出版《大地丰润》作品集募集善款。《大地丰润》首发仪式举行后公开发行，并列入中宣部农家书屋励志书目。2012 年，市残联会同《宜兴日报》社出刊《我身边残疾人自强成长故事》作品集，编印成册，还将作品集捐赠大、中、小学生，组织阅读，并举行读后感征文比赛。2013 年 2 月，夏正平作品集《大地丰润》获“太湖文学奖”。肢残人作家王小凤创作诗歌近 300 首，以网名“浅水芦苇”为书名，在宜兴日报社、宜兴网网友的帮助下，由《宜兴日报》社长、网友“老农”作序，公开出版。

第三节 体 育

1988 年 9 月，为迎接江苏省首届智力障碍“特奥会”，丁山小学组织代表参加无锡市选拔赛，智力障碍儿童宋绿叶、戴勤英、郭斌、丁旻等，共获银牌 3 枚、铜牌 6 枚。

1992 年 11 月上旬，市残联选送 8 名残疾人运动员参加无锡市“民模杯”残疾人乒乓赛，获聋哑男子团体第二，陈军、陈斌、梁积荣分别获得男聋个人第二、第五，肢残男子个人第二。

1995 年，宜兴市残联选送 8 名残疾人运动员，参加江苏省智力障碍奥林匹克运动会和省第四届残疾人运动会，获金牌 3 枚、银牌 1 枚、铜牌 1 枚。

1998 年 5 月，市残联选送残疾人运动员，参加无锡市首届残疾人运动会，获金牌 12 枚、银牌 5 枚、铜牌 4 枚。其中，红塔镇肢残运动员肖志军夺得举重、田径赛项目金牌 7 枚，并破男子组铅球、标枪两项省记录，成为整个运动会中获金牌最多的运动员；善卷镇聋哑人雷道军获男聋铁饼比赛银牌，并破省记录；新建镇高位截瘫肢残人毛俊获男子肢残组 60 公斤级抓、挺举金牌 2 枚；张渚镇肢残人余忠明获男子肢残组 90 公斤级抓、挺举金牌 2 枚。

2003 年，肢残女青年谈燕华、王莉入选省女子坐式排球队后，作为主力队员参加第六届全国残疾人运动会，获女子坐式排球比赛团体冠军。同年10月，谈燕华入选中国女子残疾人坐式排球队，作为主力队员参加在日本举行的亚太地区女子坐式排球锦标赛暨残奥会预选赛，为中国队荣获冠军、成功获取2004年雅典残奥会入场券，作出贡献。谈燕华和王莉均受到无锡市政府残疾人工作协调委员会表彰、奖励。

残疾人运动员在无锡市九运会中喜获佳绩

2004年，经选拔，31名宜兴市残疾运动员参加无锡市第九届运动会残疾人部比赛，获金牌32枚、银牌12枚、铜牌11枚，居奖牌榜首，夺得金牌总数和团体总分第一。市残联获优秀组织奖。聋哑运动员郭啸、脑瘫运动员吴鹏被省选拔为残疾人体育苗子，参加省队集训。在省残疾人游泳锦标赛上，聋哑运动员郭啸获得金牌2枚、银牌3枚。同年9月，在第十二届雅典残奥会上，中国女子坐式排球队以七连胜获得金牌。宜兴肢残运动员谈燕华作为主攻手，作出重要贡献。

2005年11月，在淮安举行的江苏省青少年田径锦标赛上，宜兴残疾运动员徐晶晶获跑步100米、400米金牌，被省队选录。

2007年，市残联选送8名残疾运动员参加省残疾人运动会，获金牌2枚、银牌6枚、铜牌3枚。5月，残疾人谈燕华参加全国第七届残疾人运动会，作为江苏省运动队主力队员参赛，获坐式排球团体第一名，个人被大赛组委会评为“体育道德风尚奖”，残疾人徐晶晶获田径跑步第四名。同年，谈燕华获世界女子坐式排球锦标赛团体银牌，个人获“世界最佳运动员”称号。

图9-10　谈燕华（右一）在残奥会上

2008 年 9 月，在第十三届北京残奥会上，中国女子坐式排球队获团体金牌。宜兴肢残运动员谈燕华作为主攻手，作出重要贡献。

2009 年 7 月，市残联选送 44 名残疾人运动员参加无锡市第十届运动会残疾人部比赛，获团体总分 322 分，列无锡市第三名。其中，田径项目获 196 分，列无锡市第三名；游泳项目获 44 分，列无锡市第六名；乒乓球项目获 35 分，列无锡市第四名；羽毛球项目获 15 分，列无锡市第四名；聋人篮球项目获 14 分，列无锡市第二名；举重项目获 9 分。宜兴市获金牌 18 枚，银牌 20 枚，铜牌 11 枚，列无锡市第四名。其中，田径金牌 11 枚、银牌 12 枚、铜牌 9 枚。游泳金牌 3 枚、银牌 4 枚，乒乓球金牌 2 枚、银牌 1 枚、铜牌 1 枚，羽毛球金牌 1 枚、铜牌 1 枚，聋人篮球银牌 1 枚，举重金牌 1 枚。宜兴田径代表队获残疾人部“体育道德风尚奖”。12 月，宜兴市残疾人运动员王珺、徐晟参加江苏省残疾人体育训练中心第一批射箭组训练。

2010 年，市残联选拔 18 名优秀残疾人运动员代表无锡地区参加省第八届运动会（残疾人部），取得优异成绩。同年，推荐 1 名残疾女子参加坐式排球训练；推荐 1 名聋哑运动员加入江苏省聋人足球队，成为主力队员。

2011 年，市残联选派残疾人运动员参加全国第八届残疾人运动会，王

图 9-11　无锡市残联总组书记、理事长刘翔（左三）亲切看望备战残奥会的宜兴籍运动员谈燕华（右四）

珺获男子团体 70 米反曲弓淘汰赛冠军，同时打破全国记录和世界记录；徐晟获男子 50 米复合弓淘汰赛个人亚军和男子团体季军；谈燕华、王莉、金韵获女子坐式排球赛团体冠军。同年，为备战伦敦奥运会，市残联选送 2 名残疾人运动员参加中国女子坐式排球训练，选送 23 名残疾人运动员参加无锡市残疾人游泳和乒乓球锦标赛。

2012 年，残疾人王紫陶、刘丹参加江苏省青少年游泳锦标赛，获金牌 2 枚、银牌 3 枚、铜牌 1 枚。

2013 年 9 月，谈燕华参加伦敦第十四届残奥会女子坐式排球比赛，获团体冠军。同年，市残联选派 49 名选手，参加无锡市十一届残疾人运动会，在六个大项十多个小项比赛中，获团体总分 437 分，列无锡市第四名。共获金牌 23 枚、银牌 24 枚、铜牌 19 枚，宜兴为无锡地区获奖率最高市（县）。

图 9-12　市残联为 2 位全国第八届残运会获奖选手召开庆功会

2014 年，市政府首次将残疾人体育比赛纳入宜兴市第八届运动会，并确定为宜兴市首届残疾人运动会。市残联确定比赛大项 7 个，小项 72 个，各镇街道参赛残疾人共计 381 名。是年，选送 10 名残疾人运动员参加省第九届残疾人运动会，周晨、陈乐俭、许丹萍等获银牌 3 枚、铜牌 5 枚。是年，市残联与宜兴市培源实验小学合作建设盲人门球训练基地，同时组建男子盲人门球队，赴全国盲人门球训练基地参加由国际级教练指导的集训后，参加江苏省第九届残疾人运动会门球赛，获第三名；市残联选送 3 名聋人运动员，参加全国第九届残运会暨全国聋人篮球锦标赛，获男子团体第四名、女子团体第七名。

附：宜兴市首届残疾人运动会荣誉

残疾人体育先进单位

宜兴市残疾人联合会

宜兴市张渚镇残疾人联合会

宜兴市西渚镇残疾人联合会

宜兴市徐舍镇残疾人联合会

宜兴市新建镇残疾人联合会

宜兴市高塍镇残疾人联合会

宜兴市丁蜀镇残疾人联合会

宜兴市宜城街道残疾人联合会

宜兴市新街街道残疾人联合会

宜兴市新庄街道残疾人联合会

残疾人体育先进工作者

宜兴市残疾人联合会宣文科　薛建强

宜兴市丁蜀镇残疾人联合会　王文元

宜兴市宜城街道残疾人联合会　陈朗然

宜兴市新建镇残疾人联合会　蒋国洪

宜兴市张渚镇残疾人联合会　史建东

宜兴市官林镇残疾人联合会　祁慎祥

宜兴市高塍镇残疾人联合会　邵文婷

宜兴市新街街道残疾人联合会　曹　勇

宜兴市张渚镇体育运动员　余忠明

宜兴市张渚镇运动员　罗煜航

宜兴市首届残疾人运动会总分榜一览表

表 10-1

项目 得分 乡镇、街道	乒乓球	篮球	中国象棋		拔河	羽毛球	游泳	田径	总分	名次
	单打	三人制团体	团体	个人	团体	单打	团体	团体		
丁蜀镇	22 分	50 分	30 分	8 分	35 分	4 分	35 分	71 分	255 分	1
宜城街道	19 分	47 分	—	—	15 分	24 分	31 分	90 分	226 分	2
高塍镇	14 分	—	24 分	6 分	—	19 分	9 分	84 分	156 分	3
新建镇	—	20 分	—	—	45 分	—	12 分	77 分	154 分	4
新街街道	21 分	20 分	—	—	50 分	—	—	61 分	152 分	5
徐舍镇	8 分	20 分	9 分	9 分	—	10 分	—	79 分	135 分	6
西渚镇	1 分	44 分	—	—	25 分	—	7 分	57 分	134 分	7
新庄街道	10 分	35 分	15 分		30 分	19 分	—	21 分	130 分	8
张渚镇	1 分	41 分	—	—	—	7 分	11 分	66 分	126 分	9
和桥镇	19 分	38 分	—	—	—	10 分	22 分	21 分	110 分	10
杨巷镇	6 分	20 分	12 分	7 分	20 分	1 分	—	36 分	102 分	11
芳桥街道	—	—	21 分	4 分	40 分	7 分	14 分	13 分	99 分	12
周铁镇	4 分	20 分	—	—	10 分	5 分	5 分	35 分	79 分	13
太华镇	—	—	18 分	2 分	—	4 分	—	44 分	68 分	14
屺亭街道	—	—	—	—	5 分	5 分	15 分	41 分	66 分	15
万石镇	—	20 分	—	3 分	—	—	15 分	18 分	56 分	16
湖㳇镇	7 分	—	27 分	5 分	—	3 分	—	9 分	51 分	17
官林镇	7 分	20 分	—	—	—	5 分	—	15 分	47 分	18

附：宜兴市残联、培源实验小学盲人门球训练基地简介

盲人门球运动是根据盲人视力障碍特点而专门设计的一项集体性球类项目，需要运动员根据触觉来确定自己在场上的位置、方向，根据听觉来判断球的方向、速度，从而迅速作出反应，既突出运动员个人技术又强调团队配合，是一项“球似篮球，球门似足球，而掷球动作像保龄球”的运动。

图 9-13 男子盲人门球运动员在训练基地实战训练

2014 年，受无锡市残联委托，宜兴市残联组建男子盲人门球队，并与宜兴市培源实验小学协作，按标准要求建成宜兴市盲人门球训练基地。基地占地面积约 800 平方米，地面铺设标准的运动型地板，安装标准的球框，作为盲人门球训练专用场地。宜兴市残联遴选盲人参加基地集训，邀请国家级盲人门球专业教练赴基地指导训练，并组织盲人门球队赴浙江基地集训。同年 7 月，宜兴市男子盲人门球队代表无锡参加江苏省第九届残疾人运动会盲人门球比赛，获团体第三名。

第四节 技 能

1989 年，宜兴市 30 多名残疾人踊跃报名参加“全国第一届残疾人职业技能竞赛大会”，受到社会各界广泛关注。

1991 年 10 月，中残联指定宜兴市 5 名残疾人，创作紫砂工艺品，参加在香港举行的国际残疾人技能比赛（国际展能节）。

1993 年，市政府表彰奖励在第三届“国际展能节”上获制陶紫砂壶金奖的肢残女工夏淑君。夏淑君当场将 1 万元奖金全部捐献，赞助残疾人事业。同年 5 月，市残联举行残疾人技能竞赛展示活动。12 月 3 日，市残联组织部分有一技之长的残疾人，在宜城镇人民路旁设点，义务为市民修理自行车、家用电器、钟表等，共计修理 367 人次。

1995年9月初，市紫砂工艺五厂肢残女工夏淑君在澳大利亚佩斯举行的第四届国际残疾人展能比赛中，再度荣获制陶金奖。同年11月，夏淑君被国家劳动部评为百名全国技术能手之一。

图9-14　夏淑君制作紫砂壶

1996年，市紫砂工艺五厂肢残女工夏淑君，被国家劳动部授予“全国技术能手”称号，进京出席颁奖大会。

2000年，肢残人毛建强、郭亚军，分别获无锡市首届展能活动快速组装自行车项目二等奖。

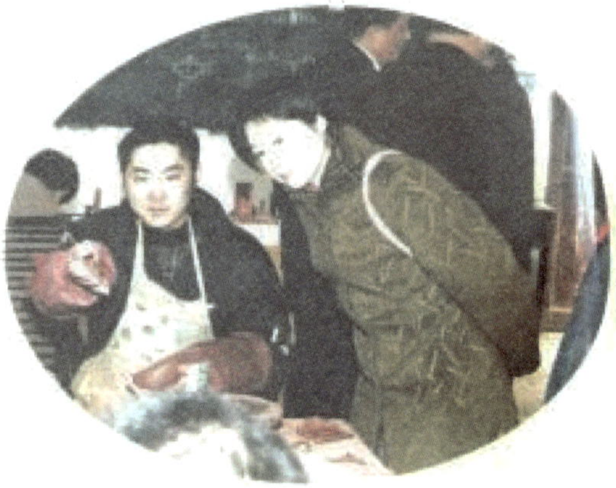

图9-15 爱德基金会主任佘红玉（右）走访残疾陶艺人

2002年，在无锡市首届残疾人工艺美术作品比赛中，宜兴市10件作品分别获紫砂茶壶类一、二、三等奖。其中，肢残人毛丹的工艺美术作品《鹰》、马志刚的工艺美术作品《返璞归真》均获一等奖。聋哑人陈军在省第三届残疾人服装设计比赛中，获第四名。市残联获团体组织奖。

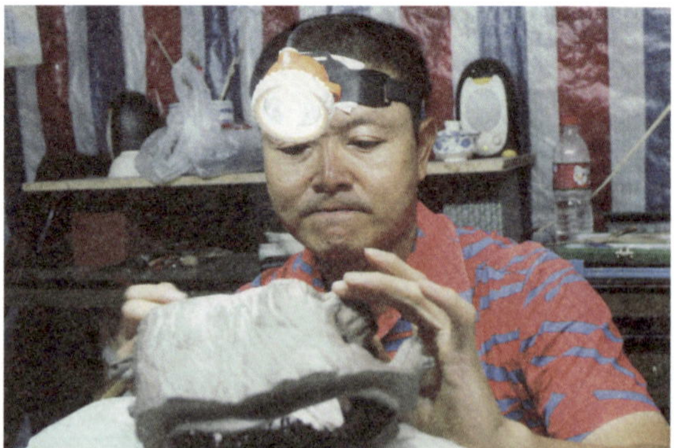

图9-16　马志刚正在工作

2003年上半年，宜兴市被省和全国选录职业技能演示选手2名。宜兴市选送残疾人作品10多件，在无锡市残联“四代会”期间展示。11月，肢残艺人马志刚参加在印度新德里举行的第六届国际残疾人职业技能比赛，获制陶项目第四名。

2005年5月上旬，市残联组织8名选手参加无锡市残疾人职业技能竞赛，获团体第三名和优秀组织奖。同年，选送6名选手，参加省第三届残疾人职业技能竞赛，获陶艺、女服制作等金牌2枚、银牌1枚、铜牌1枚和第五名。9月，在省组织部、省劳动保障厅联合召开的全省高技能人才工作会议上，宜兴市残疾人夏淑君（紫砂壶制作）被省残联授予“江苏省有突出贡献高级技师”称号，马志刚（紫砂微雕）被授予“江苏省技术能手”称号。

2006年，市残联组织8名选手，参加无锡市残疾人职业技能竞赛，获团体第三名。

2008年，在全国第三届残疾人职业技能竞赛中，宜兴3位残疾人进入前八强。

2009年8月19—28日，在无锡市第三届残疾人职业技能竞赛中，宜兴市选手陈军获男服制作第一名、王小红获女服制作第一名，周迅获盲人保健按摩第一名。

2010年，肢残紫砂艺人马志刚创作完成紫砂微雕作品《万众一心》。作品经市残联推荐，由中国世界纪录协会为之颁发《世界记录证书》和《世界之最证书》。同年，在上海世博会期间，残疾人马志刚、夏淑君、蔡春英代表江苏省参加“生命阳光世博展示”江苏周活动；残疾人魏平、余虹云经

图9-17　市长张立军致辞

层层选拔，成为“世博会”英国馆向导，魏平并当选为“世博会”英国馆“最佳沟通之星”。

2011 年，市残联选送 18 名残疾人，参加无锡市第三届残疾人八项职业技能竞赛，获团体总分第一名。宜兴市 10 名选手被无锡市残联选送参加江苏省第四届职业技能竞赛，其中蔡春英、范月琴分别获陶艺设计制作第一、二名。同年，在全国第四届国际残疾人职业技能竞赛中，蔡春英获陶艺设计制作第一名，范月琴获第二名。是年，蔡春英赴韩国参加第八届国际残疾人职业技能赛，获特别奖，并被国家人社部授予“全国技术能手”称号。

图 9-18　蔡春英正在工作

2012 年 5 月，“全国助残日”期间，市残联会同总工会、人社局，举办首届残疾人职业技能竞赛，92 名残疾人选手参加陶艺制作、盲人保健按摩等 6 个项目竞赛，每个项目的第一名授予“宜兴市技术标兵”称号，其他获奖选手授予“宜兴市技术能手”称号。其中盲人协会组织 40 名盲人按摩师参加竞赛，陈福军、吴天君、牟健、周财东、丁小中分别获得市技术标兵和市技术能手称号。

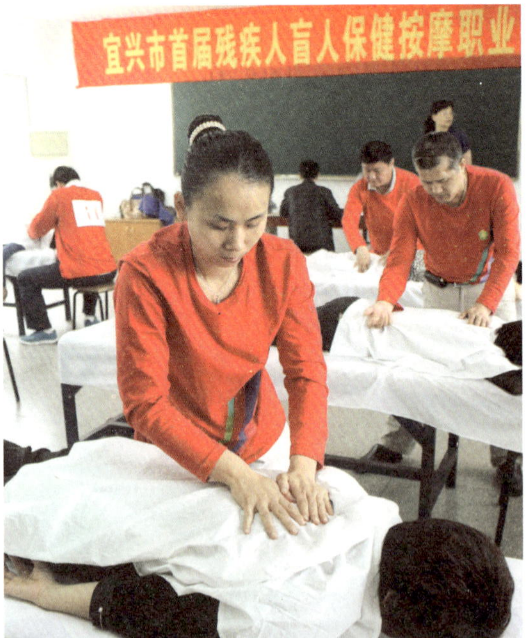

图 9-19　残疾人职业技能竞赛盲人按摩比赛

2013 年，在无锡市第四届残疾人职业技能竞赛中，宜兴市选手瞿建明、唐浩良分别获服装剪裁第一、第四名，储强、陆双龙分别获美发第一、第二名，王利群获计算机组装第二名，刘军、戴方元分别获CAD制图第四、第六名，吴亮获计算机程序第二名，瞿建明、储强获“无锡市技术能手”称号。同年，在江苏省残疾人职业技能竞赛中，张柏元获自行车助动车装配第五名。市残联选送2名残疾人，参加第十五届江苏省美容美发美甲大赛，储强获残疾人组银奖，陆双龙获铜奖。

图 9-20　残疾人职业技能竞赛女服制作比赛

图 9-21　市第二届残疾人职业技能竞赛陶艺项目比赛

2014年5月19日，市残联在爱德培训学校举办宜兴市第三届盲人保健推拿技能竞赛，共有23名盲人保健按摩师参加比赛，周财东、丁小忠获第一名，张云明、吴伟明获第二名，管娇、周谊平、范婷婷获第三名。5月23日，在爱德培训学校举行的第二届残疾人陶艺制作技能竞赛中，范月琴、范培君获第一名，吕作欢、周小华获第二名，方超、王俊杰、董洪书获第三名。同年，在第五届江苏省残疾人

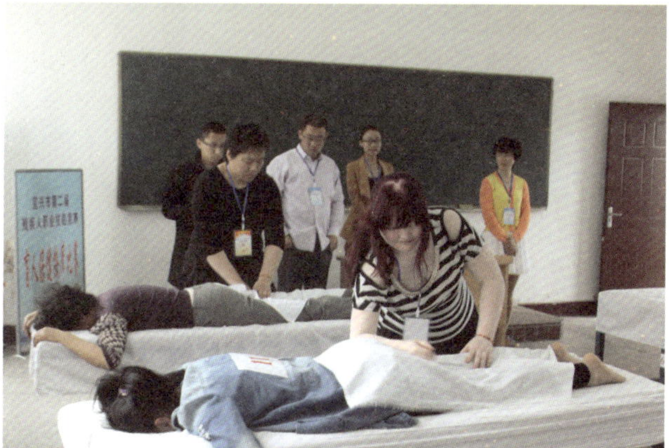

图 9-22　市第二届残疾人职业技能竞赛盲人按摩项目比赛

职业技能竞赛中，范月琴获陶艺制作第一名，范培君获第二名；瞿建明获服装剪裁第二名，王晓红获男服制作第二名。在全国陶艺精英赛中，范月琴、范培君分获第一、第八名。

2015 年，在宜兴市第二届残疾人职业技能竞赛中，18 个镇（街道）选送 75 名选手参赛，范培君 、陈忠庆、周小华、蔡利平、李婷、王俊杰获陶艺制作前六名，钱琦、马燕获陶艺雕刻第一、第二名，唐浩良、周志强获服装制作第一、二名，吴展鸿、谢超、陈生富分获水彩绘画第一、第二、第三名，史君芳、余东云、邵亚琴分获钩针刺绣第一、第二、第三名，周财东、范存斌、张云明、吴能源、管娇获盲人按摩前五名。同年，宜兴选手瞿建明获全国第五届残疾人职业技能竞赛服装裁剪项目第五名。在无锡市残疾人职业技能选拔赛中，谢超获水彩绘画第二名，吴展鸿获第四名。在中国第三届推拿按摩师大赛中，王俊获“十佳精英奖”第二名。

附：宜兴市爱德陶艺社简介

宜兴市爱德陶艺社成立于 2014 年，是由残障艺人组成的联合性、非营利性团体。陶艺社首批社员 32 名，特聘顾问 7 名（其中国大师 4 名，省大师 2 名，省名人 1 名）。陶艺社坐落在新街街道环科园绿园路 1006 号，建筑面积 300 多平方米，设有可容纳 13 人同时进行陶艺制作的团队工作室，辟有陶艺作品展厅，陈列残障陶艺人制作的紫砂壶、微雕和陶刻等作品 132 件（套）。陶艺社旨在为残障艺人搭建一个学习交流、切磋技艺、技能培训、大师结对、作品展示的平台，以提升他们的技术水平，提振他们的创作热情。同时加大对残障陶艺人的宣传推广、整体包装、市场拓展、维权服务的力度，从而帮助全市残障陶艺人实现“修德养艺、弘

图 9-23　爱德陶艺社全体成员合影

扬文化、自强自立”陶艺梦。

图 9-24 副市长吴青峰（左）和无锡市残联副理事长朱永彬（右）揭牌

爱德陶艺社在宜兴市残联业务主管与关心支持下运作，初创时期依托市民政局创业孵化项目和公益创投项目扶持，在社团体制框架内自主开展活动。爱德陶艺社以修德养艺为目的，以提高经济收益为目标，以“培养－交流－展示－推介－发展”为运作模式，努力让紫砂文化助推全市残疾人事业蓬勃发展，为传承和弘扬宜兴陶文化作出应有贡献。

第十章 先　进

历年来，各级政府高度重视残疾人事业发展，将对残疾人工作的考核，以及对优秀残疾人的表彰，列入社会事业的各项先进集体、个人的评选中。

第一节 残疾人工作先进集体、个人

一、先进集体

1988 年，团市委在各学校开展“红领巾助残”活动，受到团中央表彰。

1993 年 12 月，宜兴市被评为省特殊教育先进市。宜兴市残联被评为无锡市残疾人工作先进单位。徐舍医院被评为江苏省残疾人“三项”康复工作先进单位。市第一人民医院被评为无锡市残疾人“三项”康复工作先进单位。鲸塘中心小学被评为无锡市特殊教育先进集体。

1994 年 4 月，宜兴市特殊教育工作受到省教委、省民政厅、省残疾人联合会表彰，被授予特殊教育先进县（市），同时获国家教委通报表彰。10 月，张泽浇注耐火材料厂、宜兴市电工厂被评为无锡市帮残助残先进单位。12 月，宜兴市残联被评为无锡市残疾人工作创优单位。

1995 年 12 月，宜兴市残联被评为无锡市残疾人工作目标管理先进单位。

1996 年 4 月，宜兴市被评为江苏省残疾人工作先进集体，同时被卫生部、民政部、国家医药总局、国家计生委、财政部、中国残联等评为全国特需人群补碘先进县（市）。6 月，宜兴市残联被评为江苏省残疾人工作先进集体。10 月，丁蜀镇被评为江苏省特需人群补碘先进集体。丁蜀镇、和桥镇被评为无锡市残疾人工作先进乡镇。市助剂化工厂、市浇注耐火材料厂被无锡市评为先进残疾人之家。阳羡小学四（3）班中队冯茜小队、张渚小学六（一）班中队五小队被评为无锡市红领巾助残先进。

1999 年 12 月，宜兴市残疾人康复工作全面超额完成上级下达的各项任务指标，特需人群补碘工作被评为全国先进市。同时，宜兴市与爱德基金会合作的社区康复项目顺利通过有关国际组织的综合考核验收。宜兴市残联在无锡市残疾人工作目标管理考核中，多次获得目标管理优胜奖和先进奖。

2001 年，市残联被评为江苏省“九五”特需人群补碘工作先进集体。

2002 年，宜兴市被授予“九五”期间“全省残疾人工作先进市”称号。宜城街道、张渚镇被授予无锡市“九五”期间“全市残疾人工作先进集体”。

2003年，宜兴市被评为“全国残疾人康复工作先进市”。市残联被评为“江苏省残疾人扶贫工作先进集体”，无锡市年度目标管理一等奖。丰义中心小学五（4）中队被全国少工委、中残联评为“全国红领巾手拉手助残”先进集体。

2005年，宜兴市被中国残疾人联合会授予“全国乡镇残疾人工作试点县（市）”，市新平盲人按摩所被省残联授予“三星级盲人按摩所”。

2006年，宜兴市被定为全国乡镇残疾人工作试点市。市残联被评为无锡市基层残疾人组织建设先进单位、残疾人教育和培训工作先进单位、残疾人康复工作先进单位。宜兴市大浦镇调查队被评为无锡市持证残疾人普查登记工作先进集体。鲸塘、徐舍被评为无锡市残联工作先进集体。同年，宜兴市博爱生态农业有限公司被确定为省级残疾人扶贫示范基地。

2008年12月9日，宜兴市创建“省残疾人社区康复先进市”通过省检查组验收。同时，全国首个“农村社区康复示范项目”“盲人定向行走项目”被中残联在全国推广。

图10-1

图10-2

2009年4月，江苏省人民政府、省残疾人工作委员会，授予宜兴市“白内障无障碍市”称号。同年，在无锡市首届社区康复医生技能竞赛中，宜兴市获竞赛组织奖。同年，创“省残疾人社区康复先进市”优胜单位10个：张渚镇善卷村、徐舍镇奖墅村、官林镇前城村、凌霞村、杨巷镇黄家村、周铁镇东湖村、丁蜀镇双庙村、宜城街道大同社区、东山社区、城南社区。12月，市残联工会被宜兴市市级机关工会评为“2008—2009年度先进基层工会”。

2010年，怡和园艺场被确定为省级残疾人扶贫示范基地。在第三批“无锡市残疾人工作五星级社区”命名中，宜兴市张渚镇水埠社区等50个社区（村）被授予“五星级社区”称号。

2011年，宜兴市《建立培养、选拔、输送优秀残疾人机制》论文获无锡市特色优秀奖。宜兴市167个村（社区）被命名为无锡市第四批残疾人工作五星社区。12月，市残联残疾人综合服务中心被宜兴市妇女联合会授予“巾帼文明岗”。

2012年，宜兴市在全省残疾人就业工作目标管理考核中被评定为优秀。丁蜀镇残联被江苏省残联评为全省基层残联组织先进集体。市残联被江苏省残疾人工作委员会评为创建“全国白内障无障碍”先进集体。市盲人协会被中残联评为“十一五”全国残联专门协会创先争优工作优秀单位。

2013年，宜兴市残疾人综合服务中心被评为宜兴市“五一巾帼标兵岗”。宜兴市残疾人康复中心被评为江苏省残疾人“人人享有康复服务”工作先进集体。宜兴市爱德培训学校被中残联评为国家级残疾人培训基地。宜兴市被省残工委评为全省“人人享有康复服务”工作先进市。宜兴市残疾人康复中心被评为省级先进单位。宜兴市孤独症儿童成长中心教育模式获无锡市残联创新工作奖。宜兴市残联获无锡市第四届残疾人职业技能竞赛总分第二名。

宜兴市先后被中国残联、省残工委评为“全国白内障无障碍市”先进集体、“江苏省残疾人社区康复工作先进市”，市残联所属爱德培训学校获“全国优秀成人教育培训机构”“江苏省残疾人职业技能培训示范基地”称号，市残疾人康复中心被评为省级先进单位。市政府在“2011—2012年度全市先进社会组织及先进社会组织工作者”决定中，宜兴市博爱家园残疾人托养中心、宜兴市王俊盲人保健按摩院受到表彰。

2014年，宜兴市被省残疾人工作委员会评为江苏省“人人享有康复服务”先进市。博爱家园儿童成长中心被中国精协孤独症委员会评为全国孤独症服务机构自强自律创建活动社会倡导达标单位。同年，爱德陶艺社成功创建成为江苏省第三批残疾人文化创业基地。

2015年，宜兴市残联调查办公室被省工委评为全国残疾人基本服务状况和需求专项调查工作先进集体。张渚镇、周铁镇、杨巷镇、新建镇、和桥镇被评为“全国残疾人基本服务状况和需求专项调查工作”无锡市先进集体。

二、先进个人

1985年，归径中心小学聋哑教学班教师宗曙儿被中国残疾人福利基金会评为特殊教育先进工作者。

1991 年，江苏省残疾人联合会在关于表彰扶残助残先进集体、“残疾人之家”“残疾人之友”和残疾人先进个人的通报中，宜兴市鲸塘乡中心小学聋班教师赵航被评为省“残疾人之友”先进个人。

1993 年 12 月，徐舍医院袁晓中被评为省“三康”工作先进个人。市人民医院吕欣欣、市残联储智娟被评为无锡市残疾人“三康”先进个人。鲸塘中心小学聋教班教师赵航被评为无锡市特殊教育先进个人。

1996 年 9 月，宜兴市残联杨德新、宜兴市卫生防疫站卫学君、鲸塘民政办许杏初被评为江苏省特需人群补碘先进个人。

2000 年 9 月，储智娟（市残联）、金志仙（宜城镇）、杭南生（丁蜀镇）被评为江苏省“九九”特需人群补碘工作先进个人。

2001 年 12 月，市残联储智娟被无锡市“九五”期间残疾人工作先进个人。

2002 年，市残联戴菊华被江苏省残工委评为江苏省残疾人康复工作先进个人。同年，戴菊华、刘林森（徐舍镇）被授予无锡市“九九”期间“全市残疾人工作先进个人”。

2005 年，市残联潘志泉被评为宜兴市委市级机关优秀共产党员，市残联薛慧芳被评为宜兴市委市级机关优秀党（总）支部书记。

2009—2010 年，市残联蒋敏被评为无锡市残疾人事业统计暨信息报送先进个人。

2011 年，市残联薛慧芳获市委、市人民政府嘉奖。同年，市残联蒋敏被市级机关工会评为优秀工会积极分子。

图 10-3　无锡市盲人定向行走技能比赛

2012 年，宜城街道残联陈朗然被江苏省残联评为全省基层残联组织优秀个人。是年，市政府在表彰 2011—2012 年度全市先进社会组织及先进社会组织工作者决定中，王志荣（宜兴市爱德培训学校校长）、杨新平（宜兴市新平盲人推拿所主任）、王海霞（宜兴市残疾人辅助器具服务中心主任）受到表彰。市残联刘小燕被评为宜兴市优秀社会组织管理工作者。市残联邵漪群在无锡市首届盲人定向行走训练指导师技能竞赛中获个人一等奖。

2013年，在首期全国残疾人就业指导员远程培训中，市残联郑惠珍被中国残联就业指导服务中心清华大学继续教育学院评为优秀学员。市残联沈忠余被无锡市成人教育协会评为成人教育先进工作者。市残联张阿明被无锡市第十一届运动组织委员会评为优秀体育工作者。

2014年，市残联薛建强被江苏省残联评为第九届盲人门球教练员带队第三名、残疾人体育健身指导员培训班优秀学员，获残疾人体育健身指导员培训班二级指导员资格。在全省残疾人就业服务机构工作人员职业指导竞赛中，市残联邹云被省就管中心评为团体三等奖。

2015年，在“全国残疾人基本服务状况和需求专项调查”工作中，市残联邹云、刘小燕，屺亭街道残联吉建君、芳桥街道残联尤忠明、丁蜀镇残联方顺芬，被省残工委评为先进个人。西渚镇残联计萍、太华镇残联叶竞竞、官林镇残联吴程程、湖㳇镇残联向亚蓉、高塍镇残联邵文婷、万石镇残联袁振华、新街街道残联曹勇被无锡市评为先进个人。是年，市残联杭仁育被江苏省人民政府残疾人工作委员会评为按比例安排残疾人就业工作先进个人。

第二节 残疾人模范

1988年12月，丁山公安分局特约治安员聋哑人马炳荣投身治安工作多年，不顾个人安危抓小偷，对社会治安作出贡献。无锡市政府授予马炳荣“见义勇为先进分子”称号，发给奖金200元，《无锡日报》宣传报道马炳荣先进事迹。1989年、1990年，茗岭乡工业公司经理兼书记惠荣奇（肢残）被评为宜兴市优秀党支部书记。1991年抗洪救灾中，洋溪乡向阳村潘孟根（肢残），8次坐手摇轮椅挨户募集塑料袋1900只，送往圩堤，装土防洪，被评为抗洪救灾积极分子。

1997年，夏淑君、孙春荣、裴国强、陈顺龙、徐南翔、郭浩春、黄明、冯纪生、储平、王子南被评为市十佳残疾人自强模范。1995—2009年，市紫砂工艺五厂职工夏淑君（肢残），被授予“全国自强模范”“全国技术能手”“全国三八红旗手”等称号，被选举为宜兴市十一届政协委员，获国务院特殊津贴，评定为高级工艺美术师。同年，市菲达化工厂副厂长张杰(肢残)，高考落榜后被乡办厂招考录用，刻苦钻研业务技术，开发新品项目，为企业振兴做出贡献，荣获无锡市残疾人“十佳”自强模范、宜兴市先进工作者等称号。裴国强(肢残)从500元无息贷款小本经营开始，拥有2家大酒店，常年扶孤助老、以残助残，捐款公益事业，至2000年底多次被评为宜兴市“十佳个体户”。连续9年被评为全国、省、市私营企业“光彩之星”。

2004年，谈燕华（肢残）作为主攻手，与队友一起，征战第十二届雅典残奥会，获雅典残奥会女子坐式排球冠军。

2005年，残疾人蔡春英、潘雪平参加江苏省第三届残疾人职业技能竞赛，分获陶艺比赛1金1银，蔡春英、潘雪平获省“技术能手”称号。

2006年，宜兴市“新平盲人按摩所”被省残联授予“三星级盲人按摩所”称号。工艺师夏淑君（肢残）被省政府授予“有突出贡献高级技师”称号。紫砂微雕工马志刚（肢残）被授予江苏省“技术能手”称号。冯纪生（肢残）创办宜兴市雁南飞制衣有限公司，申请为福利企业，安置残疾人就业，获无锡市“自强创业”之星称号。

2008年，残疾人马俊锋、夏淑君等分别当选为市人大代表、市政协委员。国家女子坐式排球主攻手、残疾人运动员谈燕华，再次摘得北京“残奥”冠军，并接受中央电视台2套、5套栏目的专访，被党中央、国务院授予“残疾人先进个人”称号。市怡和园艺场马俊锋（肢残）自主创业，同时带领同村残疾人自食其力、勤劳致富，被评为无锡市“十佳”自强模范。市博爱生态农业有限公司钱岳龙（肢残）抓住机遇、大胆创业，被授予“感动宜兴创业之星”。

2009年，夏淑君、钱岳龙、夏正平、谈燕华、杨新平、冯纪生、胡建辉、钱琦、马建明、毛建强等残疾人获“省自强创业之星”称号。

2010年，宜兴市博爱生态农业有限公司董事长钱岳龙（肢残）被江苏省人力资源和社会保障厅、江苏省残疾人联合会授予江苏省“自强模范”荣誉称号和江苏省第三届“创业之星”称号。同年，杨新平（盲）荣获江苏省第三届“创业之星”称号。

2011年，市政府在关于表彰2009—2010年度全市先进社会组织及优秀社会组织工作者的决定中，王俊盲人保健按摩院被评为十佳诚信民办非企业单位，妙手堂盲人保健按摩所被评为先进民办非企业单位。安康盲人推拿所周财东、新平盲人推拿所杨新平被评为优秀社会组织工作者。同年，杨新平（盲）、钱岳龙（肢残）被评为江苏省第四届创业之星，钱岳龙另获“江苏省劳动模范”称号。王俊（盲）获市首届青年创新大赛“十佳”创业项目金奖。魏平（肢残）、余虹云（肢残）当选上海世博会英国馆向导，魏平被评为上海世博会英国馆最佳“沟通之星”。同年，夏淑君荣获“江苏省工艺美术名人”称号，葛知（高位截肢）入选自强不息“江苏好青年百人榜”。

2012年，钱岳龙（肢残）、杨新平（盲）获江苏省和全国“创业之星”称号。钱岳龙参与央视《经济生活大调查》，创业事迹向全国推广。同年，杨新平获“无锡市劳模”称号，并走上国际保健按摩论坛。王俊（盲）获第三届“宜兴青年‘五四’奖章”。钱岳龙被中国残联授予第三届全国“自强创业之星”称号（全国仅15人）。谈燕华（肢残）第三次参加伦敦残奥会，作为主攻手获得女子坐式排球团体冠军，个人获“江苏省劳动模范”“江苏省残疾人先进个人”“省三八红旗手”称号和获得“江苏省青年‘五四’奖章”。

图 10-4 钱岳龙（右二）杨新平（左二）

2013年，残疾人邵亚勤以开设制鞋家庭作坊起，成为宜兴市残疾人就业创业基地，获“无锡市女性创业项目优胜奖”。

图 10-5 市残联领导看望谈燕华（中）

2014年，宜兴市残联宣传残疾紫砂艺人范小龙事迹，推荐参评，获“陶都好人”称号。

马伟忠获“宜兴市青年创业明星”和“江苏好人”称号，登上省委宣传部、江苏卫视、宜兴电视台联合举办的创业论坛，与专家学者一起探讨创业之路。残疾人詹守安创办宜兴市詹氏茶叶农场，安置残疾人就业，被评为宜兴市优秀残疾人创业就业基地。

至2015年，残疾人创业就亚成效较为特出的还有：潘小明经营太湖石，捐款铺浇洑东大港石材市场水泥路面、修建公共设施，投资600万元建造竹溪人家生态山庄；裴敏方承包200亩水面养鱼，年产商品鱼50吨，成立家庭养殖场，带动残疾人创业6名；毛建强是第一批宜兴市公安部门专职聘请的“110”特约开锁员，每年为民服务千余次；贺清明自主创业办厂，员工40多名，其中残疾员工10名，举办裁缝培训班，学员数百名；刘洪祥开办锁具店，修配门户锁、汽车锁、保险柜锁，手艺精湛；谢祥新承包50多亩山地开办茶场，生产的生态茶“神山春”，签约出口欧洲市场，安置残疾人临时就业10多名；范小龙制作紫砂壶30多年，作品被无锡博物院永久收藏，曾在无锡、扬州、哈尔滨等地，举办紫砂陶艺展，义务带徒30人，被评为“陶都好人”；周国君担任英语教师30多年，被评为“无锡币优秀班王任”“无锡市优秀教育工作者”；唐国忠是宜兴市全手工光素器茶壶制作能人，受聘于市特殊教育学校施教，作品“标准水平壶”获宜兴市残疾人陶艺展评佳作奖，作品“飞鸿”被无锡市博物院永久收藏，被评为“宜兴市技术能手”；郭洪权夫妻残疾，绿色养殖鱼虾、家禽家畜，年收入10多万元，帮扶残疾人5名；蒋丽英开办“丽影制衣店”，参加宜兴市、无锡币残疾人技能竞赛获较好名次；谈仕勤担任会计，且身兼数职，宜兴义工联合会“绿色义工”成员；周冬梅、董法金夫妻开办羊绒、毛衣加工场，制作精良，声名遍及杨巷、官林、芳庄；肖为群从开办小饭店发展成为较具规模的群乐山庄，群乐山庄破评为无锡市“三星级农家乐”、“四星级农家乐”；陈梅英自主创业，开办“菜饭、熟食店”；王义峰与人合作开设“凌云电脑”维修工作室，另开设有分店；唐小燕开设“小燕美术工作室”；李小伟养殖大闸蟹，每亩产值8000元，同时开办销售门市部，曾参加宜兴市第七届河蟹节，6对大闸蟹4238克，获群体蟹一等奖，个人获“蟹后”称号；李婵娟开办“满足堂”按摩店，安置就业3名；陆双龙开办“名流发型”美发店，参加无锡市、江苏省残疾人技能美发项目竞赛，获无锡市银奖、江苏省铜奖。

第十一章 人物简介

残疾人紧跟时代步伐，勇于在挑战命运中成才，敢于在挫折逆境中奋起，追求梦想，绽放精彩。他们之中，涌现有优秀党员干部、创业精英、技术能人、陶艺名家、体育明星、反扒高手、自强模范、以残助残标兵。

马炳荣

图 11-1

马炳荣生于1950年，丁蜀镇人。幼时因病失聪，成为聋哑人。1970年，丁山派出所组建治安联防队时，马炳荣被吸收为队员，因工作出色，被丁山公安分局聘为特约治安员。几十年，马炳荣抓小偷无数，远近闻名，曾多次受到报复殴打，每次伤好，立即投入反扒战斗，不屈不挠始终坚持在工作第一线。还“以身传教”带出徒弟多人，为社会治安作出很大贡献。每年都被无锡市、宜兴市评为“先进个人”“劳动模范”“见义勇为积极分子”，多次被选为宜兴市、无锡市、江苏省残疾人代表。

冯纪生

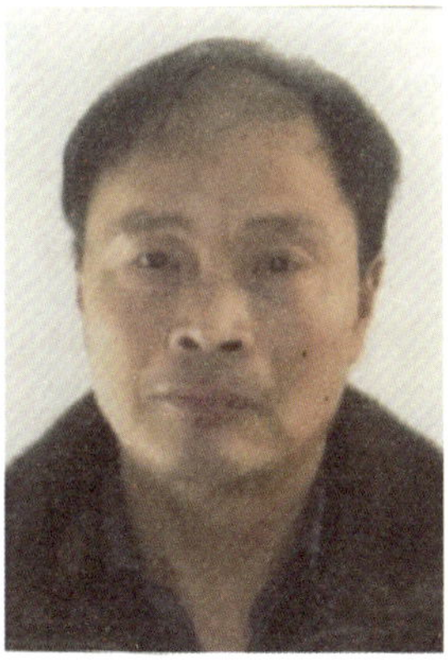

图 11-2

冯纪生生于1957年，鲸塘乡鲸塘村人。幼时患小儿麻痹症，造成右腿残疾。18岁时，拜师学裁缝。1985年，在鲸塘街上开办缝纫店。1991年，招收残疾人数名，开设家庭制衣作坊。1992年，冯纪生被市残联评为“助残先进”。1993年，出资26万元，接收鲸塘羊毛衫厂，工人增加至100多名，其中残疾人40多名。年生产针织内衣50余万件，商标为“雁南飞”，销售市内。是年，被市残联评为“十佳残疾人自强模范”。2005年，产品销往全国。2006年，被无锡市授于“自强创业之星”称号。2010年，生产的“雁南飞”成衣70%外销至日本、美国及欧洲地区，年产值1500多万元。

至2015年，冯纪生继续安排残疾人就业。

邵红星

图 11-3

邵红星生于 1961 年 12 月，新建镇闸上村人。在部队服役期间因公致残。退伍回乡后在村办企业工作，刻苦钻研技术，取得成果，成为专职技术员，后晋升为机械电子工程师。1995 年，自主创业，成立宜兴市陶都除尘设备有限公司。公司先后被评为“江苏省环保企业 50 强”“无锡市重合同、守信用企业”“江苏省产品信得过企业”等。

2008 年 12 月，邵红星任闸上村党（总）支部书记，该村开办企业 30 多家，建成“万亩丰产方”，通过江苏省农业厅验收。闸上村农业以河蟹养殖和花卉苗木种植为主，工业以润滑油生产销售为主，逐渐成为富裕村，人均年收入 1.8 万元。邵红星历来关心弱势群体，特别是残疾人，除筹集资金帮助住院治疗外，逢年过节还为残疾人送去慰问品、慰问金，被选为市残联理事会理事。在他的带领下，闸上村被评为“江苏省生态村”“无锡市社会主义新农村建设示范村”“管理民主示范村”“人口综合服务村”“宜兴市文明村”“安全示范村”“扁平化管理示范社区”。

孙春荣

图 11-4

孙春荣生于 1962 年，湖㳇镇人。在部队服役期间，因公双目失明。住院时，坚持学习，掌握盲文写读。退伍后，到武汉洪山职业技术培训学校学习按摩理疗技术。学成后，在家开设按摩理疗工作室。在市残联、镇残联的关心、支持下，孙春荣在湖㳇街上利用 2 间店面房开办“青松”按摩理疗工作室。

1992 年，孙春荣被市残联评为“十佳”残疾人自强模范。2000 年起，孙春荣为教远道而来的残疾孩子免费提供食宿，免费传授推拿理疗技术，同时鼓励学成后回乡开店。2004 年起，孙春荣任宜兴市盲人协会副主席。

周金君

图 11-5

周金君生于 1963 年 4 月，丁蜀镇塍里村人。幼时患小儿麻痹症，落下左腿残疾。先后为技术工人、修理员、油漆工、营业员、南门商场经理。

1992 年，开办烟酒副食店。2004 年，承包村里荒山。2005 年 9 月，承包荒山面积约 4 万平方米，种植果树 2000 多棵，其中杨梅树 1000 棵，建水库、开办养鸡场。2009 年，周金君的杨梅园成为丁蜀镇城乡低保对象扶贫示范基地、丁蜀镇残疾人就业创业基地。2010 年，将 10 多间废弃旧厂房，改建为“黄泥岭农家乐”。

周金君仍像当年开办副食店一样，尽力帮助身边的残疾人。残疾人老庞成为他的帮扶对象，资助其开办副食店，使一家人有了稳定的收入；将残疾孤独老人高明接上山，在家中奉养。周金君将荒山改造成农业生态园，金君杨梅残疾人就业基地常年安置 10 多个贫困户就业，其中包括残疾人 5 名。

马志刚

图 11-6

马志刚生于 1963 年 6 月，丁蜀镇潘南村人。幼年时患小儿麻痹症，双腿致残。初中毕业后，学做紫砂壶。他经常坐着轮椅，到附近山里静心观察植物生长、瓜果色彩、小虫动态。1989 年，热衷紫砂微雕。2001 年，紫砂作品《返璞归真》壶在无锡市首届残疾人工艺美术作品评比中获一等奖。2003 年，陶艺作品《生命不息》获宜兴市首届陶艺新人新作三等奖。同年，紫砂陈设件《飞黄腾达》获第 37 届全国工艺品交易会暨国际礼品博览会银奖。参加由中国残联组团，在印度新德里举办的世界第六届残疾人职业技能比赛，获第四名。2005 年，马志刚费时一年，创作紫砂微雕《太平盛世》问世，受到业界一致好评。2008 年，潜心创作紫砂微雕《万众一心》，耗时三年，终于成功。2010 年，《万众一心》作品经市残联推荐，获中国世界纪录协会颁发的世界纪录证书和世界之最证书。马志刚被评为“无锡市技术能手”和“江苏省技术能手”。

顾斌武

图 11-7

顾斌武生于1963年6月，肢体残疾，丁蜀潜洛村人。1981年，高中毕业后，随父亲顾道荣学艺做壶。1982年，顾斌武被山西省临汾市紫砂工艺厂聘为技术厂长，兼技术辅导。1988年，顾斌武就职于宜兴市紫砂工艺三厂研究所，潜心研究宜兴紫砂从制作到成壶过程。1991年，顾斌武与上海中国画院合作，参与“朱屺瞻百岁画百壶展”活动，将朱屺瞻百岁画刻上百只紫砂壶。1994年起，顾斌武受聘于宜兴沙龙陶艺有限公司。

顾斌武被评为“高级工艺美术师”，作品照片多次在紫砂专业杂志上发表，被《当代中国紫砂图典》收录。作品《辰子壶》被海基会选定为张学良将军九十大寿礼品。2005年，作品《风卷葵壶》获第七届中国工艺美术大师精品博览会金奖。2006年，作品《双龙如意壶》获第三届中华（天津）民博会银奖。2007年，作品《莲心壶》获中国（杭州）国际名茶博览会金奖，作品《僧帽壶》被无锡博物馆永久收藏。2008年，作品《鸣远南瓜》获第十届中国（国家级）工艺美术师精品博览会金奖。2010年，作品《上核桃》获中国（合肥）工艺美术精品博览会金奖，作品《宝葫芦》获中国（潍坊）第五届文化艺术展交易会金奖。2012年，作品《书扁壶》《紫砂乳丁壶》被安徽博物院收藏。2014年，作品《莲心壶》获第三届“陶乐人生”残疾人紫砂精品展评二等奖，参加青岛世界园艺博览会“世外陶园”展览。

杨新平

杨新平生于1963年，徐舍镇人。1982年高中毕业后，参加中国人民解放军，在中越自卫反击战中立功，加入中国共产党。在一次训练中感染病毒，双目失明。

1994年，杨新平退伍回乡，先后在武汉盲校、南京盲校学习盲文，培养自立能力。1995年，开始学习推拿按摩，在为期2年的系统学习中，杨新平边学习边辅导在一起学习的盲人。

图 11-8

1997 年，杨新平学成回乡，向市聋哑学校租用门面 1 间，开办按摩所；并与市聋哑学校签约，借用教室开办按摩培训班，向聋哑学生传授按摩技术。

杨新平不断学习，取得中专、大专学历证书，取得高级技师、盲人按摩主治医师职称，成为宜兴市第一位有医师资格盲人。

2004 年，在新平盲人按摩所学习的盲人，部分自主创业，开办按摩所；部分在杨新平帮助下，到乡、镇开办新平盲人按摩所分店。同年，杨新平代表江苏省残疾人参加第七届世界盲人联盟亚太地区按摩研讨会学术交流，撰写的论文《谈神经根型颈椎病的治疗》在大会上宣讲，获全国视障教育优秀论文二等奖。同年，被选为宜兴市盲人协会副主席。

2006 年，杨新平在宜城街道荆溪中路 19 号创办新平盲人推拿所，营业面积 300 平方米。后又在宜城开办杨新平盲人推拿所 3 家，吸纳 27 名盲人就业。是年，被省残联授予“三星级”盲人按摩所。

2008 年，杨新平代表江苏省出席第九届世界盲人联盟亚太地区按摩研讨会，论文《按摩消除亚健康状态的临床实践和体会》在大会上宣讲，获国际同行好评。同年，杨新平当选为市盲人协会主席。2010 年，杨新平赴韩国参加第十届盲人联盟亚太地区按摩研讨会，《腰椎间盘突出症伸腰拍出新疗法》被大会组委会评为优秀论文，获省论文优秀奖。同年，杨新平当选为江苏省盲人按摩协会副会长、中国盲人协会理事。2011 年，市盲人协会被中国残联评为“十一五”全国残联专门协会创先争优工作优秀单位。2014 年，杨新平论文入选中国残联《盲人按摩职业技能提高》丛书。

至 2015 年，杨新平先后获无锡市第二届“十佳残疾人自强模范”“江苏省第三届、第四届创业之星”“中国百强推拿按摩师大赛十佳精英”称号，获第十届全国“创业之星”称号。新平盲人推拿所被省残联评为江苏省五星级盲人保健按摩示范机构。

夏淑君

图 11-9

夏淑君（女）生于1963年，幼年时患小儿麻痹症，双腿致残。初中毕业后，学做紫砂茶壶。1987年8月，在紫砂工艺四厂工作，学习制作紫砂茶壶技艺。业余时间，学完高中课程。1989年，毕业于丁蜀职工学校工艺美术班。是年，获工艺美术员职称。1991年5月，夏淑君参加第三届国际残疾人展能节，以制作4件二色粗陶土绞泥四方茶具，获金牌。受到宜兴市政府表彰，发给奖金1万元。夏淑君当场将奖金全部捐赠给市残联，用于发展残疾人事业。1991年12月，夏淑君在紫砂五厂工作，任“特艺班”班长。1993年，市残联请上海专家为夏淑君治疗，作小儿麻痹矫正手术。同年，夏淑君获中央工艺美术学院成人教育部陶瓷艺术设计系陶瓷设计专业证书。

1995年6月，夏淑君晋升为工艺美术师，作品受中国香港、台湾以及东南亚地区客商喜欢。同年，参加第四届国际残疾人展能节制陶比赛。在开幕式上，观看澳大利亚土著人表演舞蹈，从演员身上的花纹，得到启发。比赛时即以土著人身上花纹为基本色彩，创作澳大利亚传统文化“母爱”为主题的陶艺作品，获得金牌。

2000年，参加全省残疾人职业技能选拔赛，陶瓷制作获一等奖。同年，被劳动和社会保障部授于“中华技能大奖”。2001年，作品《荷塘清趣壶》，获宏观工艺美术精品博览传统艺术金奖。2002年，作品《葫芦提梁》壶，在中国紫砂艺术精品展中，获银奖。2003年，《大地情壶》，入选第二届十大紫砂名壶。2004年，作品《秀竹壶》入选第三届中国十大紫砂名壶。2005年，参加第五届奥林匹克技能比赛，作品《生命与自然》壶，获铜牌。2006年，紫砂壶获中国人文奥运旅游纪念品设计大赛“最佳收藏纪念”金奖。

1995年，中华人民共和国劳动部授予夏淑君“全国技术能手”称号。同年，被评为“江苏省杰出青年岗位能手”。被无锡市妇联评为“三八红旗手”“双学双比能手标兵”。1996年1月，全国妇女联合会特授予夏淑君全国“三八红旗手”称号。同年3月，夏淑君获无锡市“巾帼行动”报告会征文一等奖。是年，江苏省总工会授予夏淑君“江苏省优秀技术能手”称号和发给立功奖章。

1997年，被评为“全国自强模范”。2000年，劳动和社会保障部授予夏淑君“中华技能大奖”荣誉称号。2001年，中国工艺美术学会授予夏淑君2000年“中国紫砂艺术名人”称号。2004年，省政府授予夏淑君“突出贡献高级技师”称号。2006年，无锡市委、市政府授予夏淑君“无锡市有突出贡献中青年专家”称号。2009年，国务院为夏淑君颁发政府特殊津贴证书。是年，夏淑君被评定为高级工艺美术师。

钱岳龙

图 11-10

钱岳龙生于1964年2月，西渚镇珠潭村人。六岁时患小儿麻痹症，落下肢体残疾。1979年，初中毕业后，在乡政府帮助下进入服装厂，从学徒开始，成为裁剪师傅。1986年，自办服装厂。1995年，工厂关闭，欠债几十万元。1998年，开办煤矸矿，获利后还清债务。后因环境整治，煤矸矿关停。2002年，在调整产业结构中，钱岳龙承包土地260亩，引进苗木13种，开办宜兴市博爱生态农业有限公司，并创建成宜兴市残疾人就业培训基地、江苏省残疾人扶贫示范基地。2004年，钱岳龙出资1万多元，在珠潭村安装路灯1000米。2005年，出资20万元，在西渚修建水泥路1000米。

2010年，钱岳龙打造集旅游、娱乐、住宿于一体的“农家乐”，将乡村旅游升级为乡村休闲度假游。2012年，钱岳龙牵头，成立苏南地区首家由36名残疾人组成的爱德林果业生态种植农民专业合作社，同时带动周边2000多农户种植苗木果树，由合作社帮助销售。

至2015年，钱岳龙先后荣获“无锡市创业之星”“无锡市自强模范”“江苏省劳动模范”“江苏省自强模范”“江苏省第四届创业之星”“全国自强创业之星”等荣誉。曾参加中央电视台直播的“创业之星”座谈会，介绍创业历程。

储云南

储云南生于1964年9月，丰义乡东尧村人。3岁时患小儿麻痹症，双

图 11-11

腿残疾。高中毕业后，当过代课老师、工人。1990 年，任宜兴市第三钢铝门窗厂副厂长。1993 年，任宜兴市丰发物资有限公司总经理。其间，成为中华全国律师函授中心第一批学员，边工作边自学法律知识。毕业后，参加江苏省自学考试，专攻法律专业，获毕业文凭。1999 年，储云南通过全国律师资格考试，成为丁山衡立律师事务所实习律师。2007 年，被评为“2005—2007 年度无锡市优秀律师”。2008 年 1 月，被评为“2007 年度法律服务先进个人”。同年 9 月，评为无锡市人民检察院优秀民事行政监察联络员。是年，储云南当选为律师事务所主任。2011 年，储云南组织成立谋盛律师事务所。2013 年，储云南被宜兴市残疾人第五届代表大会推举为宜兴市残联执行理事会兼职副理事长。同年，储云南牵头，联系市司法局，创办首个残疾人法律服务基地。由谋盛律师事务所派律师到镇、街道，分片负责，提供涉及残疾人赡养、残疾人抚养费，企业、单位结付残疾人劳动报酬、残疾人交通事故赔偿等法律援助。

储云南多次被评为“宜兴市十佳法律服务工作者”“无锡市优秀律师”。

夏正平

图 11-12

夏正平生于 1964 年 9 月，和桥镇人。1983 年，遭遇意外事故，成为重度残疾人。1984 年，尝试文学创作，习作无数。1988 年，创作中篇小说 2 部，被江苏人民出版社看好，发出修改通知单。而后，在全国各大报刊陆续发表小说、散文，80 余万字。其中，散文《清明》《记忆中的夏天》等入选中学生阅读课文。2007 年，加入江苏省作家协会。2008 年，当选为宜兴市作家协会副主席。是年，接受香港《星导日报》《太原日报》《江南晚报》邀请，开辟作家专栏。2011 年，散文集《大地丰润》在市残联、市文联支持下正式出版发行，被列入中宣部农家书屋励志书目。2013 年，《大地丰润》获太湖文学奖。

夏正平在写作同时，自主创业，将生产玻璃仪器、仪表小作坊，发展成为和中国科学院化学研究所、药物研究所、海洋研究所、中国科技大学、北京大学、清华大学、复旦大学、浙江大学、香港联邦药业等单位合作的无锡市晶禾光学仪器有限公司。注册“晶禾”商标，成为光学仪器行业中的知名品牌。公司长期与市、镇残联合作，组织培训残疾人配套生产技术、网络销售技能，同时安置残疾人就业。

彭全春

图 11-13

彭全春生于 1966 年 2 月，新街街道吴墟村人。小时候患小儿麻痹症，致右腿萎缩，脊柱侧弯，妻子同样患小儿麻痹症，也是右腿残疾。彭全春开始在无锡建筑工地做小工，后转行投资生态农业。2010 年，在归径栅村枫林岕，承包山地 10 多亩，开办宜兴市全春家庭农场（又名枫林农场）。彭全春整治荒地，拓展家庭农场面积至 50 亩。彭全春利用枫林岕环境好，无工业污染，改造葡萄园 10 多亩，种植夏黑、红提和新疆马奶提子优质葡萄品种，施家禽粪，不用化肥农药。葡萄成熟后，彭全春用手机拍摄，传到微信朋友圈，朋友传朋友都到农场“采摘乐”，以致供不应求。彭全春家庭农场另有果树 6 亩多，种植西梅、杨梅、黑布林等，农场另有鱼塘 10 多亩，引入山涧水，养殖鱼、虾、蟹、螺蛳，塘边饲养鸡、鸭、鹅。每年果园“采摘乐”，彭全春在农场里备烧烤器具，供客人吃喝游玩。彭全春家庭小农场生态农业与旅游业相结合，进入“互联网 +”快车道。全春家庭农场被市残联定为残疾人创业就业基地。

裴国强

裴国强生于 1967 年，宜兴张渚镇人。幼时患小儿麻痹症，右手残疾。1988 年，裴国强向宜兴市民政局救济科申请 500 元无息贷款，在张渚摆起小商品摊。后开设鞋帽服装店，生意红火。2001 年，经营喜临门大酒店，成为百万资产的私营企业主。

裴国强连续 12 年为孤残儿童捐资助学。每逢节日，为敬老院送上慰问

图 11-14

金、慰问品。为老干部活动中心添置健身器材。捐资赞助公益事业；捐款支持开展群众文化活动。组织成立张渚京剧票友社，出资购买戏剧道具、服装、头面等。出资组织义演数百场，赴上海、北京、南京、杭州等地演出，并获奖。

裴国强连续 9 年被评为全国、省、市私营企业“光彩之星”。被中国传统文化促进会授予“振兴京剧功勋奖”。张渚京剧票友社被授予“全国先进票友社团”。

范培君

图 11-15

范培君生于 1968 年 7 月，丁蜀镇人。幼时双脚残疾。1984 年，宜兴紫砂工艺二厂厂长出于爱心，无条件同意范培君进厂学艺。自此，范培君拜同厂的叔叔范乃芝为师，学做紫砂茶壶。先后得到汪寅仙、陈建平、夏淑君等中国工艺美术师及高级工艺美术师指导，擅长制作光器、花器紫砂茶壶。2012 年 5 月，获宜兴市首届残疾人职业竞赛陶艺项目第一名。同年，在宜兴爱德培训学校为残疾制壶爱好者讲学，邀请困难残疾艺人在自己工作室就业。2013 年 5 月，作品《花好月圆》获宜兴市“陶乐人生”残疾人陶艺展三等奖，被中国宜兴陶瓷博物馆授予“工艺美术师”职称。同年 11 月，作品《龙蛋壶》获中国上海国际艺术节暨第十五届中国工艺美术大师精品博览会金奖。同年，被爱德培训学校聘为艺术指导老师，免费培训残疾人学员。2014 年 4 月，作品《梅桩壶》获宜兴“陶乐人生”紫砂精品展三等奖。同年，加入宜兴市爱德陶艺社，任副秘书长。

范培君事迹被《宜兴新闻》《陶行天下》作专题报道，被邀赴台湾作紫砂文化艺术交流。

范月琴

范月琴（女）生于 1968 年 8 月，肢体残疾，丁蜀镇西望村人。16 岁时，

图 11-16

跟母亲学习制作紫砂茶壶，参加过由市残联爱德培训学校举办的陶艺培训班。撰写的论文《漫谈紫砂花器创作特点》发表于《中国农村教育》，《浅谈紫砂花货的女性化倾向》发表于《美术大鉴》。

范月琴得多位名师指教，技艺精进。2006 年，作品《知足》获第八届中国（国家级）工艺美术大师精品博览会金奖。2007 年，作品《祝福》获第二届（莆田）海峡工艺品博览会金奖。2008 年，作品《家园》系列获第十届中国（国家级）工艺美术大师精品博览会金奖。2009 年，作品《君子之风》获第五届中国（深圳）国际文化产业博览会二等奖。2010 年，作品《爱对壶》获“庆百年三八，展巾帼风采”女陶艺家作品创新作品展评活动优秀奖。2011 年，范月琴参加全国残疾人职业技能比赛，作品《创造完美》获第四届全国残疾人职业技能竞赛陶艺组亚军。2012 年，作品《大地壶》获第二届“希望杯”紫砂壶艺大赛一等奖；作品《画》《知足》入选中国残联“二岸三地”优秀残疾人手工艺品联展，并作为国礼赠送给澳门贵宾。2013 年，作品《鸣》获第十五届中国（国家级）工艺美术大师精品博览会创新艺术金奖，作品《大地壶》《牛气冲天》等，被国家级、省级博物馆收藏。其中《大地壶》被中国紫砂博物馆永久收藏。2014 年，作品《梦想的行囊》获第五届江苏省残疾人职业技能竞赛陶艺项目冠军；作品《花好月圆》在中国技能大赛暨2014全国残疾人职业技能岗位精英赛上，通过初赛、复赛，层层选拔闯入决赛，获比赛冠军。人社部授予范月琴“全国技术能手”称号。作品《祝寿壶》获中韩陶艺交流展暨第三届“希望杯”壶艺大赛金奖，《四君子》组壶获第十六届中国工艺美术大师精品博览会金奖，《腰圆竹提壶》获首届“景舟杯”手工技艺中级组铜奖。2015 年，作品《逸》获江苏省民间文艺“迎春花奖”。同年，出版个人作品《范月琴陶艺作品集》。是年，范月琴担任方圆紫砂工艺有限公司紫宏陶艺工作室设计总监。范月琴先后获“江苏省技术能手”“全国技术能手”称号。被评定为工艺美术师。

王小凤

王小凤（女）生于 1968 年，高塍镇沈家村人。13 岁时，患类风湿关节炎，

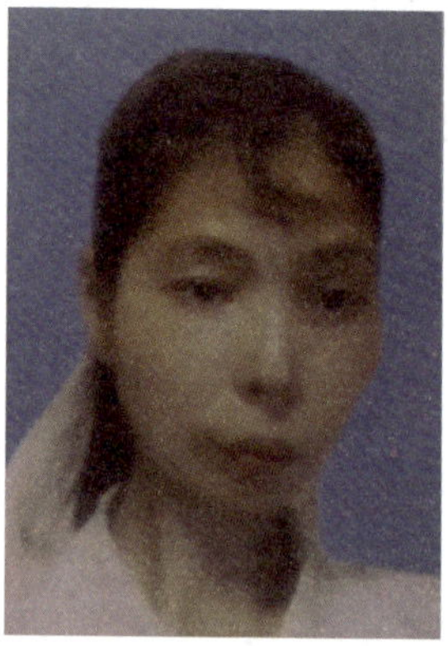

图 11-17

全身关节基本僵硬、四肢肌肉萎缩，双脚溃烂。在艰难中，自学小学、初中全部课程。1990 年，学习诗歌创作，参加《人民文学》诗歌创作函授班，市残联帮助解决函授学习费用。学习期间，创作《收货》《情寄我家》《独处黄昏》等诗歌，先后发表在《人民文学》和大型报刊上，获《人民文学》创作笔会三等奖，被评为 1995 年度《人民文学》诗歌函授班优秀学员，受到市残联嘉奖。无锡市金马制衣有限公司董事长、澳籍华人马宏英被王小凤精神所感动，专程看望并赠予人民币 3000 元。2009 年初，王小凤疼痛难忍，通过宜兴网“阳羡论坛”发帖求助，得到很多好心人的跟帖和资助，共收到捐款 3.5 万元，其中阳羡论坛网友捐款 2 万多元。在市残联、宜兴日报社、宜兴网网友帮助下，住进人民医院，进行左臂截肢手术。

出院后，看书、写诗，成了她生活的动力。为了获取更多的知识，学习电脑操作，在右手腕绑上竹棍，帮助已粘连在一起指关节点击键盘。

王小凤创作诗歌近 300 首，以网名“浅水芦苇”为书名，在宜兴日报社、宜兴网网友的帮助下，由宜兴日报社长、网友“老农”作序，将诗集公开出版，在宜兴网络文化节上，引起轰动。

王小凤身处弱势，不忘爱心，专门委托市义工联合会绿叶义工站站长、宜兴网网友“安心大哥”捐款 500 元，转交杨巷镇西溪村贫困户蒋盘凤家，带动网友捐款 7000 多元。

邵亚勤

图 11-18

邵亚勤（女）生于 1969 年 5 月，屺亭街道人。幼年时患病致残。2000 年，投资 3000 元，在屺亭街上开设店铺，销售自制全手工布鞋，后增加自制棉鞋、布凉鞋。2002 年，在家开设制鞋工场，门口挂起“勤峰鞋业”招牌。产品销售附近农贸市场和其他镇上鞋铺。因鞋子做工精细，穿着舒适，很受顾客欢迎，每年销售 1000 多双，供不应求，还聘请残疾人师傅 3 名，在工场帮忙。在新庄街道残联扶持下，邵亚勤牵头成立新庄街道残疾人互助中心，“勤峰鞋业”成为新庄街道残疾人之家，残疾人时常会前往观看做鞋，吸收残疾人进工场学习制鞋技术。同时，邵亚勤申请“勤峰”商标，从“制鞋+销售”拓展到网络销售。“勤峰鞋业”从未出现过“拖单”，没出现过一双有质量问题，业务销售量一度上升至每年6000多双。

邵亚勤先后参加成人学校培训班、省农业广播学校中专班，学习商品销售知识。为更好帮助残疾人提高制鞋技术水平，市残联专门在爱德学校为邵亚勤无偿提供房屋6间，作为鞋业用房，同时资助5万元，添置制鞋机械设备，成立“‘勤峰’鞋业残疾人就业基地”，免费培训残疾人制鞋技术。残疾人学成后可在鞋坊做鞋，也可以领料回家加工获取报酬。“勤峰鞋业”，被评为“无锡市巾帼来料加工示范基地”，个人获“无锡市女性创业优胜奖”。

余忠明

图 11−19

余忠明生于1969年6月，张渚镇北门村人，因患小儿麻痹症致残。中专毕业后，经商开店，开办广告公司，同时积极参加市、镇残联活动。1993年，当选为张渚镇第一届残疾人联合会理事。同年，参加无锡市残联歌咏比赛并获奖。1995年11月，经选拔，代表无锡市残联参加江苏省第四届残疾人运动会，担任无锡市残联残疾人运动队副队长并参加比赛，获男子F11级铅球比赛金牌、标枪比赛银牌。1998年6月，担任宜兴市残疾人运动员代表队队长，带领残疾人运动员12名，参加无锡市首届残疾人运动会。在开幕式上，代表优秀运动员发言；参加田径比赛，获金牌2枚、银牌2枚、铜牌1枚。2004年7月，带领宜兴市残疾人运动员30多名，参加无锡市第九届运动会（残疾人部），并参加比赛，获田径比赛金牌1枚、银牌1枚。宜兴队以金牌32枚、银牌12枚、铜牌11枚，夺得无锡市第九届运动会（残疾人部）金牌总数、团体总分2个第一；宜兴市残联获优秀组织奖。2009年7月，余忠明带领宜兴市残疾人运动员30多名，参加无锡市第十届运动会（残疾人部），并参加比赛，获举重比赛金牌、铁饼比赛银牌。宜兴市残疾人运动队获无锡地区金牌数第三、总分第三。2013年7月，带领宜兴市残疾人运动员40多名，参加无锡市第十一届运动会（残疾人部），并参加比赛，获举重比赛金牌、铁饼比赛铜牌。宜兴队夺得金牌数第三、团体总分第三。2014 年，参加宜兴市首届残疾人运动会，获标枪比赛银牌。

2009 年，余忠明开办“张渚网”。2015 年，“张渚网”拥有注册人数 1.5 万名，日发帖量 300 多条，平均在线人数 1200 名，“张渚网”及余忠明多次被宜兴市委宣传部网宣办、宜兴市公安局网警大队评为“优秀网站”“优秀版主”。是年，余忠明加入宜兴市作家协会。

陈忠庆

图 11-20

陈忠庆生于 1969 年 8 月，张渚镇人，因交通事故，造成残疾。1991 年，与紫砂壶结缘，拜访名师，潜心苦学制壶技艺，进修于南京师范大学美术系。2006 年，在宜兴市首届全手工现场比赛中，获“宜兴市紫砂陶合格传承人”称号。2007 年，作品《中国根》获中国（北京）国际博览会精品茗壶评选金奖。2008 年，作品《大提梁壶》获第九届全国陶瓷艺术设计创新评比优秀奖。2012 年，作品《祥瑞套壶》获第十三届中国工艺美术大师精品展览会创新艺术金奖。2013 年作品《古松壶》获中国精品茶具金羊奖金奖。2014 年，作品《其乐融融岁月壶》获第二届宜兴“陶乐人生”残疾人紫砂精品展评一等奖，参加山东青岛世界园艺博览会“世外桃源”展览。2014 年，工艺美术师陈忠庆当选为宜兴市爱德陶艺社副社长，负责对残疾人陶艺爱好者指导培训以及对外宣传、营销工作。

魏平

魏平（女）生于 1969 年，周铁镇分水社区人。幼时，左腿意外残疾。1987 年，中专毕业，进入宜兴市瑞佳化工厂工作，担任化验员。2005 年，担任公司化学分析技师。同年，被评为无锡市“百佳文明职工”。2009 年，所在小工厂发展为高新科技瑞佳化工有限公司，魏平担任企业质量管理员，并在宜兴市首届职业技能大赛中获化学分析工第一名，被评为宜兴市岗位能手。同年，从化学分析技师晋升为化学工程师，先后参与 3 个化工产品全国

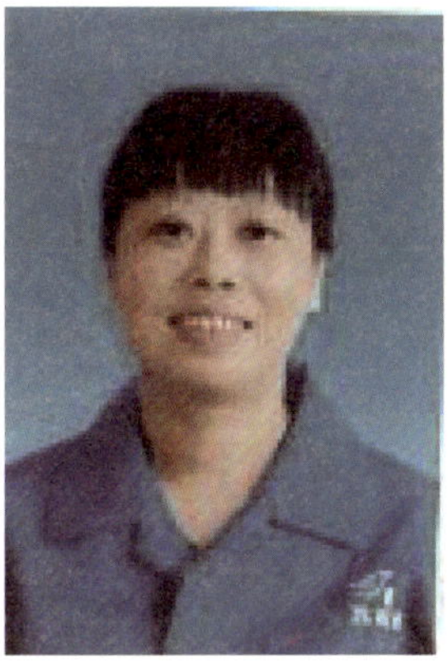

图 11-21

行业标准制定。入选宜兴工匠队伍，被评为“宜兴市巾帼建功标兵”“滨湖区巾帼道德标兵”。2010 年，魏平入选上海世博会服务队，担任英国馆讲解员。上海世博会结束时，魏平被英国馆评为“最佳沟通之星”。

魏平志愿担任行知学校、周铁小学、无锡工艺职业技术学院校外辅导员，受到好评。2011 年，被评为无锡市优秀少先队辅导员，入选无锡市精神文明十佳新人。每年和义工队友们到敬老院为老人泡脚、剪指甲，表演文艺节目。还帮助血友病青年完成小说出版。同时，将工作趣事、生活点滴、写成一篇篇散文，发表在《无锡日报》《江南晚报》、济南《都市女报》《西南作家文学》等报刊杂志上。创作有小说、诗歌、快板、相声、短剧等。有时还上台演出，获江苏省残疾人文艺汇演声乐三等奖、江苏省“绽放生命、共享阳光”演讲比赛二等奖、无锡市残疾人读书比赛二等奖、滨湖区征文比赛一等奖、无锡市“智慧女性、幸福家庭”征文二等奖、无锡市“书香无锡、筑梦未来”读书征文三等奖、无锡市首届残疾人演讲比赛二等奖、无锡市残疾人文化艺术传播交流精品节目展演演讲类一等奖。曾参加江苏省第八届残疾人运动会，获女子坐式排球团体冠军。

马伟忠

图 11-22

马伟忠生于 1972 年 5 月，环科园新街街道人。幼时，患小儿麻痹症，致双腿残疾。初中毕业后，以维修钟表、手机为业。2000 年，贷款购买机动运输车，雇人运输建材。2003 年，成立中骏建材经营部，建造货运码头，组建运输船队。2008 年，马伟忠为汶川地震救灾捐款 1 万元，为舟曲泥石流救灾捐款 1 万元。2009 年，注册资金 580 万元，创办中骏市政工程有限公司，在河南商丘等地发展市场。2010 年，承包休闲浴场，安置就业 45 名。是年，马伟忠结对贫困学生 2 名，每年资助 3000 元；捐助残疾人 100 名，每人 1 条电热毯；筹集 10 万元帮扶残疾人裴国强创业；捐赠2万元，为残疾人贫困家庭购买电脑、电视机等；捐助肢残大学生余虹云手术费1万元。2011年8月，投资1200万元，流转土地350亩，创办浩峰家庭农场；投资200多万元，整修道路、沟渠，建造水库30亩。同年，成立浩峰生态农业有限公司，安置农民工20名、残疾人15名；改造店面500平方米，创办艺术沙龙。2014年，创办市首家残疾人文化创业基地——宜兴市爱德陶瓷艺术文化有限公司，下设爱德陶艺社，吸纳范月琴、范培君、唐国忠、范小龙等32名残疾紫砂艺人在公司工作，聘请陶艺大师汪寅仙、鲍志强、曹婉芬、季益顺、桑黎兵、顾道荣、顾美群为顾问，设立紫砂艺术残疾人工作室、作品陈列室。有工艺美术师2名，长年在公司为残疾人制壶爱好者作启蒙培训，受培训人数40多名，培训合格后，就业率90%以上。公司在无锡、青岛、福州、澳门、台湾等地举办残疾紫砂艺人作品展。范月琴、范培君经大师指导，参加省残疾人职业技能岗位陶瓷艺术精英赛，分获第一名、第二名；代表江苏参加全国残疾人职业技能岗位精英赛，分获第一、第八名。唐国忠被曹婉芬大师收为弟子。公司帮扶范小龙，多次外出举办作品展。

爱德陶艺社被评为江苏省残疾人文化创业示范基地。马伟忠被聘为江苏农村商业银行行风监督员，获无锡市“五一”劳动奖章，无锡市第四届“十佳”助残先进个人“无锡好人”“江苏好人”称号。

蔡春英

图 11-23

蔡春英（女）生于1972年9月，丁蜀镇人。一次意外事故，夺去蔡春英左手，成为残疾人。

2003年，蔡春英参加市残联博爱培训学校陶艺制作培训班，学习制壶。一年以后，蔡春英独手制壶大有起色，常为参观领导所称奇，全国政协原副主席丁光训看到其制壶技艺后连说了不起。蔡春英被选送到清华大学美术学院深造。

2005年，蔡春英获江苏省第三届残疾人技能大赛陶艺组一等奖、残疾人技能竞赛金奖。同年，被丁蜀镇一家企业聘用。2006年10月，被评为“江苏省技术能手”。

2007年，在高级工艺美术师陈建平指导下，蔡春英获第三届全国残疾人技能大赛江苏赛区选拔赛第一名。代表江苏省参加全国残疾人技能大赛。2008年，成为中国工艺美术大师顾绍培的入室弟子。

2009年6月，蔡春英参加由国家人力资源和社会保障部、中国残疾人联合会主办，江苏省人民政府承办的第四届全国残疾人职业技能陶艺组竞赛，作品《绽放》获紫砂壶制作第一名。同时，获"全国技术能手"称号。同年9月，参加韩国首尔第八届国际残疾人职业技能竞赛，获特别奖。

2010年，蔡春英赴上海世博会"生命阳光馆"，现场表演紫砂壶制作，获"世博之星"称号。蔡春英职称为助理工艺美术师。

罗义菊

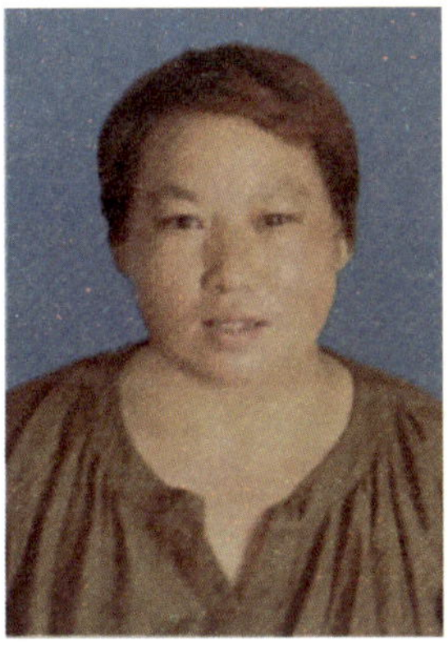

图 11-24

罗义菊（女）生于1975年8月，贵州黄平县人。幼时患小儿麻痹症，落下肢体残疾。到宜兴打工，在芳桥街道屺山村成家。丈夫肢残，儿子智障，一家三口辛勤劳作，种5亩多责任田，养猪最多时出栏五六十头。在芳桥镇（街道）残联的帮助下，建成义菊果蔬种植、养殖基地。市残联连年给予发放扶持基金；芳桥镇（街道）残联多次帮请农业服务中心技术员到基地指导，帮助联系购置保鲜冷库，多次和有关部门沟通，为其提供电力方便。罗义菊一家三口残疾，终于创业有成。基地忙时，罗义菊请残疾村民帮工，每天结付报酬，赢得村民好评。有些残疾人到基地学习生产技术，罗义菊热情与之交流，相互增进创业信心。

葛知

葛知生于1976年，丁蜀镇人，毕业于丁蜀职校。1994年，拜中国工艺美术大师徐秀棠为师，学习紫砂雕塑。1995年，遭遇车祸，高位截瘫。2006年5月，轮椅上的葛知在宜兴市方圆紫砂集团公司、丁蜀镇残联介绍下，拜江苏省工艺美术大师、研究员级高级工艺美术师曹婉芬为师，学习紫砂壶制作。他克服重重困难，刻苦钻研技艺，虚心向师姐、师兄请教，在老师的悉心指导下，掌握了全手工紫砂壶制作技艺。2009年，葛知以作品紫砂壶，

图 11-25

参赛宜兴市残疾人艺术节，获二等奖。葛知被丁蜀镇评为“十佳”青年，参加由共青团江苏省委、江苏省青年联合会、中国电信江苏分公司联合举办的“江苏好青年百人榜”评选，入选自强不息类别，作为唯一的残疾人代表登台领取荣誉证书和奖章。

图 11-26

王俊

王俊生于 1980 年，山东曲阜人。7 岁时患视神经萎缩症，双眼视力均低于 0.1，仅有微弱光感。1999 年，山东盲校毕业后，辗转于大城市推拿按摩所，学习技术。2003 年，只身到宜兴，在市残联帮助下，开办王俊推拿所。至 2012 年，先后在宜城、丁蜀、官林开办 4 家以自己名字命名的推拿按摩所，总营业面积约 4000 平方米，聘用推拿师近百名。后投资数万元，开设集推拿、足浴、SPA 综合养身会所—王俊推拿养身会所。营业面积 3000 平方米，聘用推拿师 60 多名，其中盲人推拿师 30 多名，注册“王俊推拿”商标。王俊推拿养身会所被评为江苏省盲人保健按摩示范机构宜兴市残疾人创业就业基地。2010 年王俊获宜兴市首届青年创新创业大赛项目金奖。2011 年，获宜兴团市委颁发的宜兴市青年“五四”奖章，被北京职业技能鉴定管理中心认定为保健按摩高级技师。2013 年，王俊当选为宜兴市盲人协会副主席，任团委青年创业者协会副会长，被中国社会工作协会评为第二届中国社区志愿者之星，被江苏省卫生厅认定为医疗按摩师。2014 年，获宜城街道岳堤社区颁发的尊老奉献之星。2015 年，被宜兴市人民政府残疾人工作委员会评为“先进个人”。

王俊创业成功后，尽力帮助身边残疾人实现就业梦。每年都有残疾人上门请求帮助，王俊除热情接待外，另将其送到专业推拿学校接受培训，学成后回王俊推拿所工作。先后带动300多名残疾人实现就业。王俊推拿所被评为宜兴市残疾人创业就业先进单位。

王俊待人宽厚，不但耐心传教，而且还鼓励盲人自主创业。从王俊推拿所走出去的推拿师包括在上海、南京、济南等地，自主创业，有了自己的天地。

钱琦

图 11-27

钱琦生于1981年，湖洑镇人，幼时失聪，成为聋哑儿童，就读于市聋哑学校。在学校学习期间，作品《醉卧落花》在全国首届学生美术作品大赛中获江苏省一等奖、全国优秀奖。

1997年，拜宜兴画家曹济民为师。在市残联和聋哑学校推荐下，进入宜兴蜀古紫砂工艺厂，从事壁画陶板雕刻工作，《相思图》获无锡市首届残疾人工艺美术作品展，紫砂类三等奖。《虎》获第三届无锡市残疾人工艺美术作品展，美术类二等奖。2009年，获“同在蓝天下”宜兴市残疾人艺术节才艺作品展陶刻一等奖。2012年，获宜兴市首届残疾人职业技能竞赛，陶艺项目第二名，并获“宜兴市技术能手”称号。2006年，被北京多家媒体评为“爱我中华、共创和谐”优秀新闻人物。2009年，被宜兴市人民政府授予“宜兴自强创业之星”称号。

许多残疾人拜钱琦为师，至2015年，收徒30名。徒弟学成后，大部分开设工作室。钱琦当选为市聋人协会副主席。

谈燕华

谈燕华（女）生于1986年，新街街道新乐村人。小时候遭遇意外事故，造成肢残。2002年，16岁的谈燕华，经市残联推荐，入选无锡市女子坐式排球队，成为运动员。2003年，谈燕华入选江苏省女子残疾人坐式排球队，作为主力队员参加第六届全国残疾人运动会，与队友一起，夺得女子残疾人坐式排球比赛团体冠军。同年10月，谈燕华入选中国女子残疾人坐式排球队，作为主力队员参加在日本举行的亚太地区女子坐式排球锦标赛暨世界残疾人

图 11-28

奥运会预选赛，和队员们一起为中国队夺得女子残疾人坐式排球锦标赛冠军，成功获得 2004 年雅典残奥会入场券。2004 年 9 月，谈燕华作为主攻手，与队友一起，征战第十二届雅典残奥会，连赢 7 场，获雅典残奥会女子坐式排球团体金牌。2007 年 5 月，谈燕华参加在昆明举办的全国第七届残疾人运动会，作为主力队员和队友一起，夺得女子坐式排球团体第一名。同年，谈燕华作为主力队员与队友夺得世界女子残疾人坐式排球锦标赛团体银牌。2008 年，谈燕华作为中国女子残疾人坐式排球队主攻手参赛十三届北京残奥会，与队友一起夺得团体冠军。2011 年，谈燕华参加全国第八届残疾人运动会，与宜兴队友王莉、金韵一起获女子坐式排球团体冠军。2013 年，谈燕华参加十四届伦敦残奥会女子残疾人坐式排球比赛，作为球队主攻手，和队友顽强拼搏，最终获得团体冠军。至此，谈燕华成为中国女子残疾人坐式排球队中获荣誉最多、最高的运动员。

谈燕华被党中央、国务院授予“残疾人先进个人”称号，被无锡市评为“自强创业”之星，被评为“江苏省劳动模范”“残疾人先进个人”“三八红旗手”，获江苏省“五四”青年奖章。

谢超

图 11-29

谢超生于 1990 年 7 月，万石镇贝市村人。幼时因病失去听力，喜欢画画。在市聋哑学校读书时，宜兴市举办的每次画展，都会出现他观摩的身影。谢超父亲身患癌症；母亲打工，做 3 份工作，每天工作 12 小时以上，维持一家生计。谢超在家庭生活困顿情况下，勤学不辍，学画不止。

谢超得到市残联和社会上许多好心人的资助和鼓励，更加潜心艺术创作。2008 年，谢超油画作品《荷花》，入选“新农村、新青年、新风尚”无锡市青年书画摄影展，获优秀奖。2010 年，谢超以优异成绩，考入长春大学特教学院绘画系。2012 年，谢超油画作品《黄土村之美》入选宜兴市美术作品新人新作展，并获优秀奖。

同年，加入宜兴市美术家协会，《黄土村之美》入选第八届江苏省画展。是年，谢超获徐悲鸿纪念馆基金会助学金，由徐悲鸿夫人廖静文亲自颁发，每年3000元，直至大学毕业。至2014年，《公园路小景》《我的大学生活》《永春系列》《公园村之美》《东北老房子》系列之一、二等多幅油画作品获奖。2014年，在江苏省徐悲鸿纪念馆举办首次个人油画展，画作开始出售。2015年9月，在市残联和有关单位帮助下，在宜兴城市美术馆举办第二次个人油画展；在宜兴市太平天国王府举办第三次个人家乡油画展。2015年，加入江苏省美术家协会。是年，中超电缆有限公司为谢超专设工作室。

注：以上人物简介以出生年月先后排序。

附　录

宜兴市残疾人工作政策汇编

一、申领中华人民共和国残疾人证

（一）政策内容

凡户籍在本市范围内，符合《第二次全国残疾人抽样调查残疾标准》的肢体、听力、言语、视力、智力、精神、多重残疾等残疾人均可申领《中华人民共和国残疾人证》。

（二）政策依据

《关于制发第二代中华人民共和国残疾人证的通知》（锡残〔2009〕7号）

（三）申请条件：

具有本市户籍。

（四）提供材料

1. 一张两寸蓝底近照和户口簿；

2. 身份证。

（五）申请流程

1. 申领人带一张两寸蓝底近照及户口簿、身份证和相关病历证明到户口所在地镇、街道残联申请；

2. 镇、街道残联初审后，将符合条件的申领人基本信息录入电脑，照片扫描入电脑，通过残联网上传至市残联评残办公室审核。

通过初审的申领人凭镇、街道残联下发的《中华人民共和国残疾评定表》及残疾检测通知书，在规定的时间内到指定地点进行残疾初检，初检结束后由评残办组织专家组进行主检。

评残办公室将通过主检符合评残标准的申领人残疾评定表医生检查内容录入电脑，并打印出残疾人证，20个工作日后残疾人本人可以直接到市评残办公室领取残疾人证；也可以由各镇、街道残联负责领回并发放到残疾人手中。

残疾评定每季度一次，每年3、6、9、12月为残疾检测时间。

（六）申领原则和条件

1. 根据领证自愿原则，要求申领残疾人证的人员，必须由其本人向户口所在地镇、街道残联提出申请。未经本人同意，其他单位和个人不得强迫或代为申领。未成年残疾人（16周岁以下）、不能辨认自己行为的精神、智力残疾人申领残疾人证，必须由其监护人提出申请。

2. 申领精神残疾证的必须先经精神病专科医院治疗，经过一年以上的康复期后才能申报。

3. 申请人在住院和康复期内不能申报（特殊情况另行研究）。

4. 意外事故和中风病人申请评残的，经治疗终结后满一年以上方可申报评残。

5. 智力残疾人申请评残的，先到无锡市精卫中心检测智商，凭智商报告单申请登记。

6. 听力残疾的，先经医院治疗终结后，凭治疗病历申请登记。

7. 视力残疾的，先经医院眼科治疗终结后，凭治疗病历申请登记。

（七）残疾人证的复评

残疾评定申领人在收到市残疾评定委员会的评审意见后，如有异议的，可在一年内最多提出一次复评申请并参加新一轮的残疾评定检测。市残疾评定委员会提出复审意见，市残疾评定委员会作出的复审意见为最终结论。如对结果仍持有异议，可以向上级残疾评定仲裁委员会申请复议。

（八）残疾人证的补办

遗失《残疾人证》须经镇、街道残联通过网络挂失后，由本人或监护人向镇、街道残联提出补办申请，并通过网络报到市评残办公室，申请人在镇、街道登记满两个月后，带遗失启示、两寸蓝底近照一张、身份证或户籍证明，到市评残办公室办理补办手续。

（九）残疾人关系迁移

残疾人的户口由外省、市迁移到本市，需重新评定检测，才能办理换证手续。

（十）残疾人证的内容变更

必须提供相应的证明材料，逐级申报方可予以更正。

（十一）残疾人证的注销

经康复已脱残或残疾人死亡的，户口迁出本市的，到镇、街道残联办理申请注销手续。

二、免费乘坐公共交通工具

（一）政策内容

凡户籍在本市，持有我市残联核发的第二代中华人民共和国残疾人证，并经市镇两级残联甄别符合乘车条件的残疾人，均可申请办理免费乘坐宜兴市城区、城乡公交车的“爱心卡”。

（二）政策依据

《市政府办公室关于印发〈宜兴市残疾人免费乘坐城区公交车实施办法〉的通知》（宜政办发〔2012〕150 号）

（三）申请条件

1. 具有本市户籍；

2. 持有我市残联核发的第二代中华人民共和国残疾人证。

（四）提供材料：

1. 市残联核发的第二代中华人民共和国残疾人证复印件；

2. 身份证复印件；

3. 市民卡。

（五）申请流程

1. 由本人或监护人提供我市残联核发的第二代中华人民共和国残疾人证复印件、身份证复印件和市民卡，到户籍所在镇（街道）残联填写《宜兴市残疾人免费乘坐公交车申请审批登记表》和《承诺书》；

2. 由镇（街道）残联理事长审核签字盖章后报市残联；

3. 经市残联审核通过之后，将市民卡转换成免费乘车的爱心卡。

（六）不予办理对象

1. 一、二级的肢体（下肢）、精神和智力残疾人；

2. 虽持有第二代中华人民共和国残疾人证，但是无锡残联系统内查不到的残疾人；

3. 军残；

4、年满 70 周岁的残疾人。

三、盲人定向行走免费训练服务

（一）政策内容

为视力残疾人免费提供盲人定向行走训练服务。

（二）政策依据

《关于印发“十二五”期间全市残疾人重点康复项目实施方案的通知》（锡残〔2011〕38号）

（三）申请条件

1. 具有本市户籍；

2. 持有我市残联核发的第二代《中华人民共和国残疾人证》的视力残疾人。

（四）提供材料

1. 身份证或户口簿；

2. 我市残联核发的第二代中华人民共和国残疾人证。

（五）申请流程：

由本人或监护人带好身份证或户口簿、第二代中华人民共和国残疾人证到镇、街道残联申请，镇、街道残联审核后免费为其提供盲人定向行走训练服务。

四、0 ~ 14 周岁残疾儿童康复训练救助

（一）政策内容

1. 6周岁以前（含6周岁）每年训练救助标准：肢体4.03万元、视力2.21万元、智力3.77万元、听力言语2.55万元、孤独症3.77万元、多重4.56万元；超出标准部分自理。

2. 7 ~ 14周岁儿童训练救助标准：在6周岁标准基础上逐年递减10%；标准之内个人承担10%，超出标准部分自理。自行外出不在文件规定的定点康复服务机构进行康复训练的，费用减半。

（二）政策依据

《关于开展0 ~ 6岁贫困残疾儿童康复训练实施补助的办法》（宜残〔2008〕16号）、《关于对我市7 ~ 14岁残疾儿童康复训练实施救助的办法》（宜残〔2014〕2号）

（三）申请条件

1. 具有本市户籍；

2. 0 ~ 14周岁残疾儿童。

（四）提供材料

1. 户口簿复印件；

2. 社保卡复印件。

（五）申请流程

1. 由监护人带残疾儿童到宜兴市残疾人康复中心（红塔医院内）或宜兴市博爱家园儿童成长中心进行康复鉴定；

2. 到村（社区）申请，填写相应的残疾儿童康复训练申请表，村（社区）签署意见后上报镇（街道）残联；

3. 镇（街道）残联初审，核实后上报市残联；

4. 市残联审核批准后，转介到儿童康复训练机构。

（六）定点机构

1. 宜兴市残疾人康复中心（红塔医院内）；

2. 宜兴市博爱家园儿童成长中心；

3. 无锡市特殊儿童早期干预中心；

4. 江苏省聋儿康复中心。

五、0 ~ 6 周岁残疾儿童人工耳蜗植入救助

（一）政策内容

人工耳蜗植入手术的 0 ~ 6 周岁残疾儿童享受 5 万元手术救助资金（打入手术医院账户）。

（二）政策依据：

《关于印发〈0 ~ 6 岁残疾儿童免费抢救性康复训练工作实施方案〉的通知》（宜残〔2008〕6 号）

（三）申请条件

1. 具有本市户籍；

2. 0 ~ 6 周岁残疾儿童。

（四）提供材料

1. 户口簿复印件；

2. 社保卡复印件。

（五）申请流程

1. 由监护人到村、社区申请，填写相关申请表，村、社区签署意见后上报镇、街道残联；

2. 镇、街道残联初审，核实后上报市残联；

3. 市残联审核批准。

六、贫困残疾人免费体检

（一）政策内容

贫困残疾人可以享受200元免费体检。

（二）政策依据

《关于印发“十二五”期间全市残疾人重点康复项目实施方案的通知》（锡残〔2011〕38号）

（三）申请条件

1. 具有本市户籍；

2. 持有市残联核发的第二代中华人民共和国残疾人证；

3. 低保（五保）或家庭人均收入低于当地低保标准2倍。

（四）提供材料

1、身份证或户口簿复印件；

2、我市残联核发的第二代中华人民共和国残疾人证复印件；

3、低保（五保）复印件或收入证明。

（五）申请流程

1. 由本人或监护人到村、社区申请，村、社区核实材料后上报镇（街道）残联；

2. 镇（街道）残联初审，核实后上报市残联；

3. 市残联审核批准后发放残疾人免费体检券；

4. 残疾人持残疾人免费体检券至当地卫生服务中心体检。

七、贫困残疾人（家庭）辅具适配及无障碍环境改造

（一）政策内容

免费为有需求的贫困残疾人配发基本辅助器具；为符合改造条件的贫困残疾人家庭提供一次性基本无障碍改造，最高限额不超过1500元。

（二）政策依据

《关于开展残疾人辅助器具适配和家庭无障碍环境改造工作的意见》（苏残发〔2009〕73号）、《关于印发贫困残疾人辅助器具适配和家庭无障碍环境改造省级救助项目实施方案的通知》（苏残发〔2010〕54号）

（三）申请条件

1. 具有本市户籍；

2. 持有我市残联核发的第二代中华人民共和国残疾人证；

3. 低保（五保）或家庭人均收入低于当地低保标准 2 倍。

（四）提供材料

1. 身份证或户口簿复印件；

2 . 我市残联核发的第二代《中华人民共和国残疾人证》复印件；

3. 低保（五保）复印件或收入证明。

（五）申请流程

1. 由本人或监护人到村、社区申请，填写相关申请表，村（社区）签署意见后上报镇、街道残联；

2. 镇、街道残联初审，核实后上报市残联；

3. 市残联审核批准。

八、贫困肢体残疾人免费装配假肢、矫形器

（一）政策内容

贫困肢体残疾人可以免费享受装配大腿、小腿、矫形器救助。假肢、矫形器由市财政统一进行招标采购。

（二）政策依据：

《关于印发“十二五”期间全市残疾人重点康复项目实施方案的通知》（锡残〔2011〕38 号）

（三）申请条件

1. 具有本市户籍；

2. 持有市残联核发的第二代中华人民共和国残疾人证的肢体残疾人；

3. 低保（五保）或家庭人均收入低于当地低保标准 2 倍。

（四）提供材料：

1. 身份证或户口簿复印件；

2. 市残联核发的第二代中华人民共和国残疾人证复印件；

3. 社保卡复印件；

4. 低保（五保）复印件或收入证明。

（五）申请流程

1. 由本人或监护人到村、社区申请，填写相关申请表，村（社区）签署意见后上报镇、街道残联；

2. 镇、街道残联初审，核实后上报市残联；

3. 市残联审核批准。

九、贫困白内障复明手术及低视力患者的康复救助

（一）政策内容

贫困白内障患者可以享受1500元手术救助（人工晶体自费）。

（二）政策依据：

《关于印发“十二五”期间全市残疾人重点康复项目实施方案的通知》（锡残〔2011〕38号）

（三）申请条件

1. 具有本市户籍；

2. 低保（五保）或家庭人均收入低于当地低保标准2倍；

3. 由市残联及卫生局联合三家定点医院进行统一筛查后，符合白内障手术要求的患者。

（四）提供材料

1. 身份证或户口簿复印件；

2. 社保卡复印件；

3. 低保（五保）复印件或收入证明。

（五）申请流程

1. 由本人或监护人到村、社区申请，填写相关申请表，村（社区）签署意见后上报镇、街道残联；

2. 镇、街道残联初审，核实后上报市残联；

3. 市残联审核批准。

（六）定点医院

1. 宜兴市人民医院；

2. 宜兴市第二人民医院；

3. 宜兴市红塔医院。

十、贫困听力障碍者安装助听器救助

（一）政策内容

贫困听力障碍患者可以享受不超过1000元的助听器安装补助，不满1000元的按照实际产生费用补助。

（二）政策依据

《关于印发“十二五”期间全市残疾人重点康复项目实施方案的通知》（锡残〔2011〕38号）

（三）申请条件

1. 具有本市户籍；

2. 低保（五保）或家庭人均收入低于当地低保标准2倍。

（四）提供材料

1. 身份证或户口簿复印件；

2. 低保（五保）复印件或收入证明。

（五）申请流程

1. 由本人或监护人到村、社区申请，填写相关申请表，村、社区签署意见后上报镇、街道残联；

2. 镇、街道残联初审，核实后上报市残联；

3. 市残联审核批准。

十一、贫困精神病人门诊救助

（一）政策内容

已在城乡居民医保信息系统内登记的精神病患者在我市内定点医疗机构进行刷卡就诊时，门诊处方中包含规定的精神病对症治疗的专用药品费用时，可按门诊特殊病种政策享受优惠50%的实时结报，全年累计补偿限额为2000元。门诊服药患者除享受城乡居民医保实时结报优惠外，还可享受残联服药补贴，每年最高不超过500元，不满500元的按实际产生费用结报。

（二）政策依据

《关于下发〈对我市贫困精神病人进行医疗救助的实施意见〉的通知》（宜残〔2012〕11号）

（三）申请条件

1. 具有本市户籍；

2. 持有我市残联核发的第二代中华人民共和国残疾人证；

3. 纳入门诊特殊病种；

4. 参加居民医保；

5. 低保（五保）或家庭人均收入低于当地低保标准 1.5 倍。

（四）提供材料

1. 身份证或户口簿复印件；

2. 我市残联核发的第二代中华人民共和国残疾人证复印件；

3. 社保卡复印件；

4. 低保（五保）复印件或收入证明。

（五）申请流程

1. 由本人或监护人到村、社区申请，填写相关申请表，村、社区签署意见后上报镇、街道残联；

2. 镇、街道残联初审，核实后上报市残联；

3. 市残联审核批准。

（六）定点医院

1. 宜兴市周铁医院；

2. 宜兴市张渚人民医院；

3. 宜兴市徐舍医院；

4. 宜兴市官林医院；

5. 宜兴市和桥医院；

6. 宜兴市红塔医院；

7. 宜兴市第二人民医院。

十二、贫困精神病人住院救助

（一）政策内容

贫困精神病人住院自理部分不超过 3000 元的享受住院医疗救助，不满 3000 元的按实际产生费用结报，一人一年内不重复享受。

（二）政策依据

《关于下发〈对我市贫困精神病人进行医疗救助的实施意见〉的通知》（宜残〔2012〕11 号）

（三）申请条件

1. 具有本市户籍；

2. 纳入门诊特殊病种；

3. 参加居民医保；

4. 低保（五保）或家庭人均收入低于当地低保标准 1.5 倍。

（四）提供材料

1. 身份证或户口簿复印件；

2. 低保（五保）复印件或收入证明；

3. 社保卡复印件。

（五）申请流程

1. 由监护人到村、社区申请，填写相关申请表，村、社区签署意见后上报镇、街道残联；

2. 镇、街道残联初审，核实后上报市残联；

3. 市残联审核批准。

十三、纳入宜兴市基本医疗保障范围的部分康复项目

（一）政策内容

残疾人可以享受装配大腿、小腿、矫形器、助听器、电子耳蜗、眼镜式助视器按照城镇医保 50%，新农合 30% 的比例报销。

1. 小腿城镇医保最高支付限额不超过 1500 元、新农合最高支付限额不超过 900 元，四年可重新适配一次；

2. 大腿城镇医保最高支付限额不超过 3000 元、新农合最高支付限额不超过 1800 元，四年可重新适配一次；

3. 矫形器新农合最高支付限额不超过 300 元，限 6 周岁及以下儿童，每年适配一次；

4. 儿童助听器（双耳佩戴）新农合最高支付限额不超过 1000 元 ×2，限 6 周岁及以下儿童，三年可重新适配一次；

5. 电子耳蜗城镇医保最高支付限额不超过 1.5 万元、新农合最高支付限额不超过 1 万元；

6. 眼镜式助视器城镇医保最高支付限额不超过 100 元、新农合最高支付限额不超过 60 元，两年可重新适配一次。

（二）政策依据

《关于转发省人力资源和社会保障厅、省卫生厅、省财政厅、省民政厅、省残疾人联合会〈江苏省关于将部分康复项目纳入基本医疗保障范围的实施

办法〉的通知》（锡人社发〔2012〕249号）

（三）申请条件

1. 已参加城镇职工基本医疗保险或城镇居民基本医疗保险；

2. 持有市残联核发的第二代中华人民共和国残疾人证；

3. 视力和0 ~ 6周岁听力残疾儿童。

（四）提供材料

1. 身份证或户口簿复印件；

2. 我市残联核发的第二代中华人民共和国残疾人证复印件（0—6周岁不需要）；

3. 社保卡复印件。

（五）申请流程

1. 残疾参保人或监护人持身份证或户口本、社保卡及指定医院出具的诊断证明向市残联提出申请；

2. 经市残联审核后，填写《辅助器具适配登记审批表》《宜兴市残疾人辅助器具享受医疗保障情况说明》等相关康复项目审批表和情况说明表，转介至相应的定点康复服务机构；

3. 定点康复服务机构对转介对象进行评估后，填写《宜兴市残疾人辅助器具适配表》，并在相应的审批表上签字盖章。同时提供残疾儿童抢救性康复内容或辅助器具适配预算，经职工医保或城乡居民医保经办机构审核同意备案后，为残疾人提供康复训练或适配辅助器具服务；

4. 残疾参保人或监护人携带相关资料和发票到市人社局医疗保险科和市卫生局城乡居民医保办办理结报手续；

5. 自行外出不在文件规定的定点康复服务机构进行康复训练和适配辅助器具的，宜兴市职工基本医疗保险和城乡居民医疗保险基金一律不予支付。

（六）定点机构

1. 无锡市和诚残疾人辅助器具有限公司（假肢装配、矫形器、助听器、助视器）；

2. 无锡市人民医院（电子耳蜗）；

3. 上海复旦大学附属眼耳鼻喉科医院（电子耳蜗）；

4. 无锡市邦尼康复器具有限公司（助听器）。

十四、住院医疗康复享受城乡居民医保待遇

（一）政策内容

参加城乡居民医保的参合人员，经急性期临床药物或手术治疗后四个月内，生命体征平稳，病情稳定，无重要脏器的严重功能障碍和严重精神病症状，符合下列条件之一，但仍有持续性神经功能障碍（如运动、言语、认知、吞咽、排尿、排便等障碍）而影响生活自理，且具有恢复潜力和住院康复价值的，可作为城乡居民医保住院康复补偿对象。

（二）政策依据

《关于印发《宜兴市城乡居民医保住院医疗康复实施办法（暂行）》的通知》（宜卫〔2014〕58号）

（三）申请条件

参加本市城乡居民医疗保险人员。

（四）提供材料

社保卡。

（五）申请流程

1.参合人员有住院医疗康复需求的，由定点医疗机构进行审核，确认符合城乡居民医保住院医疗康复补偿政策的，填写《宜兴市城乡居民医保住院医疗康复治疗登记表》，该院相关部门确认盖章后每个月月初上报市城乡居民医保业务管理中心；

2.对符合住院医疗康复收治条件参合人员的住院费用，定点医疗机构在出院时实行即时结报。

（六）定点机构

宜兴市残疾人康复中心（红塔医院内）。

十五、残疾人免费培训

（一）政策内容

为残疾人提供免费培训。

（二）政策依据

《市政府办公室关于印发无锡市残疾人保障和救助办法的通知》（锡政办发〔2010〕309号）

（三）申请条件

1. 具有本市户籍；

2. 在就业年龄段内（男 16 ~ 60 周岁，女 16 ~ 55 周岁）；

3. 持有我市残联核发的第二代中华人民共和国残疾人证。

（四）申请流程：

1、由本人或监护人到镇、街道残联申请，填写《宜兴市残疾人免费培训申请审批表》，提供身份证、我市残联核发的第二代中华人民共和国残疾人证原件、复印件等资料，由镇、街道残联初审后上报宜兴市爱德培训学校；

2. 宜兴市爱德培训学校复审后报市残联；

3. 市残联审核批准。

十六、低保重残补贴

（一）政策内容

低保家庭中重度残疾人每月发放 100 元重残补贴金。

（二）政策依据

省财政厅、省民政厅、省残联联合下发《关于向低保家庭中重度残疾人发放重残补贴金的通知》（苏残发〔2010〕92 号、苏财社〔2010〕286 号）

（三）申请条件

1. 具有本市户籍；

2. 持有我市残联核发的第二代中华人民共和国残疾人证，残疾等级为一级、二级且残疾类别为视力、肢体、智力、精神的低保家庭中的重度残疾人。

（四）申请流程

1. 由本人或监护人向户口所在地村、社区申请，并据实填写《宜兴市低保重残补贴金审批表》，提供身份证、第二代中华人民共和国残疾人证及低保证复印件等，村、社区签署意见后上报镇、街道残联；

2. 镇、街道残联初审，核实后上报市残联；

3. 市残联审核批准。

十七、特殊困难残疾人生活救助

（一）政策内容：

1. 无固定收入重度残疾人。残疾类级别为一级、二级的肢体、视力、智力、精神重度残疾人，残疾人本人无业，无固定薪金收入，无经营性、财产性收入，对符合规定的重残人员，参照低保标准 100% 发放生活救助金；对有固定收入，但低于低保标准的重度残疾人，参照低保标准差额补足生活救助金。

2. 一户多残、依老养残家庭中的残疾人。家庭成员间具有法定的赡（抚、扶）养关系且共同生活，其家庭人均收入在当地低保标准以上、200% 以内，有 2 名（含）以上残疾人，或残疾人由父母供养且父母有一方达到法定退休年龄，或依法由祖父母、外祖父母、其他亲属供养且供养人有一方达到法定退休年龄的，对其家庭中的残疾人参照不低于当地低保标准的 60% 发放生活救助金。

享受生活救助的特殊困难残疾人，同时符合以上两项条件的，按照就高的原则实施救助，不重复享受。已纳入低保，或农村五保供养和城市“三无人员”供养的残疾人，不再享受以上生活救助。

（二）政策依据

省民政厅、省财政厅、省卫生厅、省残联联合下发《关于对特殊困难残疾人实施生活救助的通知》（苏民助〔2010〕15 号、苏财社 [2010]143 号）

（三）申请条件

1. 具有本市户籍；

2. 持有我市残联核发的第二代中华人民共和国残疾人证；

3. 残疾人本人无业，无固定薪金收入，无经营性、财产性收入；

4. 残疾类级别为一级、二级的肢体、视力、智力、精神重度残疾人，或家庭人均收入在低保以上、低保 2 倍以下一户多残、依老养残家庭中的残疾人。

（四）申请流程

1. 由本人或监护人向户口所在地村、社区申请，并据实填写《宜兴市无固定收入重度残疾人生活救助审批表》、《宜兴市一户多残、以老养残家庭中困难残疾人生活救助审批表》，提供户口簿、身份证、市残联核发的第二代中华人民共和国残疾人证、低保证复印件及无固定收入证明、家庭收入证明等，村、社区签署意见后上报镇、街道残联；

2. 由镇、街道残联初审、核实，公示一周后上报市残联；

3. 市残联审核批准。

十八、居家安养护理补贴

（一）政策内容

对符合条件并经审核认定的贫困家庭重度残疾人给予每人每月 100 元的护理补贴。

（二）政策依据

省财政厅、省残联联合下发《江苏省残疾人护理补贴发放管理办法的通知》（苏财社〔2013〕25 号、苏残发〔2013〕11 号）

（三）申请条件

1. 具有本市户籍；

2. 年龄在 16 ～ 60 周岁；

3. 持有市残联核发的第二代中华人民共和国残疾人证的一级视力、肢体重度残疾人，以及一级、二级智力、精神重度无业残疾人；

4. 残疾人为低保家庭成员或低收入帮扶对象。

（四）申请流程

1、由本人或监护人向户口所在地村、社区申请，并据实填写《宜兴市生活不能自理残疾人护理补贴申请审批表》，提供身份证、市残联核发的第二代中华人民共和国残疾人证、低保证复印件或低收入证明，村、社区签署意见后上报镇、街道残联；

2. 镇、街道残联初审、核实，公示一周后上报市残联；

3. 市残联审核批准。

十九、残疾人托养机构补贴

（一）政策内容

我市对各镇、街道托养机构，根据入托残疾人给予每人每月全托 600 元、日托 200 元（市镇各负担一半）补贴。

（二）政策依据

《市政府办公室转发市残联等部门关于〈宜兴市残疾人“博爱家园”双基工程规范化建设实施意见〉的通知》（宜政办发〔2014〕82 号、宜政办发〔2015〕46 号）

（三）申请条件

1. 宜兴市经过规范化建设验收合格的镇、街道安养院；

2. 安养院中入托残疾人须具有本市户籍，年龄在 16 ～ 65 周岁，且持有我市残联核发的第二代中华人民共和国残疾人证。

（四）申请流程

1. 各镇（街道）残联每年 11 月上报托养机构托养人员汇总表；

2. 市残联现场审核。

二十、就业年龄段无业三四级智力、精神残疾人救助

（一）政策内容

对男 16 ~ 60 周岁、女 16 ~ 55 周岁无业三四级智力、精神残疾人给予每人每月 80 元的救助。

（二）政策依据

无锡市民政局、无锡市财政局、无锡市残联《关于印发《无锡市市区无业三、四级精神、智力残疾人生活救助实施办法》的通知》（锡民救〔2014〕17 号）

（三）申请条件：

1. 具有本市户籍；

2. 年龄男 16 ~ 60 周岁、女 16 ~ 55 周岁；

3. 持有宜兴市残联核发的第二代中华人民共和国残疾人证，残疾类级别为三、四级精神、智力无业残疾人。

上述对象已纳入最低生活保障及特殊困难残疾人救助的人员，不得重复享受。

（四）申请流程

1. 由本人或监护人到户籍所在村、社区提出申请，填写《宜兴市无业三、四级精神、智力残疾人生活救助申请审批表》，提供户口簿、身份证、我市残联核发的第二代中华人民共和国残疾人证原件和复印件及就业状况等相关材料，村、社区签署意见后上报镇、街道残联；

2. 镇（街道）残联初审、核实后上报市残联；

3. 市残联审核批准。

二十一、残疾学生教育补贴

（一）政策内容

1. 教育专项补贴

（1）就读全日制高中（包括普通高中、中专、职业高中、技校）阶段的残疾学生，标准为每人每学年 2000 元，最高补助年限为三年；

（2）就读全日制大专及以上的残疾学生，标准为每人每学年 3000 元，补助年限与就读年限一致。

2. 残疾学生助学金：

（1）在外地就读的义务教育及高中阶段的盲校学生，交通、伙食补贴每人每学年 2000 元，补助年限与正常就读年限一致；

（2）对江浙沪以外列入国家招生计划内的全日制本科高等院校录取的残疾新生，给予一次性入学补助 5000 元。

（二）政策依据

省残联《关于印发对高中和高等教育阶段残疾学生发放教育专项补贴实施方案的通知》（苏残发〔2010〕60 号）、无锡《市政府办公室关于印发无锡市残疾人保障和救助办法的通知》（锡政办发〔2010〕309 号）

（三）申请条件：

1、具有本市户籍；

2、持有我市残联核发的第二代《中华人民共和国残疾人证》；

3、就读全日制高中阶段、大专及以上的残疾学生；

4、在外地就读的义务教育及高中阶段的盲校学生；

5、江浙沪以外列入国家招生计划内的全日制本科高等院校录取的残疾新生。

（四）申请流程：

1、由本人或监护人向户口所在地镇（街道）残联申请，并据实填写《江苏省高中和高等教育阶段残疾学生教育专项补贴申请审批表》、《宜兴市残疾学生助学金审批表》，提供我市残联核发的第二代《中华人民共和国残疾人证》、户口簿（或身份证）、学生证或就读学校证明，入学通知书复印件等，镇、街道残联签署意见后上报市残联；

2、市残联审核批准。

二十二、残疾学生奖学金

（一）政策内容

1. 对参加省自学考试的残疾学生，每合格一门奖励 100 元，取得毕业证书后再一次性奖励 500 元；

2. 对各类成人高校就读的残疾学生取得毕业证书后一次性奖励 2000 元；

3. 对取得硕士学位和学历证书的残疾学生给予一次性奖励 8000 元，对取得博士学位和学历证书的残疾学生给予一次性奖励 10000 元。

（二）政策依据

无锡市《市政府办公室关于印发无锡市残疾人保障和救助办法的通知》（锡政办发〔2010〕309 号）

（三）申请条件

1. 具有宜兴市户籍；

2. 持有我市残联核发的第二代中华人民共和国残疾人证；

3. 自学考试和成人高校取得合格证和毕业证书的残疾学生；

4. 取得硕士（博士）学位、学历证书的残疾学生。

（四）申请流程

1. 由本人或监护人向户口所在地镇（街道）残联申请，并据实填写《宜兴市残疾学生助学金审批表》，提供市残联核发的第二代中华人民共和国残疾人证、学生证、单科合格证、毕业证、学位学历证书等，镇（街道）残联签署意见后上报市残联；

2. 市残联审核批准。

二十三、贫困残疾人住房修缮补贴

（一）政策内容

对家庭贫困的残疾人住房进行维修补贴 5000 ~ 8000 元。

（二）申请条件

1. 具有宜兴市户籍；

2. 持有宜兴市残联核发的第二代中华人民共和国残疾人证；

3. 残疾人家庭为低保或低收入对象；

4. 住房破损或年久失修，需要进行维修改造，残疾人家庭无力承担全部费用。

（三）申请流程

1. 由本人或监护人向户口所在地村、社区申请，并据实填写《宜兴市贫困残疾人住房修缮申请审批表》，提供身份证、市残联核发的第二代中华人民共和国残疾人证、低保证复印件或低收入证明，村、社区签署意见后上报镇、街道残联；

2. 镇、街道残联初审、核实，公示一周后拍照上报市残联；

3. 市残联上门核查后批准。

二十四、新开办盲人保健按摩机构扶持补贴

（一）政策内容

对盲人新开办保健按摩机构的，符合规范设立要求的给予一次性创业扶持补贴3000元～8000元（由省残疾人就业管理中心盲人按摩管理科审核、发放补贴）。

（二）政策依据

《省残联扶持开办盲人保健按摩机构办法（试行）》（苏残发〔2008〕35号）、省残联、省财政厅《省财政厅省残疾人联合会关于印发省级残疾人创业示范基地等补贴资金管理办法》（苏财社〔2013〕55号、苏残发〔2013〕40号）

（三）申请条件

1. 新开办的盲人保健按摩机构，取得残联颁发的开业许可证，未获得其他补助的；

2. 法人为宜兴市户籍，持有市残联核发的第二代中华人民共和国残疾人证，且残疾类别为视力残疾；

3. 取得工商营业执照或民办非企业执照；

4. 机构就业视力残疾人50%以上为宜兴市户籍。

（四）申请流程

1. 机构法人（或代理人）到市残联教就科申请，填写《开办盲人保健按摩机构扶持申请表》。提供机构职工名册，开业许可证复印件，工商营业执照或民办非企业执照复印件，负责人及残疾职工的身份证、残疾人证、保健按摩师职业资格证书复印件，劳动合同、社会保险证明材料及社会保险费明细表等，市残联签署意见后上报无锡市残联；

2. 无锡市残联审核后上报省残疾人就业管理中心审核批准。

二十五、盲人按摩机构业主社保补贴

（一）政策内容

盲人按摩机构业主社保补贴。

（二）政策依据

《关于给予特殊困难残疾人参加社会保险补贴的通知》（苏残发〔2009〕68号）、无锡市《市政府办公室关于印发无锡市残疾人保障和救助办法的通知》（锡政办发〔2010〕309号）。

（三）申请条件

1. 具有宜兴市户籍；

2. 在就业年龄段内（男16～60周岁，女16～50周岁）；

3. 持有市残联核发的第二代中华人民共和国残疾人证；

4. 开办盲人保健按摩机构并取得江苏省盲人保健按摩机构开业许可证和营业执照的视力残疾人，且本人缴纳社保。

（四）申请流程

1. 由本人或监护人到镇（街道）残联申请，填写《宜兴市残疾人社保补贴申请审批表》，提供身份证、市残联核发的第二代中华人民共和国残疾人证原件、复印件，江苏省盲人保健按摩机构开业许可证、营业执照复印件，社保缴费凭证等资料；

2. 镇（街道）残联初审后上报市残联；

3. 市残联审核批准。

注意事项：补贴总额为残疾人自己缴纳的三分之二，残疾人要先到社保部门申请补贴二分之一，之后残联补贴其余的六分之一，补贴期限为3年，达到期限后不再予以补贴。

二十六、残疾人创业（就业）扶持补贴

（一）政策内容

1. 残疾人个体创业扶持：给予一次性3000元～5000元补贴；

2. 残疾人就业（创业）基地扶持：根据基地的实际情况（投资规模、用残工情况、经营状况）核定。

（二）政策依据

无锡市《市政府办公室关于印发无锡市残疾人保障和救助办法的通知》（锡政办发〔2010〕309号）、《宜兴市残疾人就业（创业）基地管理办法》（宜残〔2013〕12号）

（三）申请条件

1. 具有宜兴市户籍；

2. 在就业年龄段内（男 16 ～ 60 周岁，女 16 ～ 55 周岁）；

3. 持有市残联核发的第二代中华人民共和国残疾人证；

4. 残疾人个体开业或经考核验收的残疾人就业（创业）基地。

（四）申请流程

1. 本人或基地负责人到镇、街道残联申请，填写《残疾人自主创业扶持申请表》、《宜兴市残疾人就业（创业）基地申报审批表》，提供市残联核发的第二代中华人民共和国残疾人证、户口簿、残疾人本人个体工商户（或企业法人）营业执照或农村规模种养殖与村委会签订的承包协议（原件、复印件）等，镇、街道残联签署意见后上报市残联；

2. 市残联实地考核、审批。

二十七、按比例安排残疾人就业征缴残疾人就业保障金

（一）政策内容

按比例安排残疾人就业情况申报，对安排残疾人就业比例达不到 1.5% 的单位征缴残保金。

（二）政策依据

国务院《残疾人就业条例》、《江苏省人民政府关于修改〈江苏省按比例安排残疾人就业办法〉的决定》（省政府〔2006〕第 31 号令）、省地税局、省财政厅、省残联、人行南京分行《关于印发〈江苏省残疾人就业保障金征缴管理办法〉的通知》（苏地税发〔2006〕262 号）、省残联、省地税《关于印发江苏省残疾人就业保障金征缴工作信息化管理暂行办法的通知》（苏残发〔2012〕49 号）、宜兴市《市政府关于实行基金、费分项征收办法的意见》（宜政发〔2014〕186 号）。

（三）申报及征缴对象

宜兴市行政辖区内的机关、团体、事业单位、企业（包括外商投资企业、港澳台投资企业、私营企业和个人独资企业）、民办非企业和城乡各类经济组织（以下简称用人单位）。

对安置残疾人就业达到或超过 1.5% 比例的单位，不需要征缴残保金，安置残疾人就业达不到 1.5% 比例的单位需要征缴残保金。

本单位应缴残保金 =（上年度单位从业人员总数 × 1.5% － 本单位上年度已安排残疾职工人数）× 上年度本市职工年平均工资。

（四）单位就业残疾人认定条件

1. 宜兴市户籍并应持有市残联核发的第二代《中华人民共和国残疾人证》或持有《中华人民共和国残疾军人证》；

2. 国家法定劳动年龄段；

3. 办理招用手续、签订劳动聘用合同；

4. 参加社会保险、并足额缴纳社会保险费；

5. 实行同工同酬并不低于宜兴市最低工资；

6. 与其他单位无劳动关系。

（五）申报流程

1. 各用人单位到所属地镇、街道残联办理单位按比例安排残疾人就业情况申报及单位从业残疾人员的初审，填写《宜兴市残疾人就业情况年报表》《残疾职工花名册》。提供在职残疾职工的身份证复印件、中华人民共和国残疾军人证或市残联核发的第二代中华人民共和国残疾人证的原件和复印件，单位与残疾职工签订一年以上的《劳动聘用合同》复印件，征缴期内残疾职工的社保缴费凭证原件、复印件。根据上报资料，镇、街道残联在年审系统中完成初审；

2. 宜兴市残疾人就业创业管理中心对镇、街道残联上报的用人单位安置残疾职工的资料进行复审；打印出《宜兴市残疾人就业保障金缴款通知书》或《宜兴市按比例安置残疾人达标通知书》；

3. 安置残疾人就业达不到 1.5% 比例的单位，应在江苏省无锡地方税务局网站申报缴纳残保金。

二十八、残疾人申请法律援助

（一）政策内容

1. 依法请求国家赔偿的；

2. 请求给予社会保险待遇或者最低生活保障待遇的；

3. 请求发给抚恤金、救济金的；

4. 请求给付赡养费、抚养费、扶养费的；

5. 请求支付劳动报酬或者因劳动关系请求经济补偿、赔偿的；

6. 因身体遭受严重损害请求赔偿的；

7. 因遭受家庭暴力、虐待或者遗弃要求变更或者解除收养、监护关系的；

8. 因遭受家庭暴力、虐待或者遗弃、对方重婚或者配偶与他人同居的受害方要求离婚的；

9. 因使用伪劣农药、化肥、种子及其他农资产品造成严重经济损失请求赔偿的；

10. 因环境污染遭受严重经济损失请求赔偿的；

11. 因征地、拆迁而使权益受到严重损害并在民事诉讼中请求赔偿或者补偿的；

12. 因房屋居住权受到严重侵害请求赔偿的；

13. 因继承权受到侵害请求确认或者赔偿的；

14. 遗赠扶养协议纠纷；

15. 犯罪嫌疑人、被告人请求法律咨询、辩护的；

16. 公诉案件的被害人及其法定代理人或者近亲属，自诉案件的自诉人及其法定代理人请求法律咨询、代理的；

17. 国家和省规定的其他事项。

其中，第 12、13、14 项仅适用于农村“五保”对象、社会福利机构中由政府供养的人员、无固定生活来源的重度残疾人、正在享受最低生活保障待遇的人员、领取设区的市、县（市）总工会发放的特困证的职工、依靠抚恤金生活的人员以及法律、法规规定的其他人员。

（二）政策依据

国务院《法律援助条例》《江苏省法律援助条例》，国家、江苏省、无锡市、宜兴市各级人民法院、人民检察院、公安、司法、民政、人力资源和社会保障、教育、卫生、残联等九部门联合制定的《关于加强残疾人法律救助工作的意见》。

（三）申请条件

1. 法律援助对象主要为经济困难的残疾人，重点对重度残疾、一户多残、依老养残及遇有突发事故、意外伤害等特困残疾人给予法律援助；

2. 有合理的请求及事实依据；

3. 请求事项属于法律援助范围；

4. 因经济困难无能力承担法律费用，或者符合《中华人民共和国刑事诉讼法》第三十四条、第二百六十七条、第二百八十六条第二款以及《江苏省法律援助条例》第十二条第一款第三项规定的。

（四）申请地点

申请地点为市残疾人法律维权服务站（设在市法律援助中心接待大厅内），联系电话为87969092，地址在市司法局大院（宜城街道荆溪南路38号）。

（五）申请流程

申请法律援助的残疾人，可先通过市残疾人法律维权服务站咨询，经审核符合法律援助条件的残疾人，可持本人居民身份证、市残联核发的第二代中华人民共和国残疾人证、相关案件材料向市残疾人法律维权服务站提交法律援助申请。

专业用语诠释

【三项康复】

残疾人的“三项康复”工作，是指重点做好小儿麻痹矫治手术、白内障复明手术和聋儿听力语言康复训练。

【三个活跃】

残疾人在残疾人组织中更加活跃，残疾人组织在基层更加活跃，残疾人和残疾人组织在社会上更加活跃。

【三个贴近】

贴近实际、贴近生活、贴近残疾人。

【四自】

自尊、自信、自强、自立。

【平等、参与、共享的基本内涵】

“平等、参与、共享”是在总结中国残疾人事业的实践的基础上，借鉴国际残疾人运动的经验而提出的残疾人事业的崇高目标，并成为宣传社会和自我激励的口号，其内涵：

平等：在残疾人事业领域，“平等”是指残疾人在政治、经济、文化、社会和家庭生活等方面，享有同其他公民平等的权利，这种权利受宪法和法律保障，不得因为残疾等原因而受到限制或排斥，禁止任何歧视、侮辱、侵害残疾人的行为。“平等”是残疾人“平等·参与·共享”这一目标的核心。

在社会生活中，残疾人的平等权利常常表现为要求机会均等，即国家和社会应采取相应的措施，使残疾人在医疗健康、教育、娱乐、体育、环境、信息交流等各个方面能够同其他社会成员一样，享有同等的参与社会事务和利用社会资源的机会。

参与：在这里指残疾人参与社会生活和发展，包括参与经济和社会的发展，同时获得自身的发展。“参与”是残疾人对环境和社会的积极意识和行为。残疾人通过积极的参与，而使自己与环境和社会相融合而不是隔离，使自己跻身于社会发展主流而消除不同程度的边缘化状态。残疾人参与社会生活和发展，需要争取并得到法律的保障、政府与社会的扶助。

共享：在这里一般指残疾人与其他公民共同负担为人类、国家和社会作贡献的义务，共同创造精神和物质财富，同时共同享受由经济社会发展所带来的精神和物质成果。

【国际残疾人日】

“联合国残疾人十年”是一个提高认识的时期，也是一个以继续改善残疾人状况为目标制定措施而采取行动的时期。十年中，虽然许多国家残疾人事业取得了程度不同的进展，但也有不少国家的残疾人事业发展缓慢，有的刚刚起步，甚至尚未起步。“联合国残疾人十年”接近尾声时，各国际和国家级别的残疾人组织及国家政府和联合国有关部门与机构都在考虑如何使改善残疾人状况的努力持续下去的问题。在这个背景下，各种积极的建议被提出并付诸行动，其中也包括促进联合国宣布“国际残疾人日”的建议。1992年10月14日，联合国大会47届会议所全体通过的决议，宣布其后每年12月3日为“国际残疾人日”。

【国际聋人节】

1957年，世界聋人联合会召开代表大会。会议期间，在欧洲各国聋人协会的提议下，讨论通过了将每年9月的第四个星期日确定为国际聋人节。我国于1955年加入世界聋人联合会。1958年8月12日，中华人民共和国内务部、教育部、卫生部、文化部、国家体委、全国总工会、共青团中央、全国妇联和全国聋哑人福利会等九家单位联合发出通知，要求各地庆祝这一节日。国际聋人节期间，各地举办多种形式的活动，如文艺演出，书画展览，各类球类、棋类、田径比赛等，对活跃聋人生活、促进社会理解、支持残疾人事业发挥了很好的作用。

【国际盲人节】

历史上，一些欧洲国家的盲人经常在秋季举办文艺联欢活动，被称为白手杖节，是盲人节的最早形态。1984年，在世界盲人联盟成立大会上，经讨论一致通过确定每年10月15日为国际盲人节。1989年9月18日，中残联发出通知，要求各地在每年的盲人节期间，由省（市）盲人协会出面，残联业务部门协助，结合当地情况举办庆祝活动，以活跃盲人的生活，体现国家和社会对盲人的关怀。1989年10月14日，中国盲人协会在北京全国政协礼堂举办了首届庆祝活动。

【全国助残日】

《中国人民共和国残疾人保障法》第四十八条规定："每年5月第三个星期日，为全国助残日。"《中华人民共和国残疾人保障法》从1991年5月15日开始实施，"全国助残日"活动即从当年开始进行。截止2015年，全国共开展了25次"全国助残日"活动。每年助残日活动的主题，都是依据当年残疾人事业发展的重点工作确立的。25年中，分别围绕"宣传残疾人保障法""一助一送温暖""走进每一个残疾人家庭""志愿者助残""平等共享促进残疾人就业"等25个主题开展的活动。助残日活动为残疾人提供了各种具体的服务与帮助，活动的规模和声势逐渐扩大，影响日益深入人心。实践证明，用法律的形式确定的"全国助残日"活动，是培育全社会扶残助残风尚、提高全国助残意识的一项重要举措，也是精神文明创建活动的一个重要形式。

【全国爱耳日】

1998年3月，在政协第九届全国委员会第一次会议上，社会福利组15名委员针对中国耳聋发病率高，数量多，危害大，预防薄弱这一现实，提出了《关于建议确立爱耳日宣传活动》的第2330号提案。这一提案引起了有关部门的高度重视，经中残联、卫生部等10个部门共同商定，确定每年3月3日为全国爱耳日。卫生部、中残联下发了《中国提高出生人口素质、减少出生缺陷和残疾行动计划（2002—2010）》，要求"在全社会普及预防和残疾的科学知识，加强婚前保健、孕产期保健、婴儿保健和早期干预等综合性防治措施，预防和减少出生缺陷和残疾的发生"。曾有专家论证，如果"爱耳日”活动能够实施，每年仅 7 岁以下儿童药物中毒性耳聋至少可以减少 1 万～2 万名。自 2000 年确立全国“爱耳日”，耳聋预防的公众宣传、全民的爱耳意识都有所提高，但科普宣传力度还不够。因此，确定 2004 年我国的爱耳日活动主题是——“防聋走进社区”。旨在发挥社区人口密集、传播迅速，宣传教育具有事半功倍的优势。使老百姓能够真正体会到日常保健、规律生活对身体健康的重要意义。

【全国爱眼日】

1992 年 9 月 25 日，天津医科大学眼科教授王延华与流行病学教授耿贯一首次向全国倡议，在国内设立爱眼日，并在天津召开了全国爱眼日第一次研讨会。这一倡议受到眼科学界和眼科专家们的响应，决定每年 5 月 5 日为“全国爱眼日”。1993 年 5 月 5 日，天津首次举办爱眼日宣传活动。受此影响，从 1994 年开始，北京、上海、广州等国内大中城市相继在 5 月 5 日举办义诊咨询活动，同时宣传爱眼日的意义。1996 年，卫生部、教育部、团中央、中残联等 12 个部委联合发出通知，将爱眼日活动列为国家节日之一，并确定每年 6 月 6 日为“全国爱眼日”。

【七类残疾人】

《中华人民共和国残疾人保障法》规定：“残疾人包括视力残疾、听力残疾、言语残疾、肢体残疾、智力残疾、精神残疾、多重残疾等其他残疾人。”

【视力残疾】

视力残疾是指由于各种原因导致双眼视力障碍或视野缩小，以致影响正常工作、学习或其他活动。视力残疾包括盲和低视力两类，具体分为四级：

双眼中好眼的最佳矫正视力低于 0.02 或视野半径小于 5 度者为一级盲；最佳矫正视力等于或优于 0.02，而低于 0.05，或视野半径小于 10 度者为二级盲；最佳矫正视力等于或优于 0.05，而低于 0.1 者为一级低视力；最佳矫正视力等于或优于 0.1，而低于 0.3 者为二级低视力。

【听力残疾】

听力残疾是指由于各种原因导致双耳不同程度的听力丧失，听不到或听不清周围环境声及言语声。根据《中国残疾人实用评定标准》，听力残疾分为四级：

听力损失大于 90 分贝，言语识别率小于 15% 者为一级听力残疾；听力损失 71 ~ 90 分贝，言语识别率 15% ~ 30% 者为二级听力残疾；听力损失 61 ~ 70 分贝，言语识别率 31% ~ 60% 者为三级听力残疾；听力损失 51 ~ 60 分贝，言语识别率 61% ~ 70% 者为四级听力残疾。

【言语残疾】

言语残疾是指由于各种原因导致言语障碍，不能进行正常的言语交往活动。

言语残疾分为四级：

言语能力完全丧失，只能简单发音者为一级言语残疾；具有一定的发音能力，语音清晰度在 10% ~ 30%，言语能力等级测试可通过一级，但不能通过二级者为二级言语残疾；具有发音能力，语言清晰度在 31% ~ 50%，言语能力等级测试可通过二级，但不能通过三级者为三级言语残疾；具有发音能力，语音清晰度在 51% ~ 70%，言语能力等级测试可通过三级，但不能通过四级者为四级言语残疾。

【智力残疾】

智力残疾是指人的智力明显低于一般人水平，并显示适应行为障碍。智力残疾包括在智力发育期间由于各种原因导致的智力低下和智力发育成熟以后由于各种原因引起的智力操作或老年期的智力明显衰退。智力残疾分为四级：

智商小于 20 者为一级智力残疾（重度）；智商在 20 ~ 34 者为二级智力残疾（重度）；智商在 35 ~ 49 者为三级智力残疾（中度）；智商在 50 ~ 69 者为四级智力残疾（轻度）。

【肢体残疾】

肢体残疾是指人的残缺、畸形、麻痹导致人体运动功能丧失或功能障碍。肢体残疾包括脑瘫、偏瘫、脊髓疾病及损伤、小儿麻痹后遗症、截肢、缺肢、短肢、四肢畸形、侏儒症、脊柱畸形、骨关节和肌肉疾病及损伤、周围神经疾病和损伤等。根据《中国残疾人实用评定标准》，肢体残疾分为三级：完全不能或基本不能完成日常生活劳动者为一级（重度）肢体残疾；能够部分完成日常生活活动者为二级（中度）肢体残疾；基本上能够完成日常生活活动者为三级（轻度）肢体残疾。

保留拇指和食指（或中指）而失去另三指者；保留足跟而失去足前半部者；双下肢不等长，差距小于5厘米者，均不属于肢体残疾范围。

【精神残疾】

精神残疾是指精神病人患病持续一年以上未痊愈，导致其对家庭、社会应尽职能出现一定程度的障碍。精神残疾分为三级：

社会功能严重缺陷为一级（重度）精神残疾；社会功能有缺陷为二级（中度）精神残疾；社会功能有轻度缺陷为三级（轻度）精神残疾。

【多重残疾】

凡有两种以上残疾的为多重残疾，或陈复合残疾。

【中国残疾人联合会会徽图案及含义】

1991年3月召开的中残联第一届主席团第三次全体会议审议通过了中残联会徽设计方案。

会徽中心图形由“残疾人”三字的汉语拼音缩写CJR组成，表示残疾人，与国际上通用的残疾人标志相近。

会徽外形是梅花，既有浓郁的民族色彩，又象征残疾人顽强拼搏的品格和自尊、自信、自强、自立的进取精神。翠绿的底色象征着顽强的生命力；梅花盛开，寓意残疾人事业的春天，代表着全国残疾人及其亲属的希望。

梅花以五个相互连接的人字组成，象征残疾人团结携手，生活在友爱、互助的社会中，得到理解和尊重；象征全国人民共举人道主义旗帜，和残疾人一起组成亲密无间的整体。

会徽的中心图形和边线金黄色，象征残疾人生活在社会主义的祖国，沐浴党的阳光，象征我国残疾人事业生机勃勃，欣欣向荣。

徽章下面采用会徽图案，背面标示“中国残联”字样。

【无障碍环境】

无障碍环境包括物质环境、信息和交流的无障碍。物质环境无障碍主要是要求城市道路、公共建筑物和居住区的规划、设计、建设应方便残疾人通行和使用，如城市道路应满足坐轮椅者、拄拐杖者通行和方便视力残疾者通行，建筑物应考虑出入口、地面、电梯、扶手、厕所、房间、柜台等设置残疾人可使用的相应设施和方便残疾人通行等。信息和交流的无障碍主要是要求公共传媒应使听力言语和视力残疾者能够无障碍地获得信息，进行交流，如影视作品、电视节目的字幕和解说，电视手语，盲人有声读物等。

【康复国际 Rehabilitation International(RI)】

康复国际是从事残疾人康复工作的非政府国际组织，由残疾人组织、残疾人工作者组织、政府机构和个人组成。创立于 1922 年，前身为国际跛足儿童协会。协会的创建人和首届会长是美国俄亥俄州的艾德加·艾伦。1972 年更名为“康复国际”，主席为方心让（香港）。秘书处设在纽约，分设 6 个地区委员会。康复国际目前拥有 86 个正式会员，27 个准会员，分属于 77 个国家和地区，尚有 9 个国际会员组织。其下设阿拉伯、亚太、非洲、北美、拉美、欧洲等地区委员会及教育、技术、休闲娱乐与体育、医学、组织与行政、社会、职业等各专业委员会。现任主席为莱克斯弗利登（美国）。康复国际具有联合国经济社会理事会特别咨商地位。其宗旨为通过自身工作改善残疾人生活质量。中残联 1988 年参加该组织，现为国家级会员。康复国际属非牟利、非政府性质的全球性残疾人组织。

【残疾人国际 Disabled People’s International(DPI)】

残疾人国际是残疾人自身的非政府组织。1981 年在新加坡成立，在联合国经社理事会享有咨商地位。其宗旨是遵循联合国人权宣言，致力于残疾的预防与康复，实现残疾人平等参与社会生活，分享社会与经济发展成果。残疾人国际有 100 多个国际级会员组织，具有普遍的代表性。总部和秘书处设在美国纽约，委员会由亚、非、拉、北美、欧洲五个地区委员会各推选的代表组成。第一任主席为新加坡盲人南杜里。该组织自成立以来，参与了“联合国残疾人十年”规划的制订和执行工作，并举办了专题座谈会和残疾人组织领导人培训班。我国于 1991 年加入该组织。

【世界盲人联盟 Word Blind Union(WBU)】

为世界范围内盲人自助组织。成立于 1984 年，由世界盲人福利会和国际盲人职代会合并而成。其宗旨是促进全世界的盲人以平等的机会和权利参与社会生活。现成员来自 72 个国家和地区，总部设在法国巴黎，设有七个地区委员会。世界盲人联盟在联合国各有关组织中具有咨商地位，主要任务是防盲，促进各国制定保障盲人合法权益的法律和政策，激励盲人自立，开发盲人潜力和促进国际交流与合作。中国盲人协会是其正式成员。

【世界聋人联合会 World Federation of the Deaf(WFD)】

为世界范围内的聋人自身的组织。成立于1951年，是一个与联合国经社理事会、联合国教科文组织、国际劳工组织和世界卫生组织有正式关系的国际性非政府组织。在联合国经社理事会具有特别咨商地位。有来自近100个国家和地区的120个各类会员组织。其宗旨是：造福于世界各国聋人，捍卫聋人的权利，帮助聋人康复。总部设在意大利罗马。主要活动为：制定政策性文件和工作计划，建议并推动会员组织参照实施；利用其咨商地位和残疾人事务特别报告员专家小组成员的身份或通过其会员组织所在国家政府，推动并参与联合国残疾人领域文件的制订，促进其实施；参与联合国在残疾人领域的其他活动；为各国聋人组织提供咨询、信息和专业方面的服务；与联合国专门机构和其他类别残疾人的不同，主张聋人与其他人平等参与，并突出手语的作用和地位，力主使手语成为世界法定语言之一；与各国聋人组织协调和组织世界聋人大会。中国聋人协会为正式会员。

【融合国际 Inclusion International】

是由各国智残人及其亲友组织组成的国际组织。前称“国际智力残疾人联盟”，成立于1960年，其100个会员组织来自67个国家和地区。总部设在比利时首都布鲁塞尔，秘书处设在法国。该组织在联合国经社理事会享有咨商地位。该组织的宗旨是维护弱智和精神残疾人的权益，增进智残人亲友的理解，为保障全世界智残人的平等权利而工作。该组织自成立以来，举办了多种培训班，培训从事智残人工作的专业人员、智残人家属和智残人；帮助各国智残人组织建立合作项目，出版各种刊物；呼吁公众尊重、关心、帮助智残人；交流传授各种专业技术。1968年发表了智力迟钝者特殊权利宣言，后经联合国采纳正式命名为智力迟钝者权利宣言。该宣言在呼吁全世界关心智残人，保障智残人的平等权利，推动智残人康复事业的发展方面发挥了重要作用。中国于1992年加入该组织。

【海伦·凯勒国际 Helen Keller International，Inc，(HKI)】

由海伦·凯勒与其他美国人于1915年创建，旨在协助政府开展防盲，着重于融入社会主流和盲童教育以及使成年盲人得以独立生活的康复等工作。海伦·凯勒国际大力帮助发展中国家制定上述工作的各项规划。它还从事对营养不良及由维生素 A 缺乏所引起的干眼、沙眼及其他传染性眼部疾病的研究和防治项目，同时也为白内障致盲者复明提供手术服务。在具备条件的地方，海伦·凯勒国际都将防盲项目与初级医疗服务有机地结合在一起。

海伦·凯勒国际为盲人及其他视力残疾人服务，为与盲人工作有关的政府部门和志愿者机构提供服务。

【远东及南太平洋地区伤残人运动会联合会 The Fareast and South Pacific Games Federation for the Disabled (FESPIC)】

远东及南太平洋地区通常指巴基斯坦以东，国际日期变更线以西的亚洲、大洋洲国家和地区。远东及南太平洋地区伤残人运动联合会成立于 1975 年，总部设在日本。该组织的只要目的和任务是通过比赛和其他活动，提高残疾人的社会地位和福利，促进相互了解，交流情况及与其他有关机构进行联系。该组织已经举办过六届远东及南太平洋地区伤残人运动会。该组织现有 40 多个成员国，我国残疾人体育协会是远东及南太平洋地区伤残人运动会联合会的正式成员。

【国际聋人体育联合会 Comite International Sports des Sourds(CISS)】

成立于 1924 年，总部设在美国。其宗旨是“通过体育达到平等，促进聋人体育运动，发扬体育精神及交流竞赛经验”。其任务是在聋人体育运动尚未普及的国家开展体育活动，积极组织聋人的体育竞赛。每 4 年举办一次世界聋人奥运会。到目前为止，已举办了 16 届世界聋人运动会。该联合会共有 83 个会员国，我国聋人体育协会是国际聋人体育联合会的正式会员。

【国际狮子总会 (全称为“狮子会俱乐部国际协会”LIONS CLUBS)】

国际狮子总会于 1917 年在美国伊利诺伊州，由商人茂文钟士（Mr. Melvin Jones）发起组成。目前在全球 193 个国家和地区设有 46，000 个分会，约有 140 万会员。是一个无政治、无宗教、全球最大的服务团体。“我们服务”是狮子会的座右铭。宗旨是根据当地社会需要提供适当的服务。

国际狮子会是一个全球性的慈善服务组织，在联合国经社理事会享有咨商地位。目前已发展为历史最悠久、会员人数最庞大、服务范围最广泛的志愿服务团体。成员来自各行各业，多为中产阶级，如医生、律师、商人、公职人员、教师等；还有一些热心公益的政治领袖人物，如美国前总统卡特、日本前首相海部俊树等。

【世界精神卫生日】

1991 年，尼泊尔提交了第一份关于“世界精神卫生日”活动的报告，这一报告受到了国际社会的重视。1992 年，由世界精神病学协会发起，由世界卫生组织确定，把每年的 10 月 10 日定为“世界精神卫生日”。随后的十多年里，许多国家参与进来，将每年的 10 月 10 日作为特殊的日子：提高公众对精神疾病的认识，分享科学有效的疾病知识，消除公众的偏见。

索　引

说明

1、本索引采用主题分析法编制，按汉语拼音顺序排列，同音字按声调排列，声调相同按下一字的音序排列。

2、标目前为主题词，后为页码。

S

T

编后记

残疾人事业是崇高的事业，残联是党和政府联系残疾人的桥梁和纽带。

为进一步动员全社会关爱残疾人，重视残疾人事业的发展，进一步提振残疾人工作者和残疾人的奋斗精神，同时也为“前有所鉴，后有所稽”，记载市残联成立以来的发展历程，起到提供信息、为现实服务，为后人提供借鉴，传世行远的作用。宜兴市残联于2015年9月启动《宜兴市残疾人联合会志》编纂工作。2016年1月，正式成立编纂委员会，下设办公室。

《宜兴市残疾人联合会志》的编纂，根据志体规定，经制定纲目、资料采编、初纂，修改、再纂，再修改、终纂，于2017年6月初完成初稿。再经市残联主要领导、各科室负责人审阅，多次补充完善资料、修订后，送审，出版。

《宜兴市残疾人联合会志》的编纂受到市委、市政府的热情关注和支持，得到市史志办的指导和有关部委办局，各镇、街道残联，以及热心残疾人事业的各界人士的协助。谨此，一并致谢。

鸣谢单位：

宜兴市委办公室、宜兴市人民政府办公室、宜兴市委宣传部、宜兴市残疾人工作委员会、宜兴市史志办、宜兴市民政局、宜兴市司法局、宜兴市档案局、宜兴市卫生局、宜兴市委农办、宜兴市人力资源和社会保障局、宜兴市教育局、宜兴市建设局、宜兴市规划局、宜兴市城市管理局、宜兴市财政局、宜兴市公安局、宜兴市发改委、宜兴市经信委、宜兴市体育局、宜兴市人口和计划生育委员会、宜兴市文化广播新闻出版局、宜兴市科技局、宜兴市法制办、宜兴市统计局、宜兴市市场监管局、宜兴市国税局、宜兴市地税局、宜兴市广播电视台、宜兴日报社、宜兴市总工会、宜兴团市委、宜兴市妇女联合会、宜兴市人民法院、宜兴市机关党工委、宜兴市作家协会、宜兴市特殊教育学校、宜兴市爱德培训学校、宜兴市丁山培智学校、宜兴市陶瓷协会、宜兴市陶瓷博物馆、宜兴市爱德陶艺社、张渚镇残疾人联合会、西渚镇残疾人联合会、太华镇残疾人联合会、徐舍镇残疾人联合会、官林镇残疾人联合会、杨巷镇残疾人联合会、新建镇残疾人联合会、和桥镇残疾人联合会、高塍镇残疾人联合会、万石镇残疾人联合会、周铁镇残疾人联合会、丁蜀镇残疾人联合会、湖 汊镇残疾人联合会、宜城街道残疾人联合会、屺亭街道残疾人联合会、芳桥街道残疾人联合会、新庄街道残疾人联合会、新街街道残疾人联合会。

鸣谢个人：

程伟、芮占良、叶聚森、宗伟方、卫平、傅东辉、刘全忠、杜坤强、仇洪生、陶卫芬、王建平、周梦江、马瑞其、赵海强、沈忠余、李锡明、李德荣、沈宏、王金荣、丁卫、施祖明、戴志元、尤忠明、谢小龙、郭赛红、杨春慧、李志君、王志祥、方顺芬、张定芳、傅旭明、周幸、储丽亚、曹勇、杨新平、马伟忠、余忠明、许季涛。

《宜兴市残疾人联合会志》编纂委员会

2018 年 1 月